国学经典文库

图文珍藏版

感受秘史之迷离　慨叹谜案之悬疑

中国古代秘史

马昊宸◎主编　第二册

线装书局

中国古代秘史

隋唐五代十国秘史

马昊宸⊙主编

线装书局

帝王秘事

隋文帝错废太子仅仅是听信谣言吗

隋王朝皇宫内院仁寿宫里住着文帝杨坚,其侧便是东宫。这东宫的主人原来本是隋文帝的长子杨勇,而现在则换成了次子杨广。就在前几天,杨勇突然被废为庶人幽禁在东宫。此时,他已处在东宫新主人杨广的监视之下了。

杨勇感到十分冤屈,终日愁容满面,毕竟他是无端地遭到了迫害。他多想亲自面见父皇,申诉冤情,却总是受到杨广阻挠。杨勇还写了一份奏章,来陈述自己的冤情,并想法让人交给文帝,幻想借此能让自己得救。然而奏章如泥牛入海,杳无音信。

杨勇气愤、悲观、失望,百感交集。

杨勇眼前浮现出儿时的一幕:弟弟杨广和他正忘乎所以地比赛爬树捣鸟窝,顽皮地在树上嬉笑着,叫喊着,被仁寿宫的文帝听见了,于是派人把哥儿俩叫去好一顿训斥。

当初嬉笑打闹时,总怕被他的父皇听到,而今,能够让父皇听到他的声音,是他多么希望的啊!

回忆起了这些,杨勇的心中突然升起了一丝希望。他走出房门,避开宿卫兵士,蹑手蹑脚地来到一棵大树下,虽然多年都没爬过树了,但他的身手仍很敏捷。他几乎爬到了树的顶端,然后骑在很细的树杈中间,高声地对着仁寿宫哭喊起来。

果然,这声音被杨坚听见了,他问身边的杨素:"什么人在宫里大喊大叫?"

杨素被这件事弄得有些慌乱,但他很快让自己镇定下来,装出很悲哀的样子,说:"杨勇癫鬼附身,神志昏乱,恐怕是无康复的可能了。"

杨坚听了,沉吟半晌,终于没再理会杨勇。杨素则乘此机会退了出来,马上吩咐宿卫兵道:"杨勇发疯了,赶快把他关起来。"

一时间,东宫内外一片喧闹声。

在树上的杨勇哭喊得口干舌燥,突然看见很多的宿卫兵往东宫这边跑来,听见有人在那里乱喊"抓疯子啊,抓疯子啊",一时间杨勇明白了一切。一种彻底的失望感,使他失去了仅有的几分力量,颓然地从树上滑了下来。

这就是发生在皇宫内的一桩奇事,其时,正值开皇二十年,皇太子被废。

事情的起因还得上溯到二十多年前。

杨坚在篡夺了周朝,当了隋王朝皇帝之后,便把杨勇立为太子,并逐渐把重任交付给他。杨勇年纪稍大些,大凡军政要事都由杨勇参与决断。杨勇对朝政事务的见解和处理也颇有其独到之处,所以越发得到杨坚的喜爱。在那个时候,杨勇作为皇位的继承人还是很让杨坚满意的。他曾非常自信地对群臣说:"过去的皇帝,沉溺于宠姬爱妾们的纠葛中,由此便产生了后嗣的废立之争。我没有其他的姬妾,两个儿子都是同一母亲所生,是真正的亲骨肉兄弟,哪像前朝帝王内宠众多,纷争之事不断发生,终于落得个国破家亡的下场。"

杨坚所做的这番自信的表白,未免有些过于乐观了,因为事实正好相反。

其实太子杨勇并不如杨坚想象的那么完美。少年时代,他的确聪明好学,性情宽厚、仁和,言行稳重得体,但是宫廷贵族豪华奢侈的生活,以及无比高贵的社会地位,让杨勇渐渐变得奢侈、淫荡起来。

杨坚性好节俭,听到杨勇一些奢华铺张的行为后非常生气,于是把自己从前穿过的一件缝得满是补丁的衣服,以及一把上面补着许多布条、破烂得不成样子的藤椅特地送到杨勇那里。意思是要他经常地想想父亲的俭朴以警诫自己,谁知杨勇对此却无动于衷。

这一年春节,百官为了讨好太子都到东宫去拜贺,而身为太子的杨勇,却穿上法服、奏起宫乐,以皇帝的礼仪去接待来拜寿的大臣们。杨坚知道后,认为违背礼制,下诏说:"是非典则,宜悉停断。"从此之后,父子之间就渐渐有了隔膜,文帝也开始对杨勇不那么恩宠了。

就在这时,杨勇的母亲独孤皇后对几个儿子的感情也在悄悄发生变化。

杨勇宠养了很多的姬妾嫔妃,其中有一个叫云昭训的是他最喜欢的妃子,但是元氏却从此受到冷遇。恰巧，元氏因患心疾暴死。独孤皇后怀疑元妃是被杨勇害死的，从此对杨勇抱怨很深。在元妃死了之后，受宠的云昭训更加肆无忌惮，专擅东宫内政。独孤皇后对此更为不悦，便经常派人窥伺东宫，对杨勇横加挑剔。

再说太子的弟弟晋王杨广早就觊觎皇太子地位，他始终密切注视着长兄与父母之间的关系。从杨广有了想当太子的野心那天起，他便在母亲身边做出贤德、仁慧、孝顺的样子，也不荒淫无度，只是适度接妻纳妾，而且只和嫡妻萧妃同床共枕。独孤皇后薄待杨勇，却盛赞杨广的品德高洁。杨广进宫朝见，车马侍从都十分俭朴；与朝臣相见，更是显得谦虚谨慎，甚至一副卑下的神态。因此他在朝中的声望越来越高，超过了其他诸王。

杨广时领扬州刺史之职。这一天，回扬州的日子到了，按照例行的礼节，是要向皇后辞行的。杨广来到后宫，见了皇后，突然泪流满面地跪在皇后面前哭诉说：“我做儿子现在镇守在外，远离了母后，心里却时常地思念母后。而今一旦离别，不能侍奉您，也不知什么时候才能相见，杳然无期啊……”说到这里，杨广已是泣不成声，过了一会儿，他才接着说道：“儿生性愚钝，但尚能守兄弟之礼。然而即使这样，也不知因为什么原因受到哥哥的排挤，他总是想方设法来陷害我。儿心中忧虑不已，怕不日将有杀身之祸。”

皇后大怒道：“这个不知好歹的东西，越来越不像话！他专好宠爱云妃，前妻本来是好好的，他却派人投药毒杀了她，现在竟然又敢这样对待自己的亲兄弟。我还没有死他就敢这样。我死后他会怎样残害你！”

杨广跪拜不起，呜咽不止，皇后也悲伤得不能自己，她躬身扶起地上的杨广。

杨广人在扬州，心在京城。他打探到兄长杨勇在父皇跟前已经开始失宠，就觉得自己继承皇位大有希望，因此他再也无法在扬州待下去了。于是又找了个借口回到京城，一场谋划就紧锣密鼓地展开了。

杨广先是找他的心腹谋士张衡来研究对策。

张衡提出：“如果想要预谋废除现在太子，再立太子的话，有一个关键人物就是越国公、尚书右仆射杨素，他执掌朝政大权，深得文帝的信任。”

图文珍藏版

　　杨广便派遣褒公宇文述去杨素之弟杨约交朋友，拉关系，再通过杨约，向杨素说明废立的想法，并告诉他说，皇后这段时间对杨勇感到十分不满。

　　杨素听了，十分警觉地问道："皇后果真对杨勇太子不满吗？"

　　杨广见杨素将信将疑，就立即当面发誓。杨素终于相信了，他答应说："如果皇后真那么想，我还有什么可说的。"

　　过了几天，杨素借进宫陪皇后赴宴的机会用太子的情况来暗中揣测皇后的心意，皇后一听到关于太子的事情，就大哭起来，只讲杨广如何如何，而对杨勇大加责备。杨素摸清了皇后的底，便也投其所好，大讲杨勇如何如何不争气、不识抬举等等。

　　杨素的这些话让皇后听了非常欢喜，于是对杨素予以重金赏赐，废立之事也在不言之中了。

　　独孤皇后加紧了对东宫的监视，就连些鸡毛蒜皮的小事也得向她奏禀，之后皇后又添醋加油地捏造东宫太子的各种过错，以此来动摇文帝，让文帝对太子死心，并还劝文帝废黜杨勇。

　　杨广更是无孔不入，他还派亲信段达收买杨勇的宠臣姬威，让他探听太子的消息，并随时密报宰相杨素。刚刚开始的时候，姬威不想对不起太子，不太愿意这样做。段达便威胁他说："东宫的罪过，皇上都知道了，并且给了我们密诏，决定要废太子而另立，如果你能够帮助告发，定会前程无量。否则，后果堪忧。"姬威迫于压力，只得顺从。这样一来，东宫内外，都在说杨勇的不是了。

　　一天，太史令袁充斗因收受了杨广的贿赂，斗胆向文帝进谏道："臣夜观天象，皇太子当废。"

　　文帝听了，不但不恼怒，反而喜形于色，说道："天象显现已很久了，只不过群臣中没人敢说话罢了。"

　　开皇二十年九月，文帝先是下了诏书，把东宫官员都囚禁起来交给法司审判。不久，又将杨勇和他的儿子们也禁锢起来，并收捕其党羽。负责审理太子一案的是宰相杨素。杨素巧于为文，大笔一挥，不费吹灰之力便罗织了杨勇的许多罪名。

　　十月，文帝下了诏书，昔日不可一世的太子杨勇被废为庶人。同时，诏令将替杨勇说过好话以及与杨勇关系密切的臣僚数人处斩。

废太子不到一个月，隋文帝便一病不起。这时，杨广早已升为太子，不再需要过多地在年事已高的父皇面前表现什么，直到文帝诏太子入宫侍奉医药，杨广才进宫来，却在宫中乘机和宫女们厮混，并没有用心尽力地侍候有病的父皇。

病榻上的文帝得知杨广的恶迹，气得脸都白了，他狠狠地敲着床沿说："悔不该错废我的勇儿！"

这时，文帝想重新下令追回太子杨勇，谁知诏令还没有来得及发出，他便一命呜呼了。

也就在这一年，太子杨广登基，是为炀帝。

不久，隋炀帝密令赐死杨勇。杨勇死后，他哭叫喊冤的声音却经常在皇宫里出现，并且久久回荡在东宫和整个隋宫上空，给隋朝二世的统治蒙上了一层不祥的阴影。

李渊得天下之谜

大唐朝开国皇帝李渊原是隋朝的唐国公、歧州的刺史，大家都知道他是位仗义疏财、勇猛善战的英雄，但却很少有人知道李渊能取代杨氏统治天下，他那位德才兼备、出类拔萃、全力辅佐丈夫的妻子窦氏功不可没。

李渊的妻子是京兆平陵人窦氏，父亲窦毅在后周任上柱国，娶后周武帝的姐姐襄阳公主。入隋后，窦毅为定州总管、神武公。据说窦氏刚出生的时候头发长过脖颈，三岁时竟然和身高相等。窦氏渐渐长大，读书识字，爱读《女诫》《烈女传》等，并且过目不忘。周武帝见她相貌奇异、天资聪颖，十分喜爱，便把她留在宫中养育，在所有外甥中最疼爱她。

窦氏十分机敏，常有过人的见地，还极重亲情。武帝的皇后是突厥可汗的女儿，因为不受宠一直没有孩子。一天，窦氏偷偷地对武帝说："四周边境还不安宁，突厥的力量又很强大，希望皇上克一己之私情，以天下百姓为念，对皇后多加慰藉。只要有突厥的帮助，江南和关中地区就不足为患了。"这些话出自一个少女之口让周武帝非常惊讶，他采纳了窦氏的意见。

周武帝死后,杨坚通过禅让登上了皇帝的宝座。听到这个消息后,窦氏扑在床上,一边哭一边说:"真恨我不是个男儿,不能帮助舅舅家摆脱危难。"窦毅和长公主听到后吓得急忙捂住她的嘴说:"千万不要胡说,传出去是要灭门的。"

杨坚既已即位,大局已定,群雄一一剪灭,四海臣服。在这种情形下,窦氏一个窈窕弱女又能如何呢?窦氏到了出阁的年龄,求婚者络绎不绝。窦毅对长公主说:"我们的女儿才貌出众,非常人可比,不能轻易许人,一定要为她找个贤德的夫君。"

于是,窦毅和长公主商定,在自家的大门上画一只孔雀,凡来求婚者必须射两箭。夫妇俩暗自约定,只有射中孔雀眼睛的人才配得上他们的女儿。一会儿功夫,竟有几十人前来射孔雀。但是,他们不是把箭射到孔雀尾巴上,就是把箭射到了其他的地方。许多天过去了,竟没有一个人射中。一天,窦家门前来了一个身材魁梧的年轻人,他不慌不忙,慢慢拉开弓,只听嗖——嗖——两声,两只箭正中孔雀两眼。窦毅夫妇高兴极了,就把女儿嫁给了他。这个箭术高超的青年就是后来的唐朝开国皇帝唐高祖李渊,当时他是隋朝的唐国公、歧州刺史。

窦氏天资聪颖,很有才气,她还工于篇章规试,文有雅体,善于书法,模仿李渊的字迹几可乱真,一般人很难分辨。

窦氏的政治见识在嫁给李渊以后又一次得以验证和发挥。她尽心尽力辅佐丈夫,每遇丈夫有难解之事总能一语见地,提出意见。大业年间,李渊做了扶风太守,家中养有几匹骏马。一天,窦氏对李渊说:"当今皇上(指隋炀帝)又爱鹰又喜马,这您是知道的。这几匹宝马应当进献皇上,不要久留在您这里。否则,万一有人告诉皇上,您一定会受到牵累,请您仔细想一想。"李渊听后半晌无语,由于实在舍不得,还是没有采纳窦氏的意见。不久,李渊果然受到了隋炀帝的责难,很长时间没有得到提拔。

窦氏替李渊生下四个儿子,长子建成,次子世民,三子元霸,四子元吉。大业八年(612年)夏天,窦氏病死在涿郡,只活了四十五岁。李渊非常悲痛。一天夜里,天气酷热,李渊觉得很烦躁,躺在床上怎么也睡不着,往日和窦氏一起生活的情景一幕幕浮现在脑海中,特别是当年窦氏劝他进献宝马的情景格外清晰。李渊反复追思窦氏的劝告，猛然醒悟。从这以后，为了保全自己，李渊多次购买名鹰好马进献隋炀帝，从而得到了隋炀帝的称赞，不久就被提拔为将军。李渊一边落泪一边对他的孩子们说："如果早听从你们母亲的话，这个官我早当上了。"

窦氏在生下的四个儿子中最宠爱的便是次子李世民，史书中常说"后于诸子中爱视最笃"。后来，李世民当上皇帝后，有一次路过庆善宫，睹物思人，想起了母亲窦氏，回忆起当年母亲对自己的恩德疼爱，不觉悲恸号哭，旁边的随从也跟着流涕。还有一次，李世民游幸九成富，梦中看见母亲和活着时一样。梦醒以后，李世民不知不觉潸然泪下。第二天，李世民便下诏有司开仓赈济贫瘠地区的百姓，以报答母亲的恩情。

窦氏虽然没能亲眼见到李渊登上皇帝的宝座，但是，李渊最终能成为皇帝实在是有赖于窦氏的启示啊。窦氏死后最初埋在寿安陵，贞观九年（635年），唐高祖李渊死后和李渊一起埋在献陵。公元674年，唐高宗李治上窦氏尊号为太穆顺圣皇后。

唐太宗杀弟抢妻之谜

正当李世民统军在外、南北征战的时候，他的兄弟李建成和元吉却盘踞在京城中花天酒地，声色犬马，过着逍遥奢华的日子。也就是在这段时间里，李元吉迎娶了大美人杨媚为妻。杨媚原本是长安市内一个红得发紫的歌舞妓，容貌妩媚，性情妖娆，又通晓诗文，能歌善舞，曾令长安无数公子哥儿追逐倾倒，最终嫁给了李元吉，成了齐王妃。

与李世民伟岸的外貌、宽厚稳重的性格恰好相反，齐王李元吉是个相貌粗陋、性格阴险狡诈的人，成婚前，他利用自己的家世地位，再加上花言巧语。千方百计地把杨媚骗到手，婚后不久他开始对妻子的美貌司空见惯，习以为常，于是又在外面猎艳调情，把如花似玉的娇妻冷落在空房。生性多情的杨媚心里感到十分委屈，不禁悲叹自己的命运，惋惜虚度的芳华。

每当李世民趁战争的短暂空隙返回京城晋见父王时，他的兄弟太子建成和齐王元吉,常常巧立名目,邀请世民一同吃喝玩乐,作为慰劳。世民不好老是推迟,也就欣然应邀前往。一个暖阳融融的春日,三兄弟各自携带家小一同到京城近郊的山坡上嬉游赏春。春风拂面,空气清新,大家驰马原野,追逐嬉戏,李世民的心情也特别爽朗。他策马扬鞭,向远方的山脚下飞驰而去。开始还有几骑人马追随着他,渐渐地都落后散开了。待到了山地的树林里,他回头一看,远远地只有一骑跟了上来,他感到十分快活。等那匹马跑近一看,居然是他的弟媳——齐王妃杨媚,他甚觉惊讶。

马上的人儿因为追得太紧,显然体力早已透支,只见她娇喘吁吁,脸色绯红,发髻和衣衫都有几分散乱。李世民赶紧扶她下马,齐王妃脚下一软,趁势倒在了李世民怀中。李世民一时不知所措,实际上,他对这位娇柔妩媚的弟媳早就有几分留心,尤其是每次欢宴中,独有她浅笑中微露出一丝忧郁,李世民见了不免产生些怜香惜玉的念头,他也知道一些他们夫妻不睦的情况。

齐王妃斜倚在李世民怀中,一个是千般怜爱,一个是万种柔情,两个人终于紧紧拥抱在一起,齐王妃与李世民的情缘就在这片春天的绿树林中萌生了。从此以后,只要李世民回朝,总是想办法接近齐王妃。正好李元吉整日纵情声色,夜不归宿,给李世民与齐王妃的私情提供了不少机会,这种婚外之情,充满新奇与刺激,令李世民与齐王妃都沉醉不已。

由于太子李建成贪酒好色,无所作为,唐高祖时常加以训斥。相反,李世民在外征战,建功立业,地位逐渐提高。李建成开始惶惶不安起来,为了保住自己的地位,他联络三弟李元吉,阴谋策划除掉李世民。在手下谋臣的极力怂恿下,李世民迫不得已发动了"玄武门之变",一举杀死了李建成与李元吉。年方23岁的齐王妃,亲眼目睹自己的丈夫和一子一女惨死亲人刀下,鲜血淋漓的惨状深深印进了她的脑海。按照旧制,已成寡妇的齐王妃将被收入宫中,因太子李世民与她有一段不解之情,因此决定把他赐给李世民。当齐王妃被带到李世民面前时,她仿佛看到眼前是一个青面獠牙的杀人魔王,无论如何,她也无法接受这个昔日的情人,于是声嘶力竭地要求赐她一死。李世民把她安置在太子府中,好言相劝,并命妻子长孙太子妃耐心地予以开导。杨媚激愤的情绪慢慢平复下来,最后也只好无可奈何地接受了命运的摆布,成了秦王李世民的侧妃。

杨媚虽然接受了作李世民侧妃的事实,她心中的热情却再也难以唤回。李世民对她越是百般殷勤,她就越觉得虚伪和贪婪,整日衣妆不理,一副懒散无神的表情,这样却又更引起李世民的心痛和怜爱。为了博取杨媚的欢心,贵为大唐天子的李世民,不惜打破自己勤俭治国的原则,悉心搜罗天下的奇珍异宝,源源不断地赏赐给她,杨媚居然连正眼也不瞅一下。

有一天,杨媚对太宗李世民提出个要求,希望能够恢复她前夫李元吉的爵位和太子李建成的封号。对太宗而言,这样做无疑相当于否定自己过去的行为,等于打自己一巴掌。但是太宗竟毫不犹豫地答应下来,并立即付诸行动,这一半是为了取悦杨媚,一半也是为了追念兄弟骨肉之情。从此,杨媚一改旧态,逐渐回复到以前的模样,对唐太宗施以柔情和娇媚,有时甚至于自我麻醉一般地放浪形骸,整日陪着唐太宗歌舞宴饮,轻歌曼舞,媚态勾人,或吟诵着南朝的艳曲,撩拨得唐太宗心摇神迷。

贞观十年,杨媚为唐太宗生下一子,取名李明,唐太宗立杨媚为贵妃,并为他们母子建了一座豪华的宫殿,自己一有时间就腻在那里,与杨媚母子一同取乐。贤淑温婉的长孙皇后见太宗似乎淡忘了兴业大志,便出面劝阻太宗稍事收敛,却引起了太宗不满,甚至准备废后和废太子。幸好有谏议大夫魏征极力反对,此事才就此作罢。这时,有人向唐太宗进言,说杨媚之所以极力取悦陛下,是因为她思念丈夫,将伺机杀害陛下,好为死去的丈夫和子女报仇。唐太宗对此丝毫没有顾虑,他认为杨媚原本就不忠于齐王,早在她做齐王妃时,就已经移情别恋,死心塌地地爱上自己,岂有杀害情郎为怨夫报仇的道理?

其实,杨媚最早的确是如痴如狂地爱着充满英雄色彩的李世民。但是,玄武门之变以后,由于丈夫和孩子的惨死,她对李世民是又爱又恨,内心充满了悔恨和耻辱。因此,她在为丈夫讨得一点名分作为补偿后,就索性放纵自己,麻痹自己。如此,她根本无心谋害唐太宗了。后来,在长孙皇后的同意下,将李明过继到齐王李元吉名下。

贞观二十三年夏月,唐太宗患痢疾久治不愈,崩逝于长安。失去了唐太宗,齐王杨媚也就失去了生活的重心,又因她在宫中名声不佳,于是被放逐宫外,出家为尼,就这样结束了她与唐太宗李世民的一段充满爱恨情仇的人生旅程。

唐太宗是胡人吗

原山东太行山地区有五大望族姓氏——王、卢、崔、李、郑，其中李姓又是鲜卑族中的一大姓氏。有人推测说李氏一门是破落贵族，也有人说李氏是鲜卑族大野部的姓氏……李世民祖籍在今河北省赵县，而父亲李渊生于关陇，自称祖居关陇，是西凉王李皓的后代。李渊一门在此之前到底如何，无法从历史上考究得知，而李渊自称为西凉王李皓后代，到底是事实如此还是自抬身价？李世民又究竟有没有胡人血统？

有人认为中国历史上向来有皇室是少数民族的情况，不仅如此，大臣中也有许多是少数民族。一是因为文化起了联结各民族纽带的作用，只要对文化发展有益，不管是什么少数民族，都会采取接受态度，国家结合的共同体在于相同的东方礼乐文化。二是唐朝经济非常繁荣，所以更多采取对各民族宽容的政策。少数民族与汉族的界限划分没有那么清楚，北方各民族大融合现象在此之前就已经广泛存在，如在隋炀帝时，突厥人就曾被强制性地改穿汉装；北魏孝文帝推行民族之间友好往来的政策，同一等级的人可以被允许通婚。唐太宗李世民乃一代明君，可以称为帝王的楷模，后世人们想尽可能模糊其民族的概念，因此对考证唐太宗李世民身世问题并不积极。

在胡人的风俗中，有父死子娶母为妻的习俗，也有一家的男人合用一妻的典故。在昭君出塞的故事里，王昭君在死了丈夫后就嫁给了丈夫的两个儿子。而在唐朝帝王史中，也有一些类似的关系尴尬的角色。

唐太宗李世民、武则天与唐高宗李治之间的关系可以说是乱伦。唐太宗李世民在武氏则天14岁正值其雏女妙龄之际，召其入宫为才人。太宗死后，则天入感业寺为尼。唐高宗即位，复召武氏入宫，拜昭仪，进号宸妃。几年后，竟做了唐高宗李治的皇后。其间，唐初的元老重臣如长孙无忌、褚遂良、于志宁、裴炎及程务挺等人，曾力谏唐高宗李治，武氏"曾侍先帝，众所共知"，结果唐高宗李治根本没有在意。

唐史上的杨贵妃也是一例。杨贵妃本是唐玄宗之子寿王的妻子，却被玄宗公开讨来做了贵妃。这些为李唐王朝大臣们所不齿的关系是不是李氏家族身体里流淌的粗犷的血液在作怪呢？

　　唐太宗李世民的祖母、唐高宗李渊的母亲独孤氏是隋文帝王后的姐妹，属于非汉族，所以李世民和隋炀帝之间还有着姨表关系。李世民的母亲窦氏是鲜卑族人，而李渊一方的血统还没有足够的证据证明是非汉族，有人认为最有可能性的说法是李世民是受胡人影响比较深的汉族人，由于在魏晋时期长期与胡人混住，从各方面都沾染了大量的胡人风俗。而且，从唐朝女子的穿着到蹴鞠、骑马打猎的自由生活来看，当时女性享受了历代女子不曾享受的解放。对于开放、繁荣，各民族已有了相当程度融合的大唐朝而言，这种开放根本不算什么问题。

　　从唐太宗的性格上说，李世民的好战，从其为李唐打下天下的战功赫赫到他登上王位的"玄武门之变"都可以得到印证。贞观年间，唐太宗平定东突厥，俘虏颉利可汗，解除了北边的威胁；五年后，平定吐谷浑，俘其王慕容伏允；贞观十四年，又平定高昌氏，于其地置西州，并在交河城（今新疆吐鲁番西）置安西都护府。晚年，唐太宗战志犹存，亲征高句丽。唐太宗善骑射，一生过着不倦的戎马生涯。这些都可以作为质疑他的血统问题的证据。

　　李世民的身世问题，考古学家通过对其安息之所——昭陵的考察研究找到了新的证据。史书中记载，昭陵为唐太宗李世民的坟墓，有内外两城。外城遗址已难考证，门内当年建有献殿，存放李世民生前服用器物。北门曰玄武门，又称司马门，原有十四个"蕃酋"的石雕像和驰名中外的"昭陵六骏"等浮雕。在中国所有的帝陵中，只有李世民的昭陵里有战马石刻。

　　时至今日，那十四个"蕃酋"的石雕像到底有些什么来历已是无人知晓，并且现已不知去处，可驰名中外的"昭陵六骏"浮雕还保存在西安碑林博物馆石刻艺术陈列室里。马是突厥人形影相随的伴侣，平时生活游牧，战时驰骋沙场。在突厥的葬俗中，有一种奇特的祭祀悼念马功劳的习俗，一般有三种仪式。主人死后，随从会骑着马绕着死者墓地转圈，然后把马杀掉或者活埋到坟墓里。无论是突厥贵族，还是一般牧民，死后都要与马共葬，只是数量多少不同。

　　中国所有帝陵中，为什么只有在李世民的昭陵里会有战马石刻？唐太宗独特的墓葬形式是否真的显示了突厥的习俗？有关人士认为，昭陵是李世民的坟墓，至今未被打开，据称也未被盗过，或许若干年以后，我们可以从昭陵里得到最真实的答案。

李世民为何杀兄篡位

唐武德九年(公元626年)六月四日一早，太子李建成接到内线张婕妤的密报，称秦王李世民近日将有异动，要他注意防范。建成将信将疑，遂同四弟元吉一起入朝打探消息。二人并辔策马，不知不觉走入玄武门内，行至临湖殿时发现暗处有伏兵，觉得势头不对，当即调转马头准备逃走。在此恭候多时的李世民带兵呼啸而出，元吉急忙招架，朝其连射三箭却都没有射中，而李世民只发一箭就将建成射死。接着，秦王府大将尉迟敬德亲率七十多名精骑而至，搭弓射杀元吉的乘马，元吉仓皇逃入林中。世民策马追赶，不料坐骑被枯树绊倒。元吉返身夺下世民的弓箭，紧紧扼住其喉头。正

李世民

在这万分危机的时刻，尉迟敬德及时赶到，元吉只好转身再逃。没有走出几步就被尉迟敬德射死。太子的宿卫和齐王府精兵两千多人，听说建成、元吉丧命，一哄而散，散兵游勇胡乱挤踏，乱作一团。于是，李世民派尉迟敬德进宫宿卫，高祖得知这一消息大惊失色，旁边的大臣乘机劝说道："建成、元吉无功于天下，反而暗中策划阴谋。如今秦王诛杀了他们，实在是顺应民心，功高盖世。既然众心都归顺秦王，陛下不如立秦王为太子，那样天下就太平了。"高祖看到事已至此，只好随机应变地说道："这正是朕的夙愿！"于是，高祖立即宣召李世民进宫，册立为太子，从此军国大事都由李世民处理。两个月后，高祖将皇帝宝座让给李世民，自己当起太上皇来。这场刀光剑影的宫廷政变，就是历史上著名的

"玄武门之变"。

　　历来史书中都记载太子李建成十分平庸,他为了能够保证登上皇位,就屡次设计陷害秦王世民,并拉拢四弟元吉为伍。李世民忍无可忍,迫不得已奋起反抗,杀害了自己的兄长。那么,事实真的是这样吗?

　　隋朝末年天下大乱,群雄并起。李渊和他的儿子们审时度势,顺乎潮流,起兵晋阳,进军长安,横扫天下,建立了唐朝。在这一过程中,李建成、李世民和李元吉都曾建立过战功。李渊当上皇帝后,册立长子李建成为太子,并封李世民为秦王,李元吉为齐王。

　　武德三年,李世民奉李渊之命平定了刘武周,收复了并州、汾阳广大地区。武德四年,李世民又奉诏消灭了河北窦建德和洛阳王世充两大劲敌,巩固了李唐政权。这一年七月,当李世民胜利返回长安时,他身披黄金甲,后面紧随着二十五员大将和一万匹铁骑,锣鼓喧天,人声鼎沸,好不威风! 李世民受到了高祖和满朝文武大臣的隆重欢迎。随着李世民东征西讨,建立战功,他逐渐受到高祖的重用。

　　据说李世民在平定王世充时,听说附近有个名叫王远知的道士能够察知未来、预测吉凶,他当即与房玄龄微服拜访。王道士一眼就认出了这两位不速之客,"你们两人中有个圣人,莫非是秦王吗?"世民不动声色。道士再三叮嘱世民说:"您就要做太平天子,望多多自重。"从此,道士的话经常萦绕在李世民的脑海中。

　　李建成对李世民的威望日益提高非常不安,便拉拢李元吉一起对付李世民。李建成和李元吉为了给高祖李渊一个好印象,就积极争取后宫的支持,和嫔妃拉关系,给他们送礼物,在她们面前说李世民的坏话。这些妃嫔素来与李世民有积怨,那是因为武德四年李世民打下洛阳以后,李渊派妃嫔们前往选阅宫里和府库的珍宝。有的妃嫔乘机向李世民索取宝物,有的乘机为自己的亲戚请求官职,由于李世民已经把宝物和官职都分给了自己的部属,所以未能满足这些妃嫔们的要求,她们便对李世民产生了怨恨情绪,只不过长时间没有发泄的机会。李建成给了后宫嫔妃们好处以后,后宫的势力便完全倒向了李建成、李元吉一边。从此,嫔妃们便经常在高祖李渊面前说李世民的坏话。

国学经典文库　中国古代秘史　·隋唐五代十国秘史·　图文珍藏版

武德七年夏天,李建成乘父亲去宜春县仁智宫避暑之机想对世民动手,但又感到力量不足,于是暗中派人联络庆州都督杨文干,委托他招募精壮青年送到京师,企图谋变。但是这一行动被李世民察觉,并准备告诉父皇,建成赶忙跑到李渊面前,叩头谢罪,世民见他态度诚恳也就不再计较。

后来,李渊命建成、世民和元吉三兄弟骑马比箭,建成故意让世民骑一匹难以驯服的烈马,使李世民被摔下三次差点送命。建成见此计不成,又在一天夜里召李世民饮酒,暗里悄悄放了毒药,使其吐血数升,险些送了性命。接着,建成又以重金收买李世民身边的人,企图削弱李世民的力量。他派人给尉迟敬德送去一车金银器皿,遭到严词拒绝。又以金帛诱招护军段志玄也未得逞。不久又要调程知节出为康州刺史,这位老倔头知其别有用心,表示宁死不去。看到种种计谋不成,建成只好改变招数,他以高祖的名义驱逐了秦王府的要员房玄龄、杜如晦等。同时,又借突厥入侵之机撺掇李渊以李世民为帅,想在出征前借饯行的机会实施刺杀。幸好秦王府侦知了这一毒计,李世民才免遭毒手。面对一系列的险恶阴谋,李世民只好奋起反击,他抢先向父亲告发建成、元吉与嫔妃淫乱,又揭发了他们的种种恶行,而后便亲率长孙无忌和尉迟敬德发动了这次武装政变。

玄武门之变以李世民的胜利而告结束,但是究竟谁是这场政变的罪魁祸首则很难说。虽然从形式上看这是一场兄弟残杀的悲剧,然而悲剧不一定就有恶果。李世民登基后在历史上的贡献是历代公认的,他的伟大功绩有目共睹,堪称中国历史上一代明君。

李世民为何册立李治为太子

唐太宗李世民于武德九年(公元626年)八月即位,到贞观二十三年(公元649年)三月去世,共在位二十三年。在位期间,他奉行大治天下的治国方针,励精图治,锐意进取,使唐王朝迅速地达到了天下大治的局面。他开创了被誉为"贞观之治"的中国封建社会中的太平盛世,唐太宗也因此成为中国封建帝王中最为杰出的代表人物。但是,在他的十四个儿子里,却选不出一个像他一样有雄才大略、智勇过人的太子来,而且在废立太子的风波中,还漾出了一股血腥味,最后继承他皇位的九子李治,他也并不称心,这不能不说是这位英明盖世的伟人的遗憾。

试看有望继承李世民皇位的三个儿子,他们分别有着令人感叹的不同经历。李世民的十四个儿子中,只有长子李承乾、四子李泰、九子李治是长孙皇后所生,有资格成为太子的人选。根据嫡长子继承制,李世民在登基的当年就把长子李承乾立为太子。为了加强对李承乾的教育,他接连不断地选派了许多有学问的人做太子的老师,如中书侍郎杜正伦、光禄大夫张玄素、散骑常侍于志宁等,都是一些德高才茂的人。可是,这个太子颇不争气,顽劣成性,嬉戏无度,不仅不听从教诲,反而处处设计陷害老师,根本不配做李世民的继承人。

儿时的李承乾就胆大妄为,常常带领一帮人去偷百姓的牲畜,杀死后大家煮肉吃。还扮成突厥人模样,成群结队地劫掠牛羊,然后杀了煮吃。肆意胡闹,乐此不疲。年龄稍长,李承乾又搞上了"同性恋",此时东宫太子府中有个十多岁的乐童,长得十分漂亮,能歌善舞,李承乾对他十分宠爱,给他起了个绰号叫"称心",并日夜斯混在一起。李世民知道这件事后非常生气,一怒之下杀了称心,并将与称心有牵连的人也都处死。李承乾不但不知悔改,却在东宫庭院中盖起一间房子,里面摆上称心的画像,又陈列了许多泥人泥马,命宫人每天早晚祭奠,他自己也常来徘徊哭泣。李承乾还把称心埋在宫中,立坟头,树石碑,并且从此长时间不上朝参拜太宗。

更为严重的是,他还亲自领着一队兵马,与七叔汉王元昌在宫中玩布阵的"游戏",谁不真杀就被他绑在树上吊死。直到见了伤亡,血溅战袍,他才算玩得尽兴。他甚至狂妄地说,如果我做了皇帝,就在皇宫中设"万人营",那时做观交战才叫痛快,谁敢劝谏就杀了谁!后来,他真的派人暗杀劝谏他的大臣。眼见这样不成材的儿子,李世民便打算废了他。于是,李承乾渐渐失去了宠爱。

正在此时,李承乾的弟弟老四李泰想取而代之,李承乾顿起杀心。他先派人冒充李泰府中的人到父皇面前诬告李泰有种种不法行为,被太宗识破;后来便派人去暗杀李泰也没成功。于是,李承乾狗急跳墙,密谋杀入皇宫以武装政变夺取皇位。不料阴谋败露,太宗把承乾废为庶人,这也算"恶有恶报"吧。

李泰是李承乾的亲弟弟,排行老四。他年幼时非常聪明,特别喜欢诗文。长大后,对经籍、地理之学尤有兴趣,李世民对他格外宠爱。只因哥哥是长子,才成为太子,他心里很不是滋味。后来见太子胡作非为,渐渐失宠,他就忍不住想尽快挤掉太子而代之。于是他勾结朝臣组成死党,形成一股颠覆太子的势力。待到李承乾被废,太子之位似乎非他莫属了。可是,朝中的大臣们却为此形成了两派:一派主张立李泰,另一派主张立李治,而拥立李治的都是元老大臣。这下使太宗为难了:真若是李泰坐皇帝了,那么李治和几位重臣早晚得受害,朝廷很可能会出现一场悲剧。后来,太宗又发现李泰暗中胁迫软弱的李治退出太子之位的争夺战,再联想到李泰排挤李承乾的举动,于是暗中决定不立李泰。待决定立李治为太子后,李世民为防止李泰闹事,派人把他囚禁起来。李泰聪明反被聪明误,也没得到好下场。

贞观十七年(643),十五岁的李治被立为太子。若不是他大哥李承乾和四哥李泰鹬蚌相争,太子的头衔怎么也落不到他的头上。太宗虽然确立了李治的太子地位,但他内心深处对这个性情温和、天赋不高的九子并不甚满意。只因此时太宗已别无选择,只好为李治日后能胜任皇帝这一角色花费大量心血。太宗先是清洗了李承乾与李泰的同党,为李治消除了隐患,又让重臣们兼东宫官职,即让他们教育太子,让他们有亲近未来皇帝的机会。太宗还下令全国兵马都要服从太子调遣,树立李治的威信。他又让李治陪同自己朝见群臣,观摩政务,培养太子的治国能力。尤其是太宗亲著《帝范》十二篇,专门论述治国之道,让李治研读,可谓用心良苦。

虽然太宗费尽心思想努力培养李治,但他始终认为李治天性宽厚,办事循规蹈矩,只能算一个好儿子,而不可能做一个精明的帝王,对此太宗始终放心不下。直到病重,太宗还为李治做了两件事:一件事是把才智过人的丞相李世绩故意贬到外地,让李治当上皇帝后再召回重用,使李世绩对李治感恩戴德,为新皇效力。第二件事是临终之前,把朝中重臣长孙无忌、褚遂良叫到病榻前,赋以重托,希望他们努力辅佐李治。李治就这样被扶上马,即位时才二十二岁。李治在辅政期间,既没有惊天动地的功绩,也没有表现出特殊的治国才能:由于他基本继承了唐太宗的治国路线,本人也比较谨慎,政局基本稳定。太宗在九泉之下，也可以瞑目了。

唐中宗李显登基之谜

唐中宗李显生于大唐显庆元年（公元656年），是武则天为高宗生下的第三个儿子。李显起名显，赐名哲，实指望这个儿子能成为聪颖贤达之士，以稳固她在后宫的地位。然而，李显降生后，各方面都与他的两位兄长李弘、李贤相差甚远。不学无术，得过且过，既无治国的胆略，亦无理政的才术。

武则天作皇后时，先是废掉了非己所出的太子李忠，改立她亲生儿子李弘为太子；不久又废掉李弘，改立次子李贤；最后又对李贤不满，把三子李显推上太子宝座。唐高宗驾崩后，太子李显继位为中宗，太子妃韦氏封为皇后。成了皇后的韦氏心中开始盘算弄权的计划，在她的唆使下，软弱无主见的唐中宗提拔了韦后的父亲韦玄贞为豫外刺史。无奈此时武则天虽然成了皇太后，却把实政大权牢牢攥在自己手中，使得韦后无法通过中宗为所欲为。不到一年时间，唐中宗仅因一点小事得罪了母亲武则天，武则天就出面将中宗贬为庐陵王，发配到边远的房州，另立第四个儿子李旦为睿宗，自己总揽朝政。

李显携韦后在荒僻的房州住了一年，不久又按武则天的旨意迁往均州，在均州过了两年，又被勒令迁回房州。武则天之所以这样让他们反复搬迁，就是为了防止他们长居一地，聚集发展起自己的势力来对抗朝廷。经过几年的折腾，武则天觉得他们的锐气已经消磨得差不多了，也就允许他们长居房州了。

武则天几度废立太子和皇帝，大权暗握仍觉得不够过瘾，索性在天授元年又废掉唐睿宗，自己为圣神皇帝，结束了垂帘听政的时期。为了巩固自己的地位，消除异己，她在京城洛阳大事捕杀李姓皇室子孙和拥戴他们的大臣。消息传到房州，中宗与韦后心惊胆战，夜不安眠，每次听说朝廷使节前来，中宗李显就吓得面无人色，生怕是皇帝母亲派人来下诏赐死。

在这种极度的惶恐中过日子，懦弱的李显失去了生存的勇气，他曾几次想要撞墙自杀，但都被韦后拦住，韦后劝解他道："福祸无常，活着就有希望，何必自己送上死路！"中宗心想：反正只不过是一死而已，只要没有逼到最后关头，权且活着,就可以等待时机降临,何必急急忙忙自寻死路呢!这样一想,他又稍微安定下来,与韦后共同支撑着艰难痛苦的岁月。

武则天称帝后,很多人对她破天荒的女皇帝做法不满,各路英豪纷纷起兵声讨。在扬州就有徐敬业揭竿而起,为了使自己的行动名正言顺,他打起了"匡复中宗"的旗号。武则天心中有些惊慌,她一面派遣大将李孝逸率领三十万大军前往征讨,一面又派宠侄武三思前往房州察看中宗的动静。

武三思到了房州,见到了中宗和韦后,在叙谈中竟被韦后的美貌和风韵迷住了。只见韦后身材袅娜多姿,皮肤白皙滑腻,龙髻高盘,眸含秋水。因为要讨好来使,韦后对他媚眼频送,百般逢迎,怎么不叫好色成性的武三思心神荡漾呢!

聪明的韦后早已看出武三思的心思,心里暗暗拿定主意,她深知只要稳住武三思,就可以在武则天面前讨到好处,为了这个,她自己付出些色情又算得了什么呢?更何况这个韦后,生就风流淫荡的性情,能在这穷乡僻壤制造些风流韵事,还正合她的胃口。

当天夜里,韦后精心梳洗打扮一番,然后一个人悄悄摸到武三思下榻的馆舍。武三思似乎心有所待地正秉烛夜读,其实他哪里读得进去,眼前只是飘浮着韦后诱人的身姿和媚人的神情。忽然,他闻到一阵脂粉的浓香,随即韦后飘然而至,武三思忙不迭地起身相迎,口中连称:"下官何幸,蒙娘娘深夜造访!"

韦后娇媚地一笑,已走近前来,伸出洁白的玉腕,轻轻掩住武三思的口,悄声道:"嗫声!灭烛!"武三思心领神会,一口吹灭蜡烛,一把把韦后拉进了自己的怀中。如此,一个如饥似渴,一个投怀送抱;一个仗势猎色,一个卖色求利。清晨临别时,韦后叮咛道:"武郎千万不要辜负我呀!"武三思指天为誓:"我一定在天后面前竭力保全。"

送走武三思后,韦后在房州踌躇满志地等待着京城传来好消息。而武三思回朝后也并未食言,他在武则天面前极力宣扬中宗与韦后的忠孝之心,然而出于种种顾虑,武则天并没有急于召中宗夫妇返朝。直到圣历元年,在宰相狄仁杰的力劝下,武则天才派人把中宗和韦后从房州接回洛阳,复立中宗为皇太子,这时距离弘道年中宗被贬房州已经十五年了。

中宗回宫五年以后，趁武则天卧病之际，张柬之、桓彦范、敬晖、袁恕己、崔玄晖等五位大臣，率领御林军攻入长生院，逼迫武则天让位给太子李显。就这样，中宗在失位二十年后，又被推上了皇帝宝座，韦后自然也恢复了皇后的身份。但唐中宗对张柬之等人并不感激，他觉得自己已被接回来作了皇太子，继位为皇帝是迟早的事，张柬之等人的举措，不过只使他提前了些时日而已，况且还让他担了一些不可预知的风险。这个软弱无识的皇帝，对排挤自己、给自己戴绿帽子的武氏家庭的人却反而没有一点恶感，张柬之等人发难之时，他还特意叮嘱说："杀别人可以，武氏之族，系我中表之亲，不可滥杀！"让诸位力保李唐天下的大臣哭笑不得。

唐顺宗是个瘫子皇帝吗

贞元二十一年（公元 805 年）正月二十三日，唐德宗李适病死在皇宫中的会宁殿。丧音发布以后，文武百官极为震惊，每个人脸上都流露出紧张的神色。大臣们倒不是感到德宗死得意外，主要是不知道由谁来继承皇位，害怕皇位一旦空虚，会发生其他变故，国家又会陷入混乱之中，百姓也要再受流离之苦。就在人们担惊受怕的情绪还没有消除的时候，德宗发丧那天，太子李诵身着孝服，在九仙门接见了百官。对此，大臣们又喜又惊，喜的是国家有了新的君主，这就避免了可能出现的政局的动荡；惊的是太子已经瘫痪，怎么还能到九仙门会见群臣呢？就是在这样的气氛中，两天以后，李诵正式在太极殿即皇帝位，人们称他为唐顺宗。

唐顺宗李诵是怎样成了一个瘫子皇帝的？李诵是德宗的长子，母亲为昭德皇后王氏，上元二年（公元 761 年）出生在长安皇宫中。大历十四年（公元 779 年）被封为宣王，建中元年（公元 780 年）正月被立为皇太子。李诵最初也是一个非常健康的人。他爱好艺术，善于隶书，德宗每次赐给大臣方镇的诗制，都是他书写的。李诵又性情宽仁，办事果断，尊敬老师，和睦兄弟，所以各方面的关系都处理得比较好。不仅如此，李诵还是一个能政善战得勇将。在泾原之乱时，德宗为朱泚逼迫，出走奉天（今陕西乾县），李诵随侍左右，常常身先士卒，鼓励将士,给大臣们留下了深刻的印象。

但是,李诵在当太子的二十年中,也并不是处处顺利的。他有过厄运和处于逆境的时候,而这些,也许正是造成他后来瘫痪的原因之一。

贞元三年(公元787年)八月,宫廷里发生了一起"郜国公主事件"。郜国公主是肃宗的女儿,她最初嫁给裴徽;裴徽死后,又嫁给萧升;谁知不久萧升又死了,郜国公主只好寡居。又过不久,郜国公主和彭州司马李万发生了不正当的关系。与此同时,蜀州别驾萧鼎、沣阳令韦恽、詹事李升也都和郜国公主关系密切。他们之间的丑事很快传扬开了。唐德宗知道了这些情况,非常生气,就把郜国公主幽禁到别的宅院中,又把李万乱棍打死,还把萧鼎、韦恽、李升等人流放到岭南。贞元四年(公元788年),郜国公主又大搞巫术,咒骂德宗,结果被废去公主称号。因为郜国公主的女儿是李诵的王妃,而德宗担心这位王妃会产生怨愤情绪,便派人把她杀掉了。德宗对太子李诵也越来越不喜欢,并几次和礼部尚书李泌说起要废立太子。当时德宗想立的太子是舒王李谊。李谊不是德宗的亲子,而是德宗三弟李邈的儿子。因为这孩子年纪最小,德宗怜爱他,便命为自己的儿子。李泌知道了德宗的意图,就反复规劝他,不要随意废立太子。李泌还对德宗说:"皇上对自己的儿子信不过,非要立弟弟的儿子为太子,试想如果真立了弟弟的儿子,那么多少年以后,皇系还属于您这一支吗?何况,即使郜国公主不好,也不能因为妻母的事而连累太子啊。"德宗最后才终于醒悟。就这样,李诵的太子位置终于保住了。

李诵虽然注意谨慎地处理和各方面的关系,但他对宦官的态度却始终不好。德宗晚年因为不信任外臣,非常宠信宦官。裴延龄、李齐运、韦渠牟等人经常围绕在德宗的左右,进谗言,拨是非,排斥异己,吹捧同类。对此,许多人不敢说话,李诵则敢以太子的身份和他们论争。对宦官主持的宫市,许多人也敢怒而不敢言,李诵则表示要到德宗面前详细陈述。因此,宦官便十分嫉恨他。

贞元二十年(公元804年)九月,由于长期的心绪不宁,感情易于冲动的太子李诵得了中风病。他不仅不能随意走动,而且连话也不会讲了。正巧在这不久,德宗身体不好,诸王亲戚都前去侍奉服药,只有太子李诵卧病在床,不能前往。贞元二十一年正月,德宗病逝。宦官们匆忙把翰林学士召到金銮殿。有的宦官说："宫里商量了,谁来继承帝位还没有定。"许多人默默发呆,不知如何是好。只有卫次公反驳宦官们说："皇太子虽然有病,但他是嫡长子,能够维系内外之心。实在不得已,也要立广陵王。如果别有所想,国家定会祸难不断。"广陵王就是李诵的长子李纯。卫次公说完,翰林学士也随声附和。这样,李诵对皇位继承的权力才又有了保证。为了稳定人心,在德宗发丧的时候,李诵在宫人们的帮助下,克服病痛的折磨,硬是支撑着瘫痪的身体,在九仙门接见了群臣。国家有了新君,全国才相安无事。

由于唐顺宗李诵身体瘫痪不能坐立,又不会讲话,处理国政只好采取特殊的形式。他居住的地方挂上一个帘帷,宦官李忠言、美人牛昭容陪侍左右,百官上议,就在帷幕中由牛昭容代传是否准予其奏。顺宗任用贤能,办了几件很有气势的事情,一扫宫廷中的污浊,震动了朝廷内外。顺宗虽然身体上有了缺陷,但其明智贤能,却远远超过了他的父亲好几倍。

唐穆宗为何不问国事

穆宗是一个荒淫的皇帝,在他刚即位不久,就纵情享乐。二月初一日,他到丹凤楼颁布诏书,大赦天下之后,就宣召歌舞艺人到丹凤门内表演杂戏。穆宗

唐穆宗

完全陶醉在歌舞之中,早把国家、百姓忘在九霄云外。这年六月,皇太后移居兴

庆宫,穆宗和六宫侍从又乘机聚会在太后住处纵情地欢宴。从此以后,每隔三天,穆宗都要观看一次手搏戏和杂戏,对国家政务越来越荒疏。

对于穆宗的嬉戏,监察御史杨虞卿很感忧虑。一天,他上奏穆宗,指出国家尚未平静,百姓还多疾苦,皇上不能高枕无忧,还特别强调自古帝王,居危思安之心没什么不同,但居安思危之心却互有长短,这就是能不能成为圣明帝王的差距。谁知,穆宗对此一点也不理会。

御使大夫柳公绰的弟弟柳公权字写得非常好,穆宗召他为翰林侍书学士。一次,穆宗问柳公权:"你的字怎么写得这样好呢?"柳公权回答说:"用笔在心,心正则笔正。"穆宗听后,知道是柳公权乘机劝谏,脸色一下子变了。

尽管这样,穆宗依然我行我素。七月六日是他的诞辰,这一天,他在宫中尽情地游玩,致使苑内假山倒塌,压死了七个侍从。不久,穆宗又到新建成的永安殿看百戏,到安国寺观盂兰盆,妃嫔随从,车仗华丽,大家玩到尽兴而归。

长庆元年(公元821年)二月初九日,穆宗又在麟德殿观赏杂技和音乐,他高兴得手舞足蹈,情不自禁地对给事中丁公著说:"听说外面百官公卿们经常欢宴,一定是民间太平,五谷丰登,我感到非常宽慰。"丁公著却回答说:"这样的风俗不见得是好事。"穆宗问为什么,丁公著说:"国家自天宝以来,奢靡之风日盛,竞相游宴,沉于酒色,致使政务荒废,百官怠职,这难道对朝廷和皇上有益吗?"穆宗听后,脸上露出无所谓的神色。

七月十八日,穆宗在宣政殿接受群臣册号之后,又到丹凤楼大赦天下。就在这时,幽州监军使上奏:"本月十日幽州军乱,节度使张弘靖被囚禁,判官韦雍等人被害。"文武百官听了,均感震惊。穆宗倒觉得没有什么,只是颁布一道诏旨,贬张弘靖为吉州刺史。幽州就这样又成了藩镇的割据势力。八月初二日,镇州监军宋惟澄又上奏:"七月二十八日夜里军乱,节度使田弘正并家属、将佐三百余口被害。"不久,冀州刺史王进岌被杀。这样,镇州、冀州也成了藩镇割据的势力范围。过了一段时间,穆宗又得到消息说,瀛洲也发生了兵乱,观察使卢士玖被囚禁。就这样,由于穆宗的荒淫和不问政事,河朔三镇再次变成了藩镇割据的势力范围,宪宗年间取得的一点成绩,在短短的时间内就全部丧失了。

穆宗不仅是一个荒嬉的皇帝,而且还是一个希望长生不死的君王,他很早就开始服用金石之药。尽管处士张皋曾经上疏劝谏，穆宗还是坚持服用。长庆四年（公元824年）正月十日，穆宗终于中毒，病死在皇宫中的寝殿，只活了三十岁。

唐敬宗为何死于非命

穆宗由于服金石之药而中毒身亡，他的长子、十六岁的李湛即位，是为唐敬宗。敬宗依然宠信宦官。他即位之初，就下诏赏给神策军军士每人绢十匹，钱十千。在嬉戏废政方面，敬宗比穆宗更是有过之而无不及。敬宗即位的第三个月，就在中和殿、飞龙院和宦官们击球，还在中和殿大摆乐队，唱歌跳舞，极兴而止。

长庆四年三月二十二日，文武百官已经到朝很久，敬宗还迟迟没有上殿。有的大臣年纪很大，体力不支，长久地站立，几乎要摔倒。后来，谏官左拾遗刘栖楚在一次上朝结束时，以头叩击地面，血流不止，规谏敬宗说："皇上正是年轻体壮之时，怎么能贪图安逸，留恋女色，以至很晚还不坐朝呢？先帝的灵柩还没有葬入地宫，歌舞之声就已经喧嚣于外。我很怕这样下去，国家不能长久。"敬宗看他这个样子，连忙示意宰相李逢吉上前劝阻。李逢吉会意，一边扶起刘栖楚，一边说："你不必再叩头，皇上已经知道了。"刘栖楚站起，擦了擦头上的血，又对敬宗谈起宦官的事。刘栖楚还没有说几句，敬宗又表现出不耐烦，双手乱挥。刘栖楚愤愤地说："皇上既然不听臣的话，我就把头叩碎！"中书侍郎牛僧孺恐怕敬宗发怒，就对刘栖楚说："你所奏的事情，皇上已经知道，不必再讲了，可到门外等候。"刘栖楚出去后，敬宗还想让内官杖责他，只是由于李逢吉、牛僧孺再三劝阻，敬宗才没有加罪。由于敬宗整日嬉游，不问朝政，皇宫中闹起了大乱子。

长庆四年四月十七日，敬宗即位三个月后，当时，长安城中有个占卜术士苏玄明，和洗染坊工匠张韶关系密切。一天，苏玄明对张韶说："我曾为你卜过卦，你应当在皇宫中的御殿内吃饭，我可以陪伴你。"张韶听后，十分怀疑地问："我是染工匠，你是卖卦的，我们怎么能到皇宫中的御殿饮食呢？"苏玄明很正经地回答:"我听说,当今皇上昼夜游猎,出人无常,这正是我们可以利用的好机会。"原来,张韶在染工坊干活,经常往宫中送货物,时间长了,认识了把守的卫士,卫士对他也就不再详加盘问。苏玄明和张韶就利用这个机会,秘密联络染工一百多人,把兵器和人藏在柴禾车中,装作往宫里送东西的样子,从右银台门进入皇宫。

他们相约黄昏的时候起事,不料进入右银台门时,守门的卫士发现车子和平时不同,便上前询问载的是什么东西。张韶以为计谋泄露,便将门卫杀死,命令手下的人拿起武器,一边呼喊着一边冲入了内宫。当时敬宗正在清思殿击球,听到喊杀声,不由得一惊,急忙命人了解情况。身旁的宦官外出探望,刚走出不远,张韶等人已经持刀杀向前来。宦官急忙把这一情况上奏敬宗,敬宗感到事情紧迫,仓促之间,想带领大家去右神策军军营。有的宦官提醒他:"贼人入宫,不知道有多少人,右神策军又离这里远,容易出事,不如前往左神策军军营,路近且快。"于是,敬宗和宦官们直奔左神策军军营。左神策军中尉马存亮听说敬宗来到,急忙出迎,跪倒在敬宗面前,捧着敬宗的脚哭了,并把敬宗背入营中。随后,马存亮命令大将康艺全带领五百名神策军骑兵前往迎接二位太后来营,又命令大将尚国忠带领大队人马迎击张韶。这时,张韶、苏玄明和他们的同伙已经打入清思殿。张韶登上皇帝的宝座,拿起食物,一边吃着一边对苏玄明说:"果然如你所占卜的那样。"苏玄明看张韶自得的样子,惊问:"难道事情到此为止了?"张韶不满地回答:"这地方怎么能长久地呆下去呢?一旦禁兵来到,我们如何抵抗?"说完,张韶把殿上的宝器全部分给了手下人,并让他们攻打弓箭库。由于遭到守卫的禁军抵抗,没有成功。这时,马存亮派遣的左右神策骑兵来到,和张韶、苏玄明展开了激战。日近黄昏时,张韶等寡不敌众,最后全部被杀。到第二天,敬宗才从左神策军军营回到宫中,下令鞭笞了九仙门等三十五名门监,又把染坊使田晟、段政直流放。

张韶事件发生四个月后,八月初一的早晨,又发生了宦官季文德勾结马文忠等一千四百人企图造反打入皇宫的事件。由于阴谋泄露,这一千四百人被敬宗降旨全部乱棍打死。由于敬宗荒嬉过分,致使宫廷不断生事,许多大臣曾向他进谏,但敬宗根本不把大臣的话放在心里。敬宗越来越迷信道士,企图长生不老。他曾经派遣中使往湖南、江南等地采药;派道人杜景先往淮南、岭南等州求访异人;甚至还在内宫里修山建院,专门供奉道士二十多人讲解道术。敬宗还常常在夜间到宫中各处捕捉狐狸,宫中称此为"打夜狐"。

宝历二年(公元 826 年)十二月初八日深夜,敬宗猎取狐狸结束后,和中官刘克明、田务成、许文瑞打球;然后,又和打球军将苏佐明、王嘉宪、石定宽等二十八人饮酒。敬宗喝得非常高兴,全身燥热,便到内室更换衣服。就在这时,殿上的灯烛突然熄灭,刘克明等人乘机把敬宗谋害在室内。敬宗死时才十八岁,在位仅仅两年。这都是他自己荒淫无度造成的,真可谓自食其果。

唐宣宗李忱真的当过和尚吗

唐宣宗李忱在位十三年,明察慎断,执法无私,恭谨节俭,惠爱民物,具有贞观之风,可以和唐太宗李世民相媲美。也许这个评价有些夸张,但也确实肯定了他较为贤明的一个侧面。他在位期间,国家安定,社会的政治、经济等方面都得到了发展。据记载,大中十三年,国库充足,各种货物堆积如山,户部的钱币多得几乎无法计算。各州的情况也是如此,有的州积钱甚至多达三百万缗。

值得一提的是,李忱本来是唐宪宗的妃子郑氏所生,自幼口吃,很少开口说话,人称"痴儿"。宪宗本来是想立李忱为太子,但却被李昂抢先做了,是为唐文宗。李昂死后不久,其弟李炎即位,是为唐武宗。武宗封李忱为光王,但却经常欺负自己的叔叔李忱。不管侄儿武宗怎么取笑和耍弄他,他也毫无表示。

据说,武宗曾经逼害李忱,导致他不能居住在长安,只好潜逃为僧。传说光王李忱为僧时最初的落脚点是浙江海宁的镇国海昌院,原名庆善寺,俗称北寺,初建于梁。当家方丈齐安原系唐室宗亲落发为僧的,李忱就在此地当了一名小沙弥,取法名为琼俊。齐安发现他举止不凡,便另眼相看,倍加礼遇。

登基以后的李忱,几次派使者来迎齐安,都被婉言谢绝了。不久,齐安圆寂,李忱为此十分伤心,特地写了悼诗,还大兴土木,扩充寺院,建造舍利塔,并令光禄大夫、御史中丞卢简术书写塔碑,表达自己报答恩师的心情。

李忱与齐安为师徒的故事流传极广,所以北宋时苏轼游海宁,特地撰写七绝《悟空塔》:"已将世界等微尘,空里浮花梦里身;岂为龙颜更分别,只应天眼识天人。"此中是指齐安早就辨识落难时的人即是光王李忱。

据说李忱还与唐末高僧黄檗禅师希运相从。他在海宁当沙弥时,有次正逢黄檗来海昌院说法,两人还曾当面谈论佛法。传称黄檗有天眼,早就看出李忱的帝王之相,就邀请他同游,就此,李忱离开了海宁,先后赴江西、湖南诸地,又随黄檗隐居安徽。

武宗病重时,因五个儿子年幼,未立太子,但继承皇位怎么也不会轮到李忱。大宦官马元贽趁机矫使诏命,特立李忱为皇太子,全权处理国事。他以为弄个呆子当皇帝,自己将来好控制朝政,哪里想到,李忱即位以后,待人处事有规有矩,一反痴呆性格,这才知道李忱的痴是假装的。马元贽虽然因拥主有功,受到宠信,但他也不能不佩服李忱这个有心计的人,再也不敢小看他了。

登基以后李忱的节俭表露无遗。首先是他对自己的衣食住行用度方面严格要求。在衣着服饰方面,他一反历代帝王追求奢华的风气,不讲究穿戴。平时在宫中,他经常穿着洗过的衣服。待上朝召见文武大臣时,才换上信义服。有时上朝也穿着洗过的衣服,看似旧了些,他也不以为耻。在饮食方面,李忱也不铺张浪费,每日三餐的饭菜也比较简单,从不挑剔。他的出行也不讲究排场,他曾下诏废除出行前先用龙脑、郁金香铺撒地面的陋习,认为这样做太奢侈浪费,根本没有必要。大臣们见皇帝如此节俭,都上行下效,也注意节俭起来。因此,在官场中形成了一种崇尚节俭的风气,都以节俭为荣。

李忱对自己的子女们也严格要求。他曾下诏说:"我要用俭朴来教育天下,应当从我的家属开始。"李忱的长女万寿公主下嫁给起居郎官郑颢。按照宫中常例,公主出嫁时,乘坐的车子应该用白银装饰,可是李忱却打破常规,下诏令改银为铜,他还亲笔给女儿写了一个诏令:"假如违背了我的告诫,将招致太平公主和安乐公主那样的灾祸。"他的告诫是什么呢?谨守妇道;以俭朴为德;不要轻视丈夫和丈夫的家族;不要干预政事。可谓言简意赅,语重心长。

有一次,郑颢的弟弟患了重病,李忱派人前去探望。使臣回宫后,李忱问长寿公主在哪里,回说在慈恩寺看戏。李忱听了非常生气,叹气说:"我曾经责怪士大夫家不愿和我结亲,现在才知道其中的原因。"于是,立即把长寿公主召进宫来，严厉地责备她道："哪有小叔子生病，不去探望问候，竟然去看戏的呢！"公主站在石阶下，不得不认了错，李忱才让她回去。官员们见皇亲国戚都安分守法，都不敢骄横妄为了。

另外，李忱还有平易近人的美德。在上朝时，他听大臣们奏事，当然摆出了一副威严的架势，但却没有烦躁和怠惰的神情。下朝后，他和朝臣们说说笑笑，谈家常，说趣闻，总是和颜悦色，无所顾忌，气氛非常融洽。对身边的重臣们，在平时如同对待客人一样，很尊重对方，总是客客气气的。甚至对宫中的侍役，他也不歧视。他能够叫得出每个侍役的名字，知道他干什么差事，谁要是生了病，他还亲自前去探望，有时还私下里赏给病人一些物品作为安慰。他的平易近人，使人尊敬他，他的威严又使人怕他。当这样皇帝的臣子只有兢兢业业了。

鉴于唐武宗与寺庵争夺劳动力和财富，几次下令灭寺勒令僧尼还俗，而宣宗又相当崇信佛教，兴亡寺庵，所以有人从这里推断，也许宣宗曾经出家为僧的说法是某些僧尼或文人捏造的。不管宣宗曾经是否出家，仅从唐代中后期几位皇帝来看，有的荒淫，有的奢侈，有的骄横，有的昏庸。而李忱能做到恭谨节俭，以礼待人，也算是难能可贵了。

后宫秘录

武则天是怎样成为唐高宗的宠妃的

武则天是中国历史上唯一的女皇帝，是中国历史上杰出的女人，她的工谗善媚手段罕有其匹，诚如骆宾王在《讨武檄文》中所说："入门见妒，蛾眉不肯让人；掩袖工谗，狐媚偏能惑主。"

武则天不是一般的女人，她知道唐太宗的年龄比自己大了许多，她不可能跟唐太宗一辈子，她和那些有机谋的妃嫔一样，在为唐太宗死后自己的出路寻找靠山。

　　自承乾太子因声色犬马被唐太宗革去太子位,最得唐太宗宠爱的儿子就是魏王李泰,宫中的妃嫔都暗暗和他私通声气,再加上魏王李泰年轻貌美,有几个放荡的妃嫔竟暗暗地和他结下私情,每当他一进来就像一盆火一样地迎向他。但武则天对他总是冷冷的,避得远远的。她有她自己的想法,尽管她也存心想找一个少年美貌的皇子。但她更需要一个忠厚少年,一旦得宠之后,可以颠倒操纵。偷眼看那魏王,是一个浮滑阴险的少年,将来决不能成大器,便是成了大器,也是一个无情无义的薄情郎君,因此任好色的魏王如何对她温存体贴、殷勤馈送,她总是不理不睬。她暗中选定的目标是生性懦弱、身体多病、忠厚老实的晋王李治。

　　只要是男人,在女人的一再挑逗之下,总会明白是怎么一回事,更何况是武则天这样的美人。一天,李治入厕所以后,武则天用金盆盛水捧给李治洗手,颔首半跪,使出轻佻浅逗的手段,清澈的盆水中倒映出武则天的如花面容,李治终于按捺不住一团热烘烘的欲火,情不自禁地蘸起水,轻轻地向武则天的脸上弹去并戏吟道:"乍忆巫山梦里魂,阳台路隔恨无门。"武则天立即答道:"未曾锦帐风云会,先沐金盆雨露恩。"

　　一个是心旌摇曳,一个是色授魂与,就这样成就了好事。李治是一个忠厚的男人,在枕头上立下誓,愿生生世世不忘今日之情。武则天是个有能力的女人,她侍奉了唐太宗这么多年,当然知道唐太宗的性格。在武则天的调教下,李治在唐太宗面前乖巧起来,日益讨得唐太宗的欢心。魏王李泰担心父皇会立李治为太子,就对李治百般刁难,并暗中胁迫李治。此事后来被唐太宗得知,加上长孙无忌坚决请求立李治为太子,于是太宗在贞观十七年(公元643年)立李治为太子,李治住进了东宫。

　　东宫靠近后宫,武则天与李治的来往更加密切,就连李治的正妻王氏也看出残云零雨来,但想到自己能有今天的地位,全靠武则天的妙计胜人,便睁只眼、闭只眼地忍耐下来。因此在唐太宗病情加重之日,正是他仁孝的太子与美艳的才人感情迅速加浓之时,在唐太宗奄奄一息的时候,武则天竟然怀上了太子李治的儿子。

　　唐太宗驾崩后,按照唐代后宫的规矩,凡是经过先皇召幸的妃子、女官,特别是"世妇"及"御妻"等人,均须离开内宫而入寺为尼,武则天当然也不例外,随众来到感业寺水仙庵出家。面对青灯古佛,回首往事,那悠悠岁月,仿佛繁华一梦,24 岁的武则天,正是女性身心均臻于圆熟的年龄,却日夜谛听着钟鼓和更漏,任芳华虚度,思念起如今已贵为天子的李治,心中时而涌起蓬勃的希望,她觉得终究会有一天,自己会再对宫灯重施脂粉。

然而等待的时间也太久了,武则天已经快到 30 岁的大关,她的希望与信心在递减,她有些埋怨李治,甚至自怨选错了人。就在她万念俱灰的时候,喜从天降,唐高宗和后妃一行驾临感业寺,为唐太宗的忌辰悼念祈福。看着旧日的情人一袭袈裟,留着个光头,忠厚的李治竟流出了眼泪,其他人还认为皇上是思念亲生父亲唐太宗而落泪呢,但王皇后却十分明白其中的原委。"莫道相对无言语,一点灵犀暗里通。"武则天更是兴奋得双颊泛起醉人的红晕,唐高宗怜爱的眼神,不时缠绕在武则天身上,只要皇帝还记得,还念着旧情,武则天就知道还有办法。

事实上,唐高宗和王皇后都是借着为唐太宗进行五周年忌辰来见武则天的。对唐高宗来讲,他一直就没有忘记武则天,只是由于即位之初,诸多军国大事要他进入状态,并进行必要的调整与安排。再加上他也还受制于开国以来的元老集团,不得不谨言慎行,以蓄养自己的威望。同时出身名门贵胄的王皇后,处处用礼法对他加以管制,另有一个萧淑妃也分散了他一些感情,因此一下子还没有顾及武则天。至于王皇后更是非见武则天不可,因为王皇后出身名门,太过贤德方正,使得高宗兴味索然,萧淑妃乘机把高宗掌握在自己的手中。萧淑妃吹得一口好箫,做得一手好汤饼,还能学市井中骂人的口吻与皇帝打情骂俏,更兼不断变换手法刺激皇帝的新鲜感。于是王皇后醋劲大发,想起了武则天,便不惜用"饮鸩止渴"的办法来对付萧淑妃,当她在感业寺中看到唐高宗和武则天两人的表情时,她暗暗地笑了。

唐高宗思念武则天,但碍于祖训,加上他本人的懦弱,暂时还一筹莫展,此时萧淑妃又为高宗生了个儿子。怒气冲冲的王皇后经过秘密的安排,居然把武则天悄悄接进宫中,蓄发换装,在高宗永徽六年的一个春夜里,不着痕迹地把武则天送到了唐高宗李治的怀抱中。

武则天第一次入宫是 14 岁,做了太宗的小女人;第二次入宫是 29 岁,以成熟的风情与母性的柔情,把比她小 4 岁的唐高宗撩拨得如痴如醉,第二天便被册封为昭仪,算是"九嫔"之首,仅次于皇后及"四夫人",在后宫已是排名第六的人物了。

武则天篡位之谜

武则天当上皇后的同时意味着与她争宠的王氏、萧氏悲苦命运的到来,二人骤然间滑向了没有光明的无底深渊。为防止"野火烧不尽,春风吹又生",机智而富权术、阴狠而毒辣的武则天当然要斩草除根,王皇后以谋杀武则天女儿的罪名被废为庶人。王皇后、萧淑妃被废以后,囚禁在后宫的一所密室之中。密室四面高墙,没有门窗,只有一扇小门开了一个很小的孔,以通食器,门外有武氏派人看守。王氏、萧氏困在其中,昼夜不见日月,终日只有以泪洗面。互诉悲苦。

一天,高宗李治想起了被废的王皇后和曾经忘情恩爱的萧淑妃,不知道她们情形如何,想去看看。内监引寻着高宗,来到密室,见门禁森严,只有一个小孔用以通递饮食,李治不禁恻然心动,为之神伤。李治走过去,大声说:"皇后、良娣,你们还好吗?"王皇后、萧淑妃听见是皇上的声音,而且就在门外,两人喜出望外,泣不成声地说:"妾身以罪弃为奴婢,请皇上别这么称呼我们。"呜咽流涕之后,她们喘喘气又说:"陛下若是念在往日恩情的份上,就请让我们重见天日,将这里赐名为回心院。"李治伤感之下,泪眼朦胧,满口答应,"朕即有处置。"

武氏立即得到了心腹的奏报,待高宗离去,马上派人杖王皇后、萧淑妃各一百,直打得两人血肉模糊。然而,武则天还是不放过打入冷宫的王皇后及萧淑妃,终于在武则天软硬兼施、寻死觅活的纠缠下,唐高宗下诏将王皇后和萧淑妃赐死了。

按照惯例,后妃赐死不外乎鸩毒及自缢,而武则天却命人将王皇后及萧淑妃两人斩断手足,投入酒坛之中,说是让她们骨软筋酥吧! 王皇后至死不发一言，萧淑妃则厉声披发大叫道："愿阿武为鼠我为猫，生生扼其喉！"萧淑妃的话像钉子一样，一个字一个字地钉在武则天的心坎上，此后纵然宫中老鼠成群也不准养猫。好一阵，武氏常梦见二人披头散发、血淋淋地前来索命。武氏大为憎恶，请来巫师镇邪，不久，徙居蓬莱宫，但还是时而梦见两人。后来，武氏便干脆迁都洛阳，终生不回长安。为表达自己对二人的憎恶，武氏下令改王氏为蟒氏、萧氏为枭氏，中宗即位以后才复得其姓。

武氏进宫不到三年，就权谋夺取了皇后的地位。武则天巩固了在后宫的地位后，就加紧利用唐高宗为病魔所困的机会，将大部分政务都操纵在自己手里，向皇帝的宝座进军。为此，她还须首先在那批元老重臣中树威。

武则天所做的第一件事就是将反对派大臣褚遂良、长孙无忌等贬官流放。没多久，李治因害了一场病，整天头晕眼花，有时难以睁眼，索性就将朝政大事全部交给武后处理。武则天执掌大权后，逐渐不把无能的李治放在眼里，使李治成为徒有虚名的皇帝。

从此，武则天更加肆无忌惮，一切任人行政大权多取决于她。她加紧培植自己的势力，依靠李义府、许敬宗，一连做了几件惊人的大事：废太子李忠，改立自己的儿子李弘为太子；封死去的父亲为周国公，杀死王皇后的舅舅。武后这一系列举动，令朝野百官无不侧目，一个个望风承旨。武后专权弄事，自然令外朝重臣极为不快，他们结成一体，窃窃私语，准备废后另立。而高宗也不满武后的挟制，同样有废后的想法。

千钧一发之际，武后的心腹宫女奔告武后，武后立即赶到大殿，面见高宗，质问这一切是为什么？高宗羞缩，吞吞吐吐。武后表现得无限委屈，声泪俱下，对高宗恩威并用。高宗哪经得住这个，连忙为自己开脱，说："都是上官仪教我的！"武后找出了罪魁祸首，便指使许敬宗构陷上官仪。于是，王伏胜、上官仪、李忠被杀。自此以后，武后不敢大意，常与高宗同朝听政，李治想有所为而不能，每次视事，政无大小，武后就垂帘于后。满朝官吏皆谏之，李治只是拱手听命而已，国人把武则天与高宗并称为"二圣"。不久，武则天自称"天后"，堂而皇之地颁布了十二条施政方针，俨然造成了一个独揽朝纲的局面。

唐高宗李治在位34年，后20年几乎不裁政，全部交给武后裁夺。武后在

36岁以前，替高宗生了四个儿子、一个女儿，此后便开始参与政务，醉心权术。高宗病体不支，一旦驾崩，颇得人望的太子自然会继承皇位，临御天下，这样，武后只能回到后宫，不能干政。这对于权力欲极旺的武后来说，无异于一死。因此，武后像杀死她的女儿那样轻松地决定，结束太子的生命，将太子李弘鸩杀。太子李弘死后，立次子雍王李贤为太子。不久，李贤又失欢于武后，废为庶人。武后的第三子李显被立为太子。

弘道元年十二月，高宗死去，太子李显即位，为唐中宗，武后为皇太后，总揽朝政。李显即位以后，打算把自己的岳父韦玄贞升为宰相，并授给自己乳母的儿子一个五品官。这时，韦玄贞刚从普州参军升为豫州刺史，接着再拜侍中为宰相，显然升迁太快。因此，宰相裴炎坚决反对，发生争执。这位不谙世事、年轻气盛的皇帝气哼哼地说："我把天下都给韦玄贞有什么不可，何况一个侍中呢！"

裴炎把这事报告了武则天。武则天立即召集百官到乾元殿，裴炎与中书侍郎刘某及御林将军带兵入宫，宣太后令，废中宗为庐陵王，幽于别所。李显这时还不明白，问："我有何罪？"武则天斥责他："你要把天下让给韦玄贞，这罪还小吗？"

武则天所以选中李显继承帝位，是因为看到了他的昏庸，认定他称帝也成不了大气候，废立都掌握在自己手中。另一方面，武则天也是遵照高宗遗嘱让李显称帝。而且这时武则天称帝的时机尚不成熟，不敢贸然行动，用李显作为缓冲。

李显被废后，武则天的四子豫王李旦即位，是为睿宗，居别殿，不得干预朝政，武后旋又幽禁李旦及诸子于宫中，不出门庭达十余年。李旦的宝座还没坐热，因武则天要当皇帝，李旦只好让位，并且请母亲赐自己姓武。尽管这样，也没有消除武则天对他的疑虑，还是把他废为庶人，赶出京城。不久，武则天又把李旦怀有身孕的妻子也赶走，致使两口子沿途乞讨，风餐露宿，苦不堪言。李旦的三儿子李隆基就是在逃难时出生在路边的破草棚里。

公元684年，武则天改东都洛阳为神都，立武氏七庙，百官改名，为做女皇帝奠定基础。接着大量采用娘家诸武用事，残酷镇压政敌。五年后，武则天宣布改唐为周,自称圣神皇帝,经过 36 年的经营,武则天终于获得皇帝的称号。她登位时已 67 岁,是中国历史上即位年龄最大的帝王,她也是我国历史上一位刚强机智的杰出政治家、思想家。

武则天究竟有多少个男宠

武则天是中国历史上唯一的女皇帝,封建时代杰出的政治家。李唐王朝二百九十年的历史,有近半个世纪是由这位女性皇帝导演的。她一生的功过,经受了一代又一代人的褒扬与贬斥。在那喋喋不休的贬斥声中,因她曾拥有过几个男宠,成为亘古难泯的丑闻,也因此而成为政敌攻讦诅咒的靶子。

武则天在个人生活方面,曾专门设置"控鹤监",专习床前供奉,薛怀义、沈南、张易之、张昌宗等人,都先后成了他的男宠。高宗死后,首先入侍武则天的是薛怀义。薛怀义原名冯小宝,本是洛阳街头卖膏药的小贩,因为身材魁梧,健壮有力,又能说会道,善收善放,是千金公主勾引来的情郎。武则天知道后横刀夺爱,居然称心如意。当时宫中经常举行佛事活动,为使冯小宝方便出入宫中,武则天就让他剃发为僧,出任洛阳名刹白马寺的主持,又将其名改为"怀义",赐给薛姓。凭着过人的聪明,薛怀义又因督建万象神宫有功被擢升为正三品左武卫大将军,封梁国公。后来还多次担任大总管,统领军队,远征突厥。

薛怀义仗着有武则天撑腰,一时气焰熏天。一天,薛怀义在朝堂之上与丞相苏良嗣相遇,苏良嗣看不惯他的嚣张气焰,命令左右随侍的人结结实实地打了他几个耳光。薛怀义捧着红肿的脸向武则天哭诉,不料得到的答复是:"这老儿,朕也怕他,阿师以后当于北门出入,南衙宰相往来之路,不可去侵犯他。"可见武则天对于嬖幸的男宠,以及为她办事的大臣,两者的分量是分得清清楚楚的。

对这件事,武则天的最有名的宝贝女儿太平公主曾当面说过她母亲:"为什么不选择出类拔萃的人,用来帮助游赏圣情,揭除烦虑,何必去宠幸那些市井无赖之徒,为千秋万世所讥笑呢?"武则天颇为感慨地答道:"你讲的确实很正确,早几天宰相打薛怀义的嘴巴,就正好是欺侮他是市井小人啊!假如是公卿子弟通晓文墨的,南衙又岂敢随便侮辱他!"

　　后因武则天宠幸御医沈南璆,薛怀义恩宠渐衰,气极之下,竟偷偷将明堂焚毁。武则天知是薛怀义所为,但也自觉难堪,未予追究,反令薛怀义主持重修明堂。后薛怀义愈发娇纵,并张扬武氏私事,为武则天所厌恶。在武则天授意下,太平公主率人将其缢杀。薛怀义死后,时过中年的沈南璆奉武则天。七十多岁的她又陷入了寂寞烦闷之中,喜怒无常,脾气暴躁。此后,太平公主把自己的姘夫、太宗时凤阁侍郎张九成的儿子张昌宗兄弟推荐给武则天。这两个二十岁左右的美少年,不但聪明伶俐,通晓音律,而且更有侍寝的本领。武则天以为这回是公卿之子,大臣们讲闲话的可能会没有,于是马上给二人加官四品。从此,二张俨若王侯,每天随武皇早朝,待其听政完毕,就在后宫陪侍。

　　武则天还是遭到了反对,大臣狄仁杰原来就逼着武则天撤除了秽乱深宫的"控鹤监",这次他又硬着脖子对武则天说:"臣过去请撤'控鹤监',不在虚名而在实际,今天'控鹤监'的名虽已除去,但二张仍在陛下左右,实在有累皇上的盛名,皇上志在千秋,留此污点,殊为可惜,愿罢去二张,离他们是越远越好。"

　　对此武则天没有大怒,只是拐弯抹角地加以解释:"我早已知道你是忠正老臣,所以把国家的重任委托给你。但这件事情你不宜过问,因为我嬖幸二张,实际是为了修养身体。我过去躬奉先帝,生育过繁,血气衰耗已竭,因而病魔时而相缠绕,虽然经常服食参茸之类的补品,但效果不大。沈御医说:'血气之衰,非药石所能为力,只有采取元阳,以培根本,才能阴阳合而血气充足!'我原也以为这话虚妄,试行了一下,不久血气渐旺,精神渐充,这绝不是骗你的,我有两个牙齿重新长出来就是证明。"

　　说完把两个刚长出来的牙齿露给狄仁杰看。不可一世的女皇武则天张大了嘴巴向狄仁杰逼来,使得狄仁杰这位忠耿正直的大臣一时之间窘迫异常,狄仁杰不得不做出让步,但仍不屈不挠地说:"游养圣躬,也宜调节适度,恣情纵欲,适足贻害,但我知道陛下不会像历史上的秦、胡二皇后,希望陛下到此为止,以后不能再加添男宠了。"武则天和颜悦色地说:"你讲的是金玉良言,今后我一定会有所收敛的!"朝堂之上,君臣竟以猥亵之言争论男宠的事,可说是千古少见的事,武则天能够做到这样也算难能。

张易之和张昌宗属世家子弟,宰相之后,此二人先被任为中朗将和少卿,后屡屡加官,因武氏年事已高,政事多委张氏兄弟,二人权倾朝野,连武则天的侄儿武承嗣、武三思等人都争着为二人执鞭牵马。二张恃宠而骄,不仅在后宫恣意专横,而且结党营私干预朝政,引起了众怒。神龙元年,宰相张柬之等发动复辟唐朝的政变,将二张诛杀。其实二张对唐朝的复辟也是有功的。

武则天依靠历史的条件、特定的婚姻、个人的才干书写了一段辉煌的女皇历史。作为一个女皇,一个精明的政治家,武则天蓄养男宠应该说主要是为了显示女皇帝的威权。二张入侍时,武则天已年满七十三岁,就算生活优裕,养生得法,服用春药,也难使一个老妪返老还童。她这是在向众人炫耀,既然男子为帝可以有成群的妃嫔,女人登基也应该有侍奉的男宠。而且,武则天在宠幸面首时,唐高宗早已作古,她是孤身一人;皇帝妃嫔成群在当时是合法制度,武氏身为女皇,男宠前后不过数人,即使与历史上不荒淫的皇帝相比,也是少之又少。因此,对武则天还应该全面的、历史的、公正的给予评价。

武则天为何只是唐太宗的"才人"

贞观四年,曾做过隋朝资官令和唐初火井令,而后又隐居民间的星相家、四川成都人袁天罡来到利州武都督家。他本是星相家,极善看相。他先看都督夫人杨氏说"夫人骨法,必生贵子"。都督便把两个儿子元庆、元爽叫出来。袁天罡一看就说:"你的这两个儿子都是保家之主,官可至三品。"都督又把女儿,即后来成为韩国夫人的武则天的姐姐叫出来。袁天罡说:"此女当大贵,只是不利其夫。"接着,乳母又抱着一个孩子走出来,袁天罡一看,深为诧异:"如果这是个女孩,命运实在难以窥测,以后恐怕要成为天下之王。"这个孩子就是武则天。

武则天是并州文水人,父亲先是经营木材运销致富,后来做了隋朝的鹰扬府队正,唐高祖李渊在汾、晋一带行军的时候,经常到武家落脚,后来唐朝统一天下,到李世民继位后,其父累官已至工部尚书,荆州都督,封应国公。武则天的母亲是隋朝宗室杨达的女儿,一方面笃信佛教,一方面又内行不检。武则天的醉心权势、胸罗机谋、信奉佛教,乃至于淫乱自恣等特性,似乎都来自父母的遗传。

　　唐太宗辉煌的"贞观之治"笼罩着武则天幸福的童年,她属于那种早熟的女孩,年方14岁便已呈现出女性"花解语、玉生香"的艳丽风情。就在这一年,他成了唐太宗的才人。唐太宗的贤妻长孙皇后在武则天14岁的这年谢世。唐太宗十分怀念她,曾在宫中筑一土台,天天站到上面眺望她的坟墓,连朝政都有些不理。以敢讲实话而著名的大臣魏征来到宫中,唐太宗请他也到台上去看一看亡妻的坟墓,魏征告诉唐

武则天

太宗,他只看见了唐高祖李渊的坟墓。魏征的话使唐太宗不再去望亡妻的坟墓了,但并没有排解心中的愁苦,看到过去的六宫粉黛,兴趣索然,于是就有拍马屁的大臣建议唐太宗在天下再一次选美。历朝皇帝的选美都把天下闹得鸡飞狗跳,这一次也不例外,因郑仁基的女儿闹得风大雨大,迫使唐太宗停止了这次选美活动,但武则天却由此而选入后宫。

　　唐太宗自一见到武则天就被她迷住了,为着她14岁稚嫩的娇躯,承恩之际不解风情的婉转娇啼。唐太宗一连临幸三夜,把武则天都弄得病倒了,一病就是20多天,唐太宗私下里叫她"媚娘",封她为"才人"。

　　按照唐初后宫的制度,有所谓"四夫人""九嫔""二十七世妇""八十一御妻"的编制,也就是说,除了皇后之外,还另有121位妾侍。"四夫人"是:贵妃、德妃、淑妃、贤妃。"九嫔"是:昭仪、昭容、昭媛、修仪、修容、修媛、充仪、充容、充媛。"二十七世妇"是:婕妤、美人、才人各九人。"八十一御妻"是:宝林、御女、采女各二十七人。另外还有上千的没有名号的宫女。编制严谨,只能依次升补,不能巧立名目,随意更改。武则天被封为"才人",算起来在皇帝的121位御妻中排名第三十几位,以她14岁的年纪,不算太高,也不算太低了。

　　武则天是在贞观十一年深秋时节被召入宫的,原本想有很好的升迁机会,她侍候唐太宗十年,尽管唐太宗对她也宠爱有加,可是一直到贞观二十三年唐

太宗驾崩，却始终未曾再予晋级加封。是什么原因呢？至少有两件事情，使唐太宗把武则天的身份固定在"才人"的地位，以阻绝她在后宫之中发挥更大的影响力量。

第一件事是西域进贡了一匹宝马，名叫"狮子头"，能够日行千里，但却烈性难驯，多少年轻力壮的骑士都弄得灰头土脸甚至伤筋折骨，就连过了半生军旅生涯、爱马若狂且骑术精湛的唐太宗也被掀翻下来，无可奈何地望着这匹宝马不住摇头叹息。不料武则天却奏称："只要给我三样东西，就能降服这马。也就是一支皮鞭、一柄铁锤、一把锋利的刀子。先用皮鞭打得它皮开肉绽，死去活来。还不听话，就用铁锤敲它的脑袋，使它痛彻心扉。如果仍不能制服它的暴烈性情，就干脆用刀子割断它的喉咙算了。"唐太宗也算是乱世中杀出来的英雄，阅人无数，但还从来没有见到过如此敢作敢为的女人，如此心肠坚硬，甚至可以说狠毒的女人，唐太宗不得不对这个当时年纪还小的女子起了戒心。

第二件事是民间秘传："唐三世之后，女主武王，代有天下。"这本秘记在暗中流传，被京城太史局秘记，不久便报告给太宗李世民。李世民君临天下，文才武略，不可一世。可是，当他听到这个秘记的奏报，不禁大为惊骇，惶惶不安。李世民对于命运是相当信服的，在他四岁时，曾有一位相士到岐州李家替他看相，说他"龙凤之姿，天日之表，年将二十，必能济世安民！"为此，李渊替他取名为李世民。如今，竟说有女主武王，代有天下。对此，唐太宗垂询太史令李淳风。得到的答复是："这个人已经在宫中，三十年后，当有天下，杀李唐子孙殆尽，其征光已成。"唐太宗大惊失色，准备尽杀可疑的人。李淳风说道："天之所命，人不能违，王者不死，徒多杀无辜；且自今以后三十年，其人已老，或者颇有慈心，为祸或浅。今天如果把她杀掉，上天或者更生出一个年轻力壮的来，肆其怒毒，恐怕那时陛下的子孙更加无遗类了啊！"英武绝伦的唐太宗曾怀疑到武则天的身上，自然也就要尽可能地限制她的地位和权势。

唐太宗自恃甚高，英明神武，不可一世，他喜欢的女子自然不会是豪爽和勇武一类，他喜欢风雅、文弱的女子，喜欢温慢似水、柔婉娇媚一类。因此，才女徐惠擅宠，武则天充其量也就是赐名武媚而已。

武则天真的杀死了亲生女儿吗

唐高宗永徽六年,二十九岁的武则天奉诏离开感业寺,二次进宫,被高宗封为昭仪。武则天进宫后,发现后宫里王皇后与萧淑妃在明争暗斗。王皇后妒忌萧淑妃生下皇子,怕"母以子贵",失去自己的皇后地位,于是支持高宗召武则天回宫,目的是想利用武则天去夺萧淑妃的宠,自己坐收渔利。武则天是何等精明之人,很快猜中了王皇后的意图,所以将计就计,极力巴结王皇后,流露出千般万般感激之情,王皇后被她的虚情假意迷惑,竟视她为知己,不断在高宗面前夸赞武则天,贬损萧淑妃。高宗庸懦无能,不能处理朝政,常由宰相帮他出主意。武则天使出浑身解数,把李治紧紧地抓住,更以卑辞屈利,稳住王皇后做她的踏脚石。一来二去,没有多少时日,王皇后的目的达到了,萧淑妃失宠了。但是,武则天并不以此为满足。她千方百计笼络后宫的人,收买宫监作耳目,暗察失宠后的萧淑妃的不满言行。终于事遂人愿,萧淑妃被高宗打入了冷宫,贬为庶人。

武则天下一个对手就是王皇后了。这王皇后本是高宗的结发妻子,为人持重,举止娴雅,又有外廷的重臣们拥戴,扳倒她谈何容易?况且要废立皇后可不是小事,得跟大臣们商量。因此,此前高宗想封武则天为宸妃时,大臣们据理反对,高宗就没敢轻举妄动。他不想为这么一件小事儿引起朝臣的不满。武则天十分清楚,这次要废掉皇后一定要争取朝臣们的赞同。为此,她绞尽脑汁、苦思冥想如何向皇后之位逼近。

首先,她想从太尉长孙无忌那里打开缺口。长孙无忌不仅身任宰相兼顾命大臣,还是高宗的亲娘舅,他这一关通过,其余的大臣便不在话下。一天,武则天陪高宗带厚礼亲自到太尉府,当场给长孙无忌的三个正在读书的儿子封官,还命人送来十车珍宝、金银、绸缎,然后婉转地提出废后一事,但是长孙无忌迟迟不表态,高宗和武则天只好悻悻而回。

接着,武则天又暗中指使宫人把一个写有高宗名字和生辰八字的小木偶,埋在王皇后卧榻下面的砖地里;然后派人到高宗那里密报,说王皇后怨恨皇上,跟她母亲魏国夫人用"厌胜"之术诅咒皇上早死。高宗见密告之人是王皇后的近侍,岂能生疑?待挖出木偶之后,见木偶的七窍和心口全都插着铁针,高宗气疯了,不问青红皂白,当即下令不许王皇后的母亲魏国夫人再进宫来。高宗全然没有想到这是栽赃,终于下决心要废后。

然后,在宣布废王皇后立武则天的朝堂上,武则天坐在高宗身后的珠帘内,随时替高宗出谋划策。当坚决反对武则天为后的褚遂良说了一大通理由后,武则天竟在帘内大喝:"怎么还不快扑杀此獠!"幸亏长孙无忌及时求情,高宗才未治褚遂良的罪,朝会不欢而散。就废王立武之事,朝臣们分成了三派:反对派、赞成派和中立派。其实,"中立派"明是中立,实质上等于赞同。反对派虽然有长孙无忌和褚遂良等顾命大臣,但还是少数。

武则天看得非常清楚,要想巩固自己的地位,最好是攻击代替防御,要争得后宫的独霸地位,非把王皇后彻底打到不可,于是武则天深思熟虑之后,使出一记"狠招"——上演了一出残杀爱女的"苦肉计"。

武则天进宫后的第二年,生下儿子李弘。又过了一年,即永徽五年,武则天再次临盆,生下了一个小女孩。这个小女孩长得眉清目秀,白白胖胖十分可爱。刚过百天,便会咧着小嘴,笑嘻嘻地伸着小手要人抱。高宗把她看成掌上明珠,每天下朝都要到太极宫里瞧她几眼。

有一天,王皇后因事到太极宫找高宗不遇,偶然间见到了这个小女婴一人在屋,不由得抱起来逗弄了一阵。过了一会儿,武则天回来,听说此事,便心生一计,狠下心来,把自己天真可爱的小女儿活活掐死了。不多一会儿,高宗进来,发觉爱女已死,气急败坏地大叫:"谁杀死了我的女儿?谁杀死了我的女儿?"他当然不会怀疑武则天会下此毒手,再一查问,知王皇后方来过,于是"谋害小公主以泄私愤"的罪名便落到王皇后头上。

形势急转直下,浑厚懦弱的高宗终于不顾一班老臣的反对,把坚决发对立武氏为后的褚遂良贬到外省作都督,紧接着王皇后被废。永徽六年,册封武则天为皇后,武则天想当皇后的愿望终于实现了。武则天被立为皇后,唐高宗还洋洋洒洒地下了一道诏书,其中特别援引汉宣帝见太子不乐,令选自己后宫美女王政君以娱太子的故事,用汉元帝与王政君的关系来比拟唐高宗与武则天,减轻"父子同科"带来的讥讽,真是煞费苦心。

武则天对亲生女儿下得了这般毒手,似乎超出常理,难以置信。分析前因后果就会清楚:这位才智超群的女性,饱尝了近十年才人的冷落之苦,她不甘心屈居皇后淑妃之下,决心以非常手段夺得后位。她出身贫寒,又曾侍奉过先帝,名声不好;而且,当时无论后宫还是外廷都没有拥戴她的人。单枪匹马的武则天要实现自己的梦想,只有拿亲生女儿的性命做赌注。她的冒险成功了,她的后位浸透了小公主的鲜血!为达目的不择手段固然是武则天的天性使然,但也是她成就大业的无奈选择。

试看古往今来,封建帝王、政治权臣为谋尊位,哪个人对自己的骨肉手软过?在他们心中,权力才是第一位的。武则天亲手害死亲骨肉也就不难理解了。

唐代帝王怎样临幸后宫

每当一位帝王初得天下时,必定要革除前朝积弊,勤勉辛劳,立志振兴朝纲,并采取各种措施,收买人心,减轻赋役。但是一旦江山稳固以后,看到天下太平、风调雨顺,帝王们的享乐之心就越来越强烈,渐渐地疏于政务,贪图声色犬马的享受生活。大唐开国时,仍然免不了经历这样一番过程,与前朝所不同的是,大唐帝王的后宫,风流淫荡得更加荒诞不经。

唐高祖李渊晋阳起兵后,带领千军万马东征西讨。当路过栎阳时,只见一片富丽堂皇的宫室,这便是隋炀帝杨广的行宫苑囿。侍从回报说,宫内还有许多美人。李渊听了,立即下诏,宣称隋朝大业以来,隋炀帝巡幸过度,贪图享乐,每经过一处风景秀丽的胜地,便建造离宫,大肆搜罗美女,充斥后宫。离宫修建得如此豪华壮丽,不知要浪费多少钱财和人力;良家子女被关在这里,与亲人失去联系,又是多么可怜。今天宣令,这些宫室都罢废掉,宫人全都放还,与亲人团聚。

然而,江山稳固之后,大唐天子并没有秉承祖辈们的优良传统,他们也开始大肆建造宫室、营造苑囿、广罗天下美人。太宗曾经写过一首《采芙蓉》的诗:

"结伴戏方塘,携手上雕船。船移分细浪,风散动浮香。游莺无定曲,惊凫有乱行。莲稀钏声断,水广棹歌长。栖鸟还密树,泛流归建章。"大唐的帝王们就是在这样轻松愉快的气氛中与美人们结伴游戏方塘,携手上雕航的。

到大唐第十代皇帝唐玄宗在位期间,后宫美人的数量一下子跃居四万,创下了历史最高纪录。有首诗云:

"玉楼天半起笙歌,风送宫嫔笑语和。

月殿影开闻夜漏,木晶帘卷近秋河。"

这就是说皇帝下朝后,犹豫不决,不知道该走向哪一个妃子处。后宫中亭台楼阁,满眼红粉佳人,伫立在风中,凝视前方,翘首企盼。皇帝由衷地感到吹喜,认为只有天子才能享有这样的乐趣。然而,究竟要如何安排这些佳人,让她们兴味无穷地为自己服务,还是件伤脑筋的事情。

唐玄宗李隆基风流多情,想出了一个独特的办法,每天将一群宫嫔聚集在一起,让她们投骰子,投中者选出最优胜者当夜侍寝。因此,太监们在私下里,称骰子为坐到角媒人。春花秋月,唐玄宗还吩咐宫女们在各自的门前种花。每到花开时节,玄宗就尾随一只蝴蝶,蝴蝶落在谁的门前,当夜玄宗便在该处留宿。这种临幸的独特方式被称为蝶幸。

年年进献的宫女实在太多,玄宗根本分不清谁叫什么名字。于是,玄宗又自创了一种风流办法,就是在临幸过的女子手臂上,打上"风月常新"的印记,再描些桂红膏,这样印记就不容易遇水褪色了。"风月常新"是宫女被皇上临幸的标记,也是部分宫女所独有的荣宠,于是,手臂上有这样印记的女子,总会招来羡慕的眼光。

对于后宫大部分的女子来说,她们就不那么幸运了,只有眼睁睁看着自己的同伴有幸参与蝶幸、风月常新,而自己则只能独守空闺。但是,为了保证后宫不发生淫乱之事,玄宗又在这些没有被临幸的女子手臂上点上朱砂,名为守宫。

唐穆宗在位期间,命人在宫殿前面种满了牡丹花;每当花开时节,香气袭人,朵朵牡丹,鲜红娇艳。穆宗在欣赏牡丹之余,常命人将飞舞在花间的各色蝴蝶捕捉起来,然后在室内放出,供后宫佳丽追逐嬉戏。穆宗还在衣服上写下许多淫词浪语,赠送给临幸过的美人,名为浑衣。

图文珍藏版

穆宗之子唐敬宗李湛15岁时即位。他酷好游宴、击球,并且贪财好色。在位仅仅三年的他,曾多次深夜出宫捕捉狐狸,还发明了一种风流箭。此箭是用竹皮做成弓形,纸做成箭,纸中间密藏着一些龙麝末香。每当敬宗来了兴致,便让美人站成一排,由他搭弓射箭。射中者并不会感到疼痛,只是觉得有一阵香气袭来,同时,赐令当夜侍寝。因此,宫中便出现了一句俗语:"风流箭中的——人人愿。"

敬宗除了人人愿的风流箭,还有鲜为人知的金屋帐。据记载,敬宗宝历年间,宫中来了两位浙东美女,一个叫飞燕,一个叫轻风,都长得貌美如花,妖艳异常。她们不仅容貌出众,而且身上还散发着阵阵清香,四季都透出一股幽兰香气。冬天可以不穿厚衣服,夏天再热也不出汗。舞女出身的两人,歌喉婉转,舞技超群,使得宫中其他舞伎黯然失色。

敬宗有了飞燕、轻风,宠爱有加,日夜不离左右。夜幕降临时,敬宗命她们载歌载舞,尽情享乐一番。歌舞完毕之后,敬宗便将她们藏在金屋之中,搭了一个宝帐,白天不让她们出来,怕风吹日晒,使美人受苦。于是,金屋宝帐藏美女的事情渐渐传遍了整个后宫,连京师都无人不知。后宫的宫女在嫉妒和羡慕之余,纷纷传诵着:宝帐香重重,一双红芙蓉。

章怀太子李贤是被武则天逼死的吗

在陕西乾县雄伟壮观的乾陵东南约三公里处,有一座唐高宗和武则天的陪葬墓——章怀太子李贤墓,它是唐中宗神龙年间(705~707年)迁回灵柩后重新安葬的。陪葬乾陵是莫大的恩典,但令人奇怪的是,作为高宗与武则天的儿子李贤的坟墓,与乾陵的另外两座陪葬墓——李贤的侄子懿德太子墓、侄女永泰公主墓相比,规模小多了,型制也低了一级。章怀太子李贤是唐高宗李治与武则天的第二个儿子,生于永徽五年(654年)十二月,文明元年(684年)三月在巴州被迫自杀,享年30岁。由于他的死因十分神秘,引起了古往今来不少人的猜测与争论。

李贤是在上元二年(675年)六月被立为太子的。在兄弟四人中,李贤天分最高,聪敏勤学,自幼即读了《尚书》《论语》《礼记》等古籍经典,过目不忘,深受唐高宗钟爱。立李贤为太子后,体弱多病的唐高宗打消了逊位于皇后武则天的念头,一心一意培养李贤,屡次命他监国。尽管当时朝廷内外对李贤评价颇高,但武则天却对他不太满意。她屡次下书劝诫儿子,并让人撰写了《少阳正范》和《孝子传》二书供李贤研习忠孝之道。

仪凤四年(679年)五月一天夜里,深得唐高宗、武则天宠信的正谏大夫明崇俨被杀,有传说是太子派人干的。不久,武则天就以太子好色、与奴仆赵道生"狎昵"为由,下诏立案拘捕太子,搜查东宫。结果在马坊里搜出甲胄数百具,赵道生也在刑讯之下供认受太子指使暗杀了明崇俨。次年八月,李贤被定作谋反罪。废为庶人,囚于别所,同党非流全被斩杀。开耀元年(681年)十一月,又将他迁往距京城2300里之遥的巴州(今四川巴中)。两年以后,李贤终于被武则天派遣的酷吏左金吾将军丘神责逼令自杀。

武则天为什么要一再逼迫以至于杀害自己的亲生儿子呢? 有人认为是母子争权。众所周知,武则天是一个权力欲极强的人,早在高宗朝后期,她就取得了与高宗"二圣临朝"的权利,把高宗当作傀儡而独揽朝政。然而,自从李贤继立为太子之后,多次受命监国,深受高宗与朝臣的赞赏。仅仅一二年的功夫,当朝宰相除了刘仁轨与武则天关系密切之外,其余的人几乎都倾向于听命太子。武则天对此当然不会无动于衷,听之任之。更令她恼火的是,李贤居然召集了一批学者注释《后汉书》,大有与后党北门学士们分庭抗礼之势。及至明崇俨被杀,李贤又喜形于色。武则天一气之下,立即找借口废太子为庶人,并放逐到边远地区。但碍于高宗的庇护,不敢进一步加害。高宗死后仅三个月,武则天便立即除掉了这个仇恨已久的政敌。

也有人认为,李贤本是武则天姐姐韩国夫人所生,在母以子贵的古代,武则天自然要千方百计地除掉他,另立自己的亲生儿子为太子。据记载,韩国夫人早年守寡,永徽中武则天再次进宫为昭仪后,她便以大姨身份出入宫禁,因姿色艳丽,颇得高宗的宠爱,被封为韩国夫人。联系起李贤生于岁末去昭陵进谒的途中,有人推测武则天的这个孩子可能早产夭亡,而此时韩国夫人恰巧也为高宗生了一个男孩,于是抱来顶替妹妹死去的孩子。此时的武则天尚在全力对付

国学经典文库

中国古代秘史

·隋唐五代十国秘史·

图文珍藏版

高宗的原配王皇后及萧淑妃，多一个儿子对她是有益无害，自然不会违背高宗的旨意。一个月以后，高宗就匆忙地同时将李贤和已经三岁的哥哥李弘册立为王。这样急于确立李贤的地位，似乎证实了以上的猜测。李贤继立为太子之后，武则天与他的矛盾便开始激化。当时宫中也纷纷传说太子是韩国夫人所生，甚至传到了李贤的耳朵里，可见李贤非武则天亲生也似乎有一定根据。

还有人认为李贤之死，是由于他早有谋反之意所致。本来李贤就是因为在宫中抄出数百套甲胄而被定为谋反罪的。在流放期间，他真的萌发了造反的念头，后因为事情泄露反遭杀身之祸也不是不可能的。李贤作为太子时曾多次受命监国执政，在朝臣甚至百姓中一直有很大的影响。他死后仅半年，徐敬业等人在扬州举兵反叛，就曾找了一个面貌类似李贤的人四处招摇，以示自己是奉李贤之命起兵的，号召天下迅速响应。可见只要李贤仍然活着，随时都有可能自觉或不自觉地充当朝野反武势力的领袖，而卷入到谋反之类的事件中去。

此外，也有人认为李贤是遭到谗言而被杀害的。早在李贤仍是太子的时候，以能通鬼神而深受高宗、武则天宠信的明崇俨就散布过太子不能继承皇位，应该另选英王或相王取而代之等言论。在章怀太子墓中也发掘出大量铭文，文中多次以晋献公听信骊姬之言杀申生、汉武帝听信江充之言杀刘据、晋惠帝听信贾后之言废愍怀太子之类的典故来暗喻李贤之死。看来李贤遭谗而死，不是妄言。

上面四种说法孰是孰非，今天已经难以做出准确的判断，诸说都有各自的道理，很可能李贤之死是其中多个原因综合作用的结果。李贤死后被迫封为雍王，就地葬于巴州，至今仍在当地留有遗迹。神龙二年（706年），中宗李哲将其灵柩迁回长安、陪葬乾陵，景云二年（711年）又追赠他为章怀太子。今天，人们驱车前往位于陕西省乾县乾陵乡东金村南约300米的章怀太子墓，沿着那阴森森的墓道走进墓穴，欣赏着那些精美、罕见的唐代壁画，吟诵着那脍炙人口的《黄台瓜辞》：“种瓜黄台下，瓜熟子离离。一摘使瓜好，再摘使瓜稀，三摘犹为可，四摘抱蔓归。”一个整天忧心忡忡仍不免死于母亲之手的悲剧王子的形象，恍然若现。

永泰公主是被武则天害死的吗

永泰公主李仙蕙,字辉,是唐高宗李治与武则天的孙女,中宗李显的第七个女儿。据说她从小聪慧美丽,通晓礼仪,深得父亲的喜爱,被封为永泰郡主,下嫁武则天的侄孙魏王武延基。婚后不久于大足元年(701年)九月去世,年仅17岁,是一位薄命的公主。她的墓在乾陵东南约三公里处,是乾陵的陪葬墓之一。这位时乖运蹇的公主,究竟死于何因呢?

据记载,女皇武则天以古稀之年,仍宠幸美男子张易之和张昌宗。二张俨若王侯,每天随武则天早朝,听政完毕,他们就在后宫陪侍。当时朝中的当权大臣都争先恐后地献媚他俩。武则天又在宫中设置控鹤府,召集大批文人学士,以二张为核心,形成了一股新的亲信政治集团。二张恃宠而骄,插手干预朝政。武则天也有意把政务委托他们处理,连复立庐陵王为太子这样的大事,也是由二张及其当人吉顼策划办成的。文武大臣深为张氏兄弟干政所惶恐,朝廷上下议论纷纷。

大足元年(701年),当时的皇太孙邵王李重润(即懿德太子)与妹妹永泰公主李仙蕙及妹夫魏王武延基又聚在一起私下议论,发泄对张氏兄弟的不满。张易之得到消息以后,向武则天告状,武则天一怒之下让太子(即唐中宗李显)处置他们。慑于母亲的压力,李显不得不于九月初三勒令自己的亲生儿女与女婿三人同时自杀。其时,李仙蕙新婚不到一年,肚里还怀着孩子。李显复位以后,追赠李仙蕙为永泰公主,并于神龙二年(706年)将武延基、李仙蕙夫妻合葬于乾陵北原。

永泰公主死于武则天之手的说法,史家历来代代相沿,并无疑问。然而,上个世纪六十年代出土的《永泰公主墓志铭》,使人们不得不对永泰公主之死重新进行探讨。其中提到永泰公主的死因时,却说她是由于怀孕患病而死。铭文是这样记述的:"自蛟丧雄锷,鸾秋孤影,槐火未移,柏舟空泛。珠胎毁月,怨十里之无香。琼萼凋春,忿双童之秘药。女娥篯曲,重碧烟而忽去。弄玉箫声,入彩云而不返。呜呼哀哉!以大足元年九月四日薨,春秋十有七。"

这段铭文的大意是"自从丈夫武延基死于利刃之下以后，寡居的永泰公主十分悲伤。然而灾难并没有结束，公主腹中的孩子使母亲死亡，虽然医治仍无法挽救。真是可悲可叹啊！"

从"槐火未移"分析，"槐火"出自《庄子·外物》，指的是阴阳错行的火焚烧大槐，铭文中指武延基被杀。那么，"槐火未移"的真正含意是什么呢？据说，《唐律》有"诸妇人犯死罪怀孕当决者，听产后一百日乃行刑"的规定，但惯用刑杀的武则天对永泰公主，不可能免于处死，至多也只是缓刑而已。此即"槐火未移"的真正所指吧。永泰公主假使受缓刑处置，但仅隔一天就突然死去，可能的原因，一是由于其夫被杀，精神受剧烈刺激，小产或服毒堕胎而死；二是武则天采取其他手段使她流产而丧生。

西安医学院的人体解剖学家们，通过对出土遗骸的研究发现，永泰公主的骨盆先天窄小而畸形，在现代遇到这种情况完全可以通过剖腹产来安全分娩，而在古代则只能使临产的母亲和婴儿一起死亡。至此，永泰公主的死亡原因已经揭晓，她显然是死于难产。这与《墓志铭》重"珠胎毁月"的记载，正相印证。

尽管永泰公主是死于难产而非自杀，但她的死仍然多少与武则天有关。据史书记载，懿德太子李重润、魏王武延基是死于九月初三日，而永泰公主在此日就接踵而亡，极可能是因为丈夫、胞兄被杀，忧惧悲恸交加引起早产而死。武则天对自己的亲骨肉心狠手辣，显然加速了永泰公主的死亡。有人认为即使永泰公主没有先天生理缺陷而能顺利地生下孩子，也难以逃脱死亡或流放迁徙的命运，章怀太子李贤等许多宗室亲近的悲惨遭遇就是明证。

总之，关于永泰公主的种种死因，目前还尚难判定，有待进一步研究考证。但是，至今人们大多还是认为，武则天的冷酷无情是促使永泰公主早亡的原因之一。

永泰公主墓现属乾陵博物馆，以其精美的随葬俑和罕见的大面积壁画吸引着游人。走进墓穴，欣赏着四壁男女侍从们执役以及戏鸟、赏花的壁画，不知不觉穿过长达87.5米的墓道与墓室，来到那雕刻精美的石椁前，这位公主豪华的宫廷生活仿佛再现。想起她以17岁的妙龄而死于自己的亲祖母之手，不禁令人感叹。

太平公主为何不得善终

太平公主是武则天和唐高宗的女儿,从小就很得武则天的宠爱。在她幼小的时候,武则天曾将她送到庙里,为她求福。高宗仪凤年间,吐蕃王前来求婚,想让太平公主远嫁吐蕃,武后舍不得女儿嫁到那么远的地方,于是拒绝了。吐蕃王仍然不死心,连宫殿都给太平公主修好了,然而武则天还是想办法拒绝了。这件事拖了好几年,就把太平公主的婚事给耽误了。

有一次,武则天正陪着高宗坐在正殿上,忽见一位年轻人走上殿来。只见那人身穿紫色战袍,腰悬玉带,来到皇帝和皇后面前,又歌又舞。这时,两人才注意到,来者正是他们的女儿太平公主。武则天笑着问道:"我儿为什么这般打扮?"太平公主指着这一身男装,笑道:"赏给我一个驸马,好吗?"两人这才明白,女儿是想选女婿了。于是,武则天便选了一个叫薛绍的年轻人为驸马,但他几年后就死了。武则天又把太平公主嫁给自己的侄子武承嗣,但武承嗣又得了病,于是公主喜新厌旧,看上了武攸暨(ji)。可是武攸暨已经有了妻室,武则天便先派人杀了武攸暨的妻子,然后把女儿嫁给他。

武则天对太平公主很是优待,一些军国大事都允许她参与讨论。后来,太平公主因为拥立中宗有功,被加封万户,权倾天下。长安附近,到处都有太平公主的庄园,并且都是肥美的上等好田。远至东南沿海甚至岭南各地都有她的作坊,各州县给她运送财物的车辆相望于道。天下的珍奇宝物,太平公主家里几乎全都有。她的歌伎舞女与天子相同,穿着绸缎的奴仆就有几百人,至于其他的奴仆则有上千人。

中宗即位后,处处表现得软弱无能,朝政几乎被韦后把持。于是太平公主协助李隆基,杀死韦后及其女儿安乐公主,将李隆基的父亲、相王李旦再次推上了皇帝的宝座。渐渐的,太平公主依仗自己的功劳,日益骄奢,不可一世。她的田园面积越来越大,几乎包括了京城附近所有的肥田沃土。她宫中的器物也越来越精细、繁多,私生活也越来越堕落。当时,她的丈夫武攸暨刚死不久,有个叫惠范的胡僧家中豪富,财宝很多,很善于巴结权贵。于是,太平公主便和他狼狈为奸。太平公主曾专门为惠范和尚在唐睿宗那里谋得圣善寺寺主位置,加三品,封公爵。

太平公主当时主要的对手便是太子李隆基,但是一开始她并没把李隆基放在眼里,觉得他还年轻,但后来了解了李隆基的英勇果断之后,就开始防范他。她制造舆论说,李隆基不是长子,没资格做太子,更不能继承皇位。太平公主的目的是要废除李隆基的太子身份,为自己以后做女皇帝开路。

公元712年,睿宗厌烦了做皇帝的生活,把帝位让给了儿子李隆基,但是仍然掌握着朝政大权:朝廷三品以上官员的任免权和军政大事的决定权。睿宗的让位加剧了李隆基和太平公主的矛盾,双方都在积蓄力量,准备除掉对方。

不仅如此,太平公主对朝政的干涉也使玄宗不能容忍。内结将相,外连王公,专谋异计。当时,朝中宰相七人,有五个和太平公主关系密切。一个叫萧至忠的,因为依附了太平公主,就由一个州官升为刑部尚书、中书令。他随便出入太平公主府第,早晚环伺在公主的周围,成了公主忠实的奴仆。还有掌握皇宫禁兵的常元楷、李慈,也常在私下里拜谒太平公主。

先天二年(公元713年)七月三日,尚书左仆射窦怀贞、侍中岑羲、中书令萧至忠、雍州长史李晋、左御林大将军常元揩、右御林大将军李慈,应太平公主召见,来到公主府上密谋。他们商议第二天由御林军作乱,发动政变,推翻唐玄宗,拥立太平公主登基当皇帝。但是,这个阴谋很快被唐玄宗得知了。七月三日深夜,玄宗颁布密旨,命歧王李范、薛王李业、兵部尚书郭元振、将军王毛仲,取马厩中闲散马匹以及家丁三百多人,率太仆寺少卿李令问、王守一、内侍高力士、果毅李守德等亲信十数人,出武德门,入虔化门,出其不意,攻其不备,在皇宫北门门洞内,杀死了常元楷和李慈,又活捉了萧至忠、岑羲等人。这些人先后被砍了脑袋。太平公主见势不妙,急忙逃进圣善寺,在那里住了一段以后回到家中。不过,最后她还是被赐死。随同太平公主一起死的,还有她的儿子及党羽数十人。从太平公主家中查抄出来的货物堆积如山,珍奇宝物和皇宫中的相差无几,土地和牲畜遍布在许多地方,征敛几年还没有完。在太平公主宠幸的惠范和尚家中,也查抄出了价值数十万贯的家资。

唐玄宗李隆基果断采取先发制人的策略,亲自率领兵马除掉了太平公主和她的手下骨干几十人，将倾向太平公主的官员全部罢官废黜，终于掌握了皇帝应有的权力。当年，唐玄宗把年号改为开元，表明了自己励精图治，再创唐朝伟业的决心。

韦后是个淫荡的女人吗

中宗被迎回宫后，武则天的身体每况愈下，五年后，五王发动政变，逼迫武则天让位给太子李显。这样，中宗在失位二十年后，又被推上了皇帝的宝座。再次成为皇后的韦氏，权势欲开始膨胀，放荡行径也更加无所顾忌。

中宗第二次即位期间灾害连年，边患不断。然而韦后却对中宗说："十多年的苦难我们已经受够了，现在就要过自由自在的天子生活了。"在韦后的怂恿下，中宗不顾民间疾苦，即位当年十一月，他们就一起到洛阳城南门楼观看了泼寒胡戏。当时天气严寒，北风凛冽，北方胡人裸身挥水，舞蹈自如。中宗和韦后身穿轻裘，从早到晚，不知疲倦。

次年春天，中宗又和韦后一起登上玄武门，观看宫女大酺（即聚会饮酒）。韦后还觉得不过瘾，又请求中宗命宫女左右分队，互相殴打，以决胜负。他们还派遣宫女开办集市，令百官公卿扮作商人前往交易，因买卖不公，大臣和宫女们互相辱骂，言词卑猥，中宗和韦后看了以后却哈哈大笑。

又过了一年，正值正月元宵期间，中宗和韦后脱去龙凤袍，换上百姓装，带领大臣们夹杂在长安市民中间，在化度寺门前的大街上观赏花灯。这一夜，中宗还依照韦后意见，放出几千名宫女看灯，致使一半以上的宫女都跑掉了。接着，他们又先后观看拔河比赛，游宴桃花源，游赏樱桃园，泛舟戏乐。

韦后在获得权力的同时并不因此满足，她更渴望着女人身心欲望的满足。中宗无力满足韦后的要求，她便寻求外欢，与武三思勾搭成奸。此后，韦后便如鱼得水，对政治的干预也更加猖狂。尽管韦后仿效武则天，也有想当女皇的野心，但她却缺乏武则天所具有的政治才干、执政者应具备的器量及神秘性，韦后所有的只是昏暴，而不讲究手段。

以武三思为首的武氏一族再度崛起，令政变集团成员们感到恐惧和万分惶恐,当初政变时,对以武三思为首的诸武竟没有丝毫的损伤。武三思因与韦后的关系,进而成为操纵中宗的"真天子"。

张柬之等人很清楚,这时中宗的制度实际上是根据武三思的裁决颁布的。在无可奈何之下,他们秘密晋见中宗,请求诛杀武三思及诸武。然而,每次晋见,中宗皆以缄默的态度予以回敬。在中宗看来,武三思是他和韦后最亲密、最信赖的知己。中宗不仅不会下令诛杀诸武,反而将张柬之等人的密陈透露给了武三思。武三思便和韦后一起双管齐下,在中宗面前,对张柬之等人屡进谗言。武三思和韦后诬陷张柬之等人图谋不轨,怂恿中宗将他们明升暗降、册封张柬之等五大臣为王。中宗对韦后和武三思的话由衷地相信,立即下诏封五王,从而剥夺了五位功臣执政之权,把他们调出京城。接着,武三思又诈称圣旨,派刺客在流放途中将五王一一刺杀。可怜这五位忠心耿耿的大臣拥立中宗复位,可谓深邃人心,可惜斩草不除根,终于冤死在小人女子手中。这样,唐朝大权完全掌握在韦后和武三思手中。

武三思等之所以会赢得中宗和韦后的信任而再度猖獗,这主要是由于后宫的才女上官婉儿的缘故。上官婉儿长期担任武则天的心腹笔杆,中宗即位后,敬佩上官婉儿的才华,继续留任她担任秘书工作。但对这位美人他是不敢觊觎的,唯恐引起韦后的责骂。无独有偶,武三思为了取得中宗和韦后的彻底信任,想到了上官婉儿。他们频繁幽会于后宫,后宫淫乱之风由此兴起。不久,婉儿便要求在宫外建立私宅,如同朝廷官员一般,早出晚归到后宫侍奉帝后。此项先例一开,仿效者接踵而至。

中宗对武三思的信赖不亚于对韦后的信赖。常常有这种情况,韦后和中宗并排听政,回到后宫,韦后便和武三思在皇帝的龙床上下棋,中宗在一旁观战,与他们一起嬉戏调笑。武三思既然与韦后、上官婉儿久有奸情,也就有推翻中宗的心思,他时时怂恿韦后仿效武后的行动,自立为女皇,这设想也正中韦后下怀。而在武则天身边长大的安乐公主,看惯了女皇帝那种一呼百应的威风,便异想天开,说男儿可为皇太子,我女孩子为什么不能做皇太女?韦后听了,哈哈大笑,抚着公主的脖子说:"待母后做了女皇帝,就定立你为皇太女!"

唐中宗空为天子,不但政权掌握不了,就连自己的女人也没法把握,老婆韦后与上官婉儿倒是围着武三思争风吃醋。一个春日困人的日子,午后无事,韦后心中纪念武三思,便恹恹地打不起精神。中宗了解她的心思,便命太监宣召武三思进宫。韦后见了武三思,顿时笑逐颜开,命宫女摆上赌具,和武三思玩起赌双陆的游戏来,中宗则在一边手握筹码,替他俩计算输赢。韦后故意撒娇弄痴,逗着武三思玩笑,把中宗可怜巴巴地撇在一边。这时,内侍进来奏称,丞相李峤有要事进宫来面圣,中宗闻报连忙出去了。这里韦后见中宗身影刚闪过门口,就把双陆一掀,一耸身倒在武三思怀里,两人手拉着手进寝宫去了。在一旁站着的上官婉儿,看得牙齿直痒,但又奈何不得他们。

虽有了武三思,淫荡成性的韦后仍然觉得不满足,因为武三思是一个手里握着无数美女情妃的人,不可能时时守在韦后身边,因而韦后宫中还养着三个美男子。

一个是杨均,原是韦嗣立家的厨子,一次韦后到韦嗣立家饮酒,觉得菜做得出色,就赏厨子黄金百两,杨均上来谢赏。韦后一眼见他少年英俊,便暗暗地喜欢上了,下诏把杨均调到宫中,专替自己做菜,每到夜深时,韦后在别室里悄悄地把杨均传唤进去,赐以雨露之恩,杨均因此便得到了光禄少卿的官衔。

另一个是马秦客,原是太医院的御医,一次偶然进宫替韦后治疗感冒,只因他眉目长得清秀,从此以后,韦后有病常把他传进宫去伺候,对他的宠爱,也不在杨均之下。

再一个是叶静,原是马贩子出身,善玩马技。一年的元宵节在灯会上表演马技,被微服出宫游灯会的韦后看中,就命人把他召进宫去,除为韦后表演外,还奉命陪她共度春宵。这三个人都做了韦后的幕宾,追随着韦后,不离左右,谁也不敢说他们什么。

韦后就是这样一位权势欲与情欲同样看重的女人,她既想成为女皇,更想象皇帝一般,独揽天下的美男子。

江采苹是怎样成为唐玄宗爱妃的

梅花,以其清雅脱俗、孤傲高洁,曾受到无数文人雅士的钟爱和赞赏。吟梅颂梅的诗词也无以数计,但要说到真正的知梅嗜梅,并将梅品融入自己灵魂的,莫过于唐玄宗宠爱一时的梅妃江采苹了。

江采苹是福建莆田珍珠村人,出生于唐玄宗先天元年,父亲江仲逊是一位饱读诗书又极富情趣的秀才,且精通医道,悬壶济世,是当地一位颇有名望的儒医。江家家境富足,只生有江采苹一人,却并不因为她是个女孩、断了江家香火而不悦,反而倍加珍爱,视为掌上明珠。早在江采苹初解人事时,不知是什么契机而爱梅如狂。深解女儿性情的江仲逊不惜重金,追寻各种梅树种满了自家的房前屋后。深冬临春的时节,满院的梅花竞相开放,玉蕊琼花缀满枝丫,暗香浮动,冷艳袭人,仿佛一个冰清玉洁、超脱凡尘的神仙世界。幼小的江采苹徜徉在梅花丛中,时而出神凝视,时而闭目闻香,日

江采苹

日夜夜陶醉在梅花的天地中,不知寒冷,不知疲倦。在梅花的熏染下渐渐长大的江采苹,品性中深深烙下了梅的气节,气度高雅娴静,性格坚贞不屈,刚中有柔,美中有善;配上她渐渐出落得秀丽雅致的容貌、苗条颀长的身段,仿佛就是一株亭亭玉立的梅树。

生长在书香门第,父亲又极赏识江采苹的颖慧,自小就教她读书识字、吟诵诗文,江仲逊曾向友人夸口道:"吾虽女子,当以此为志。"唐朝时期人们思想较为开放,加之江仲逊是一位开明秀才,因此,对女儿寄予如此众望是不足为怪的。江采苹确实不辜父望,九岁就能背诵大本的诗文;及笄之年,已能写一手清丽俊逸的好文章,曾有"萧兰""梨园""梅亭""丛桂""凤笛""破""剪刀""绮窗"等八篇赋文,在当地广为人们传诵和称道。除诗文外,江采苹对棋、琴、书、

画无所不通，尤其擅吹奏极为清越动人的白玉笛、表演轻盈灵捷的惊鸿舞，是一位才貌双全的绝世女子。因此，远近的年轻人都感叹道："不知谁家儿郎有此福气，能够娶得江采苹为妻，真是三生有幸啊！"

身处遥远南国的江采苹为什么会进入皇宫为妃呢？这得从高力士替唐玄宗选美说起。当时正值玄宗开元盛世，才识盖世的唐玄宗李隆基治国有方，国家兴盛，四海承平，内有贤相，外有名将，一派昌荣之景。志满意得的唐玄宗渐渐开始追求享乐，优游宫苑，享受声色犬马之乐。于是扩建宫室、创设梨园、广征美女、巡幸狩猎，无不穷奢极欲，极尽铺张豪华之能事。岁月在安乐中飞快地流逝，朝廷名相姚崇、宋璟，及得力大臣张说、王琚等相继谢世，接着韩休、张九龄等素为唐玄宗所敬畏的大臣也先后告老还乡。一时朝中得力之臣锐减，唐玄宗似乎失去了可以自如挥洒的臂膀，不由地产生了萧瑟垂暮之感，曾豪壮一时的他也不得不感叹岁月的无奈。紧接着，深受玄宗宠爱的萧淑妃因产后血虚突然离开了人世，这一打击对唐玄宗而言，绝不亚于失去众贤臣。别看唐玄宗是一个位极至尊的雄杰人物，却极重儿女之情，虽有后宫佳丽数千人，却对萧淑妃情有独钟，心灵最深层的爱系挂在萧淑妃身上。萧淑妃的卒亡使唐玄宗不胜悲痛，曾一度失去了对儿女之情的兴致，焚烧了宫中的珠玉锦绣，放出宫女数千人，自己则沉湎于往日的追忆之中，日见衰萎。

面对唐玄宗的景况，玄宗的心腹宦官，曾经屡参机要政事、迭建奇功、倍受重用的高力士，不免忧心忡忡，担心玄宗从此一蹶不振；于是，力劝唐玄宗征选天下绝色多情美女，借以改变目前枯寂的心境。

唐玄宗被高力士劝说得动了心思，但他认为，如果按惯例由各郡、州、县推选美女。选出的不过是些庸脂俗粉而已，于是改由高力士亲自出马，选人在精不在多，而且要秘密进行，不必惊扰地方官府。就这样，高力士领了密旨，轻车简从秘密出京，从汉江顺流向东，经江汉、广陵、钱塘而至闽地，各处明察暗访，着力搜寻，却终无满意的人。

到了闽地后，一日在茶楼品茶，实际上也是为了探听一些社会上的风闻。突然听到一群儒雅的年轻茶客提到江采苹，众口一致地称赞她才貌无双、知书达礼、性情温婉、清秀脱俗。高力士心中不由暗喜，想到："这正是皇上此刻最需要的女人啊！"

于是，高力士来到珍珠村，暗中观察了江采苹好几天，果然是一个清丽绝世的女子。他接着以宫廷特使的身份来到江家，表明来意，江家自然也只有应承的份。于是以重礼相聘，携江采苹回到长安。到长安时，正值梅花盛开，高力士早已探知江采苹性喜梅花，人品又可与梅花比洁，为了使人与花相得益彰，他特意在梅林深处安排酒宴，请唐玄宗临视江采苹。

唐玄宗龙驾停在梅林旁，徒步进入梅林，凉风微拂，清香袭面，玉凿冰雕般的梅花映入眼帘。困郁已久的他感觉到一丝怡人的清新。待见到江采苹，只见她淡妆素裹，含羞低眉，亭亭立在一株盛开的白梅下，人花相映，美人如梅，梅如美人，煞是清雅宜人，唐玄宗顿时心喜，积郁为之烟消云散。在美人的陪侍下，唐玄宗开怀畅饮，江采苹言语文雅，性情温柔，使唐玄宗感到一种温馨的抚慰，对她产生了深切的爱怜之意。待问到江采苹擅长何艺时，采苹回禀能吹笛。于是命人取来白玉笛，朱唇轻启，吹出一段《梅花落》，笛声清越婉转，吹笛人仪态万方，四周的梅树随着笛音不时撒落几许花瓣，唐玄宗仿佛置身于琼楼玉宇，不知是天上、还是人间。随后，江采苹又奉旨表演了一段惊鸿舞，身影轻如飘雪，衣带舞如白云，使得唐玄宗不知不觉地又进入了另一个幽雅灵逸的世界。从此，唐玄宗对江采苹爱如至宝，大加宠幸，封其为梅妃，命人给她所住宫中种满各式梅树，并亲笔题写院中楼台为"梅阁"、花间小亭为"梅亭"。后宫佳丽虽多，唐玄宗自此不复他顾。

梅妃是靠什么获得唐玄宗宠爱的

唐玄宗是个重感情的人，对兄弟十分友爱，宋王成器，申王成义，是玄宗之兄；歧王范、薛王丛是玄宗之弟。玄宗即位之初，时常长枕大被与兄弟同寝，不时设宴与兄弟同乐，还曾在殿中设五帏，与各王分处其中，谈诗论赋，弹奏丝竹，议谋国事，相处得十分融洽。唐玄宗获得梅妃后，迫不及待地想介绍给他的诸位兄弟，于是特设一宴招待诸王，席间他得意地向兄弟们称道："这是梅妃，朕常称其为梅精，能吹白玉笛、作惊鸿舞，今宴诸王，妃子可试舞一曲。"

梅妃先是吹奏白玉笛一曲,笛音曲折婉转,引人神驰。宋王成器也善吹笛,歧王范善弹琵琶,玄宗更是妙解音律,五位兄弟都十分领会梅妃笛声的神韵。笛声刚落,梅妃又翩翩起舞,漫舞轻,如惊鸿般轻盈,如落梅般飘逸,五人又看得如痴如醉。

舞罢,唐玄宗命人取出珍藏的美酒"瑞露珍",让梅妃用金盏遍斟诸王,当时薛王已醉,恍惚中被梅妃的仪态迷住,一时神魂颠倒,竟然伸出脚来,在桌下勾住梅妃的纤足纠缠不放,梅妃竭力保持镇静,不动声色使力争脱,转身躲入梅阁不肯再出来。玄宗发觉后问道:"梅妃为何不辞而去?"左右答称:"娘娘珠鞋脱缀,缀好就来!"等了一会,不见出来,玄宗再次宣召,梅妃派人出来答复说:"娘娘突然胸腹作痛,不能起身应召。"没有梅妃助兴,这一夜的兄弟宴乐也就到此结束了。

贤淑识体的梅妃并没有把薛王调戏她的事张扬出来。但是薛王第二日早晨酒醒,想起昨夜宴席上的荒唐行为,不禁大为惊惧,于是袒肉跪行来到宫中,向玄宗请罪,羞愧地说:"蒙皇上赐宴,不胜酒力,误触皇嫂珠履,臣本无心,罪该万死!"唐玄宗宽容道:"汝既无心,朕也就不予追究。"事后,玄宗回后宫问起梅妃,梅妃情知薛王是酒后失态,所以不愿意让玄宗知道,担心影响兄弟之情,玄宗问她时,她还竭力否认。见她如此顾虑皇家骨肉之情,大度地息事宁人,唐玄宗对她不由得又产生了一种既爱且敬的心意。

又一个霜冷梅开的日子,一同踏雪赏梅的唐玄宗对梅妃说:"久闻爱妃才高,入宫前所作八赋,翰林诸臣无不赞叹称绝,卿既然酷爱梅花,何不即景作一梅花诗?"梅妃谦和地答道:"贱妾乡野陋质,怎能有大雅之作,谨以咏梅花小诗一首,聊为陛下佐酒。"随即信口吟出:

一枝疏影素,独抗严霜冷;

早晚散幽香,香飘十里长。

吟完,玄宗正要夸赞,忽然内臣报岭南刺史韦应物、苏州刺史刘禹锡求见,这两位都是当时著名的诗人、儒官,因听说梅妃爱梅,又能吟诗作赋,心生敬慕,特挑选了当地的奇梅百品星夜兼程到长安晋献。梅妃和玄宗都十分高兴,命人植在梅妃院中,重赏了韦应物和刘禹锡,并把梅妃所写咏梅诗赐予二人品尝,两位大家读后赞道:"果然诗如其人,是仙中女子呀!"

这天雪霁初晴,玄宗与梅妃在梅阁临窗赏梅奕棋:梅妃自小精于棋道,两人对奕,玄宗屡屡败北,因而颇有些不悦。善解人意的梅妃起身笑道:"此为雕虫小技,误胜陛下,请不要放在心上,陛下心系四海,力在治国,贱妾哪里能与陛下争胜负呢!"一番话说得入情入理,玄宗也就为之心中释然了,暗暗为梅妃的贤淑达理而欣慰。

梅妃受玄宗专宠达十年之久,这期间,梅妃以自己的品性和贤德影响着唐玄宗,使玄宗以德治国,整个国家继续保持着开元盛世的强盛。

梅妃是如何与杨贵妃争宠的

开元二十八年,唐玄宗在骊山行宫遇到了自己的儿媳、寿王妃杨玉环,一下子被她的美艳和娇媚所迷惑,从此再也不能放下,至天宝四年八月,终于册立杨玉环为贵妃。自从杨玉环进宫后,梅妃在玄宗心目中的地位逐渐降低,杨贵妃与梅妃成了并立于玄宗后宫的两株奇葩,如果说梅妃像一株清雅高洁的梅花,杨玉环则以其丰腴娇艳取胜,宛如一株艳丽富贵的牡丹,两人一瘦一肥、一雅一媚、一静一动,形成了鲜明的对比。此时已过花甲之年的唐玄宗,十几年面对孤芳自赏、淡雅恬静的梅妃,不免有些意兴阑珊;而突然出现的杨贵妃,不但丰满性感的体态充满了逼人的诱惑,还有她那热烈的情感、媚人的眉目、活泼的性格,就像一团炽热的烈火熏灼着已近暮年又不甘衰老的唐玄宗,深深地吸引着原本充满活力的玄宗。于是杨贵妃与梅妃开始了后宫中的明争暗斗。

杨贵妃像一团火,撩拨着唐玄宗的情欲,使他为之心惑神迷。而且杨贵妃还招来了她的大姐韩国夫人、三姐虢国夫人以及八姐秦国夫人,她们简直就是四株奇香异花,环绕在唐玄宗四周,粉白黛绿,奇幻万千,使得垂垂老矣的玄宗感受到了一种新鲜而强烈的刺激,终日与她们周旋嬉闹,无暇顾及朝政,更没有精力来管上阳东宫的梅妃了。

然而,过度的香艳又让人思念淡雅的好处。又是梅花绽放的季节,唐玄宗漫步梅园,睹花思人,心中暗生一丝悲凉,这天晚上借口身体不适,没去杨贵妃宫中，独宿在翠华西阁。夜深人静，梅妃淡雅的身影像一阵清风似的拂入他的心头，于是密遣一贴身小太监，用梨园戏马到上阳东宫驮梅妃前来叙旧。见到略带惊慌的小太监，梅妃有些吃惊地问道："既然是陛下宠召，为何要深夜暗中而来？"小太监嗫嚅地回答："想必是担心贵妃娘娘知道。"梅妃对此大惑不解，心想："堂堂一国之君，为何如此怕那个肥婆？"

虽然梅妃觉得心中窝囊，但又不忍玄宗久等，还是梳洗打扮了一番，乘马来到了翠华西阁。两人一见，恍惚觉得分别了一个世纪，梅妃更见消瘦而益显清雅，玄宗也比过去略显苍老，一双旧日鸳鸯又相拥在一处了。玄宗轻怜蜜爱，梅妃关切知人，说不尽的缠绵悱恻，不知不觉就相拥坐谈到了金鸡报晓。朦胧的晨光中，阁前突然闪现出金步摇翠，紧随着一阵环佩叮咚，内侍惊报："贵妃娘娘已到阁前，如何是好？"

唐玄宗闻报一阵惊慌，连忙穿衣起身，抱着梅妃，把她藏到屋内夹墙中。杨贵妃不待宣召，推门而入，劈头问玄宗："梅精在何处？"玄宗假装若无其事地回答："不是在上阳东宫吗？"杨贵妃接着狡黠地说："何不宣来，我们一同到骊山温泉享乐一番！"玄宗不知如何对付了，只好支支吾吾，最后索性装聋作哑。然而一贯骄泼的杨贵妃决不善罢甘休，柳眉倒竖，勃然大怒道："肴核狼藉，御榻下有妇人金钗，枕边留有余香，这夜是何人为陛下侍寝，欢睡到日出还不视朝，陛下可去面见群臣，妾在这里等陛下回来。"

唐玄宗见她如此放肆，有些恼羞成怒，拉上锦被面朝床里又故意睡去，悻悻地说："今日身体不适，不能视朝！"杨贵妃眼看事情闹僵，拿出看家本领，装痴卖娇，哭闹了一番，然后愤愤地回娘家去了。玄宗心里不乐，暗想："堂堂一个位极至尊、富有四海的大唐天子，竟然受制于一个泼辣的小妒妇，可悲可叹！"此时，梅妃心里也是这么想："皇帝召幸妃子，原本是名正言顺的事，何苦深夜密召，现在又躲躲藏藏，像是犯了什么不可告人的罪过，究竟是怕什么呢！真的要是当面锣、对面鼓地闹开，又能怎么样呢？"然而，她这位英武绝伦的皇帝丈夫，居然这样惊慌失措，可见对杨氏惧怕之深，实在让她又怜又恨。杨贵妃走后，唐玄宗和梅妃都觉得兴味索然，玄宗翻身睡去。梅妃在小太监的护送下，匆匆返回冷寂的上阳东宫。

玄宗一觉醒来,已经日上三竿,身边不见了梅妃,一问才知是小太监把她送走了,一股无名的怨气猛然迸发出来,怒气冲冲地命人将小太监推出斩首。可怜这个尚未成年的小太监,在杨贵妃与梅妃的爱情争夺战中,莫名其妙地成了牺牲品。

梅妃独居上阳东宫,整日无精打采,郁郁寡欢。这天黄昏,忽闻岭南有驿使到来,梅妃猛然精神一振,以为是像往日上一样,岭南刺史万里迢迢呈献梅树。但久久不见有人来上阳东宫禀告,经打听才知,是呈献荔枝给杨贵妃享用的,因杨贵妃嗜食荔枝,所以岭南派人以竹筒盛着新摘的荔枝,快马飞骑火速送到长安。昨日送梅今送荔,前思后想,怎不叫梅妃黯然神伤,身世浮沉,方知人情冷暖,今非昔比,梅妃不由得泪满衣襟。杨贵妃回娘家不久,唐玄宗不堪思念,派特使把她接回宫中,这次送来的荔枝,也是特地为给她消气的。

冬尽春回,翠率楼上一片花团锦簇,唐玄宗正在这里召见远道前来进贡的扶桑国使者。贡品中有许多晶莹绚丽的珊瑚与珍珠,看得唐玄宗眼花缭乱,这时忽然想到了梅妃,又已是许久不曾顾及她了,于是命左右密封一斛珍珠赐给梅妃,是旧情难忘,也是一种怜悯和补偿的心意。梅妃此时已是心冷至极,突然见到赐品,委屈与怨恨同时涌上心头,连同涌上的还有她清高孤傲的品性,竟然冒着忤旨之险,断然拒绝接受赐品,把珍珠原封不动地退了回去,同时附上诗一首:

柳叶蛾眉久不描,残妆和泪湿红绡;

长门自是无梳洗,何必珍珠慰寂寥。

玄宗见诗怅然不乐,杨贵妃在一旁则添油加醋,说了许多风凉话。玄宗对此百般感慨,觉得诗意幽怨,情意颇深,于是让梨园子弟谱上乐曲,在宫中演唱,名叫"一斛珠"。后世的"一斛珠"曲牌就是从这里开始的。

春去秋来,梅妃在上阳东宫已经度过了十年寂寞岁月,常常对花临月,悲叹流光易逝、青春不再,她不知道玄宗的心目中,是否还有她梅妃的一丝影迹。一天,她特地把高力士找来询问,高力士劝慰道:"皇帝绝对忘不了梅妃,只是碍着贵妃娘娘的面,无可奈何罢了!"既然皇帝旧情不忘,梅妃心中也就又萌生了一线希望,慎重地对高力士说:"我听说汉代陈皇后遭冷落后,幽居在长门宫,曾以千金买通司马相如,为她作了《长门赋》献给汉武帝,武帝见赋动情,陈皇后因而又重受恩宠。今天难道就没有像司马相如那样的才子吗?我也不惜千金,请您为我找一位这样的才子,作赋以感动皇上可以吗?"

在这场爱情的争夺战中,杨贵妃那一方是人多势众,风头正盛;而梅妃这边则人单势薄,眼看已败下阵来。俗话说"树倒猢狲散",虽然梅妃是高力士一手选拔出来的,但在梅妃失势的时候,他也不愿再站在梅妃一边而得罪贵妃娘娘。碍着情面,高力士不便拒绝,因而顺水推舟地说:"一时之间,没有合适的人选,娘娘文才绝世,远胜汉代陈皇后,为何不自作一赋献给皇帝呢?"

梅妃觉得他说得在理,求人不如求己,自己心中确实埋着许多感慨需要陈述,于是微笑点头,回房中苦苦构思,写成一篇《楼东赋》。赋写成后,梅妃又用心誊正,派人送给唐玄宗。唐玄宗看完《楼东赋》,回忆起如烟的往事,嗟叹良久,更想起梅妃的许多好处,不由地对她心有愧意,连续几天愁眉不舒。杨贵妃知道这件事后,竟气愤地奏称:"梅精江采苹,竟敢借赋宣泄不满,惹怒陛下,实应赐死!"玄宗颇不耐烦地说:"她无聊作赋,用来抒发心中积郁,通篇毫无谎言狂语,怎么能赐死?"

梅妃苦心经营的《楼东赋》,原本已触动了玄宗的爱怜之心,但经杨贵妃的一搅和,也就没有什么实际效果了。梅妃在上阳东宫企盼着《楼东赋》给他带来些命运的转机,但终究是石投大海,只是开头时泛起些轻微的涟漪,并没有产生预期的震撼效应。就这样,受宠一时的梅妃,再也敌不过风骚霸道的杨贵妃了。

梅妃与玄宗重温旧梦了吗

"安史之乱"暴发后,唐玄宗携杨贵妃逃往西南,仓促之中没有来得及带走上阳东宫的梅妃。后长安陷落,城中兵荒马乱,梅妃孤苦无依,既害怕又怨恨,她思量:"昔日曾蒙皇上恩宠,今天虽被抛弃,但也不可辜负君恩,如果不死,必定会被贼寇糟蹋。"为了保住自己的清白之身,本就已对前途失去信心的她,决定自己把自己送向生命的终点。于是,她取了一束白绫,挂在楼前一株古梅树上，然后慢慢把头伸进结好的套中，准备在自己喜爱的梅树上结束自己的一生。就在她气息将绝的时候，突然冲进了一位白衣女子，一身短靠，手持一柄长剑，斩断白绫，救下梅妃，用白驴把她载到了白云山中的小蓬瀛修真观。

后来，杨贵妃被逼死在马嵬坡，军队重振，平息了战乱，收复了京城。这里，唐肃宗早已在灵武即位，玄宗被尊为太上皇，从蜀中返回长安后，闲居在兴庆宫中。英武一世的唐玄宗，已真正进入了暮年，再也无须操心政事，基本上靠回忆打发时光，在往事的追忆中，他最多的就是思念杨贵妃和梅妃。

杨贵妃已无缘再见，而梅妃下落不明。高力士从一个擅长绘画的旧臣手中求得一幅梅妃画像，神情酷似，献给玄宗聊慰思念之情。玄宗见画后，沉默良久，一阵长叹后，提笔在画上题下一首七绝：

忆昔娇妃在紫宸，铅华懒御得天真；

霜绡虽似当年态，争奈秋波不顾人。

题完后掷笔泪下，回想当年那些繁花似锦的日子，爱妃相伴，情意绵绵；而今却形单影只地蜗居在兴庆宫中，受尽了孤独寂寞的煎熬。失去的太多，处处都使他触目伤情。饱尝失意的他，这时才体会出梅妃冷落在上阳东宫的十余年是一种怎样的心境啊！

后来有人探来消息，说动乱之中梅妃曾被人救走，应该还活在世上。这消息对唐玄宗而言，就像久处幽暗之中突然见到一线光明，他精神为之一振，随即下诏全国：有知梅妃下落者，立即奏报，必予重赏；有护送来京的，奖予六品官，赐钱百万。并且调遣手下不少人四处探寻。几经周折，最后广平王探得了梅妃的消息，并获得了梅妃的一封亲笔信，信是写给玄宗的，信中历述避乱始末，并满含深情地写道："残喘余生，朝夕之间与梅同落，若陛下不忘旧情，让我重见君颜，有如落花重缀枝头，是我做梦都不敢想的，伏候圣诏。"

玄宗读信后感怀涕零，迫不及待地在信上批示道："让她速返宸家，勿复徒悲清夜；缅怀旧情，共话新曲。"

广平王奉诏派遣香车宝马、内监宫女，隆重地迎接梅妃入宫。在兴庆宫中二人相见，梅妃哭拜在地上久久不起，劫后重逢，悲喜交集，情不自禁；玄宗好言抚慰，一边劝梅妃，一边自己也泣不成声。一曲人间的悲喜剧，此时已演到了高潮。

　　见礼之后，梅妃想依旧回到上阳东宫，玄宗揽住她说："向来疏远了梅卿，心中殊感不忍，故有珍珠投赠，并非无情；今当重叙旧好，怎么能离开我呢？"梅妃于是留在兴庆宫中，与玄宗重温鸳梦，情深意长。两人相伴赏梅吟月、对弈鼓琴，仿佛又回到了从前的岁月，对中间十余年的事，两人都尽量避而不谈。当时京城中流传着这样的民谣："梅花已逐东风散，梅萼偏能留晚香。"说的就是杨贵妃红极一时之后，终在马鬼坡香消玉殒；梅妃则在受尽冷落后，在兴庆宫又重新伴君得宠。

　　可惜这样的好景不长，梅妃在战乱流离中拖垮了原本虚弱的身体，回宫不过几个月的时间，因偶感风寒，体弱无法治愈，最终酿成重疾，半月之后悄悄离开了人世。唐玄宗得梅妃而复失，大哭失声，哽咽地对高力士诉说："梅妃与朕就像再世姻缘，今又离我而去，命运为何如此悲惨啊？"他用贵妃的礼节厚葬了梅妃，又命人在她的墓地四周种满各种梅树，并亲手为她写下悼文："妃之容兮，如花斯新；妃之德兮，如玉斯温。余不忘妃，而寄意于物兮，如珠斯珍；妃不负余，而几丧其身兮，如石斯贞。妃今舍余而去兮，身似梅而飘零；余今舍妃而寂处兮，心如结以牵萦。"

　　梅妃江采苹的一生都与梅紧紧联系在一起，不但爱梅，而且将梅的品性溶入了自己的精神，其清雅高洁，不是俗人所能比拟的。在与杨贵妃的爱情争夺战中，她虽然一时屈居下风，但她那种淡雅的风格永远都不会从多情皇帝唐玄宗的心海中抹掉，不论杨贵妃怎样的香艳浓烈，总也掩不住梅花那一缕幽幽的清香。

唐玄宗为何迷恋杨玉环

　　玄宗李隆基是风情中人，对于感情并不像人们想象的那么专一。他先后爱过很多女人，包括他在迷恋杨玉环时，对于梅妃也不能忘情，同时还有一位名叫念奴的美女常常随侍左右。当念奴每每执板吟咏的时候，总要眼送秋波，向玄宗传达万种风情，玄宗则总是乐于享受，后来《念奴娇》便成了宫中的一种曲牌。

玄宗即位前,任潞州驿驾,喜欢赵丽妃。随后,又移爱于钱妃、皇甫德仪、刘才人,直至武惠妃。武惠妃四十多岁死去,这年,玄宗五十二岁。后宫美人很多,竟没有一个令玄宗中意的。这对于多情种子玄宗来说,无处寄托情怀,无异是一种酷刑。于是玄宗整日郁郁寡欢,时常发怒。这时,有近臣进奏说,杨玄琰有个女儿,名叫杨玉环,现为寿王妃,姿质天成,玄宗闻言大喜,也不管人家是自己的儿媳妇。当即吩咐人暗中招来观看。

杨玉环是薄州永乐(今山西芮城)人,她是隋梁郡汪氏的四世孙,父亲杨玄琰。长大以后,她被聘为玄宗的儿子寿王李瑁的王妃。如果玄宗不贪色忘礼,横刀夺爱抢自己的儿媳妇,杨玉环也许会一生平静,过一种悠闲的相夫教子的贵夫人生活,她也就不会为世人所知。然而,玄宗忘情夺爱,却从此改变了她的生活。

不看不打紧,一看之下,玄宗傻了眼。杨玉环长得美艳无比,而且能歌善舞,智慧过人,聪颖异常。这样丰艳照人,风情万种的女人没法不让一个正常的男人动心,何况风流种子李隆基?李隆基傻眼一阵以后,缓过神来,觉得这令人馋涎欲滴的美女.还不能马上搂过来,因为她不是王妃,是自己的儿媳妇,起码先得改变这种身份。于是玄宗吩咐,让杨玉环先入籍女道士,赐号太真,尔后再迎入后宫,最后独享专房,令六宫粉黛失去颜色。

寿王见媳妇被父皇抢去,半句话也不敢说,只好忍气吞声。玄宗为了补偿,便聘韦诏训的女儿为寿王妃。寿王除听任摆布,又能如何呢?

杨玉环擅长歌舞,通晓音律,善解人意。玄宗极为喜欢,渐渐迷恋,不能自拔。不久,杨玉环专宠后宫,宫中称她为娘子,仪体规制等同皇后。天宝初年,杨玉环被册封为贵妃。杨玉环何以如此迷人,令玄宗神魂颠倒,春宵苦短日高起,从此君王不早朝,这当然有原因。那么人们不禁要问,杨玉环如何使玄宗如此迷恋于她呢?是她的天生丽质,肌肤白皙如"凝脂"?还是她的"回眸一笑百媚生"的迷人媚态?还是她的羽服霓裳,能歌善舞?

杨玉环姿容出众,不仅体态丰腴,肌肤细腻,且面似桃花,这对于重于声色的玄宗,也是具有吸引力的。史书记载,杨玉环入宫,玄宗初次见到她时,她一身女道士打扮，鬓发腻里，纤纹中度，加上气质高贵，举止娴雅，顾盼生情，其娇容美貌，活脱脱的像汉武帝倾国倾城的李夫人。玄宗喜不自胜，不能自已，吩咐她宽去衣带，沐浴汤泉，好仔细看看她的体态。玉环肌肤如雪，莹白柔嫩，从泉中出浴后，又体弱力微，无力披上罗衣，娇态浑然，容颜焕发，光彩照人。这番情景，在玄宗的眼下一一展现，怎能不被美色所迷惑呢？

杨玉环正式觐见时，玄宗命乐工演奏《霓裳羽衣曲》，她跟随着音乐翩翩起舞，实在令玄宗心动不已。然而，最能使玄宗如痴如狂地迷恋杨玉环的，应是她有过人的聪颖，善于掌握男人的心理，又善解人意。例如在她被赐死时也毫无怨言，这又怎能不使玄宗皇帝日后此恨绵绵无绝期，直至抑郁而死呢！

玄宗熟悉音律，这在唐朝诸位皇帝中算是佼佼者。他自幼喜爱音乐，素质高，会作曲，能舞蹈，不少弟子曾在梨园都受过他的训练。而杨玉环身材好，体态美，又擅长旋律快速的西域舞蹈，加之杨玉环是个琵琶名手，古书记载：有一次，玄宗倡议用内地的乐器配合西域传来的五种乐器开一场演奏会，当时玄宗兴致勃勃，手持羯鼓，杨玉环弹奏琵琶，轻歌曼舞，昼夜不息。对于玄宗而言，精于音律的杨玉环当然就显得格外有魅力。

另一种意见认为玄宗会迷恋上杨玉环，固然有其自身的一些魅力在起作用，而更主要的应是当时社会环境与皇家小家庭的变化在起决定作用。时值唐朝进入全盛时期，当朝皇帝骄奢心难免会代替求治心。玄宗对政治逐渐失去兴趣，对政事也产生倦怠感，在宰相与宦官的迎合下很快就倦怠政事，后来玄宗就任由李林甫等专权擅政，自己落得清闲，这样就有了时间纵欲享乐了。

玄宗与玉环两情相悦，心心相知。玄宗在玉环面前，不是什么皇帝，而是一个多情的男子，对妻子爱恨交织。玉环在玄宗面前，也不像一个承欢献媚的妃子，却是恩爱家庭的娇妻，敢说敢笑，敢打敢闹，娇情无忌，媚态万种。就这样，英明文武的玄宗皇帝，再也没有了以前的锐利，他被玉环深深吸引，以致君王从此不早朝，险些葬送了大唐江山。

杨贵妃真的被逼死在马嵬驿吗

唐代著名美女杨玉环，一生充满传奇色彩。尤其是她与唐玄宗的那段风流故事,千百年来被人津津乐道。杨玉环的命运引起过不少人的关注,可是,关于这位绝色女子的最后结局,却说法不一,不知何处是她的归宿。

天宝十四年,"安史之乱"爆发。次年六月,安禄山攻破潼关,李隆基这才从温柔的睡梦中醒过来。在杨国忠的撺掇下,唐天宝十五年六月十八日,唐玄宗带着杨玉环、杨国忠匆忙逃出宫去。等到百官上朝时,竟不知皇帝到哪里去了!玄宗一行出都门百余里,来到一个名叫马嵬驿(今陕西兴平市西)的地方,将士们又饿又累,疲惫不堪,队伍中出现了骚乱。龙武将军陈玄礼密启太子李亨,以谋反罪将杨国忠诛杀,随即又上奏玄宗说:"杨国忠谋反已经被诛,贵妃不宜带在身边,愿陛下忍痛割爱,将其正法!"大宦官高力士也趁机进谏,主张尽快把杨玉环杀掉。玄宗知道这件事情是他们合谋策划,内心极不情愿,但看看鼓噪喧哗的将士,觉得还是保命要紧,于是命高力士将贵妃带到佛堂,将其勒死。随即又把贵妃的尸体摆在外面,让陈玄礼和众位将士观看。军士们见杨贵妃真的被杀死,这才整理队伍继续西行。

那么,杨玉环真的被勒死在马嵬驿了吗?多少年来,人们提出了不同的观点,众说纷纭,一直没有定论。不过历代的正史中均对这种观点持肯定态度,还举出了不少证据证明。据说,勒死杨玉环的那条白锦被马嵬店的老妪所得,她深知此物的价值,声称凡是要借观的人,须付百钱,居然靠它发了大财。另外,在运送杨玉环尸体时,一只鞋子失落,也被一个老妪拾去,此人同样靠了这只"娘娘鞋"致富。大诗人杜甫在《北征》诗中写道:"不闻夏殷衰,中自诛褒妲;周汉获再兴,宣光果明哲。桓桓陈将军,仗钺奋忠烈。"杜甫不仅说道杨玉环被杀,并且还把诛杨的主要人物陈玄礼大大赞颂了一番。杜甫与杨玉环是同时代人,他的写作态度向来比较严谨,尽管他使用的是艺术化语言,但述说的事情却是真实的。这位贵妃娘娘命丧马嵬驿,本来没有什么值得怀疑的,可是出人意料的是,对于杨玉环的最后归宿,却出现了几种说法。

有的说杨玉环死里逃生,当了女道士。唐玄宗从避居蜀地到返回长安,只有短短一年多的时间,待迁葬杨贵妃时却是"马嵬坡下泥土中,不见玉颜空死处"。既然找不到她的尸体,很可能是死里逃生,就一定还有找到的希望。玄宗不会不派人到处寻找,结果仍然是"上穷碧落下黄泉,两处茫茫皆不见",这说明杨贵妃真的没死。还有的说，当时被缢杀的不是杨玉环，而是一位名叫蛾眉的宫女。因为陈玄礼无缘近窥"娘娘"的玉容，辨不清杨贵妃的真正面目，很容易被蒙骗过去。杨贵妃出了马嵬坡后，换装隐逃南下，具体到了什么地方，后来终老何处，则又说不清了。想起杨玉环曾经做过女道士的经历，有人猜测她很可能隐匿于某个女道士院。而唐代的女道士院形同娼家，这位昔日的贵妃娘娘，为了苟求活命，有可能作了妓女，"此恨绵绵无绝期"的恨处正在于此。

有的说杨玉环潜逃到日本，并老死在那里。1963年，一位日本少女在电视台向日本电视观众展示了她的家谱等古代文献，言之凿凿地声称自己是杨贵妃的后裔，这引起了一阵小小的轰动。日本有种说法，说死者是替身，由于陈玄礼怜惜杨贵妃貌美，不忍心将其杀害，于是与高力士密谋，以侍女代死。高力士用车运来贵妃尸体，查验尸体的便是陈玄礼，因而这一以假代真的计谋得以成功，而贵妃则由陈玄礼的亲信护送飞快南逃，大约在今日上海附近扬帆出海，经过海上的漂泊，最后远逃至日本山口县大津郡油谷町久津。与此相呼应的是，日本当地的"二尊院"中还有杨贵妃的坟墓；大津郡的《郡志》上也有这样的记载：唐玄宗得知杨贵妃东渡扶桑，难舍旧情，派特使送来两尊佛像，并苦苦劝她回国，再享富贵。杨贵妃拔下一根玉簪答谢了玄宗，后在当地无疾而终，今日的"二尊院"即由此得名。

除此之外，还有杨贵妃成为神仙升天的说法。道士杨通幽受玄宗之托，在天上地下，冥冥之中，鬼神之内，遍寻太真。经过无数次的波折和磨难，后来在东海之上，蓬莱之顶，南宫西庑，群仙所居的地方，找到了上员女仙太真，即杨贵妃。这位已经成仙的娘娘热情地接待了杨通幽，并公布了她和玄宗皇帝的出身。毕竟尘世苦短，好梦难长，她和玄宗皇帝缘分转眼即尽，只好尸解脱羽化归仙。白居易所写的《长恨歌》，也是表达了这种思想。

杨玉环已经死去有千余年的时间，今天要准确说出当时的真相也很困难。不过，简略地分析一下以上诸说，就不难发现哪种说法更合理、更真实一些。

杨国忠独擅朝政，杨氏一门权势显赫，早就引起朝野上下的普遍不满。安禄山以讨伐杨国忠为名谋反后，玄宗这才匆忙把玉环推开，欲以太子李亨为天下兵马大元帅，监抚军国大事。这种想法流露以后，杨玉环使出浑身解数，大吹

国学经典文库

中国古代秘史

·隋唐五代十国秘史·

图文珍藏版

枕边风,硬是打消了玄宗的这个念头。这就必然导致太子一伙的不满,必欲寻找机会反击。当时,禁军将领陈玄礼本想在长安城中除掉杨国忠,但未能得手。玄宗一行仓皇西逃,群情激愤,不满日烈,攘除杨氏一门的时机成熟。于是陈玄礼与宦官李辅国一起请求皇太子诛杀杨国忠。这下正对李亨的心思,再加上众军士一片鼓噪,玄宗已经无力控制混乱局面,杨国忠兄妹的被杀也就势所难免了。六军将士围住了马嵬驿,先将杨国忠及其儿子杨暄和杨玉环的两个姐姐杀死,然后又将杨家的其他人一一诛灭。杨玉环被认为是误国乱政的罪魁祸首,必欲除之而后快,岂有独独放过她的道理?

至于杨贵妃下落的种种说法,只是人们的猜测而已。根据当时的情况来看,陈玄礼、高力士等人一定十分明白斩草除根的道理,决不会有意留下这条美丽的祸根,为日后制造麻烦。所以,我们有理由相信,杨贵妃的确死在了马嵬驿。

杜秋娘是怎样独揽宠爱于一身的

"劝君莫惜金缕衣,劝君惜取少年时。花开堪折直须折,莫待无花空折枝。"这首《金缕衣》的诗,词句直白,富含人生哲理,因此久传不衰,至今还常为人吟诵和援用。可谁知道这首小诗竟改变了作者杜秋娘一生的命运,使她获取了一段绚烂多姿的"折花"岁月。

杜秋娘原是间州人,也就是现在的江苏镇江。虽出身微贱,却独禀天地之灵秀,出落得美慧无双,不仅占尽了江南少女的秀媚,而且能歌善舞,甚至还会写诗填词作曲,作为歌妓曾风靡了江南一带。她十五岁时,艳名被镇海节度使李锜风闻,设法以重金买入府中充任歌舞姬。一般的歌舞姬都是学一些现成的歌舞,为主人表演取乐。人小心高的杜秋娘却不甘埋没在李府成群的歌舞姬中,暗自思量,自写自谱了一曲《金缕衣》,在一次李锜的家宴上,声情并茂地演唱了给李锜听。李锜此时已年过半百,却也雄心不减,当他听了杜秋娘唱的一曲《金缕衣》,心中的欲火不禁被煽动起来。在他看来,这小曲充满了挑逗,虽然他已不是"少年时",但临近暮年,似乎更要抓住美好年华的尾巴,及时享受生命乐趣，这小女子简直太知他的心思了！顿时，李锜对杜秋娘大为欣赏，当时就决定把她收为侍妾。李锜与杜秋娘成了一对忘年夫妻，但因两人都热情如火，所以春花秋月中，这对老夫少妻，度过了许多甜蜜醉人的时光。

这时唐德宗驾崩，李诵继位为顺宗，顺宗因病体不支，在位仅八个月就禅位给儿子李纯，是为唐宪宗。唐宪宗年轻气盛，一登基就决心扭转国内藩镇割据的离散形势，因而采取强制手段，试图削减节度使的权利。身为节度使的李锜为之大为不满，依仗手中的兵力，举兵反叛朝廷，在朝廷大军

杜秋娘

的镇压下，叛乱很快平息，李锜也在战乱中被杀。杜秋娘作为罪臣家眷被送入后宫为奴，依据她的专长，让她仍旧充当歌舞姬。有心的秋娘趁着为唐宪宗表演的机会，再一次卖力地表演了《金缕衣》。唐宪宗李纯这时倒正是青春"少年时"，曲中那种热烈的情绪深深感染了他。再看那演唱的女子明艳而雅洁，气韵在众佳丽中独高一格，不禁为之心动；况且此曲还是由她亲自创作，才情也不一般。不久，杜秋娘被封为秋妃。

作了秋妃的杜秋娘深受宪宗宠爱，她的一笑一言，一举一动，都别有风韵，令年轻的宪宗为之沉醉。春暖花开时，他们双双徜徉于山媚水涯；秋月皎洁时，又对对泛舟高歌于太液池中；午窗人寂时，共同调教鹦鹉学念宫诗；冷雨凄凄的夜晚，同坐灯下对奕直至夜半。期间情深意挚，颇似当年杨贵妃与唐玄宗的翻版。然而，比起纵情放荡的杨贵妃，杜秋娘又略高一筹，她不仅与宪宗同享人间欢乐，而且还不着痕迹参与了一些军国大事，用她的慧心和才智，为皇夫分忧解劳。

唐宪宗执政之初，由于锋芒凌利，对藩镇采取强压手段，引起藩镇纷纷的不

国学经典文库 中国古代秘史 ·隋唐五代十国秘史· 图文珍藏版

满。后来番邦犬戎侵犯大唐边境，宪宗对藩镇施以宽柔政策，不但抵御了外侮，而且取得了本土的安定，使唐室得到中兴。宪宗之所以能及时转变态度，除了大臣的建议外，重要的还是靠秋娘枕边风的吹拂，她以一颗女性的柔爱之心，感化着锋芒毕露的唐宪宗。

国家太平后，手下有大臣劝谏唐宪宗用严刑厉法治理天下，以防再度动乱，这建议颇合宪宗的性格；但秋娘闻言则说："王者之政，尚德不尚刑，岂可舍成康文景，而效秦始皇父子？"见识深远，入情入理，让唐宪宗不能不信服，也就依了她的意见，以德政治天下。

秋娘在唐宪宗身边，似乎既是爱妃、玩伴，又是机要秘书，几乎占据了宪宗的整个身心，使宪宗对其他佳丽无以复顾。当国家逐渐平定昌盛之后，宰相李吉甫曾好意劝唐宪宗可再选天下美女充实后宫，他说："天下已平，陛下宜为乐。"唐宪宗此时还不到三十岁，而宪宗则自得地说："我有一秋妃足矣！李元膺有'十忆诗'，历述佳人的行、坐、饮、歌、书、博、颦、笑、眠、妆之美态，今在秋妃身上一一可见，我还求什么？"幸而秋妃是个深明大义的女子，虽然拴住了宪宗的心，但并没使他沉溺于享乐而忘却国事，相反的倒是潜移默化地帮着他治国安邦。这种夫唱妇随，同心协力的日子，又岂是一般的"折花"之乐。

不料，元和十五年新春刚过，唐宪宗就不明不白地驾崩于中和殿上，年仅四十三岁，正值年盛体强之时。有人说宪宗是服食长生不死金丹中毒而亡，也有人说是内常侍陈弘志蓄意谋弑，然而当时宦官在朝中势力庞大，也就无人胆敢往下追究了。二十四岁的太子李恒在宦官马潭等人拥戴下嗣位为唐穆宗，改元长庆。此时，进宫十二年，年已三十开外的杜秋娘，在宫廷中颇有声望，而且朝中重臣也对她相当敬服，所以皇帝的更迭，政治的风暴，并没有影响她的地位，在某些军国大事上，唐穆宗还经常听取她的意见！

后来，杜秋娘被派为穆宗之子李凑的保姆，负责皇子的教养，杜秋娘自己没有孩子，便把一腔慈母之爱倾注到李凑身上。而唐穆宗李恒是个好色荒淫的皇帝，即位后，很快就沉迷于声色游乐之中，藩镇相继发生叛乱，河朔三镇再度失守，他都不闻不问。已做保姆的杜秋娘则在一边冷眼旁观。

长庆四年，不满三十岁的唐穆宗竟又莫名其妙地一命呜呼；年方十五的太子李湛继位为唐敬宗，改元宝历。这位小皇帝童心未泯，性躁贪玩，特别喜欢游戏和在深夜里捕猎狐狸，天天带着一班宦官伴臣东游西荡，花样百出，还不时地发一顿小皇帝脾气，无缘无故地将身边人痛打一顿，根本谈不上操心国事。宝历二年腊月冬寒，唐敬宗夜猎回宫后，又与宦官刘克明及军苏佳明等一伙人在大殿上酣饮。夜深酒醉，唐敬宗入室更衣，殿上灯火忽然被一阵狂风吹灭，待再点亮时，人们发现小小年纪的唐敬宗被弑于内室，这时他还不过是十七岁的少年。

紧接着，枢密使王守澄又与宫内宦官内外相结，保举唐敬宗的弟弟江王李昂入宫，成为唐文宗。因文宗年幼不更人事，朝廷大权实际落在一帮大臣和宦官手中。杜秋娘眼看着李家皇帝一个个被宦官所弑，又一个个在宦官操纵下登基，简直成了宦官手中的玩偶，心中十分不平。于是，在杜秋娘的悉心调教下，漳王李凑养成一副有胆识的个性，并立志要做一个有所作为的君王。眼看时机即将成熟，杜秋娘周密筹划，与朝中宰相宋申锡密切配合，企图一举除掉王守澄的宦官势力，废掉文宗，把李凑推上皇帝宝座。

无奈宦官的耳目众多，虽然杜秋娘的计划十分隐秘，仍然被王守澄有所探知。好在没有什么把柄落在他们手中，自然不便严加处置，结果是李凑贬为庶民，宋申锡则谪为江州司马，而杜秋娘也削籍为民，放归故乡，结束了她这一段绚彩的"折花"岁月。

自古女子的命运多掌握在别人手中，而出身微贱的杜秋娘，却敢于凭着自己的才智，向命运挑战，博得了一段辉煌的历程。

政坛内幕

武三思是怎样权倾朝野的

公元707年七月的一天，唐中宗的太子李重俊和一部分御林军将领，带着三百多名御林禁兵火速包围了宰相府,将宰相武三思父子及其党羽一网打尽。曾因钻营有术而得以长期专权跋扈的武三思,终于做了刀下鬼。

武三思

　　武三思,祖籍并州文水人。父亲武元庆是武则天同父异母哥哥。武则天被高宗册封为皇后,武三思靠着裙带关系,年纪轻轻就被提拔做了右卫将军。高宗去世后,大权全归武后。她先是以太后名义临朝执政,没过几年,就正式称皇帝,改国号为周,成了中国历史上唯一的女皇帝。武周政权的出现,为武三思谋取更高的政治地位提供了条件。他一方面靠自己的外戚身份,一方面又极力施展钻营本领,终于得以跻身宰辅,位极人臣。

　　武则天当政初期,为巩固武氏家族的统治,采取"崇周抑唐"政策。她一方面对武家子侄加官晋爵;另一方面又极力排挤李唐宗室,甚至对自己的亲生儿子中宗和睿宗也不放心,把他们都软禁起来。武三思迎合武则天这一政策,建议她斩尽杀绝李唐宗室诸王和公卿百官中不愿附和武周的人。

　　武三思还百般逢迎武则天。他领衔修撰《则天皇后实录》,借此机会为武则天歌功颂德,树碑立传。有一次,武三思私下召集在京的胡人酋长,对他们说："当今皇上圣明,功德无量。我今天请你们来,是想叫你们都出些钱,买些铜,铸个天枢,把皇上的功德铭刻在上面,然后竖在端门外面。不知你们意下如何?"酋长们听说是为皇上铸天枢,哪个还敢不交钱。武则天知道后,十分高兴,又派大臣从民间收集了不少铜农具,凑成二百万斤。

在武三思等人张罗下,耗资巨大的铜天枢终于铸成。据说,这个天枢形状像根大柱子,高达一百零五尺,直径十二尺,柱子四周环以铜龙,柱顶是个大云盖,盖上有四只蛟,各捧一个大珠,栩栩如生。武三思亲自作文,颂扬武周功德。武则天对武三思大加赞扬了一番,亲自为天枢题名,称作"大周万国颂德天枢",又令人把她的题名、武三思的表功文,还有出钱的各胡人酋长的名字,都铸在天枢上。

武三思对武则天的幸臣薛怀义、张易之、张昌宗等人也不遗余力地曲意讨好,自然是想通过他们经常在武则天面前替自己讲好话。他从不直呼这三个幸臣的大名。每次这些幸臣外出时,他总是先在门口等候着,替他们牵马、执鞭。功夫不负有心人,武三思的苦心自然赢得了武则天的宠信,以至于考虑要立他做皇太子。终于有一天,武则天征求大臣的意见。不料宰相狄仁杰坚决反对,理由是梁王武三思的威望和能力都不及庐陵王李显。武则天还是犹豫不决。过了几天,她又去问狄仁杰。狄仁杰对她剖析说:"陛下如果立庐陵王为太子,就会常享宗庙。如果立梁王,武家宗庙就没有您这个做姑姑的位置了。"武则天至此才打消了立武三思为太子的想法。

武三思靠着武则天对他的宠信,在朝中拉帮结伙,残酷打击反对派。凡是愿意为他所用的人,他都加以提拔。一些趋炎附势的官僚,都仰他的鼻息是从。见利忘义之徒自然也能跻身武氏集团。宰相韦方质因不愿同流合污而告病还家,武三思登门探望他时,他躺在床上相见。武三思一气之下,找个借口把他流放到了儋州(今海南岛)。

武三思手下还有一批酷吏,这些人办案子很残忍。他们经常给人罗织罪名,捏造证据,施以酷刑,逼迫招供。其中有个得力干将名叫周兴,此人不但杀人如麻,而且用刑的手段也特别残忍。据说,他对待犯人,常常是拿一个大瓮,放在炭火上,谁不肯招供,就把他放在大瓮里烘烤,用这种残忍的办法逼供。

中宗复位以后,照理说靠着武则天这层关系发迹的武三思是不会受到重用的,然而,善于投机钻营的武三思竟然通过走"后宫"门路,权势不但不减于武朝,而且更加气焰嚣张,不可一世。原来,中宗是个昏庸无能的皇帝,他复位以后,实权掌握在韦后手中。这位韦皇后并不是个守本分的女人,很快与武三思勾搭上了。从此以后,武三思和韦后常常混在一起。韦后对他宠幸有加,常对中宗吹枕头风,说武三思如何有才干。糊涂的中宗信以为真,遂拜武三思为司空,同中书门下三品。

武三思靠着韦后的宠信,再次得以专权跋扈。中宗朝宰相张柬之、敬晖、桓彦范等人,都是拥立中宗复位的功臣。他们为整肃朝政,革除弊政,限制武氏家族特别是武三思势力的发展,要中宗剥夺武家子弟的王位。对此,武三思怀恨在心。他通过韦皇后的关系,让中宗把他们通通加以贬谪。结果,张柬之被贬于泷州,敬晖被贬于崖州,桓彦范被贬于襄州。武三思还不解恨,又叫手下的酷吏到贬所去,将他们加以杀害。

武三思的胡作非为,自然引起了大臣们的强烈不满。公元706年,以王同皎为首的一部分反对武三思的人,准备利用武则天灵柩下葬之际,发动政变,刺杀武三思。不料,有人事先向武三思告了密。结果,王同皎等人被处死,王家遭灭门之灾。

这次暗杀事件虽然没有成功,但反对武三思的人却越来越多。一年之后,这个作恶多端的武三思,终于在太子李重俊发动的一场夺权政变中被杀,李唐王朝也算是少了一害。

李辅国缘何能步步高升

李辅国,原名静忠。出身贫寒,年少时迫于生计,被人阉割,送入宫中。李辅国长相丑陋,但粗通文墨,早年在皇宫的马厩中干杂役。在皇家的马厩里干活,属于最底层的宦官。皇亲贵族官僚根本不把他看在眼里。他不甘心在马厩里了却自己的一生,发誓要出人头地。开元年间,高力士权倾朝野,朝中达官贵人都攀附于他。李辅国后来因为能逢迎高力士,在四十岁时被提拔为管理马厩账目的小官。为了取悦上司，李辅国唯谨唯慎，办事一丝不苟，把马养得很好，账目也清清楚楚。

玄宗天宝年间，闲厩使王鉷很欣赏李辅国的才能，后来把他推荐到太子李亨宫中服役。安史之乱时，李辅国力劝太子分兵北上，收河陇兵，以图兴复。天宝十四年（公元755年）七月，太子带部分兵士到达灵武，他又劝太子迅速称帝，以维系天下民心，成了劝驾有功之臣。依照其计，太子李亨第二年在灵武称帝，就是肃宗，改元至德。李辅国被任命为太子家令，判元帅府行军司马。为表忠心，将其名静忠改为护国，后再改为辅国。

李亨称帝后，玄宗为太上皇，一直留居巴蜀。至德二年十二月，玄宗自益州回到长安，住在城东兴庆宫，有时也去肃宗大明宫。玄宗身边仍有些跟随他多年的心腹，如左龙武大将军陈玄礼、内侍监高力士等，这些人对出身微贱的李辅国并不看在眼里，李辅国自己也知道。他恐玄宗再度得势，于自己不利，于是，暗里谋划铲除玄宗，巩固自己的权势和地位。

李辅国装作很关心太上皇的样子，对肃宗说："太上皇所居靠近市面，常常免不了要和外人往来，烦扰而又不利于养老。听说陈玄礼、高力士等人又在伺机图谋不轨，要向您夺权，禁卫六军都因此为之惶恐不安，我已无法说服他们听命，只好请您将太上皇迁入禁中，隔绝同外人的往来，才能免于发生后患。"肃宗认为玄宗年事已高，不会复出夺权。李辅国却说："太上皇可能没这个意思，他又怎么能控制住手下那帮人呢？当今之务，必须尽快消除叛乱于未萌，迁太上皇人禁内，以杜绝与外人交往，父子还可常常相聚，有什么不好呢？"当时，兴庆宫的长庆楼南临大道，玄宗常登楼徘徊观望，老百姓路过时常对玄宗瞻拜，玄宗顺便在楼下设酒食相待。其中也不免有过往官吏，如御林大将军、剑南道入京奏事官员等人。架不住李辅国天天嚼舌根，终于说动了肃宗。于是，李辅国假传圣旨，将兴庆宫原有的三百匹马减去了二百九十匹，并令六军将士出面，强迁太上皇入居西内太极宫。

李辅国亲率一行人马来到睿武门，遇见玄宗，突然命令武士五百人拔刀挡住去路。玄宗惊讶地问他用意何在？李辅国说是奉命迎太上皇回宫内。高力士在场，怒斥李辅国胆大妄为，令他下马。出乎高力士所料，一向在他面前唯唯诺诺的李辅国如今翅膀已硬,不会再听他的了。当即,李辅国奚落嘲弄了高力士一番,并骂高力士"不识时务",还杀死高力士的一名侍从。高力士无奈,只得奉劝将士不要乱动,诸兵士收刀听命。高力士指令李辅国与自己一道护驾,玄宗乘辇同行至西内,居于甘露殿。李辅国随后率众离开,只留下几十名老弱士兵侍卫,再也不允许高力士、陈玄礼和其他老宫人留居玄宗身旁。不久,李辅国又勒令陈玄礼退隐,将高力士流放到边远地区。高力士临行前求见玄宗,也遭拒绝;玉真公主也被强迫出居道观。从此,李辅国以自己的手下代替玄宗的亲信,名为服侍,实为监视。李辅国连对玄宗略有好意的人也不放过。刑部尚书颜真卿率领百官向玄宗问好,李辅国立即奏贬颜真卿为蓬州(今四川蓬安县)长史。此后,玄宗孤灯苦雨,茕茕孑立,形影相吊,无人敢去看望,连肃宗也害怕李辅国而不敢探视父亲,致使玄宗抑郁而死。

一批政敌已被清除,李辅国有恃无恐,公开伸手要官。上元二年(公元761年)八月,李辅国升兵部尚书,由御厨设食,宰相朝臣皆来祝贺。可李辅国并不满足这个正三品官,竟然提出要当宰相。肃宗颇感踌躇,对他说:"以你的功劳,什么官都可以做,但若众望不孚,怎么办呢?"李辅国便找宰相裴冕等联名上书推荐。肃宗其时也害怕李辅国权势过大,便暗中让宰相萧华告诉裴冕,转告公卿们千万不能上奏。自然,李辅国的野心未能得逞,但却增加了他对萧华等人的几分仇恨,时时伺机进行报复。

数月后,肃宗有病,李辅国乘机矫诏免去萧华相职,贬为礼部尚书,换上他的亲信元载为相,旋又贬萧华为陕州刺史、裴冕为施州刺史。不久,唐肃宗死,李辅国拥戴太子李豫即位,是为唐代宗。他自恃有功,愈加骄横无礼,对心宗说:"皇上但居禁中,外事听老奴处分。"当时,他身为兵部尚书、判行帅行军、闲厩使等,掌握着军队和车辇牛马等大权,代宗虽对他不满,表面上仍很敬重,尊称其为"尚父",因而事无大小,群臣均先禀报李辅国。李辅国也自觉顺理成章,泰然处之。宝应元年(公元762年)五月,拜李辅国为司空兼中朼令,实封八百户。

李辅国权势炙手可热,朝臣多怀不满,即其党羽左监门卫将军程元振也嫉妒异常。他密向代宗建议,应削夺李辅国的部分权力。这一建议正和皇帝心意,立即解除了李辅国行军司马、兵部尚书和闲厩使等职务,任命药子昂判行军司马。药子昂自知势难与敌,辞不受命,代宗遂以程元振为行军司马。接着,代宗又以左武卫大将军彭体盈代李辅国为闲厩、群牧、苑内、营田、五坊等使,不再让李辅国住在宫内。渐渐的,李辅国失去了权势,由于他树敌众多,最终没有逃脱厄运的降临。

仇士良为何仇视贤良

在唐朝历史上,有一个经历了顺宗、宪宗、穆宗、敬宗、文宗、武宗六朝,杀二王、一妃、四宰相,专权达二十余年的大宦官,他就是仇士良。

仇士良,字匡美,循州兴宁人(今广东惠州)。公元835年,李训、郑注为尽除奸党发动史上有名的"甘露之变"时,文宗李昂曾参与谋划,结果李训等以失败丧命而告终,仇士良也因此非常憎恨文宗皇帝,多次想设计废掉他。

一天晚上快半夜的时候,翰林学士崔慎由洗漱完毕,正准备上床就寝,突然有人来传令让他立刻入朝。崔慎由不禁想到,看来朝廷要出什么事了,不然皇上不会这么急切,这样想着,便跟着来人走了。来到秘殿,

仇士良

崔慎由却见仇士良一人端坐在大堂上,看上去是等候多时了,环顾四周,屋内窗帘都遮得严严实实,崔慎由心下狐疑。

等崔慎由落座后,仇士良对他说:"皇上患病已经好长时间了,自从他即位以来,很多政令都荒废紊乱了。皇太后看到这种情景,整日忧心忡忡,常跟我说这样下去怎么能行?所以让我重立个嗣君。今晚急着叫你来,就是为起草诏书的事。"

崔慎由听到这,不由得警觉起来,以前可从没听人提过立嗣君的事,弄不好

是要杀头的。他坚决拒绝说："当今皇上恩泽遍施天下，在这里怎好随便议论呢？慎由亲族中表近千人，兄弟妻妾就将近三百，我怎么敢做这灭门九族的事呢？即使杀了我也不敢答应。"

仇士良本来料到他很难能满口应承，但没想到他会把话说得这么死，竟一下子沉默了半天。过了一会儿，仇士良打开一个小门，带他到后面的一个小殿去，文宗帝正在那里。当着崔慎由的面，仇士良一条一条地数落着文宗的过失，声色俱厉，直说得文宗低头不语，他把刚才的怨恨都倾泻在文宗身上。接着，他看了一下崔慎由，指桑骂槐似的指着文宗说："当学士就得负责起草诏书，不想当学士，就别占着茅坑不拉屎！"后来慎由出来时，仇士良还威胁说："今晚的事不能走漏一点风声，否则，你吃不了兜着走！"

对待皇帝态度尚且如此，何况是其他人呢？李石任宰相时，发觉京兆尹张仲方性格懦弱，不能威服禁军，奏请皇上让司农卿薛元赏代替他，文宗答应了。薛元赏为人不卑不亢，做事雷厉风行。一天，他到李石府中办事，见李石正在厅中和一神策军将领争得面红耳赤，便大步走上去对李石说："相公辅佐皇上治理天下，却不能制服一个小小的军将，竟使得他如此无礼，何以镇服四夷呢！"命令左右捆住这个依仗仇士良作恶多端的将领，带到下马桥候审。薛元赏回到下马桥时，那将领已被脱去军衣，跪在地上听候发落。正要动刑，一宦官急急赶到跟前，说是奉仇士良的命令，请大尹过去有话说。薛元赏请来人转告仇士良说："暂有公事在身，元赏很快就到。"当即杖杀了军将。

薛元赏换上素服去见仇士良，仇士良冷笑说："痴书生怎么竟敢杖杀我禁军大将呢！"薛元赏从容回答说："中尉是大臣，宰相也是大臣，宰相如果对中尉无礼，能怎么样？如中尉对宰相无礼，这难道能原谅吗？元赏现在来是向你请罪的。"一番话，倒使仇士良很尴尬，一下子失去了嚣张气焰。他想人既然已经死了，薛元赏又是执法如山，只好强作笑脸，显出宽宏大量的样子，留薛元赏饮酒，实则图谋将来再报复。不久，仇士良在煽动禁军攻击新宰相李德裕的事件中，找个借口杀了薛元赏。

仇士良就是这样，权欲膨胀时，只要有人阻碍他的"进取"道路，都要想方设法搬掉，不管是皇帝还是宰相。李石就是仇士良想要搬开的一块石头。公元

836 年，文宗升坐紫宸殿，李石因奏事上前拜谢。不久，外面风言风语就传开了："天子欲令宰相掌禁兵，已经谢过恩了。"一下子搞得朝廷内外关系紧张，京城百姓人心惶惶，不知会发生什么事，一连几夜都不敢解衣就寝，许多人打算出城外逃。李石不得不奏请皇上召见仇士良，向他当面解释此事，并公布于朝廷内外，说这纯属谣传了事。仇士良见挑不出李石的过失，便派人准备暗杀他。

838 年春的一天早晨，李石慢悠悠地骑着马去上朝，嘴里哼着小曲儿。当他走到石坊门附近时，只听"嗖"的一声，他大叫"不好"，身子向左侧一闪，可已来不及，一支箭射中了他的右臂，他带着箭赶紧拍马往家飞奔。经过五垛口小巷时，不料又有人设伏，寒光一闪，挥刀向他砍来，因为他有所准备，人躲过，但马尾被连血带肉砍下。李石料定这必是仇士良派人干的。李石一连几天在家养伤，思前想后，自己忘身为国，却总是遭人暗算，不如告老回家，还可颐养天年。文宗接到他的辞呈，深知其故，也无可奈何，但也舍不得这个人才，命他挂相衔出任荆南节度使。

文宗驾崩后，武宗即位，他表面上对仇士良尊崇，实际上对他专权干政厌恶已极。仇士良觉察后很是懊恼，他没想到自己拥立的皇帝却在疏远自己，他想扭转这种局面，但阴谋无法得逞，暗想如不再退避，不仅会丢掉荣华富贵，就是身家性命恐怕也难保全。843 年，仇士良以年迈精力不济告退，武宗同意。当他的门生故吏簇拥着把他送回家时，仇士良感谢他们说："你们要好好侍奉天子，现在能听老夫几句话吗？"众人点头说好。仇士良不紧不慢地说："天子不可让他有闲空，一有空，他就要看书，召见儒臣，倾听大家意见，这样，天子就会深谋远虑，考虑周全，玩好减了，游幸少了，那么，对我们的恩宠也薄了，权力也小了。老夫今天为你们从长计议，不如多积蓄财货，养肥鹰马，天天以鞠毬、打猎、五声和美女来迷惑天子，极尽奢侈铺张，使他天天玩得高兴，玩得不知疲倦，那么他就会不谈经术，不知道外面的事情，这样，国家大事小事都由我们来处理，什么恩泽呀权力呀又能跑到哪里去呢？"众人听了，如获金箴，感动得一拜再拜。他死的第二年，有人在他家里发现兵器有几千件，皇上立即下诏削了他的官爵，没收了他的财产，据说他家的财物用三十辆车子运了一个月还没运完。

李林甫炮制"三狱案"之谜

唐朝天宝后期,李林甫已经结结实实地坐稳了相位。他屡次兴起大狱,或诛杀或贬谪贵臣,手段残忍,无所不用其极。

由于妒恨兵部尚书兼左相李适之,李林甫制造了"兵部案"。公元745年,李林甫无端向兵部发难,诬告兵部官员以权谋私,逮捕了大小官员60多人,交给京兆尹和御史审讯。一连审讯几天后,李林甫仍然得不到任何口供,只好交给法曹吉温处理。曹吉温也非善良之辈,深受李林甫的赏识。他严刑逼供,"或杖打或挤压,哭嚎之声,撕心裂肺",致使这些兵部大员们个个屈打成招,没人再敢违背曹吉温的意旨,画押招供,互相揭发。李适之是太宗李世民的曾孙,面对李林甫咄咄逼人的气势,此时也束手无策,不得已,便上书玄宗要求外迁。于是,他被罢了宰相一职,出任宜春太守。

李林甫还一手制造了"韦坚案",也称"东宫案"。韦坚是皇太子妃的哥哥,自从原太子李瑛被废、东宫虚位后,李林甫多次劝皇上立寿王为太子,可玄宗没有听他的话,另立忠王为太子。由于新立的太子早就对李林甫不满,李林甫心里也明白,所以他担心将来太子登基后自己早晚要倒霉,就想密谋推翻太子。

韦坚是新立太子忠王的姻亲,担任江淮转运使期间,很有政绩,受到皇上恩宠,又与当朝宰相李适之相处很好,所以李林甫把他看为眼中钉,恨得咬牙切齿。由于时机不成熟,阴险的李林甫要考虑影响,没有直接治韦坚的"罪",而是采取先拉后打的办法。他表面上对韦坚很好,提升他为刑部尚书,以此麻痹他,接着,派杨慎矜暗里察看他的动静。

恰巧,太子的朋友、边防重将皇甫惟明进京述职,他看到、听到李林甫如此专权,愤愤不平,私下规劝玄宗撤掉李林甫。谁知此事泄露,李林甫决定先下手为强。他让杨慎矜诬告韦坚和皇甫惟明搞阴谋,当即把他两人收进牢狱,交给京兆府曹吉温审理。因找不出具体的证据,韦坚被贬出京城,皇甫惟明仍回边镇,降级任用。韦坚的弟弟韦兰、韦芝不服,替他的哥哥喊冤,也被贬往岭南。

凡是与韦坚有牵连的人都被诬蔑为同党,贬官流放的竟达几十人。

李林甫并没有就此罢手,他一路追杀过去。747年,他恳请玄宗,要求分遣御史到各地巡查被贬谪的官员,其用心不言自明。派往岭南路的御史罗希奭自然也是李林甫的心腹,他根据主子的授意,从青州到岭南,对被李林甫贬谪的官员见一个杀一个,搞得沿途郡县人心惶惶。李适之谪居宜春,听到这一消息后忧惧万分,想到自己大祸临头,大呼"唯愿转世不再做朝官!"说完,喝毒药自杀了。他的儿子李霅奉迎父亲尸骨到东都,李林甫知道后,阴险地说:"斩草务必除根!"于是派人诬告李霅,乱棍打死在河南府大堂上。趁此机会,皇甫惟明、韦坚三兄弟也都被他赐死在外地。李林甫对韦坚,李林甫不知怎么会有这么大的刻骨仇恨,人死后仍不放过。因韦坚一直任江淮转运使,李林甫又遣使去江淮州县搜罗韦坚的"罪恶",甚至连船夫也抓了起来,犯人一时充满牢狱。此案最终还是牵涉到太子妻族,太子整日战战兢兢,唯恐查到自己头上,赶紧上表请求与太子妃离婚,才得以保全自己的性命。

不过最惨的恐怕要算是"杨慎矜案"了。杨慎矜是隋朝炀帝的玄孙,玄宗察访他有才干,授以御史中丞,他因惧怕李林甫,不敢接受。几个月后,李林甫接纳他为自己人时,才敢到任并兼诸道铸钱使。这期间,杨慎矜曾帮李林甫诬告韦坚,不久又升任户部侍郎。杨慎矜忠于职守,兢兢业业,渐受玄宗重用。李林甫却不由得妒火中烧,他怕日后难以控制,即使是自己手下的人,也绝不客气。

于是,李林甫与王鉷一同谋划,因杨慎矜是隋炀帝玄孙,便诬告他与周边小国有勾结,家里窝藏图谶之书,反对朝廷,阴谋恢复祖业。为了找到罪证。李林甫诬蔑太府少卿张瑄曾经和杨慎矜一起谈论过谶语,将张瑄下狱。因确实没有这事,张瑄矢口否认。李林甫气急败坏,用铁镣铐住他的双脚,让人抓住他脖子上的枷锁,像拉皮筋一样,用力向前拉拽,身体加长数尺,腰几乎被拉断,眼鼻出血,气绝身亡。

李林甫无奈,又找新的替死鬼,逮捕了一个名叫史敬忠的术士。史敬忠经不起严刑威吓,无中生有,胡编乱造了三页纸,承认自己曾与杨慎矜谈论谶语,企图谋反。获得人证后,李林甫又寻找物证——谶书,一时搜查不到,竟派殿中

国学经典文库

中国古代秘史

·隋唐五代十国秘史·

图文珍藏版

侍御史卢铉将伪造的谶书挟往杨慎矜的老家,说是在老家中发现。李林甫获得"证据"后,马上上报,玄宗即赐杨慎矜自杀,满门抄斩,其他受牵累遇害的达70多人。

在李林甫把持朝政期间,这样的冤假错案数不胜数,只要威胁到他的利益,都会毫不留情地加以迫害。因此,唐朝官场政治日趋黑暗和腐败,最终导致了天宝危机的爆发。

李林甫是怎样挤兑张九龄的

玄宗在位期间,李林甫由御史中丞宇文融引荐,拜为御史中丞。后来,通过巴结宰相何休和武惠妃,终于当上了宰相。当时还有两位著名的贤相,一为中书令张九龄,一为侍中裴耀卿,均学识渊博,敢于面诤直谏。李林甫也有自知之

张九龄塑像

明,与他们同列,自觉相形见绌,心虚得很。尤其是张九龄对李林甫深有洞察,早在李林甫弹劾张说时,就提醒张说注意。等到玄宗欲用李林甫时,又直言谏阻:"宰相之职,关系国家安危,若用李林甫为相,恐怕国家有难。"玄宗没有听从,仍然任用李林甫为相,而李林甫却因此十分嫉恨张九龄。

李林甫自知才能不及人,却不设法提高自己的能力,赶超其他两位宰相,反

而处处想要把他们拉低，实在不行就加以人身攻击，彻底毁灭对手，这是中国数千年来奸佞小人惯用的伎俩。但李林甫登相位不久，由于张九龄"以才鉴见推"，在文学上为皇上所倚重，李林甫虽然嫉恨他，也只好暂时委曲求全。侍中裴耀卿与张九龄关系十分密切，李林甫因而恨乌及屋，连裴侍中也倍加痛恨。他的心里虽然时时想要加害于二位宰相，但表面上却不露声色。

为了掌握皇帝的动静与想法，李林甫设法打通了皇帝的随侍左右。这样，皇帝的举止言行，他都了如指掌，应对时也很合玄宗心意。因此，玄宗对李林甫越来越信任。李林甫一面逢迎皇上，一面向二位宰相寻衅。

此时，争宠的武惠妃想要玄宗立自己的儿子为太子，于是在玄宗面前诬奏："太子勾结党羽，想要谋害臣妾母子，亦对皇上不利。"玄宗十分生气，想要废掉太子，张九龄坚执不可，因此令玄宗很不高兴。李林甫当面不发表意见，背后却四处散布舆论说："这本是天子家里的私事，外人瞎掺和啥？"其用意在迎合玄宗和武惠妃，主张废黜太子，并影射张九龄干预皇上"家事"。

公元736年，玄宗听说边将牛仙客领朔方节度使有政绩，想要加封。张九龄知道后，极不赞成，于是找到李林甫商量："皇上应该封赏立大功的名臣名将，在边将中稍微优秀些，难道就要考虑加封吗？我要与李公一起去跟皇帝争一争。"于是邀李林甫一起前往。李林甫当面表示同意，但张九龄在皇上面前力争时，他只是"嘿嘿""哈哈"傻笑，不置一词。不仅如此，他还私下里将张九龄廷争的话偷偷告诉牛仙客，牛仙客受了他的煽动，立即面见皇上，哭着请求辞官。

后来，玄宗又想加升牛仙客为宰相，张九龄认为牛仙客没有读过书，恐怕不能担此重任。李林甫却在一旁劝玄宗说："若是有才识，何必一定要读过书。天子任用贤才，为什么一定要他同意？"玄宗耳根很软，十分赞赏李林甫识大局，顾大体，于是日益疏远张九龄。

这一年，玄宗出游东都洛阳后，想要返回长安。张九龄考虑眼下正是农忙季节，皇上返驾，沿途接待，地方负担过重，而且影响农收，因此上奏说："秋收还没结束，皇上还是等到冬天再启程吧。"张九龄进谏后，李林甫故意装作脚疼，走在后面。玄宗问他怎么了，他故意献媚说："臣并非脚疼，是有话要启奏陛下。长安、洛阳，是陛下的东西宫。往来行幸，哪还用得着看时间？假使妨碍农收，只要免除所经地方的租税就行了。"玄宗听了很高兴,立即起驾返回长安,虽然影响了农时,但并未免除所过地方的租税。玄宗由此也愈来愈憎恶张九龄。

后来,严挺之在跟户部侍郎萧灵谈话时发现,此人竟然将"伏腊"读为"伏猎",堂堂侍郎官居然不认识"腊"字。严挺之深为遗憾,在一次谈话时,讲给了张九龄听,结果萧灵被张九龄贬了官。萧灵本是李林甫引荐的,李林甫得知此事后,自然内心十分怨恨。再加上严挺之一贯与张九龄站在同一阵线,经常鄙薄李林甫,于是,李林甫向玄宗诬告严挺之徇私。张九龄出面为之辩解,又被李林甫诬告为拉帮结伙。结果,玄宗听信李林甫的话,罢免了张九龄宰相之职。

不久,牛仙客升任宰相之职,监察御史周子谅上书弹劾称:"牛仙客并非贤才,怎么能滥登相位?"玄宗听了,十分生气,李林甫又在一旁煽风点火,说周子谅不把皇帝放在眼里,怂恿玄宗将周子谅处死。玄宗听信了李林甫的话,下令将周子谅处死。李林甫又落井下石,向玄宗进言:"周子谅是张九龄推荐的。"于是,玄宗将张九龄贬为荆州刺史,永不得返回京城,株连流贬的达几十人。

李林甫就是这样将贤相张九龄挤出朝廷的,从此自己大权独揽,成了玄宗面前的"红人"。

李林甫真的"口蜜腹剑"吗

开元末年,大唐帝国迎来了我国历史上少有的盛世局面,民丰物阜,四方臣服。唐玄宗李隆基做了二十多年太平天子,渐渐滋长了骄傲怠惰的情绪。他不再像以前那样励精图治、纳谏如流,开始满足于已经取得的成绩,贪图享乐。宰相张九龄看到这种情况,心里十分着急,常常给唐玄宗提意见。唐玄宗本来很尊重张九龄,但是到了后来,对张九龄的意见也听不进去了。

此时,玄宗喜欢大臣对他歌功颂德、阿谀奉承,一时间,奸佞小人猖獗起来,唐代有名的奸相李林甫就是这时起家的。李林甫本是一个不学无术、胸无点墨的市井无赖,他什么事都不会,专学了一套奉承拍马的本领。他和宫内的宦官、妃子勾结,探听宫内的动静。唐玄宗在宫里说些什么,想些什么,他都先摸了底。等到唐玄宗找他商量什么事,他都对答如流,简直跟唐玄宗想的一样。唐玄宗听了很舒服,觉得李林甫又能干又听话,比张九龄强多了。

唐玄宗想把李林甫提为宰相,跟张九龄商量。张九龄看出李林甫不是正路人,就直截了当地说:"宰相的地位,关系到国家的安危。陛下如果拜李林甫为相,只怕将来国家要遭到灾难。"这些话传到李林甫那里,李林甫把张九龄恨得咬牙切齿。

李林甫

朔方(今宁夏灵武)守将牛仙客,目不识丁,但是在理财方面,很有点办法。唐玄宗想提拔牛仙客,张九龄没有同意。李林甫在唐玄宗面前说:"像牛仙客这样的人,才是宰相的人选;张九龄是个书呆子,不识大体。"

有一次,唐玄宗又找张九龄商量提拔牛仙客的事。张九龄还是不同意。唐玄宗发火了,厉声说:"难道什么事都得由你做主吗!"唐玄宗越来越讨厌张九龄,加上听信了李林甫的诽谤,终于找了个机会撤掉张九龄的职,让李林甫当宰相。

李林甫一当上宰相,第一件事就是要把唐玄宗和百官隔绝,不许大家在玄宗面前提意见。有一次,他把谏官召集起来,公开宣布说:"现在皇上圣明,做臣下的只要按皇上的意旨办事,用不着大家七嘴八舌。你们没看到立仗马(一种在皇宫前作仪仗用的马)吗?它们吃的饲料相当于三品官的待遇,但是哪一匹马要是叫了一声,就被拉出去不用,后悔也来不及了。"有一个谏官不听李林甫的话,上奏本给唐玄宗提建议。第二天,就接到命令,被降职到外地去做县令。大家知道这是李林甫的意思,以后谁也不敢向玄宗提意见了。

李林甫知道自己在朝廷中的名声不好。凡是大臣中能力比他强的,他就千方百计地把他们排挤掉。他要排挤一个人,表面上不动声色,笑脸相待,却在背地里暗箭伤人。有一次,唐玄宗在勤政楼上隔着帘子眺望,兵部侍郎卢绚骑马经过楼下。唐玄宗看到卢绚风度很好,随口赞赏几句。第二天,李林甫得知这件事,就把卢绚降职为华州刺史。卢绚到任不久,又诬说他身体不好,不称职,再一次降了他的职。

有一个官员严挺之,被李林甫排挤在外地当刺史。后来,唐玄宗想起他,跟李林甫说:"严挺之还在吗?这个人很有才能,还可以用呢。"李林甫说:"陛下既然想念他,我去打听一下。"退了朝,李林甫连忙把严挺之的弟弟找来,说:"你哥哥不是很想回京城见皇上吗,我倒有一个办法。"严挺之的弟弟见李林甫这样关心他哥哥,当然很感激,连忙请教该怎么办。李林甫说:"只要叫你哥哥上一道奏章,就说他得了病,请求回京城来看病。"

严挺之接到他弟弟的信,真的上了一道奏章,请求回京城看病。李林甫就拿着奏章去见唐玄宗,说:"真太可惜,严挺之现在得了重病,不能干大事了。"唐玄宗惋惜地叹了口气,也就算了。

像严挺之这样上当受骗的人还真不少。但是,不管李林甫装扮得怎么巧妙,他的阴谋诡计到底还是被人们识破。人们都说李林甫这个人是"嘴上像蜜甜,肚里藏着剑",成语"口蜜腹剑"就是这样来的。

表面上看,李林甫甜言蜜语,好像很关心人,实际上,暗藏杀机,有自己的险恶用心。他还常常挑拨他所反对的人之间的关系,制造矛盾,各个击破;或在两败俱伤时,坐收渔利。户部尚书裴宽,平时为玄宗所器重,李林甫怕他有一天入相,威胁自己,便设法阻拦。刑部尚书裴敦复"平赋有功",玄宗表彰了他,李林甫内心十分嫉恨。二裴之间本来就有矛盾,于是,李林甫千方百计地寻找突破口。

李林甫怂恿裴敦复买通杨贵妃的姐姐,在玄宗面前说裴宽的坏话,致使裴宽被贬为睢阳太守。接着,李林甫又采取明升暗降的手法,借口裴敦复有战功,奏请玄宗让他充任岭南王府经略使。裴敦复不太乐意,稍稍迟疑,没有及时赴任,则被李林甫反奏一状,因"逗留京师"之罪,被贬为淄川太守。就这样,李林甫在不到一年的时间里就把裴宽和裴敦复赶出京城,何谈入相?

嫉妒成性的李林甫不仅排斥朝官,还十分注意边帅。按唐朝传统,边帅皆用忠厚名臣,其中功绩卓著的人往往迁升入朝,拜为宰相。李林甫欲杜绝边帅入相之路,于是献上一条奸计,即不用文人和贵族子弟为边帅。天宝六年(公元746年),他向玄宗再次进言:"文臣为将,怯当矢石,不若用寒酸胡人(出身低微的少数族将领）。胡人则勇决习战,寒族则孤立无党。陛下诚以恩给其心,彼必能为朝廷尽死。"其花招是,少数族将领不识汉字,驻边领军,才能再大也不会入朝拜相。这就从根本上杜绝了边帅入相的路子,自己的相位可长保无虞。玄宗不知道李林甫的险恶用心,竟然听信他的话,选用安禄山做边帅,委以重任,这才有天宝末年"安史之乱"的发生。

李林甫对有贤能的人或杀或贬或压制不用,而只用一些才智平庸而善于溜须拍马的小人,这自然使得唐玄宗统治末期纲纪败坏,政治腐败。李林甫当了十九年宰相,一个个有才能的正直的大臣全都遭到排斥,一批批钻营拍马的小人都受到重用提拔。就在这个时期,唐朝的政治从兴旺转向衰败,"开元之治"的繁荣景象消失了。李林甫用卑鄙的手段排挤了许多有才望的大臣,保住了自己的位置,因此,人们用"口蜜腹剑"来形容他的为人一点也不为过。

宰相为何屡遭暗杀

唐宪宗李纯是顺宗的长子,即位时已经二十七岁。据说,李纯小时候就很聪明,在他六岁时,一次德宗把他抱在膝上问:"你是谁的儿子,坐在我的怀里?"李纯回答:"我是第三天子。"德宗听了,很惊讶。宪宗即位以后,很想有一番作为,特别是针对藩镇力量过大,时刻危及中央朝廷这一情况,想方设法削藩,以图唐室中兴。宪宗即位的第二天,有人送十五个美女进宫,被他婉言拒绝。宪宗说:"太上皇都不受献,我怎么能违背祖训呢?"宪宗即位刚一个月,荆南地方的官吏就进献了两只龟,宪宗不仅没有接受,而且还特地颁布一道诏旨,称其注重的是贤才,而不是奇禽异兽,以后这类东西停止进献。

宪宗即位后,准备重用宰相,打击割据一方的藩镇。这场艰巨的战争整整持续了十四年的时间,而且,中间还死伤了两个宰相。宪宗任用的宰相主要是杜黄裳、李吉甫、武元衡、裴垍、李绛、裴度等人。李吉甫为了保证宪宗在用兵期间经济物资能充分供应,早在元和二年(公元 807 年)十二月就撰写成《元和国计簿》一书,对全国的方镇、州府县、道的户口、赋役进行了详细的统计。遗憾的是,元和九年冬天,正是讨伐淮西最紧张的时刻,李吉甫突然得暴病而死,宪宗不得不更换宰相。武元衡就在这种情况进入了内阁。

武元衡的曾祖是武则天的叔伯弟弟,当过湖州刺史。他自己在元和二年正月拜门下侍郎,兼判户部事。李吉甫死后,宪宗把平定淮西的重任托付给他。当时,成德节度使王承宗派遣使者来朝奏事,使者在会见武元衡时,言词傲慢,受到武元衡斥责。王承宗借此上书宪宗,大肆诋毁武元衡。由此,武元衡和成德节度使王承宗之间结了仇。

元和九年(公元814年)六月初三日,王承宗派刺客深夜埋伏在武元衡住宅附近,等武元衡早晨上朝走出静安里东门时,刺客们在暗中吹灭了蜡烛,乘机用木棍打断了武元衡的左腿,驱散了武元衡的随从。然后,刺客们牵住武元衡的马,向前走了十几步,才把他的头砍下带走。等到众人呼喊持火把前来照看时,武元衡已倒在血泊中。当时,夜色还没有退尽,路上有许多上朝的官员和行旅。人们连呼带喊,都说强盗杀了宰相。消息传到皇宫,到朝的文武官员十分不安,不知道谁被杀死。不一会儿,武元衡的马跑到皇宫前,有人认了出来。天亮以后,宪宗在紫宸门排好仪仗,官员把武元衡被害的情况上奏。宪宗感到极为震惊,低声啜泣了许久,以至午饭也没有吃下。最后,宪宗派人给武元衡家中送去布帛五百匹,粟四百石,并停朝五天,以表示哀悼之情。

据说,李吉甫死的时间是武元衡的生月,武元衡死的时间是李吉甫的生月,他们的死紧紧相差半年。民间传说,在武元衡死之前,长安城里流传着这样一句话:"打麦麦打三三三,"有人还旋转自己的袖子说:"舞了也。"许多人不知道这些是什么意思,有人解释说"打麦"指打麦的时候;"麦打"指的是突然袭击;"三三三"指的是六月三日;"舞了也"是说武元衡要死。也许这一谣言正是王承宗派人散布的。

王承宗派人刺杀武元衡的同时,也派人去谋害宰相裴度。那一天,裴度刚走出通化里就遇上了强盗。强盗用剑砍杀他三次,第一次砍断了靴带,第二次砍中了背,刚好透过外面的罩服,第三次才碰到头部。裴度从马上摔了下来。因为裴度戴的是毡帽,所以才伤得不厉害。强盗见裴度从马上掉下,又挥剑追赶,被裴度的随从王义挡住。强盗砍断了王义的双手,发现裴度掉进沟中,一动不动,猜想他已经死了,这才离开。幸运的是,裴度竟活下来了。

由于武元衡和裴度被伤害,京师长安充满了恐怖气氛。宪宗为了确保朝廷大臣的安全,采取了紧急措施:从皇宫到各门加派卫兵,宰相的卫队随从增加了金吾骑士,规定出入朝门可以佩戴兵刃,进出里门的人要经过严格搜查,其他官员们也可以有家兵护从。武元衡死后数日,因为一直没有抓到凶手,兵部侍郎许孟容请见宪宗,陈奏说:"岂有国相横尸路边,而捉不到凶手呢?"说完热泪盈眶。宪宗也感到无限愤慨和伤感,于是颁布诏书,凡是京城诸道能捕获杀人强盗的赏钱万贯,给五品官;敢有窝藏的全家抄斩。几天以后,神策将士王士则、王士平捉到了凶手张晏等八人,在长安正法。此后,人们的心情才稍稍有所平静。

由此可见,唐朝中后期的藩镇割据是多么严重,地方节度使胡作非为,却毫无顾忌,连一人之下、万人之上的当朝宰相也敢随意暗杀。唐朝政治的黑暗和恐怖,诈预示着这个王朝的衰败。

魏元忠真的要"谋逆"吗

公元 703 年农历八月,有一天,洛阳上空忽然出现一片乌云,紧接着就"噼里啪啦"下开了冰雹。只见冰雹下得又急又密,个儿还特别大,最大的如拳头,小的也有鸡蛋大小,城外田地里的庄稼转眼之间就全部被砸倒了,老百姓的房屋也被砸得东倒西歪,还有好多人被砸死、砸伤,好不凄惨。没想到,这场特别大的冰雹好不容易停住了,又下起了倾盆大雨,刮起了狂风。只见整个洛阳城内外天昏地暗,十分恐怖。

那个时候,人们特别迷信,封建统治者更是相信鬼神。风调雨顺的时候,他们就大吹特吹什么政通人和、天公作美。只要一碰上灾祸,他们就觉得这是天公对那些帝王不太满意,是对帝王的一种惩罚。这时候,武则天正坐在万象神宫里批阅奏折,冰雹砸得万象神宫的屋顶"劈劈啪啪"一个劲儿乱响,狂风暴雨将宫中的树木抽打得东倒西歪,"呜呜"怪叫。这一年,武则天已经快 80 岁了,身体十分虚弱。她连忙放下手中的奏折,走到宫门口,一看外边的冰雹和狂风

魏元忠

暴雨,心里不由地感到一阵害怕。她心想:这场冰雹肯定给人们带来特别大的灾难,那些对我不满的大臣肯定会借着这场灾难说三道四,逼着我让出皇位!武则天越想越害怕,一下子就病倒了。

皇宫里的太医们赶紧为武则天进行医治。多亏太医们精心治疗,武则天养了将近半个多月,病情总算好了起来。她刚刚能够勉强撑着身体处理国家大事,就得到张易之和张昌宗兄弟俩的一份密报,上边说:宰相魏元忠暗地里勾结一些大臣,想要谋反。此时,宰相狄仁杰已经去世,魏元忠当了宰相。魏元忠其实是一个非常正直的人,在唐高宗活着的时候,他曾经写过一道奏折,说的是安定边境、治理国家的策略,受到了唐高宗的赞赏。武则天当上皇帝以后,魏元忠在平定徐敬业叛乱的时候,又立下了大功,受到了武则天的器重。魏元忠根本看不上张易之和张昌宗这样来路不正的奸臣,几次得罪过他们。

公元702年,魏元忠还在兼任并州副帅的时候,张易之家里有一个家丁仗着主人的势力欺压百姓,抢男霸女,无恶不作,干尽坏事,张易之却根本不闻不问。老百姓恨透了他们,就到魏元忠那里告状。魏元忠立刻命令手下的士兵们把张易之的家丁抓了起来。魏元忠心想:若是经过审问定了这家伙的罪,张易之肯定会前来说情,那样事情就难办了。于是,魏元忠决定一不做、二不休,下令将其家丁重打四十大板。结果,这个家丁只挨了二十几棍,就断了气。张易之听说自己的家丁被魏元忠活活打死，气得咬牙切齿，恨不得将魏元忠生吞活剥。不过，张易之知道要想整治魏元忠，并不是一件容易的事情，只好暂时忍了下来。

事隔不久，魏元忠上奏武则天，请求她远离张氏兄弟，武则天看完后很不高兴。张氏兄弟知道这件事情以后，更加仇恨魏元忠，两人商量决定找一个机会，把魏元忠置于死地。现在机会终于来了，张氏兄弟看到武则天生病以后，不了解外边的情况，就给魏元忠捏造了一个谋反的罪名。武则天本来就对魏元忠有些不满，再加上她一直对魏元忠这种掌握实权的大臣一百个不放心，所以武则天看完张氏兄弟的密报，立刻下了一道圣旨，派军队突然包围了魏元忠的家，来了一个大搜查，想找到他谋反的一些罪证，可是他们什么也没搜查到。接着，武则天又传下一道圣旨，将魏元忠关进大牢。

魏元忠被抓进监狱以后，感到特别纳闷，不清楚自己究竟犯了什么罪，只能静静地等着审问。大臣们看到这种情形，也不知道到底发生了什么重大变故，吓得一句话也不敢说，生怕把自己牵连进去。

这一天，武则天终于要审问魏元忠了。她叫来几个重要的大臣，然后派人把魏元忠押上了万象神宫的大殿。过了半天，武则天终于说话了："魏元忠，你可知罪吗？"魏元忠赶紧磕了个头，回答："罪臣该死，臣不知犯了什么罪！"武则天生气地说："好！现在证人就在这里，你还敢狡辩？魏元忠，朕问你，朕一直很相信你，可是你为什么还要谋反？"魏元忠一听，吓得差点没瘫倒。这可不是一般的罪名，如果承认下来，那是要抄家的呀！不过，他很快冷静下来，歪着头一看，站在旁边的张氏兄弟脸上露出一股得意的冷笑。魏元忠的心里全都明白了，他上前一步说："陛下一定是听信了小人的谗言，谁说我要谋反，我要和他当场对质。"张氏兄弟也不甘示弱："陛下，魏元忠谋反的事情，当然有旁证，这就是凤阁舍人张说。"武则天正要下令传证人，张昌宗连忙说："陛下，您的身体刚刚康复，还是应该多多注意保养，不能过分操劳。以臣之见，今天就到这里，明天再继续审问吧。"武则天听了这话，心里非常高兴："好呀，还是六郎能够体贴人。好，明天再审。"

当天晚上，张昌宗派了一个特别可靠的亲信到张说家，把事情的经过告诉了他。张说一听,为难地说:"我可不愿意牵连到这个案子里边去。"张昌宗的亲信又是威胁又是诱惑,没完没了地纠缠不休。张说心想:事情到了这种地步,我要是不答应,他们还会去找别人,而且还会用各种办法暗害我。我不如暂时答应了,等到了皇帝面前再说。这样,张说答应下来。

第二天,张说来到皇宫,不慌不忙地说道:"既然陛下让我说出实情,我只好遵旨如实地说了。我根本就不知道魏元忠说过什么谋反的话,也从来没有听他说过对您不尊敬的话。这就是实情,我敢用自己的性命来担保!"

张说的话一下使武则天愣住了,张氏兄弟也吓了一跳,魏元忠更是大吃一惊。整个大殿上显得一片寂静。过了好半天,张易之清醒过来,对武则天说:"陛下! 张说和魏元忠共同谋反。"这时候,武则天的心里早就明白是怎么回事了,不过她什么话也没说。武则天心想:这件案子已经非常明白了,魏元忠是被张氏兄弟诬陷的。不过,这也是他自找的。如果魏元忠不攻击他们,怎么会有今天的这种事情。你魏元忠攻击他们不就是攻击我吗? 于是,武则天开始说话了:"魏元忠,虽然不能证明你有谋逆的罪状,可是也不能证明你没有。好了,贬你为岭南高要县尉。"接着,武则天下令将张说流放到了钦州,一场惊心动魄的"谋逆"大案就这样收场了。

张皇后杀太子李豫之谜

安史之乱爆发后,身为太子的李亨(玄宗李隆基之子)逃出长安,当时还是良娣的张氏一直跟随在身边,对李亨可谓关怀备至。李亨北上朔方,每到晚上休息,张良娣总是挡在外面,随时准备在危急时刻掩护李亨撤离。后来,李亨在灵武即位,是为肃宗,为鼓舞士气,张良娣产子才三天,就下床缝补士兵的衣服。肃宗劝她休息,她说:"现在形势如此危急,不是臣妾修养的时候。"看到爱妾如此贤惠,肃宗不禁对她更加疼爱。许多军政大事,张良娣都得以参与。乾元元年(公元758年),张良娣被立为皇后,但她还不满足,权力欲望越来越大。

身居宫中的李辅国对宫内的情况了如指掌,他认为,如果投靠了张皇后,自己的地位将会更加巩固。为了攀附上张皇后,他不惜低声下气,竭尽全力逢迎巴结。张皇后为了培植私人势力，也需要李辅国这样的人。于是为了各自的利益，二人狼狈为奸，残害忠良。对有碍于他们扩张权力的人必欲除之而后快。他们迫害的第一个目标就是不满于他们专横跋扈的建宁王李倓。

建宁王李倓是肃宗的次子，英明果断，机智过人。马嵬驿之变后，他曾极力劝说肃宗登基称帝。建宁王的长兄广平王李豫被任命为天下兵马元帅，建宁王被任命为典军使，主管禁军。他曾自选武士，保卫肃宗，深得肃宗欢心。当初，逃在四川的玄宗曾赐给张皇后一个七宝鞍，有大臣劝说玄宗：如今四海分崩，应当俭约示人，皇后不宜乘坐七宝鞍。肃宗采纳了大臣的建议，建宁王便把七宝鞍收了起来，并为肃宗的从谏如流感到高兴，但张皇后却因此对建宁王怀恨在心。

当时，张皇后曾恳求肃宗立她自己生的儿子为太子，这又遭到建宁王的反对。建宁王认为广平王已经被立为太子，在战乱期间，刚刚确立太子，又重新改立，势必引起人心波动。另外，张皇后的儿子还是个婴儿，如果立他为太子，也不能带兵打仗，平定叛乱，对国家没有益处。时过不久，张皇后的儿子夭折。尽管如此，这件事更加深了张皇后对建宁王的怨恨。

张皇后和李辅国相互勾结，做了不少坏事。建宁王在至德二年（757年）曾向肃宗报告他们二人的不轨之事，说："良娣骄奢恣意，辅国内外勾结，想要干涉朝政。"并要求尽早将他们除掉。可懦弱的肃宗并不相信。张皇后、李辅国知道后，对建宁王就更加痛恨了。于是李辅国在肃宗面前进谗言，说建宁王因为没有当上天下兵马元帅，心怀不满，准备谋害广平王。在他们的蛊惑下，肃宗不辨曲直，偏听偏信，竟下诏将建宁王赐死。这样一个大冤案直到代宗时才得以昭雪。

张皇后与李辅国互为表里，狼狈为奸，专权用事达数年之久。由于李辅国、张皇后结党营私，在朝廷中已经形成了很大的势力，懦弱的肃宗只能听之任之，任其摆布。李辅国的发迹，与张皇后的暗中支持是分不开的，但随着权力的加大，李辅国变得越来越专横，逐渐对张皇后也不恭敬了，这成为张皇后想独揽朝政的一大障碍，二人的矛盾不断加深。

宝应元年（762年），肃宗病重，便下诏由太子李豫监国，处理军国大事。当时李辅国已经权势熏天，张皇后与李辅国之间为争夺朝中大权已达到水火不相容的地步，矛盾的爆发已不可避免。

张皇后早就想废掉太子李豫。安史之乱爆发后，李豫任天下兵马元帅，在战争中立了大功，深得肃宗的信赖。当时，张皇后曾力图废掉李豫立自己的儿子为太子，但废立之谋没有得逞。李豫素与张皇后不和，张皇后的儿子死了之后，她又担心将来控制不了太子，于是便暗中接越王入宫，准备取而代之。可是，当时掌握大权的李辅国是支持太子的，要除掉太子必须先除掉李辅国，于是张皇后又想借太子的力量来消灭李辅国。

肃宗病危之际，张皇后把李豫召进宫去，对李豫说："李辅国掌握禁军，把持朝政。如今皇上病危，他与程元振阴谋作乱，不可不诛。"太子哭诉道："现在陛下病危，这两个人都是陛下旧臣，如果不征得父皇同意就将其诛杀，恐怕会让父皇震惊，以致不能承受。"张皇后听到这些话后，非常气愤，说道："既然太子姑息养奸，我还说什么呢？"她认识到这条路走不通，只得冒险，决定先杀掉李豫。

李豫走后，张皇后便立即把越王召进宫，对他说："太子仁弱，不能下定决心诛杀贼臣，你能当此重任吗？"当太子心切的越王急忙跪倒，满口答应愿意听张皇后的安排。张皇后派太监段恒俊选拔宦官二百多人，全副武装，埋伏在长生殿后，准备发动兵变，杀死太子。

一切安排妥当之后，张皇后矫诏召太子入宫。可是他们的阴谋被李辅国的同党程元振发现了，并马上告诉了李辅国。李辅国急忙调集禁军数百人埋伏在凌霄门等待李豫。不一会儿，太子来到，程元振拦住太子，把张皇后的阴谋告诉了李豫。李豫不信，非要进宫，结果被强行带走，保护起来。然后，李辅国和程元振率兵冲入长生殿，抓获了越王、段恒俊等百余人。当时，张皇后和肃宗都在长生殿，张皇后闻变，仓皇逃入肃宗寝宫躲避。李辅国带兵冲入寝宫，逼张皇后出宫。张皇后吓得只有哀求肃宗救命。肃宗受此惊吓，竟说不出话来，病情加重，又无人过问，当天就死在长生殿。肃宗一死，李辅国的胆子更大了，将张皇后、越王及参与兵变的人一并斩首，拥立李豫即位，就是唐代宗。

李愬是怎样平定淮西藩镇的

在唐代的各个藩镇中,淮西是个顽固的割据势力。公元814年,淮西节度使吴少阳死去,他的儿子吴元济自立。唐宪宗发兵征讨淮西,但是他派去的统

李愬

帅,不是腐朽的官僚,就是自己另有企图。结果,花了整整三年工夫,费了大量财力,都失败了。朝廷官员都认为不能再打下去,大臣裴度却认为淮西好比身上长的毒疮,不可不除。唐宪宗拜裴度做宰相,决心继续征讨淮西。

公元817年,朝廷派李愬担任唐州(今河南唐河)等三州节度使,要他进剿吴元济的老巢蔡州(今河南汝南)。唐州的将士打了几年仗,都不愿再打,听到李愬要来,有点担心。李愬到了唐州,就向官员宣布说:"我是个懦弱无能的人,朝廷派我来,是为了安顿地方秩序。至于打吴元济,不干我的事。"吴元济一开始打了几铯胜仗,本来就有点骄傲,听到李愬不懂得打仗,更不把他放在心上了。

以后,李愬一点不提打淮西的事,唐州城里有许多生病和受伤的兵士,李愬一家家上门慰问,一点官架子也没有,将士们都很感激他。有一次,李愬的兵士在边界巡逻,碰到一小股淮西兵士,双方打了一阵,唐军把淮西兵士打跑了,还

活捉了淮西军的一个小军官丁士良。丁士良是吴元济手下的一名勇将，经常带人侵犯唐州一带，唐军中很多人都吃过他的亏，非常恨他。这一回活捉了他，大伙都请求李愬把他杀了，给死亡的唐军兵士报仇。

将士们把丁士良押到李愬跟前。李愬吩咐兵士松了他的绑，好言好语问他为什么要跟吴元济闹叛乱。丁士良本来不是淮西兵士，是被吴元济俘虏过去的，见李愬这样宽待他，就投降了。李愬靠丁士良的帮助，打下了淮西的据点——文城栅和兴桥栅，先后收服了两个降将，一个叫李祐，一个叫李忠义。李愬知道这两人都是有勇有谋的人，非常信任他们，跟两人秘密讨论攻蔡州的计划，有时讨论到深更半夜。李愬手下的将领为了这件事都很不高兴，军营里沸沸扬扬，都说李祐是敌人派来做内应的。有的还有凭有据地说，捉到的敌人探子，也供认李愬是间谍。

李愬怕这些闲话传到朝廷，唐宪宗听信了这些话，自己要保李祐也保不住了，就向大家宣布说："既然大家认为李祐不可靠，我就把他送到长安去，请皇上去发落吧。"他吩咐兵士把李祐套上镣铐，押送到长安，一面秘密派人送了一道奏章给朝廷，说他已经跟李祐一起定好攻取蔡州的计划，如果杀了李祐，攻蔡州的计划也就吹了。唐宪宗得到李愬的密奏，就下令释放李祐，并且叫他仍旧回到唐州协助李愬。

李祐回到唐州，李愬见了，十分高兴，握着他的手说："你能安全回来，真是国家有福了。"立刻派他担任军职，让他携带兵器进出大营。李祐知道李愬千方百计保护他，感动得偷偷地痛哭。

没多久，宰相裴度亲自到淮西督战。原来，各路唐军作战都有宦官督阵，将领没有指挥权。打胜仗是宦官的功劳，打败仗却轮到将领挨整。裴度到了淮西，发现这个情况，立刻奏请唐宪宗，把宦官督阵的权力撤销了。将领们听到这个决定，都很兴奋。

李祐向李愬献计说："吴元济的精兵都驻扎在洄曲（今河南商水西南）和四面边境上，守蔡州的不过是一些老弱残兵。我们抓住他的空隙，直攻蔡州，活捉吴元济是没问题的。"李愬把这个计划秘密派人告诉裴度，裴度也支持他，说："打仗就是要出奇制胜，你们看看办吧。"

于是李愬命令李祐、李忠义带领精兵三千充当先锋,自己亲率中军、后卫陆续出发。除了李愬、李祐几个人,谁也不知道要到哪里去。有人偷偷问李愬,李愬说:"只管朝东前进!"赶了六十里地,到了张柴村。守在那儿的淮西兵毫无防备,被李祐带的先锋部队全部消灭。李愬占领了张柴村,命令将士休息一会,再留下一批兵士守住张柴村,截断通往洄曲的路。一切安排妥当,就下令连夜继续进发。将领们又向李愬请示往哪里去,李愬这才宣布:"到蔡州去,捉拿吴元济!"将领中有一些是在吴元济手里吃过败仗的,一听到这个命令,吓得脸色都变了。监军的宦官特别胆小,急得哭了起来,说:"我们果然中了李祐的奸计了。"

这个时候,天色黑洞洞的,北风越刮越紧,鹅毛般的大雪越下越密。从张柴村通往蔡州的路,是唐军从来没走过的小道。大家暗暗叫苦,但是,李愬平日治军很严,谁也不敢违抗军令。半夜里,兵士们踏着厚厚的积雪,又赶了七十里,才到了蔡州城边。正好城边有一个养鹅、鸭的池塘,鹅鸭的叫声,把人马发出的响声掩盖过去了。

李祐、李忠义吩咐兵士在城墙上挖了一道道坎儿,他们带头踏着坎儿爬上城,兵士们也跟着爬上去。守城的淮西兵正在呼呼睡大觉,唐军把他们杀了,只留着一个打更的,叫他照样敲梆子打更。接着,打开城门,让李愬大军进城。大军到了内城,也照这个办法顺利地进了城,内城里的淮西军一点也没有发觉。

鸡叫头遍的时候,天蒙蒙亮了,雪也止了。唐军已经占领了吴元济的外院,吴元济还在里屋睡大觉呢。有个淮西兵士发现了唐军,急忙闯进里屋报告吴元济说:"不好了,官军到了。"吴元济懒洋洋躺在床上不想起来,笑着说:"这一定是犯人们在闹事,等天亮了看我来收拾他们。"刚说完,又有兵士气急败坏地冲进来说:"城门已经被官军打开了。"吴元济奇怪起来,说:"大概是洄曲那边派人来找我们讨寒衣的吧!"

吴元济起了床,只听见院子里一阵阵吆喝传令声:"常侍传令……"(常侍是李愬的官衔)接着就是成千上万的兵士的应声。吴元济这才害怕起来。说:"这是什么常侍?怎么跑到这儿来传令?"说着,带了几个亲信兵士爬上院墙抵抗。李愬命令将士继续攻打院墙,砸烂了外门,占领了军械库。吴元济还想凭着院墙顽抗。第二天,李愬又放火烧了院墙的南门。蔡州的百姓们受够吴元济的苦,都扛着柴草来帮助唐军,唐军兵士射到内院里的箭,密集得像刺猬毛一样。到太阳下山的时候,内院终于被攻破,吴元济没有办法,只好哀求投降。

李愬取得了全胜,一面用囚车把吴元济押送到长安去,一面派人向宰相裴度报告战果。裴度、李愬平定淮西、活捉吴元济的消息传到河北,使河北藩镇大为震动,纷纷表示服从政府。唐代藩镇叛乱的局面总算暂时安定了下来。

永贞革新失败的内幕

唐王朝在经历了唐太宗贞观时期、武则天时期后,到唐玄宗开元天宝年间,其政治军事上的强大、经济上的繁荣,也就达到了顶峰。在一片欣欣向荣的背后,也隐藏着巨大的危机。安史之乱使唐王朝几乎灭亡,从此走上下坡路。唐王朝的政治统一,被藩镇割据所取代;赫赫王权转到宦官手中,形成宦官专政的局面。这两个恶疾附着在唐王朝身上,难以根除。总的说来,唐中期以后的皇帝多是庸人,虽然有个别皇帝曾在一些朝臣的帮助下,试图清除这两个毒瘤,但终于由于根深蒂固,难以奏效。唐顺宗时期的"永贞革新"就是一次失败的政治改革。

永贞元年(805年)正月,唐德宗死,太子李诵即位,这就是唐顺宗。他在东宫20年,比较关心朝政,从旁观者的角度对唐朝政治的黑暗有深切的认识。唐顺宗即位时已得了中风不语症,但还是立刻重用王叔文、王伾等人进行改革。

王叔文,越州山阴人(今浙江绍兴);王伾,杭州人。一个是棋待诏,一个是侍书待诏,原先都是顺宗在东宫时的老师。他们常与顺宗谈论唐朝的弊政,深得顺宗的信任。在顺宗即位后,他们和彭城人刘禹锡、河东人柳宗元等人一起,形成了以"二王刘柳"为核心的革新派势力集团。他们维护统一,主张加强中央集权,反对藩镇割据,反对宦官专权。王叔文、王伾升为翰林学士,王叔文兼盐铁副使,推韦执谊为宰相,柳宗元为礼部员外郎,刘禹锡为屯田员外郎,共同筹划改革事宜。

他们围绕打击宦官势力和藩镇割据这一中心,进行了一系列改革,主要内容如下：

第一，罢宫市、五坊使。唐德宗以来，宦官经常借为皇宫采办物品为名，在街市上以买物为名，公开抢掠，称为宫市。早在顺宗做太子时，就想对德宗建议取消宫市，当时王叔文害怕德宗怀疑太子收买人心，而危及太子的地位，所以劝阻了顺宗。充任五坊（即雕坊、鹘坊、鹞坊、鹰坊、狗坊）小使臣的宦官，也常以捕贡奉鸟雀为名，对百姓进行讹诈。永贞年间，宫市制度和五坊使均被取消，人心大悦。

第二，取消进奉。节度使通过进奉钱物，讨好皇帝，有的每月进贡一次，称为月进，有的每日进奉一次，称为日进。后来州刺史，甚至幕僚也都效仿，向皇帝进奉。德宗时，每年收到的进奉钱多则 50 万缗，少也不下 30 万缗，贪官们以进奉为名，向人民搜刮财富。革新派上台后，通过唐顺宗下令，除规定的常贡外，不许别有进奉。

第三，打击贪官。浙西观察使李，原先兼任诸道转运盐铁使，乘机贪污，史书称他"盐铁之利，积于私室"。王叔文当政后，罢去他的转运盐铁使之职。京兆尹李实是唐朝皇族，封为道王，专横残暴。贞元年间，关中大旱，他却虚报为丰收，强迫农民照常纳税，逼得百姓拆毁房屋，变卖瓦木，买粮食纳税。百姓恨之入骨，王叔文等罢去其京兆尹官职，贬为通州长史，百姓非常高兴，市里欢呼。

第四，打击宦官势力。裁减宫中闲杂人员，停发内侍郭忠政等 19 人俸钱，这些都是抑制宦官势力的措施。革新派还计划从宦官手中夺回禁军兵权，这是革新措施的关键，也是关系革新派与宦官势力生死存亡的步骤。革新派任用老将范希朝为京西神策诸军节度使，用韩泰为神策行营行军司马。宦官发现王叔文在夺取他们的兵权，于是大怒说："如果他的计划实现，我们都要死在他的手下。"同时立刻通知神策军诸军不要把兵权交给范、韩二人，这个重要步骤未能实现。

第五，抑制藩镇。剑南西川节度使韦皋派刘辟到京都对王叔文进行威胁利诱，想完全领有剑南三川（剑南西川、东川及山南西道合称三川），以扩大割据地盘。王叔文拒绝了韦皋的要求，并要斩刘辟，刘辟狼狈逃走。

此外，王叔文等还放出宫女 300 人、教坊女乐 600 百人还家，与家人团聚。

从这些改革措施看,革新派对当时的弊政的认识是相当清楚的,在短短几个月的时间里,革除了一些弊政,得到了百姓的拥护。但同时,革新的主要矛头是对准当时最强大、最顽固的宦官势力和藩镇武装的,所以革新派面对的阻力很大。

因为实权掌握在宦官和藩镇手中,而革新派则是一批文人,依靠的是重病在身的皇帝,而皇帝基本上又是在宦官们的控制之中,所以,在必要的时候,宦官们随时都可以把改革派一网打尽。

早在永贞元年三月,宦官俱文珍等人就一手操办,将顺宗长子广陵王李淳立为太子,更名为李纯。七月,俱文珍又伪造敕书,罢去了王叔文翰林学士之职,王伾竭力争论,才允许王叔文三五日到一次翰林院。不久,王叔文母亲去世,王叔文归家守丧,王伾孤立无援。这时王伾请求宦官起用王叔文为相,统领北军,继而又请起用王叔文为威远军使、平章事,但都未得允许。革新派人士已感到人人自危。这一天,王伾又两次上疏,都没有得到任何答复,知道大势已去。当天夜间,王伾得中风病,第二天回到自己的府第。

同时,韦皋上表请求由皇太子监国,又给皇太子上书请求驱逐王叔文等人,荆南节度使裴均、严绶等也相继上表。于是,俱文珍等以顺宗的名义下诏,由皇太子主持军国政事。八月,宦官拥立李纯即皇帝位,即唐宪宗,顺宗退位称太上皇。到第二年,顺宗也被宦官害死。

宪宗即位后,革新派纷纷被贬斥,而像杜黄裳、袁滋、郑絪等依附于宦官的官僚纷纷得到重用。王叔文被贬为渝州司马,第二年被赐死。王伾贬为开州(四川开县)司马,不久病死。其余柳宗元、刘禹锡等6人都被贬为边远州的司马。因此,这次革新运动也叫"二王八司马"的革新运动。

永贞革新运动被扼杀,唐朝政治更加黑暗,从此唐朝又创了一个新的恶例,每个皇帝都把自己任用的人当作私人,继位的皇帝对前帝的私人,不论是非功过,一概予以驱除。宦官拥立皇帝,朝官分成朋党,本来就有相沿成习的趋势,在唐宪宗以后,都开始表面化了。

甘露之变失败内幕

从唐穆宗以后,唐朝的皇帝都是由宦官拥立的。这样一来,宦官的权力就更大了,连皇帝的命运都掌握在他们的手里,还有谁敢跟他们作对呢?

唐文宗李昂(穆宗的儿子)即位的第二年,各地推荐的举人到京都应试。有一个举人叫作刘蕡,在试卷里公开反对宦官掌权,认为要国家安定,应该排斥宦官,把政权交给宰相,把兵权交给将帅。

这份考卷落在几个考官手里,考官们传来传去,赞不绝口,觉得不但文采好,而且说理精辟,是篇难得的好文章。但是到了决定录取的时候,谁也不敢表度,因为录取了刘蕡,就得罪了宦官,他们的位子也就保不住了。结果,跟刘蕡一起来投考的二十二人都中了,刘蕡却落了选。刘蕡是大家公认的杰出人才,这次因为说了些正直话落选,大家都觉得委屈了他。中选的举人说:"刘蕡落选,我们倒中了榜,太叫人惭愧了。"

唐文宗在宦官操纵之下过日子,自己也很气恼,他一心一意想除掉宦官。有一次,唐文宗生了一场病,急于找医生。正好宦官头子王守澄手下有个官员叫作郑注,精通医道。王守澄把他推荐给唐文宗治病,文宗服了他的药,果然病一天天好了起来。唐文宗很高兴,召见郑注,发现郑注口齿伶俐,就把他提拔为御史大夫。

郑注有个朋友李训,原是个很不得志的小官员,听到郑注受到朝廷重用,就带了一些礼物求见郑注。郑注正好想找个帮手,就请王守澄把李训推荐给文宗。李训也得到文宗的信任,后来,竟被提升为宰相。

李训、郑注两人取得了唐文宗的信任,文宗把自己想除掉宦官的心事告诉他们。他们就跟文宗秘密商量,想法削弱王守澄的权力。他们打听到王守澄手下有个宦官仇士良,跟王守澄有矛盾,就请文宗封仇士良为左神策中尉,带领一部分禁卫军。接着,李训又解除了王守澄的兵权。王守澄失了兵权,就容易摆布了。最后,唐文宗给王守澄一杯毒酒,把他杀了。

除去了王守澄,接下来就要除掉仇士良了。李训经过一番策划,联络了禁卫军将军韩约,决定动手。公元835年的一天,唐文宗上朝的时候,韩约上殿启奏,说禁卫军大厅后院的一棵石榴树上,昨天夜里降了甘露。原来,封建王朝是最讲迷信的,天降甘露被认为是好兆头。李训当即带领文武百官向文宗庆贺,还请唐文宗亲自到后院观赏甘露。

唐文宗命令宰相李训先去察看。李训装模作样到院子里去兜了一转回来说："我去看了一下，恐怕不是真的甘露，请陛下派人复查。"唐文宗又命令仇士良带领宦官去观看，仇士良叫韩约陪着一起去。谁知韩约走到门边，神情紧张，脸色发白，头上冒汗。这时已是秋末冬初时节，天气寒凉，仇士良发现这个情况，觉得奇怪，问韩约说："韩将军，您怎么啦?"正说着，一阵风吹来，吹动了门边挂的布幕，仇士良发现布幕里埋伏了不少手拿明晃晃武器的兵士。

仇士良大吃一惊，连忙退出，奔回唐文宗那里。李训看到仇士良逃走，立刻命令埋伏的卫士赶上去，连声大喊："邠宁、太原的士兵，快快上殿保驾，有功的，每人赏钱一千贯!"兵士们听后，纷纷手持武器上殿。哪知道仇士良和宦官们已经把文宗抢在手里，拉进软轿，抬起就走。李训赶上去，拉住文宗的轿子不放。就在双方抢夺的时候，四百名卫士已经来到殿上，他们挥舞刀剑向宦官砍去。顷刻间，十几个宦官已经倒在血泊中。就在这时，仇士良带领其他宦官，飞快地把文宗软轿抬进了后殿。李训再次向前阻挡时，被一个宦官抢前一步，挨了劈胸一拳，当即倒在地上。仇士良趁机扶着文宗的软轿，进内宫去了。

李训预谋失败，只好从小吏身上讨了一件便衣，化装逃走。仇士良立即派兵出宫，大规模逮捕一些参加预谋的官员，把他们全都杀害。李训东奔西逃，走投无路，在路上被杀。郑注正从凤翔带兵进京，得到消息，想退回凤翔，也被监军的宦官杀死。

唐文宗和李训、郑注策划的杀宦官的计谋彻底失败，在这次事变后受株连被杀的一千多人，历史上把这个事件称为"甘露之变"。从这个事件后，宦官把唐文宗严密监视起来，唐文宗的日子更不好过，过了五年就得病死去，死时才三十三岁。仇士良立文宗的兄弟李炎即位，这就是唐武宗。从此以后，宦官的气焰更加嚣张了。

程元振为何打击朝中忠臣

程元振是京兆三原人(今陕西三原东北)，很小的时候就净身当了宦官，在内侍省当差。程元振少时长得眉清目秀，而且机敏过人，善于察言观色，又能说会道,因此很能讨人喜欢。当时,大宦官李辅国权重,程元振极力逢迎讨好李辅国,得到了李辅国的重用,很快升为内射生使、飞龙厩副使。

后来,程元振拥立代宗李豫,得到代宗的宠信,得任右监门卫将军,掌管内侍省事务。但程元振认为自己有了政治资本,应该谋取更大的权力,他的目标是超过李辅国。当时李辅国自恃拥立代宗有功,十分骄横,对朝中大政,常常独自专断,根本不同代宗商量。经过长时间的观察和试探之后,程元振确定代宗确有制裁李辅国的意思,便对代宗密言应该如何削夺李辅国的权力。代宗得到程元振的帮助,更加有信心,免除了李辅国元帅府行军司马和兵部尚书

程元振

的职务,任命药子昂代判元帅行军司马,但药子昂早已得到程元振的暗示,所以坚决推辞,不敢接受,程元振便得到了元帅府行军司马之职,并晋封为保定县侯。不久,李辅国在家中被人把头砍去,程元振再升为骠骑大将军、国公,统领全部禁军。没过一年的时间,程元振权震天下,更在李辅国之上,而且凶悍恣肆的气焰还超过了李辅国,军中将士都称他为军中"十郎"。

程元振得势后,他的父亲被封为司空,母亲也被封为赵国夫人,兄弟姐妹也都跟着沾了光。他还对朝廷中阻碍自己夺权的官员加以陷害,务必除掉,排挤大将郭子仪就是一例。郭子仪是平定安史叛乱的首功之臣,肃宗即位后任副元帅,后升为中书令。当时程元振已得到代宗的宠信,他妒忌郭子仪功高位重,于是多次在代宗面前诬陷郭子仪。久经沙场的郭子仪在什么危险境地都能冷静沉着,却被一小小的宦官程元振弄得整天坐卧不安,胆战心惊,他要求代宗解除他的副元帅、节度使等职,从此丧失兵权。

广德元年(公元763年),吐蕃向中原进攻,十月,到达奉天(今陕西乾县)、武功,京师震骇。此时代宗才下诏以雍王李适为关内元帅、郭子仪为副元帅,出镇咸阳抵抗。郭子仪带领很少的人马到了咸阳,吐蕃率领吐谷浑、党项、氐、羌二十多万人,弥漫山野几十里,显然兵力悬殊甚大。在这危急时刻,郭子仪派中

书舍人王延昌回长安请求救兵,可程元振不仅不召见,还百般阻止。程元振就是这样,凡是有功的大将,没有他不妒忌,不想陷害的。

平叛安史之乱,大将李光弼也立了大功,在朝廷中渐渐受到重用。程元振怕他威望超过自己,便勾结手握兵权的鱼朝恩,在代宗面前中伤他。结果,李光弼失去皇帝的信任而遭贬,连他的弟弟李光进也受牵连被贬往他乡。

对以前得罪过他的人,程元振也不放手。山南东道节度使来瑱,在襄阳时,程元振请他帮办一事,因不合法,遭到拒绝。程元振怀恨在心,相机报复。元振把自己的党羽王仲升的罪责推到来瑱身上,硬说来瑱与贼合谋,结果,来瑱被削了官爵,流放到播州(今贵州遵义),随后派人在途中把他杀了。

程元振唯权力是图,竟置国家安危于不顾。当时,郭子仪请援兵,元振避而不见,使得吐蕃兵长驱直入。更糟的是,代宗下诏各地军队勤王时,竟无一地应命,或迁延不前。原因何在?程元振专横跋扈,陷害名将忠臣,闹得文武百官人人自危,地方与中央离心离德,生怕遭到程元振的诬陷。吐蕃兵进占长安时,烧杀掳掠,无恶不作,百姓都纷纷跑到山中避难。

程元振的倒行逆施引起了广大有识人士的义愤,他们一致呼吁要求惩治程元振。太常博士、翰林待诏柳伉上疏说:"吐蕃以数万军队进犯关陇等地,兵不血刃便打进了京城,都因谋臣不出良谋,武将不奋力死战所致……臣听说良医治病,讲究对症下药,药不能治病是留着没用的,陛下看看今天的情况已经到了什么地步!天下百姓都恨陛下疏远贤才良将,任用宦官小人,而对他们离间将相关系听之任之,如果陛下还能为国家社稷着想,非砍了程元振的头以谢天下不可。"代宗接到这个奏疏,才幡然醒悟,很快将程元振削官为民,放归田里。后来,程元振身穿女人衣服,打扮成老妇模样,从老家三原潜回京师,住在同党司农卿陈景诠家里。他频繁活动,召集自己的私党,企图卷土重来。此事被御史大夫王升发现,上告朝廷,将程元振长期流放溱州。由于他臭名昭著,走到江陵时被一伙不明身份的人杀死。

黄巢的皇帝梦是如何破灭的

唐朝末期,经过藩镇混战、宦官专权和朝廷官员中的朋党之争,朝政越来越

混乱。唐宣宗算是一个比较精明的皇帝,也并没有能改变这个局面。唐宣宗死

黄巢雕像

后,先后接替皇位的唐懿宗李漼、僖宗李儇,一味寻欢作乐,追求奢侈糜烂的生活,更是腐朽到了极点。皇室、官僚和地主加紧对农民的剥削,税收越来越重;加上连年不断的天灾,农民纷纷破产,到处逃亡。有的忍受不了苦难,只有走上了反抗路。

唐懿宗即位那年,浙东地区爆发了裘甫领导的农民起义,起义队伍从一百人发展到三万,坚持斗争八个月,震动了整个越州(治所在今浙江绍兴)。过了八年,驻守在桂林的八百名兵士(大多是徐州一带的农民),因为驻防期满,上司一再延期不让他们换防。于是,他们杀了军官,推庞勋为首领,发动起义。兵士们从桂林向北进攻,打回老家,沿路和徐州附近农民纷纷响应,到了徐州,队伍发展到二十万人。这两次起义都被朝廷镇压下去。但是,百姓反抗的情绪越来越高,新的起义的规模也更大了。

唐朝末年盐税特别重,加上奸商抬高盐价,百姓买不起盐,只好淡食。有些贫苦农民,为了逃避官税,就靠贩私盐挣钱,但贩私盐是很危险的,要有一些伙伴一起干,日子一久,就结成一支支贩私盐的队伍,在他们中间,涌现出一些首领,有的后来成为农民起义的领袖。

公元874年,也就是唐僖宗即位那一年,濮州(治所在今河南范县)地方有

个盐贩首领王仙芝,聚集了几千农民,在长垣(在今河南)起义。王仙芝自称天补平均大将军,发出文告,揭露朝廷官吏造成贫富不平的罪恶。这个号召很快得到贫苦农民的响应。不久,冤句(今山东曹县北)地方的盐贩黄巢也起兵响应。

黄巢从小读过书,又能骑马射箭。他曾经到京城长安去参加进士考试,考了几次,都没有考中。黄巢在长安看到唐朝廷的腐败和黑暗,心里十分气愤。据说,就在那个时候,他写下了一首咏菊花的诗,用菊花做比喻,表示他推翻唐王朝的决心。诗中说:

"待得秋来九月八,我花开时百花杀;

冲天香阵透长安,满城尽带黄金甲。"

黄巢和王仙芝两支起义队伍汇合之后,转战山东、河南一带,接连攻下许多州县,声势越来越大。唐王朝非常恐慌,命令各地将领,镇压起义军。但是各地藩镇都害怕跟义军交锋,互相观望,唐王朝束手无策。

唐王朝见硬的一套不行,就采用软的手法。在起义军攻下蕲州(今湖北蕲春)的时候,他们派宦官到蕲州见王仙芝,封他"左神策军押牙兼监察御史"的官衔。王仙芝听到有官做,迷了心窍,表示愿意接受任命。黄巢得知这个消息,气极了。他带了一群起义将士,到王仙芝那里,狠狠地责备王仙芝说:"当初大家起过誓,要同心协力,平定天下,现在你想去当官,叫我们弟兄往哪里去?"王仙芝还想搪塞,黄巢抢起拳头,朝王仙芝劈头盖脸地打了过去,打得王仙芝满脸是血。旁边起义将士也你一言,我一语骂王仙芝。王仙芝自己知道理亏,只好认错,把唐朝派来的宦官赶跑。

经过这番波折,黄巢决定跟王仙芝分两路进军。王仙芝向西,黄巢向东。不久,王仙芝率领的起义军在黄梅(今湖北境内)被唐军打败,他本人也被杀死。王仙芝失败后,起义军重新会合,大家推黄巢为王,又称冲天大将军。

当时,官军在中原地区力量比较强,起义军进攻河南的时候,唐王朝在洛阳附近集中大批兵力准备围攻。黄巢看出官军企图,决定选择官军兵力薄弱的地区,带兵南下。他们顺利渡过长江,打进浙东。起义军一路上势如破竹,接连打下越州、衢州(今浙江衢江区);接着,又劈山开路,打通了从衢州到建州(今福建建瓯）的七百里山路。经过一年多的长征，一直打到广州。

起义军在广州休整以后，岭南地区发生瘟疫。黄巢决定带兵北上。唐王朝命令荆南节度使王铎、淮南节度使高骈集合大批官军沿路拦击，被黄巢起义军一个个击破。起义大军顺利地渡过长江，吓得高骈推说得了中风症，躲进扬州城不敢应战。

起义军渡过淮河，向官军将领发出檄文，说："我们进攻京城，只向皇帝问罪，不干众人的事。你们各守各的地界，不要触犯我们的锋芒！"各地将领接到檄文，害怕起义军，都想保存实力，不愿为唐王朝卖命。消息传到长安，唐僖宗吓得朝着大臣哭哭啼啼。

公元880年，黄巢带领六十万大军，浩浩荡荡开进潼关。潼关周围满山遍野，飘扬着起义军洁白的大旗，一眼望不到边。守潼关的官军还想顽抗。黄巢亲自到阵前督战，将士们见了，一齐欢呼，声音在山谷间回响，震天动地。官军将士听了心惊胆战，哪敢抵抗，纷纷烧掉营寨，四下逃命。起义军攻下潼关，唐王朝惊慌失措，唐僖宗和宦官头子田令孜带着妃子，逃到了成都，来不及逃走的唐朝官员全部出城投降。

当天下午，黄巢坐着金色轿子，在将士的簇拥下，进入长安城。长安百姓扶老携幼，夹道欢迎。起义军大将尚让当场向大家宣布说："黄王起兵，本来是为了百姓，不会像姓李的（指唐朝皇帝）那样虐待你们，你们可以安居乐业了。"兵士们看到人群里的贫苦百姓，就把自己得到的财物散发给他们。过了几天，黄巢在长安大明宫即位称皇帝，国号叫大齐。起义军经过七年的斗争，终于取得了胜利。

但是，黄巢起义军长期流动作战，占领过的地方，都没留兵防守。几十万起义军进入长安以后，四周还是官军势力。没有多久，唐王朝调集各路兵马，包围长安。长安城里的粮食供应出现了严重困难。黄巢派出大将朱温驻守同州（今陕西大荔）。但是在起义军最困难的时候，朱温竟投降了唐朝，做了可耻的叛徒。唐王朝又召来了沙陀（古代西北少数民族）族、雁门节度使李克用，率领四万骑兵进攻长安。起义军十五万迎战，结果大败，只好撤出长安。

黄巢带领起义军撤退到河南，又遭到朱温、李克用的围攻。公元884年，黄巢在攻打陈州(今河南淮阳)失败之后,受到官军紧紧追赶,最后退到泰山狼虎谷,英勇牺牲。黄巢领导的唐末农民起义,率众几十万,转战十几省,持续十几年,是中国历史上一场空前宏伟壮烈的农民革命战争,在中国农民战争史上写下光辉的篇章。它沉重地打击了唐王朝的统治,表现了农民战争对封建社会的改造作用,也削弱了藩镇割据势力,打破了原来中央与藩镇之间、藩镇相互之间的均势。这支农民军以"冲天"的革命思想,第一次提出"均平"的战斗口号,建立了革命政权,猛烈地冲击了封建制度,标志着农民战争发展到一个新阶段,对后世的农民斗争有重大的影响。

名人秘闻

鉴真和尚为什么失明

唐代贞观时期,正处于中国封建社会的繁荣昌盛阶段,是历史上有名的"太平盛世"。当时,唐代与世界各国的政治、经济、文化的交往非常频繁,唐代高度

鉴真和尚

先进的封建文化对亚洲各国甚至世界其他地区产生了重要影响，尤其对近邻日本的影响更大。

贞观十九年，日本这个奴隶制国家开始了废除氏族制度的"大化革新"。在这场巨大的社会变革中，他们吸取了唐代的均田制、租庸调制、官制、府兵制以及刑律等等，初步建立起了完备的国家机制和制度，大大地促进了日本的封建化进程。从贞观五年起，日本先后派十二批正式地遣唐史到中国来，使团中绝大多数是留学生和学问僧，他们为传播中国文化做出了重大贡献。

在中日佛教的交往中，"鉴真东渡"曾一度被传为佳话，谱写了中日两国关系史上令人怀念的动人篇章。

鉴真，本姓淳于，扬州人。他十四岁出家，对律宗深有研究，后来在扬州大明寺担任主持。由于他精通律学、深谙戒法，在江淮民间有崇高威望。天宝元年，他应日本遣唐使高僧荣敬、普照等邀请东渡。那时，仅靠木帆船东渡日本，谈何容易！鉴真并没有被困难所吓倒，他欣然应允，并立即造船备粮，准备于次年开春动身。但是，这次首航由于有人诬告他们"私通海盗"而未能成行。

第二年十二月，鉴真与弟子、水工、画师、工匠等一百多人进行第二次东渡，可是，木船刚驶出港口，就被狂风掀起的巨浪打坏了。随后的第三次、第四次东渡都未能成功。

天宝五年（公元748年），鉴真经过精心准备，决定第五次东渡。这天，晴空万里，暖风和煦，扬州城内热闹非凡，百姓们敲锣打鼓为鉴真法师送行，各寺僧人也列队诵经，求佛祖保佑。鉴真一行登上木船，顺江而下，向东驶去。初航十分顺利，他们很快驶出扬子江口，进入茫茫大海，只见风平浪静，鱼翔浅底，鉴真大师心情非常舒畅，看来多年的夙愿将要实现。但是，转瞬之间，一股风暴由北向南席卷而来，平静的海面顿时波涛汹涌，浊浪滔天。木船完全失去了控制，时而被推至浪尖，如登山颠；时而又被抛入浪谷如坠深壑。小船任凭风浪吹打，向南漂去。时间一天天过去了，船上的淡水已经用完，大家饥渴难耐，只好用海水送干粮，吃后又腹胀如鼓。到了第十四天，大家在绝望中终于看到了远处的地平线，原来他们被吹送到了海南岛的南部。鉴真大师率领大家立即北上，行至端州（今广东肇庆），荣叡积劳成疾，病逝他乡。鉴真也劳累过度，因中暑而双目失明。第五次东渡又失败了。

尽管前途险恶,鉴真东渡的决心始终没有动摇。天宝十二年(公元755年),他应日本遣唐使藤原清河之邀,搭乘日本归国的船只,终于踏上了日本国土。日本友人热烈欢迎鉴真一行,邀请他到都城奈良最著名的东大寺讲经传道。第二年,鉴真大师亲自在东大寺为圣武天皇、光明太后、孝谦女皇,以及四百四十名僧侣传授戒律,鉴真法师也成为日本律宗的开山鼻祖。在日本的十年中,鉴真还将中国的建筑、雕塑、绘画和医药学等技术教给了日本人民,他至今仍受到日本人民的怀念和尊崇。

鉴真作为中日友好关系史上的著名人物,他的东渡就成了两国学者共同关心的问题。其中,鉴真是否在双目失明后东渡日本等问题上,一些学者产生了分歧。

其一是鉴真失明的时间。

有人认为,鉴真第五次东渡失败后,于天宝九年由广州到韶州时,由于"频经炎热,眼光暗昧,爰有胡人言能治目,请加疗治,眼遂失明。"指出,鉴真在东渡日本前既已失明。

还有的人则认为鉴真和尚到达日本后,晚年曾失明则或有之,说鉴真和尚未到前已经失明,则十分不可信。有关记载对鉴真在日本十年的传法与生活的记载中,从来没有提到他因双目失明而感到不便的事情。故此,鉴真失明一事令人怀疑。

其二是鉴真失明的原因。

据日本史书说:"在天宝五年渡海失败后,由于随行的日本高僧荣叡亡故,鉴真因此而悲泣失明,并能以鼻辨药,一无错失。"

还有的学者认为,所谓"眼光暗昧",是指鉴真患有老年性白内障,后来请疗阿拉伯医生施行振法治疗,由于术后感染,病情恶化,才称之为"眼遂失明",但到日本时尚未完全失明。

此外,还有人说鉴真因中暑毒,致使双目失明或"途中双目发炎,视力减退",疗治不当而失明。

但是有人对鉴真在东渡日本之前已经失明提出质疑,他们认为鉴真"以鼻辨药"，似可相信，但说鉴真在双目失明的情况下，凭记忆力能校正数百万言的经纶而一字不差，令人怀疑他是否真的失明了。此外，日本正仓院中现在保存着一张《鉴真书状》，据说是鉴真的借书条，其字迹端正整齐，书法为唐人风格，并有涂改重写之处。令人惊讶的是，涂改重写的位置竟完全与原字相合，这恐怕不是一个盲人所能做到的。这张借条如果确系鉴真的真迹，那么只能说，当时鉴真并未全盲。

看来，要解开鉴真失明的时间和原因，还必须继续发掘中日双方的有关史料，继续考证了。

李白有皇室血脉吗

李白是我国古代文坛上彪炳千秋的大诗人，同时也是一位传奇人物。史称他相貌怪异，精通月氏语，其先世曾流寓西域。那么，他究竟是汉人还是胡人？他的家世又如何呢？这都成了后人十分感兴趣的问题。

根据李白自述及其好友们的述说，李白是唐玄宗的族祖，出身显赫。在《赠张相镐》一诗中，李白自述道："家本陇西人，先为汉边将，功略盖天地，名飞青云上。"李白的族叔李阳冰也说："李白，字太白，陇西成纪人，凉武昭王皓九世孙。蝉联圭组，世为显著。"从"先为汉边将"分析，李白应是"飞将军"李广的第二十五代孙，属于西汉李陵、北周李贤、隋朝李穆一系的后裔。从"凉武昭王皓九世孙"分析，肯定李白是唐玄宗的族祖。既然李白是李广、李皓之后，有人推断，他应该是唐太宗李世民的曾侄孙，他的曾祖父可能是李世民的哥哥或弟弟中的一个。

那么，唐玄宗在天宝元年曾下过诏书，准许李皓的子孙登记上皇族的户口，为什么李白一家却没有去登记呢？后来，李白进入翰林院，多次见到皇帝，为什么也没有提到此事？即使到了晚年，他的处境很艰难，求人推荐的心情十分迫切，也没有向人提起过这一段家事？结论只能是，他是有难言之隐啊！李白的先人李陵及李世民的兄弟，都曾因罪遭贬谪，尤其是可能牵涉到"玄武门之变"这场"宗室恩怨"中来，因此，李白生前不敢将此事写成文字，而只在死后让别

中国古代秘史

·隋唐五代十国秘史·

图文珍藏版

人公之于世。

再从李白之父李客的经历和处境,也可以对李白和身世之谜进行破解。李阳冰提到,唐朝中叶时,李客曾谪居条支,改名换姓,神龙初年才逃往蜀地。李白好友范伦之子范传正也说,李白的先祖曾遭到灭门之祸,家中珍贵的谱牒也难以寻觅。隋朝末年时,李白的先祖到处流窜,隐姓埋名,唐朝开国时,已不在原籍登基之列。神龙初年,李白之父李客潜还广汉(今四川省广汉市),将自己改为当地人。由于李客感到自己独在他乡,就像客人一般,于是将名字改为单名一个"客"字。整日隐居云林,不求仕禄。

那么,李客为什么要"逃归于蜀"或"潜还广汉"呢?如果是因为国破家亡,流落异域,那么早就该返还原籍了。如果是因为触犯刑律,流放边疆,那么事隔百余年,也无须"潜还"广汉。总之,促使李客"逃归""潜返"的真正原因不知为何?

有人进一步分析,认为李客的"逃""潜"很可能与他的"任侠""避仇"有关。即李客或许是一位扶危济困或替人申冤雪恨的侠客,由于触犯了当权者,不得不避居穷乡僻壤,隐姓埋名,以终其一生。

如果上述推断得以成立,那么李白家世中一些疑难问题就可以有些眉目了。他本人对自己家世的闪烁其词及他的亲友"为尊者讳","为亲者讳",使用一些托词和曲笔,也就有了答案。

与此相反,有人考证,李白不是他自己所说的出身,而是西域胡人。他们认为,李白先人所窜谪的碎叶、条支,在隋末时,并未隶属于中央政权的势力范围,当时也不可能成为窜谪罪人之地,因而李白不是汉人而是胡人。李白之父李客,他也本不姓李,而是潜还蜀中后改的;其名为客,也是因为西域人的名字与华夏不通,所以称为"胡客",因此以"客"为名。另外,蜀中地区在隋朝是与西域胡人贸易往来的区域,"李客"或许是"商客",他入蜀后因为富有渐成豪族。还有,李白"眸子炯然哆如饿虎",相貌具有胡人的特征,又精通月氏语,懂得少数民族的礼节。看来,说李白是胡人也是有些道理。

但许多人对此予以驳斥,他们指出:古时凡由汉民族居住区域移往外城,便称为"窜谪",李白先世移居西域并非因罪窜谪,且从时间上看,也不一定在隋末。其父名客，也可指外地去蜀的汉人，如果没有确凿的证据说"李客"不姓李，那么，他就不一定是胡人，而且去蜀前一度改了姓，仍有可能原本就是李姓。

李白之所以不得入宗正寺属籍，造成终身蹭蹬，很可能是其先世与李唐宗室有纠葛，直至唐玄宗这种旧隙仍未消除，通月氏语和懂夷礼并不难，即使是汉族人，如果他的家世与西域有关联，完全可以学到。李白虽貌似胡人，但汉族人中相貌具有胡人特征的也不少见，以此说李白是胡人，实在令人难以信服。

还有人提出第三种看法，认为李白先世既不是汉人也不是胡人，而是汉胡两族的混血儿。他们查证古籍，认为李白不是李皓之后，而是西汉名将李广的嫡孙李陵的后代，是地道的汉族后裔。他们认为早在汉武帝时，李陵败降匈奴，他在中原的妻儿老小通通被杀，后娶胡女为妻，其子孙便跟随胡人风俗，改姓拓跋氏。到了隋朝末年，李陵的后裔蒙难又被流放到西域，李白的先世就属于这一支。这样看来，李白带有胡人的血统就不奇怪了。

上述有关李白身世的说法，都因相关的文字记载隐约其词，很难圆满，这个谜也许真的非常难解。不管李白是否有胡人血统、汉人血统，还是皇族血统，他都是一位非常杰出的大文豪。如果今天真的解不开李白的血统之谜，那我们何不将这个问题放一放，好好欣赏这位大诗人留给我们的美妙诗篇吧！

李白是怎样被唐玄宗重用的

李白，字太白，是唐代最著名的大诗人之一。他出生在碎叶，上代是陇西成纪（今甘肃秦安东）人。据说李白降生的时候，他的母亲梦到了天上的太白金星，所以就给他取了"李白"这个名字。李白从小就显示出过人的天赋，他博览群书，性格豪放，十岁就通晓诗书。除读书之外，还练得一手好剑。李白二十多岁起，为了增长见识，到各地游历。他不仅到过长安、洛阳、金陵、江都许多大城，还到过洞庭、庐山、会稽等许多名山胜地。由于他见识广博，加上才智过人，因此，他在诗歌写作上有了杰出的成就。

天宝初年，李白游历到会稽一带，与当地才子吴筠十分要好。吴筠被朝廷召用，李白便随吴筠一路风尘来到长安。他慕名拜访大诗人贺知章，贺知章读

李白画像

了李白的诗,居然是那样洒脱飘逸,禁不住感叹道:"你简直是谪居世间的仙人!"贺知章于是向唐玄宗举荐李白,玄宗同意在金銮殿上见他一面。

李白是个有政治抱负的人,他生性高傲,对当时官场上的腐朽风气很不满意,希望得到朝廷任用,让他有机会施展政治上的才干。这一次到长安来,听到唐玄宗召见他,也很高兴。唐玄宗在宫殿上接见了李白,和他谈了一阵,觉得他的确很有才华,高兴地说:"你是个普通人士,但你的名字连我都知道了。要不是有真才实学,怎么可能这样出名呢?"接见以后,唐玄宗就把李白留在翰林院,要他专门给他起草诏书。

李白爱好喝酒,喝起酒来,还非喝到酩酊大醉不可。进了翰林院之后,他改不了这个习惯,空下来,还是找一些诗友到长安酒店里去喝酒。有一次,唐玄宗叫乐工写了一支新曲子,还没填上歌词,就命令太监去找李白。太监们在翰林院和李白家,都找不到李白。有人告诉太监,李白上街喝酒去了。太监们在长安街上找呀找呀,好容易在酒店里找到李白,原来李白喝醉了酒,躺在那里睡着了。太监把他叫醒,告诉他皇上召见他。李白揉揉眼睛,站起了身,问是怎么回事。太监们来不及跟他细说，七手八脚把李白拉进轿子，抬到宫里。李白进了内宫，抬头一看是唐玄宗，想行朝拜礼，身子却不听使唤。太监们见他醉得厉害，就有人拿了一盆凉水，洒在李白脸上，李白才渐渐醒过来。唐玄宗爱他的才，也不责怪他，只叫他马上把歌词写出来。

太监们忙着在他面前的几案上放好笔砚绢帛。李白席地坐了下来，忽然觉得脚上还穿着靴子，很不舒服。他一眼看见身边有个年老的宦官，就伸长了腿，朝着那宦官说："请您帮我把靴子脱下来！"

那个老宦官原来是唐玄宗宠信的宦官头子高力士。他平时仗着皇帝的势，在官员前作威作福，现在一个小小的翰林官居然命令他脱靴，简直气昏了。但是唐玄宗在旁边等着李白写歌词，如果得罪了李白，让唐玄宗扫了兴，也担当不起。他忍住气，装出满不在乎的样子笑嘻嘻地说："唉，真是喝醉了酒，拿他没办法。"说着，就跪着给李白脱了靴子。李白脱了靴子，连正眼也不看高力士，拿起笔来龙飞凤舞地写起来，没有多少时间，就写好了三首叫作《清平调》的歌词交给唐玄宗。唐玄宗反复吟了几遍，觉得文辞秀丽，节奏铿锵，确是好诗，马上叫乐工演唱起来。

唐玄宗十分赞赏李白，但是那个给李白脱过靴子的高力士却记恨在心。有一次，高力士陪伴杨贵妃在御花园里赏玩景色。杨贵妃很高兴地唱起李白的诗来。高力士装作惊讶地说："哎呀，李白这小子在这些诗里侮辱了贵妃，您还不知道吗？"杨贵妃奇怪地问怎么回事。高力士就添枝加叶地造了一些谣言，说李白写的诗里有一句话，把杨贵妃比作汉朝一个行为放荡的皇后赵飞燕，是有心讽刺她。杨贵妃听信了高力士的话，真的生了气，后来在唐玄宗面前一再讲李白怎么怎么不好，唐玄宗渐渐对李白也看不惯了。

李白终于看出在唐玄宗周围，都是一些像李林甫、高力士那样的趋炎附势的小人，他留在唐玄宗身边，不过帮他解闷散心，要想政治上有所作为是不可能的。到了第二年春天，就上了一道奏章，请求辞官还家。唐玄宗顺水推舟批准了他的要求，为了表示他爱才，还赐给李白一笔钱，送他回家。

李白离开长安以后，重新过着诗人自由自在的生活，有的时候隐居读书，有的时候周游各地。在这些日子里，他写下了许多讴歌祖国壮丽山河的诗篇。有

一次,他从白帝城出发,乘船经过长江三峡,到江陵去。一路上他即景生情,写下了一首诗:

朝辞白帝彩云间,千里江陵一日还。

两岸猿声啼不住,轻舟已过万重山。

李白的许多诗篇表现了他豪放的气概、丰富的想象和热烈的感情,成为我国文学史上的不朽名作。

后来,安禄山造反,李白辗转于松滋、匡庐之间,永王李璘召他为幕府佐史。李璘起兵反叛,李白逃回彭泽;李璘失败,李白罪该处死。起初,李白游并州,见到郭子仪,认为他才能超群。郭子仪曾犯法,李白加以援救,使他得以免罪。到这时候,郭子仪请求解除自己的职务以弥补李白的罪过,于是天子下令将李白流放夜郎。后来,遇到天子大赦,李白便回到寻阳,后因事犯罪被关进监狱。当时宋若思率领吴地士兵三千赴河南,路经寻阳,将李白从狱中放出,征聘他为参谋。没多久李白又辞去官职。代宗即位,征召李白任左拾遗,而李白当时已经去世,享年六十余岁。

杜甫的死亡之谜

唐代大诗人杜甫,被人们誉为"诗圣",他的诗大多揭露当时社会矛盾和统治者的黑暗,同情人民的苦难,反映唐代由盛转衰的历程,极具现实意义,真可谓名副其实的"诗史"。但是这样一位才华横溢的文豪,生前并不得志,时常穷困潦倒,晚年更是颠沛流离,在贫困交加中死去,死时才五十九岁。他的死令人十分惋惜,同时也留给我们一个疑团:究竟杜甫是怎么死的?

有人说他是因为吃了牛肉白酒而死。据记载,杜甫曾去耒阳,游览岳祠,突然发起大水,阻断去路,县令于是派人划船送来牛肉白酒。后来,杜甫漂泊到湘潭间,羁旅憔悴,为衡州耒阳县令所厌。于是,杜甫投诗给当朝宰相,宰相立即派人送来牛肉白酒,以示慰劳,杜甫吃过以后,一晚上就死了。这就是说,杜甫是吃得过多胀死的。

但是有人认为胀死之说不正确,应该是中毒而死。由于杜甫被大水阻隔在耒阳的时候,正值夏天,食物极易腐败,县令送来的牛肉一次吃不完,过了一天就变质有毒了。当时杜甫已年老多病,吃了腐肉,又饮了白酒,加速毒素在血液中的循环,最终心脏衰竭而死。

唐人李观在其诗中对杜甫的死因,又提出了新的看法。他说:"杜甫前往耒阳,聂县令对其不礼。一天,杜甫过江来到上州,醉宿酒家。这天傍晚,江水暴涨,杜甫被湍急的江水吞没,其尸体不知落于何处。后来,唐玄宗来到这里,想起杜甫,命令天下人寻找其下落。聂县令于是捧着一抔土,说"杜甫被牛肉白酒胀死,已经安葬于此。"这种看法似乎像模像样,但却无人赞同,被众人讥为无稽之谈。但也有人展开想象的翅膀,认为如果杜甫真是这样落水而死,加上李白的入水捉月而死,屈原的投江自沉而死,正好是"三贤同归一水"了。我们何不将大诗人的结局想得浪漫一些。但是这种想法无丝毫根据,人们不必深究。

大多数人则赞同杜甫死于湘江舟中的观点。大历五年四月,湖南兵马使藏玠率兵作乱,潭州城里大火冲天。时值深夜,官军措手不及,潭州刺史崔瓘被乱军所杀,百姓仓皇出逃,全城大乱。正在潭州养病的杜甫携家眷跌跌撞撞逃出城外,准备投奔在郴州做官的舅氏崔伟。杜甫全家乘船溯郴水而上,行至耒阳县境内的方田驿时,突然大江涨水,风狂浪急,只得在当地停船。杜甫本来就贫病交加,此地又无亲友接济,一连五六天弄不到食物充饥。后来,耒阳县令聂氏闻讯,派人送来了酒肉,并邀请他到县里做客。杜甫感激不尽,作诗答谢。可惜,水势越涨越猛,答诗送不到聂县令手里,眼看又要挨饿,只得掉转船头,下衡州去了。大水退了以后,聂县令派人再邀杜甫,只见茫茫江水,杳无踪迹,于是断定杜甫一家已被洪水吞噬,十分遗憾,只好拾起杜甫遗落的靴子,建一座衣冠墓纪念杜甫。

其时,杜甫已经回到衡州,停留几日后,仍以船为家沿江而下。其间,杜甫还在船上作过一首诗,名为《过洞庭湖》:"破浪南风正,回樯畏日斜。湖光与天远,直欲泛仙槎。"沿江两岸没有落脚之地,杜甫又在船中住了一秋一冬。凄风苦雨使他的风痹病日益加重,最后竟卧床不起了。偏偏此时祸不单行,杜甫的幼女夭亡了。巨大的打击,使杜甫再也经受不了,竟病死于船舱里,时年五十九岁。

杜甫死后，家人无力归葬，只有将其灵柩暂时停寄于岳阳。四十三年之后，他的孙子杜嗣业才把他的灵柩运到河南偃师，正式安葬在首阳山下。当时，杜嗣业曾请求诗人元稹为杜甫作墓志铭。元稹在其中记载有"扁舟下荆楚间，竟以寓卒，旅殡岳阳，享年五十有九"句，证明杜甫确系病殁舟中。

这么看来，杜甫病死在舟中是颇为合理的。但是对于他的真正死因，还不能这么早下定论，尚需进一步的深入研究，相信这个问题是不难解决的。

白居易为何仕途不顺

唐宪宗即位以后，对政治进行了一些改革，任用了许多诸如李绛那样正直的大臣当宰相，但是他仍旧宠信宦官。宪宗为了讨伐藩镇，不惜任用一个宦官头子做统帅。这件事引起一些大臣的反对，其中反对得最激烈的是左拾遗白居易。

白居易是唐代著名诗人，他擅长作诗的名气，很早就传开了。白居易自小聪明，生下来刚六七个月，就能辨认"之""无"两个字，五六岁就开始学写诗。大概在他十五六岁那年，他父亲白季庚在徐州做官，让他到京城长安去见世面，结交名人。那时候，正是朱泚叛乱之后，长安遭到很大的破坏。特别是连年战争，到处闹粮荒，长安米价飞涨，百姓的日子很不好过。

当时，长安有一个文学家顾况，很有点才气，但是脾气高傲，遇到后生晚辈，常常倚老卖老。白居易听到顾况的名气，便带了自己的诗稿，到顾况家去请教。顾况听说白居易也是个官家子弟，不好不接待。白居易拜见了顾况，送上名帖和诗卷。顾况瞅了瞅这个小伙子，又看了看名帖，看到"居易"两个字，皱起眉头打趣说："近来长安米价很贵，只怕居住很不容易呢！"

白居易被顾况莫名其妙地数落了几句，也不在意，恭恭敬敬地站在旁边请求指教。顾况拿起诗卷随手翻着翻着，他的手忽然停了下来，眼睛盯着诗卷，轻轻地吟诵起来：

"离离原上草，一岁一枯荣；
野火烧不尽，春风吹又生。"

顾况读到这里，脸上显露出兴奋的神色，马上站起来，紧紧拉住白居易的手，热情地说："啊！能够写出这样的好诗，住在长安也不难了。刚才跟您开个玩笑，您别见怪。"

打这次见面以后，顾况十分欣赏白居易的诗才，逢人就夸说白家的孩子怎么了不起。一传十，十传百，白居易也就在长安出了名。不到几年，他考取了进士。唐宪宗听说他的名气，马上提拔他做翰林学士，后来又派他担任左拾遗。

白居易可不是那种争名求利、向上级阿谀奉承的官僚。他一面不断地创作新的诗歌，揭露当时社会上的一些不良现象；一面在宪宗面前多次直谏，特别是反对让宦官掌握兵权。

这一回，白居易谏阻宪宗封宦官做统帅，惹得宪宗很气恼。他跟宰相李绛说："白居易这小子，是我把他提拔上来的，怎么对我这样不敬，我实在忍耐不住啦！"李绛说："白居易敢在陛下面前直谏，不怕杀头，正说明他对国家的忠心。如果办他的罪，只怕以后没人敢说真话了。"唐宪宗勉强接受李绛的意见，暂时没有把白居易撤职。但是，过了没有多少天，终于把他左拾遗的职务撤掉，改派别的官职。

白居易写了许多诗，其中有不少是反映现实的，像《秦中吟》和《新乐府》。在这些诗篇中，有的揭露了宦官仗势欺压百姓的罪恶，有的讽刺官僚们穷奢极侈的豪华生活，有的反映了劳动人民的痛苦遭遇。他的诗歌通俗好懂，受到当时广大人民的欢迎，街头巷尾，到处都传诵着白居易的诗篇。据说，白居易写完一首诗，总先念给不识字的老婆婆听，如果有听不懂的地方，他就修改，一直到能够使她听懂。这当然只是一种传说，但是说明他写的诗歌是比较接近群众的。

正因为他的诗反映现实，触犯了掌权的宦官和大官僚，也招来了一些人的咒骂和嫉恨。有些人想诬陷白居易，只是一时找不到借口。

过了几年，白居易在太子的东宫里作大夫。有一次，宰相武元衡被人派刺客暗杀了。这次暗杀有复杂的政治背景，朝廷的官僚谁也不想开口。只有白居易站了出来，首先向宪宗上了奏章，要求通缉凶手。宦官和官僚抓住这个机会，说白居易不是谏官，不该对朝廷大事乱主张，狠狠地告了一状。接着，又有一批向来讨厌白居易的官员,乱哄哄造谣污蔑,向白居易泼污水。有人说白居易的母亲是看花掉到井里淹死的,白居易居然还写过《赏花》《新井》的诗,那不是大不孝吗? 经过这样罗织罪名,谁也没法给白居易辩护,白居易终于被降职到江州(今江西九江)去当司马了。

白居易无辜受到贬谪,到了江州之后,心情十分抑郁:有一天晚上,他在江州的溢浦口送客人,听到江上传来一阵哀怨的琵琶声,叫人一打听,原来是一个漂泊江湖的老年歌女弹的。白居易见了那歌女,又听她诉说她的可悲身世,十分同情;再联想到自己的遭遇,引起满腔心事。回来以后,写下了著名的叙事长诗《琵琶行》,诗中说:

"我闻琵琶已叹息,又闻此语重唧唧。

同是天涯沦落人,相逢何必曾相识。"

后来白居易又几次回到京城,做过几任朝廷大官。但是当时的朝政十分混乱,像白居易这样正直的人不可能有什么作为。于是,他把他全部精力倾注到诗歌创作中去。他的一生一共写了二千八百多首诗,成为我国文学宝库里的一份十分珍贵的遗产。

《陋室铭》是刘禹锡的作品吗

《陋室铭》是许多人都熟悉的一篇古文。文章笔调清新,意境优雅,耐人寻味,虽寥寥八十余字,却将作者洁身自好、不慕权贵的高尚品质显露无遗。因而千百年来,《陋室铭》受到许多人特别是文人雅士的喜爱,或悬挂厅堂,或置于几案,爱贤念旧,借以自勉。然而,这么一篇脍炙人口、流传百世的佳作,其作者是谁,至今仍有很大争议。

刘禹锡,字梦得,彭城人,唐代中晚期著名的哲学家和文学家。曾任监察御史,因参与王叔文的"永贞革新"而被贬为朗州司马、连州刺史、和州刺史。晚年任太子宾客,官终检校礼部尚书。他的诗文别具一格,自成风貌,在文学史上占有重要地位。《陋室铭》一文一直被看作是高雅脱俗的典型文章为人称颂,其中"山不在高,有仙则名;水不在深,有龙则灵"更成为脍炙人口、留传百代的

《陋室铭》文意图

名句。

　　然而,《陋室铭》真的是唐代刘禹锡所作吗？自宋代以来,就不断有人提出疑问,认为《陋室铭》的作者值得商榷。原因是宋代刻本《刘宾客文集》和宋人李等编的《文苑英华》均未收录此文。既然是刘禹锡的作品,并且是如此美文,为何编者会弃之不用呢？只有一个原因,那就是《陋室铭》并非刘禹锡的作品。

　　对于这种观点,近年来不少学者提出了自己的论据。首先,刘禹锡勤政爱民,与《陋室铭》中所谓"无案牍之劳形"的逍遥形态判若两人;再说他被贬期间,身处异地,环境荒僻,不得不靠鸟兽草木和吟咏文章来宣泄因政治上的失意而带来的精神痛苦与愤懑,这与《陋室铭》所表现的豁达乐观的高雅情操格格不入,有天壤之别。让人怎能相信这是刘禹锡的作品呢？

　　况且按照唐代法律,配流及贬谪之人,是不能在贬所或流放地与当地官吏往来的,如被发现,不但贬谪之人要加重处罚,而且当地官吏也要治罪。作为高级官吏,刘禹锡不可能不知这条法律。因而,他必须谨慎小心,才能安然度过十年贬谪生涯,决不会出现《陋室铭》中"谈笑有鸿儒,往来无白丁"的违规行为,倘若刘禹锡写了这种文字,岂不犯忌？

　　其次,刘禹锡工于书法,至今还有他的一些碑刻拓片存世。但是《陋室铭》怎么会远道求柳公权书写呢？再说《陋室铭》与刘禹锡的文风不类,他的一般作品多是四言、七言,句式都很整齐,这在他撰写的诸多碑铭中有所体现。而

《陋室铭》句式杂乱，三、四、五、六言混用，如此明显的差异，怎会出自一人之手？

针对上述说法，坚信《陋室铭》为刘禹锡所做的人提出了反驳。首先，他们认为《陋室铭》文中"无案牍之劳形"也是刘禹锡的真实写照。刘禹锡参与"永贞革新"时，王叔文曾称其有宰相之才，唐顺宗更是对他委以重任，此时的刘禹锡应该是政事繁忙，埋于案牍之中难以脱身。及至他被贬朗州，地广人稀，自然公务没有这么芜杂，因而刘禹锡才发出"无案牍之劳形"的慨叹。

刘禹锡被贬期间，唯以文章为业，谁又能保证不含《陋室铭》在内呢？再说，史书限于篇幅，不可能将刘氏所写文章篇目一一罗列，缺少《陋室铭》记载，不等于刘禹锡没有做过此文。虽然他遭受贬谪，心情十分苦闷，但其总的精神状态还是积极向上的。要不然怎能写出"东边日出西边雨，道是无晴却有晴"这样节奏欢快的情歌呢？以此类推，作者为何不能写出格调清新、飘逸欲仙的《陋室铭》呢？

唐代法律确实规定被贬人员不得与当地官吏往来，但是只有官吏才能称为"鸿儒"吗？他们认为只要是有才有识的文人雅士，都算是鸿儒。刘禹锡与他们交往，既不违背当时法律，也符合刘禹锡的性格，显然这不能当作否定刘禹锡作《陋室铭》的依据。

其次，刘禹锡虽然工于书法，但怎能与唐代书法大家柳公权比肩，他当然可以远道相求柳公权书写《陋室铭》。刘禹锡晚年与白居易交往频繁，二人多有诗词唱和。白居易作文讲究广泛取材，吸收口语入诗，因而通俗易懂，近似白话。刘禹锡受其影响，不再拘泥于四言、七言，文字也浅显易懂，这是十分正常的。

上述两种观点针锋相对，似乎都不无道理。但是只据一事或片言只语来判断《陋室铭》的作者，似乎不妥。另外，古人作文，有时也不是据实而写，为抒胸志，往往造情设景，不一定非要切合自身实际。因而，《陋室铭》中描写的陋室有可能为作者虚构之所，借以映衬自己洁身自好、超凡脱俗的高尚情操。也有人认为，此文为刘禹锡年轻时习作，壮年以后，他感觉文中语句有些不妥，故而不收入自己的文集。

不管《陋室铭》是否为刘禹锡所作，其文学价值并不因此而损减半分。此文自产生之日起就不胫而走，并未因作者是谁而影响它的广泛传播。我们有理由相信，这篇短小精干、内容精粹、情味隽永的佳作，将会永远流传下去。

《陋室铭》中的"陋室"在哪里

千百年来，人们对刘禹锡的《陋室铭》赞不绝口。《陋室铭》一文，字如珠玑，句似锦绣，结构严谨，颇富美的韵律，显示出一种超凡脱俗的高雅意境，非文章高手不能为之。然而，刘禹锡的仕途却很坎坷，屡遭贬谪。因此，有人认为《陋室铭》一文是刘禹锡在这种特定环境中写成的一篇佳作。人们在欣赏这篇佳作之余，不禁对刘禹锡的"陋室"产生了疑问：这个"陋室"究竟在何处？它又是怎样得名的呢？

关于这个疑问，人们议论纷纷，出现了许多种不同的说法。考据陋室的地点，必然要先搞清刘禹锡的籍贯、住地，可是，各种史料的记载都不相同。有的说他是江苏彭城人，有的说他是河南洛阳人，还有的说："刘禹锡住过的陋室，相传在河北省定县南三里庄。河北省定县是战国时期中山国活动的中心，汉高帝时设为郡，景帝时改为国，并封其子刘胜于此，刘禹锡自称为刘胜之后，治所定在卢奴，就是现在的定县。"从刘禹锡传记载中看，他自称自己的籍贯在中山。由此看来，说刘禹锡的陋室在今定县，不是没有可能。

在刘禹锡被贬朗州司马期间，因为朗州地处西南夷，偏僻落后，而他没有知己，十年之中，唯以文章为乐，陶冶性情。在这种艰苦闭塞的环境中，刘禹锡不因政治斗争的失败而灰心丧气，不因仕途受挫而怨天尤人，依然豁达开朗，以诗文自娱，处处不忘提高自身的思想修养，表现出极高的精神境界。于是，有人认为，这篇文章是刘禹锡被贬朗州所作，而陋室也在朗州。

还有的人认为《陋室铭》一文并非刘禹锡在朗州任上所作，应该是唐穆宗长庆四年(公元824年)秋至唐敬宗宝历二年(公元826年)冬，刘禹锡任和州(今安徽和县)刺史时所作。根据是地方志中对陋室和陋室铭的一些相关记载："刘禹锡为和州刺史，有《和州刺史壁记》及《陋室铭》。"如此则证据确凿。

刘禹锡的籍贯看来是弄不清楚了,至于他《陋室铭》中的"陋室"在哪里,就更难弄明白。许多学者指出,《陋室铭》全文是称颂作者所居的陋室,表达自己保持了高尚节操,甘心于贫贱,不肯同流合污的思想感情。如此说来,这个"陋室"肯定指的是作者自己居住过的屋子,而且是狭隘简陋的屋子。考查刘禹锡的生平,他出身贵胄,遭贬后仍为州司马,住的是像样的官邸。因此,他所说的"陋室",应该是他办公、家居之余的一所考究的屋子。

有人对这寥寥八十余字的《陋室铭》全文进行推敲,从字里行间分析刘禹锡"陋室"的模样:

"调素琴,阅金经",指的是屋子里有琴台,有古琴,有珍贵的藏书……

"无丝竹之乱耳,无案牍之劳形",在这里不必处理芜杂的公务,不必埋头于案牍之中,多么清净。

"谈笑有鸿儒,往来无白丁",来往说笑,吟诗弄文的尽是一些文人雅士,或学识渊博的僧道;没有地位,没有文化的贫苦老百姓一个也不来往。有这样社会地位的人住的房子,能是很简陋的吗?

"何陋之有",刘禹锡住在这样的屋子里飘逸欲仙,傲然自得,哪儿来的"陋"呀。说这是"甘于贫贱",是不是太不真实了?

因此,想要辨清刘禹锡的"陋室"在何地还需进一步研究。不只如此,有人还对《陋室铭》的真正作者是谁产生了激烈的争论。宋代僧人智圆的观点影响深远,他认为《陋室铭》是无名小卒所写,假托刘禹锡的文名,诳骗无识见之人,致使伪作广播天下,而真正的作者并非刘禹锡。他的理由是,铭体文章仅有"称扬先祖"和"指事成过"两种功用,而《陋室铭》都不属于,反而奢夸矜伐,以仙、龙自比,又说"惟吾德馨"。刘禹锡作为饱读诗书的儒学大师,心中必然明白谦虚谨慎的做人原则,怎能如此无知狂妄。在智圆看来,《陋室铭》既不符合"铭"的文学体裁,也不符合刘禹锡的为人,与他的文风相去甚远,所以断定这是一篇彻头彻尾的伪作。

受这种观念的影响,有人认为此文的作者应该是唐代崔沔。根据是其传中记载崔沔曾作《陋室铭》。唐代是古代科举制度发展的繁盛时期,科举取士大多以诗赋的优劣为标准。崔沔既然能考取进士,诗赋自然写得不错,对于《陋室铭》这类小文章,他应该得心应手。另外,《全唐文》《全唐诗》中收录的一些无名氏作品,质量也很不错。因此,不能因为崔沔在文学史上无甚名气,而否定他是《陋室铭》的真实作者。

历史上的事情本来是十分简单的,但是到了今天,不知不觉就变得复杂起来。《陋室铭》的作者首先受到了质疑,刘禹锡的籍贯也弄不清楚,至于"陋室"今在何地,要想查明更是难上加难。历史就是这样,如果能让我回到古代的话,一切都迎刃而解了。对于我们来说,还是静静地欣赏《陋室铭》的优美吧!

刘禹锡两吟桃花诗之谜

王叔文实行改革的时候,不但一批宦官恨王叔文,还有不少大臣嫌王叔文地位低,办事专断,也对他不满,到了唐宪宗即位,大伙都纷纷攻击王叔文。原来支持王叔文改革的八个官员,都被看作是王叔文的同党。宪宗下了诏书,把韦执谊等八个人一律降职,派到边远地方当司马,历史上把他和王叔文、王伾合起来称作"二王八司马"。

"八司马"当中,有两个是有名的文学家,就是柳宗元和刘禹锡。柳宗元擅长散文,刘禹锡善于写诗,两个人又是很要好的朋友。这一回,柳宗元被派到永州(今湖南零陵),刘禹锡被派到朗州(今湖南常德)。永州和朗州都在南边,离开长安很远,那时候还是荒僻落后的地区。要是换了一些想不开的人,心情是够难受的。幸好他们都是很有修养的人,十分相信自己的作为是正直的,失败了也不那么懊丧。到了那里,除了办公以外,常常游览山水,写写诗文。在他们的诗文中,常常抒发自己的政治抱负,也反映了一些人民的疾苦,像柳宗元的《捕蛇者说》就是在永州写的。

两个人在那里一住就是十年。日子一久,朝廷里有些大臣想起他们来,觉得这些都是有才干的人,放在边远地区太可惜了,就奏请宪宗,把刘禹锡、柳宗元调回长安,准备让他们留在京城做官。

刘禹锡回到长安,看看长安的情况,已经发生了很大变化,朝廷官员中,很多新提拔的都是他过去看不惯、合不来的人,心里很不舒坦。

京城里有一座有名的道观叫玄都观，里面有个道士，在观里种了一批桃树。那时候正是春暖季节，观里桃花盛开，招引了不少游客。有些老朋友约刘禹锡到玄都观去赏桃花。刘禹锡想，到那里去散散心也不错，就跟着朋友们一起去了。

刘禹锡过了十年的贬谪生活，回到长安，看到玄都观里新栽的桃花，很有感触，回来以后就写了一首诗：

"紫陌红尘拂面来，无人不道看花回。

玄都观里桃千树，尽是刘郎去后栽。"

刘禹锡

刘禹锡的诗本来挺出名，这篇新作品一出来，很快就在长安传开了。有一些大臣对召回刘禹锡，本来就不愿意，读了刘禹锡的诗，就细细琢磨起来，里面到底有什么含意。也不知道哪个说，刘禹锡这首诗表面是写桃花，实际是讽刺当时新提拔的权贵的。

这一下子可惹了麻烦，唐宪宗对他也很不满意。本来主张留他在京城的人也不便说话了。刘禹锡又被派到播州（今贵州遵义市）去做刺史。刺史比司马高一级，似乎是提升，但是播州地方比朗州更远更偏僻，那时候还是人烟稀少的地方呢。

刘禹锡家里有个老母亲，已经八十多岁了，需要人伺候：如果跟着刘禹锡一起到播州，上了年纪的老人受不了这个苦。这可叫刘禹锡太为难啦！这时候，柳宗元在长安也呆不住了，朝廷把他改派为柳州刺史。柳宗元得知刘禹锡的困难情形，决心帮助好朋友。他连夜写了一道奏章，请求把派给他柳州的官职跟刘禹锡对调，让他到播州去。

柳宗元待朋友一番真诚，使许多人很受感动。后来，大臣裴度也在唐宪宗面前替刘禹锡说情，宪宗总算答应把刘禹锡改派为连州（今广东连州市）刺史。以后，刘禹锡又被调动了好几个地方。过了十四年，裴度当了宰相，才把他调回长安。

刘禹锡重新回到京城，又是暮春季节。他想起那个玄都观的桃花，有心旧地重游。到了那里，知道那个种桃的道士已经死去，观里的桃树没有人照料，有的被砍，有的枯死了，满地长着燕麦野葵，一片荒凉。他想起当年桃花盛开的情景，联想起一些过去打击他们的宦权贵，一个个在政治争斗中下了台，而他自己倒是顽强地坚持自己的见解。想到这里，他就又写下了一首诗，抒发他心里的感慨，诗里说：

"百亩庭中半是苔，桃花净尽菜花开。

种花道士归何处？前度刘郎今又来。"

一些大臣听到刘禹锡写的新诗，认为他又在发牢骚，挺不高兴，在皇帝面前说了他不少坏话。过了三年，又把他派到外地当刺史去了。

刘禹锡为人忠厚，为官忠直，他在玄都观两吟桃花诗，都有相同的寓意，说明为人奸猾，为官奸诈者虽然能哗众取宠、获得执政者的好感和重用，但不可能长久；为人忠厚，为官忠直者由于易遭执政者的反感而得不到重用，常常遭贬。封建时代的朝廷就是如此，不管忠臣还是奸党，都不能永远在政坛长存，总是如走马灯似的不断变化。

颜杲卿是怎样遇害的

颜杲卿本来是安禄山的部下，安禄山发动叛乱以后，颜杲卿就准备反抗。叛军到了藁城（在今河北省境内）的时候，颜杲卿已经招募了一千多名壮士。他知道自己力量不够，不能跟安禄山硬拼，就跟手下的官员袁履谦向叛军假投降。安禄山仍旧让他守常山，但是心里不放心，一面把颜杲卿的儿子、侄儿带到军营里做人质，一面派了一个叛将守在井陉关（在今河北井陉）。

安禄山渡过黄河，攻下洛阳之后，颜杲卿决心起兵，他的堂弟平原（今山东平原）太守颜真卿也招募了一万多人马，派人跟颜杲卿联络，要他攻占井陉关，截断安禄山的后路。颜杲卿打听到守井陉关的叛将是个糊涂的酒鬼，就假传安禄山的命令，派人带了美酒好菜去慰劳他，等叛将喝得酩酊大醉的时候，把叛将杀死，占领了井陉关。

颜杲卿攻下了井陉关，士气大振。第二天又接连活捉了两名叛将。颜杲卿派人分头到河北各郡去告诉官吏说：现在朝廷派出三十万大军讨伐安禄山，已经出了井陉关，马上就到河北各郡了。受安禄山胁迫叛变的，趁早投降，可以受到重赏；如果顽抗，罪加一等。河北各郡官员一听到安禄山站不住脚，都纷纷响应颜杲卿。河北二十四个郡，有十七个郡又站到了唐军一边。

安禄山正准备向潼关方向进兵，一听到河北各郡都响应颜杲卿，后方不稳，只好改变主意，回到洛阳。他在洛阳自称大燕皇帝，派大将史思明、蔡希德各带一万人马分两路攻打常山。

颜杲卿虽然打了几个胜仗，但是起兵只有八天，常山周围的防御工事都没修好，兵力又少，怎样敌得过两路叛军！叛军到了常山城下，颜杲卿派人到太原去求援，但是太原守将王承业不肯出兵。

史思明叛军把常山紧紧围困，颜杲卿带领常山军民拼死抵抗了四天，城里粮食没了，箭也完了。常山终于陷落在叛军手里。史思明纵容叛兵杀害了一万多常山军民，又把颜杲卿、袁履谦抓起来，押送到洛阳去见安禄山。

安禄山命令兵士把颜杲卿押到他跟前，责问颜杲卿说："你本来只是个范阳小官，我把你提拔为太守，为什么反叛我？"

颜杲卿怒气冲冲地骂着说："你是一个牧羊的小子，国家让你做了三镇节度使，有哪点对不起你？我为国除奸，恨不得斩你的头，叫什么反叛？"

安禄山恼羞成怒，要左右兵士把颜杲卿、袁履谦拖到一座桥边的柱子上缚起来，使用残酷的刑罚折磨他们。

颜杲卿神色凛然，一面忍受着酷刑，一面仍旧痛骂安禄山。叛军兵士用刀割了颜杲卿的舌头，颜杲卿满口鲜血，还发出含糊的骂声。袁履谦看到颜杲卿受刑的残酷情景，气得自己咬碎舌头，连血带舌喷在旁边一个叛将的脸上。颜杲卿、袁履谦骂不绝口，一直到他们咽气。

颜杲卿从起兵到失败，虽然只有十几天，但是他们的抵抗，拖住了叛军的兵力,为唐王朝调兵遣将争取了时间;他们的誓死抵抗的精神,鼓舞了更多的人抗击叛军。

颜杲卿被杀后一月,河东节度使李光弼率领步兵骑兵一万多人、太原弓箭手三千人出兵井陉关,打退叛军,收复常山。接着,朔方节度使郭子仪也带领精兵到常山和李光弼会合。河北的一些百姓受尽安禄山叛军掳掠的痛苦,听到郭子仪、李光弼大军打过来,自发集合起来,修筑营垒,抵抗叛军;等郭、李大军一到,就参加了大军队伍。郭、李两支大军兵强马壮,士气旺盛,接连打击安禄山叛军,河北十几个郡重新回到唐军手中。

河北大捷,截断了叛军的后路,叛军军心动摇。安禄山大为恐慌,埋怨谋士高尚、严庄说:"几年来你们劝我起兵造反,说这是万全的计策。现在西边打潼关,几个月也打不进去;北边的路也被截断。我们困守在这里,叫什么万全!"他打算放弃洛阳,逃回范阳去。正在安禄山进退两难的时候,唐王朝统治者自己却替叛军打开了潼关大门。

颜杲卿跟他的堂弟颜真卿一样,都是英勇无畏的豪士,正是有了他们这样的忠臣,风雨飘摇的大唐王朝才得以继续维持下去。

黄巢是否剃发为僧

唐朝末年,国势衰败,宦官专权,藩镇割据。公元873年,唐僖宗李儇登基。年仅十一岁的他,整天只知踢球、斗鸡,不理朝政,甚至用踢球射门决定节度使的任命,荒唐透顶,致使朝廷上下一片混乱。他即位当年,关东大旱,赤地千里。第二年又遍地蝗灾,颗粒无收,百姓病饿而死者不计其数,但是官吏反而变本加厉,大肆搜刮民财,于是,官逼民反,各地纷纷起义。黄巢就是其中著名的起义军领袖。

黄巢,山东曹州人,私盐贩出身。乾符二年(875年),黄巢率领数千人在曹州响应王仙芝起义,次年,因不满王仙芝的作为,分兵独立作战。后来王仙芝战死,黄巢被推举为起义军领袖,号称冲天大将军,年号王霸。他们本来打算攻打东都洛阳,但是由于唐王朝有所防备,于是挥师渡江,转战两浙,从江西进入福建。王霸二年，黄巢率军进军岭南，攻克广州，队伍迅速扩大到百万人，控制了岭南大部分地区。同年十月，黄巢挥师北伐，由广西进入湖南、湖北，于王霸三年十一月攻克洛阳，十二月破长安，登基做了皇帝，国号大齐，年号金统。

黄巢从起义之初，作战一直都很顺利。但是当他成功地登上皇帝的宝座时，他忽略了一个很重要的问题，那就是他没有乘胜追击逃亡中的李儇小朝廷，也没有对长安附近的藩镇发动猛烈攻击以巩固京师，这可谓是战略性的失误。再加上黄巢长期流动作战，没有建立巩固的根据地，缺乏军需来源，等到唐军郑畋等各路军阀合力反扑、其部将朱温叛变，黄巢领导的起义迅速走向失败。

中国历史上的农民起义领袖，在他失败后，关于其最后结局，往往有不同说法，黄巢也不例外。

有人说他最后自杀而死。黄巢兵败出逃，无计可施，就对外甥林言说："如果你砍下我的首级献给天子，恐怕不仅可以保住性命，还能荣华富贵享之不尽，不要让别人得了这个好处。"但是，林言不忍心下手，黄巢只好自刎身亡。

也有人说黄巢是被杀而死。当黄巢带着一些家属逃入泰山，外甥林言杀黄巢、黄邺、黄揆及这些人的妻和子，取首级要到徐州时溥处领功，路上遇到唐兵。唐兵杀林言，将林言和黄巢等人的首级献给时溥。

然而，当时流传于陕西、河南的民间传闻，都认为黄巢并未自杀或被杀，而是脱了险，最后遁入空门，得以善终。他们说，唐史中和四年六月，时溥所得到的黄巢首级其实是假的。黄巢在泰山狼虎谷被部将尚让所围，无奈之下只好剃发为僧，侥幸逃脱，投奔河南尹张全义。由于张全义以前是黄巢的部下，于是没敢声张，黄巢最后得以在南禅寺安享晚年。

黄巢为僧时，曾作诗云："三十年前草上飞，铁衣著尽著僧衣，天津桥上无人问，独倚危栏看落晖。"

更有甚者，他们有板有眼地指出，黄巢出家后，法号翠微禅师，住在洛阳天津桥，后来又迁居明州（浙江宁波）雪窦山，又取法号雪窦禅师，并称他死在明州，雪窦山还有黄巢墓。也有说黄巢最后在泰山出家，并在山中圆寂，今天泰山脚下还有几个黄巢墓。还有说成都也有黄巢墓。真可谓说法不一，黄巢为僧说的流传也是非常之广的。

但是不管是自杀，还是他杀，林言要将黄巢的首级从泰山狼虎谷带去徐州，两地相距五六百里，而时溥又要从徐州献首于成都，两地相距三四千里，这么远的路程，又值盛暑，即使用快马日夜兼程，还得二十多天，黄巢的头颅恐怕早已腐臭得无法辨认了。更何况，黄巢兄弟六七人中，难说其中就没有长得与黄巢很像的，用别人的头代替黄巢是很可能的。

值得注意的是，黄巢兵败剃发为僧的记载，都出自宋人的笔记，离黄巢之死年代最近，这也能从一个侧面肯定其真实性吧。在许多正史中不敢直书黄巢逃逸的事情，可能是出于统治者的避讳，宁可造出被杀、自杀的假历史来，而相比之下，记载黄巢剃发为僧的野史、笔记小说，可能更符合事实。

朱温为何对妻子言听计从

后梁的开国皇帝太祖朱温，是被史学家斥为"贪食、渔色、嗜杀、蔑伦"的暴君。但是令人不解的是，他却有着一段纯真的恋情，有过一位贤德之妃张惠，而且在相当长的时间里，他的暴虐竟被张惠的柔德所制，不敢妄为。这到底是怎么回事呢？

唐朝末年，国势衰退，地方割据，天下大乱，文人学士遭到排斥，地痞流氓却飞扬跋扈。朱温早年丧父，随母亲来到地主家帮佣。他从小就懒惰无行，常因偷东西遭人打骂，在屈辱困苦中长大成人。一次，他在打猎途中，偶遇气派非凡、美丽绝伦的宋州刺史张蕤的女儿张惠，倾慕不已，暗暗立下誓言，将来一定要当大官，再明媒正娶将张惠迎过门。

不久，朱温为了实践自己的誓言，投奔了黄巢起义军，南征北战，利用自己的狡诈凶悍和善解人意，从一名小卒升为大将。广明元年，黄巢在长安称帝，建立了大齐政权。两年之后，朱温因屡立战功，被任命为通州刺史，率领大军，浩浩荡荡进驻同州城。突然，在被俘的人群中，一位蓬头垢面、衣衫不整的少女使他眼前一亮，这正是他朝思暮想、为之心驰神往的张惠！朱温将这次巧遇视为天意，立即将张惠带入府中，陈述了自己的倾慕之情。张惠感到自己这样一个流离失所、沦落为俘的落难女子竟能被眼前这个雄武勇猛的将军所爱，很受感动,当即表示愿意嫁给朱温。朱温的梦想终于变成了现实。

后来朱温降唐,被任命为河中行营招讨副使、授以左金吾大将军官衔,赐名"全忠"。以后,他打败黄巢,平定了诸多割据势力,转战南北二十年,终于消灭了所有的对手。这期间,是张惠使他成就了大业,他对张惠是言听计从。五大三粗的朱温在张惠面前,简直就是一个听话的小学生。

朱温凶残成性,杀人如麻。他曾借设宴庆功之机,派兵将助他击败黄巢的李克用围在驿馆,纵火射箭。李克用侥幸逃脱,他手下的三百名亲兵却全被杀死。他在进攻东方四镇时,残杀兵卒、驱杀百姓,使徐、泗三郡人死过半。这样的事,比比皆是。后来,幸亏张惠不断劝谏,才使朱温有所收敛,不至于见一个杀一个,见一群杀一群,使不少军兵、百姓虎口脱险。

朱温的长子朱友裕也是张惠在朱温的虎口中救出的。景福元年,朱友裕率军攻打徐州,大败朱瑾。但因其性格宽厚,没有乘胜追杀残兵败将,被朱温削去官职,派人查处,吓得朱友裕到处躲藏。还是张惠捎信让他负荆请罪,并亲自出面为之说情,他才免遭一死。

朱温在张惠在世时,不敢十分纵欲宣泄。朱温打败朱瑾后,命其妻侍寝。张惠知道后说:"倘若汴梁不幸失守,我不也是这样的下场吗?"说完大哭不已。朱温心中惭愧,遂打消了淫亵的念头。朱温在征伐亳州时,曾召一营妓侍寝月余,后来生有一子,朱温竟不敢将其带回。

天佑元年,张惠病危,朱温立即飞马赶回汴梁。回想几十年相濡以沫的恩爱生活,想到眼见皇位到手,他引以为自豪的妻子却享受不到皇后的尊荣,这个心狠手辣的武夫不禁留下了辛酸的泪水。张惠知道丈夫最大的弱点是嗜杀好色,所以,在临终时,对朱温进行最后一次劝诫:"戒杀、远色。"

张惠死后不久,朱温即逼唐昭宣帝退位,自己称帝,建国号"梁"。从此,失去"贤内助"的朱温肆无忌惮,为所欲为,更加残暴荒淫,滥杀无度,以至身死异处。他妄图以屠杀的手段威胁天下,对唐朝的君臣官兵屠杀,对自己的部将也疯狂杀害。他以阅马为名,杀了自己的骁将邓季筠;他借口违抗军令,杀了大将李重允和李谠;他为了灭口,杀死了自己的养子朱友恭和老将氏叔琮;他还捏造罪名杀死了自己的爱将李思安和猛将朱珍……直杀得人人自危,上下离心。

　　朱温还用肆意淫乱来弥补心灵上的空虚。他到洛阳巡幸,住在魏王张全义家中,竟将张全义的媳妇、女儿个个奸污。他还以"召侍"为名,逐个儿奸污自己的儿媳;而他的儿子、养子们竟厚颜无耻地怂恿自己的妻子陪寝争宠。乾化二年,朱温患病准备后事时,入侍的儿媳张氏得知其欲传位给养子朱友文,遂告之丈夫朱友珪。朱友珪突然杀入寝宫,一剑刺死朱温,谋夺了皇位。称霸一时的乱世枭雄朱温,终因丢弃贤妻张惠的遗言,嗜杀好色,恶有恶报,走上了黄泉之路。

鱼玄机为何出家为尼

　　鱼玄机(又名鱼幼薇)这位美丽多情的才女,曾得到多情公子的怜爱,谁料世事沧桑,命运又把她塑造成一个放荡纵情的女道士,最终为争风吃醋杀死了自己的侍婢,自己也走向了刑场,空留下无限的叹息。

鱼玄机

　　初到长安的贵公子李亿游览崇贞观时,无意中读到了鱼幼薇留下的诗,心中大为仰慕,只想一睹这位题诗奇女子的风采。可惜李亿这次来京是为了出任因祖荫而荣获的左补阙官职,忙于官场应酬,一时无暇去打听鱼幼薇的情况,只是在心中记住了这个名字。

就任后,李亿这位来自江陵的名门之后,开始拜访京城的亲朋故旧,温庭筠在襄阳刺史幕中,曾与李亿有一段文字交往,因而李亿也来到了温庭筠家中。在温家的书桌上,一幅字迹娟秀的诗笺令李亿眼睛一亮,这是一首抒情六言诗:

红桃处处春色,碧柳家家明月;

邻楼新妆侍夜,闺中含情脉脉。

芙蓉花下鱼戏,带来天边雀声;

人世悲欢一梦,如何得作双成?

诗句清丽明快,诗中人儿幽情缠绵,使得李亿为之怦然心动。待他问明诗作者,原来就是那个题诗崇贞观的奇女子鱼幼薇,李亿心中更加激动。

温庭筠把李亿微妙的神态看在眼里,暗中已猜中他的心思。他想:李亿年方二十二,已官至左补阙,可谓前途无量,而他人又生得端正健壮,性情温和,与鱼幼薇还真是天设地造的一对。于是,好心的温庭筠出于对鱼幼薇前途的考虑,为他们从中撮合。李亿与鱼幼薇当然是一见钟情,在长安繁花似锦的阳春三月,一乘花轿就把盛妆艳饰的鱼幼薇,迎进了李亿为她在林亭置下的一栋精细别墅中。

林亭位于长安城西十余里,依山傍水,这里林木茂密,鸟语花香,是长安富家人喜爱的一个别墅区。在这里,金童玉女似的李亿与鱼幼薇,男欢女爱,度过了一段令人心醉的美好时光。

在江陵,李亿还有一个原配夫人裴氏,见丈夫去京多时仍不来接自己,于是三天两头地来信催促。无可奈何的情况下,李亿只好亲自东下接眷。李亿有妻,鱼幼薇早已知道,接她来京也是情理中事,鱼幼薇通情达理地送别了李郎,并牵肠挂肚地写了一首:"江陵愁望寄子安"的诗,诗云:

枫叶千枝复万枝,江桥掩映暮帆迟;

忆君心似西江水,日夜东流无歇时。

子安是李亿的字,那时从长安至江陵,往返一趟大约需两个月时间,而李亿此次又是出仕后首次回家,必然有一番会亲宴客,上坟祭祖的活动,又耽搁了几个月。鱼幼薇独守空房,从红枫秋月,一直等到春花渐落,才见良人携妻来到长安。

尽管一路上李亿赔尽了小心，劝导妻子裴氏接受他的偏房鱼幼薇，可这位出身名门，心高气傲的裴氏始终不肯点头。一进林亭别墅的大门，裴氏就怒不可遏地喝令随身侍女，把出来迎接的鱼幼薇按在地上，用藤条毒打了一顿。鱼幼薇不敢反抗、也不敢怨怒，她只希望在夫人出了一口气之后，便能接受她成为一家人，为了和心上人在一起，受点皮肉之苦又算得了什么呢？

　　然而裴氏的怒气并不是一发就消，第二天、第三天仍是闹得鸡飞狗跳，硬逼着李亿把鱼幼薇赶出家门不可。李亿实在拗不过裴氏，只好写下一纸休书，将鱼幼薇扫地出门。两人的婚姻仅仅维持了三个月，五个月的苦苦相思，至此戛然而止。

　　其实，深爱着鱼幼薇的李亿又怎忍心弃她不管呢，他表面上与她一刀两断，暗地里却派人在曲江一带找到一处僻静的道观——咸宜观，出资予以修葺，又捐出了一笔数目可观的香油钱，然后把鱼幼薇悄悄送进观中，并对鱼幼薇说："暂时隐忍一下，必有重逢之日！"

　　咸宜观观主是个年迈的道姑，她为鱼幼薇取了"玄机"的道号，从此鱼幼薇成了鱼玄机。一个风华绝代、才情似锦的姑娘岂甘孤伴青灯做一世道姑，长夜无眠，鱼玄机在云房中思念着昔日的丈夫李亿，泪水和墨写下了一首"寄子安"：

　　　醉别千斛不浣愁，离肠百结解无由；

　　　蕙兰销歇归在圃，杨柳东西伴客舟。

　　　聚散已悲云不定，思情须学水长流；

　　　有花时节知难遇，来肯恹恹醉玉楼。

　　住进道观后，幼薇把满腔愁情寄托在诗文上，寄托在夫君的到来上。而李亿把鱼幼薇寄养在咸宜观，本意也是要寻机前来幽会的，却无奈妻子裴氏管束极严，裴家的势力又遍布京华，李亿不敢轻举妄动，所以从不曾到咸宜观看望过鱼玄机。鱼玄机朝思暮想了无李郎音讯，只有把痴情寄付诗中，又写了一首"寄李子安"：

　　　饮冰食药老无功，晋水壶关在梦中；

　　　秦镜欲分愁坠鹊，舜琴得弄怨飞鸣。

井边桐叶鸣秋雨,窗下银灯暗晓风;

书信茫茫何处向,持竿尽日碧江空。

诗每写成,都无法捎给李郎,鱼玄机只有把诗笺抛入曲江中,任凭幽情随水空流。唐朝道教盛行,著名的道观多成了游览胜地和交际场所,许多才色稍佳的女道士便成了交际花。然而,咸宜观因一清道姑品性严谨,恪守规矩,所以一直保持着一分清净的局面。观中客人寥寥,李亿当时就是看中这里的清净才把鱼玄机托付到此,如今,鱼玄机也就只有守着寂静,与道友为伴。

三年时光默默流走了,一清师父年老力绝,溘然长逝,另一位与鱼玄机年龄相仿,朝夕为伴的彩羽道姑,竟跟着一位来观修补壁画的画师私奔了。咸宜观中,就剩下鱼玄机孤零零的一人。就在这时,她又听长安来客说起,她日夜盼望的李郎,早已携带娇妻出京,远赴扬州任官去了。这一消息对鱼玄机无疑是一个沉重的打击,她觉得自己被人抛弃,空将一腔情意付之东流。这一连串的打击,使鱼玄机痛不欲生,一改过去洁身自爱的态度,索性放纵起来,让自己亮丽的才情和美貌,不至随青烟而消散。于是,在冷冷清清的咸宜观中,她深夜秉烛,写下了一首后来传诵千古的"赠邻女"诗:

羞日遮罗袖,愁春懒起妆;

易求无价宝,难得有情郎。

枕上潜垂泪,花间暗断肠;

自能窥宋玉,何必恨王昌。

这首诗不啻就是她人生的分水岭,在此之前,她是一个秀外慧中,痴情万缕的贤淑才女;从此后,她看破了人间真情,只为享乐纵情极欲,变成了一个放荡冶艳的女人。

鱼玄机被斩之谜

鱼玄机在咸宜观当道姑后,陆续收养了几个贫家幼女,作为她的弟子,实际上是她的侍女,她开始过一种悠游闲荡的生活。观外贴出了一副"鱼玄机诗文候教"的红纸告示,这无疑是一旗艳帜,不到几天工夫,消息就传遍了长安,自认有几分才情的文人雅士、风流公子,纷纷前往咸宜观拜访鱼玄机,谈诗论文,聊天调笑,以至昏天黑地,鱼玄机的艳名也就越传越广。

咸宜观中,鱼玄机陪客人品茶论道,煮酒谈心;兴致所至,游山玩水,好不开心;遇有英俊可意者,就留宿观中。从她的一首"道怀诗",就颇能体现出她此时的生活景况:

闲散身无事,风光且乐游;断云江上月,解缆海中舟。

琴弄萧梁专,诗吟庚亮楼;丛篁堪做伴,片石好为筹。

燕雀徒为贵,金银志不求;满怀春绿酒,对月夜琴幽。

绕砌皆清趣,抽簪映细流;卧床书删遍,半醉起梳头。

鱼玄机正值二十出头,既有少女的妩媚,又有成熟女性的风韵,再加上她的才华和风情,不知多少人拜倒在她的石榴裙下。

她青睐的一个落第书生叫左名扬,她之所以钟情于左名扬,只因为他那一派贵公子风范和堂堂的容貌仪表,都酷似昔日的丈夫李亿。虽然她曾经愤恨李郎的薄幸,但是内心中却始终忘不了他。在左名扬踏进咸宜观的一刹那,她不由一怔,迷离中仿佛以为是李郎回到了她的身边。她对左名扬倾注了满腔的柔情,完全以一种小妻子的神态对待左名扬,左名扬时常留宿在她的云房中,共享云雨之情。左名扬还曾写下一首描写鱼玄机云房情景的诗:

白鸽飞时日欲斜,禅房宁谧品香茶;

日暮钟声相送出,箔帘钉上挂袈裟。

这短短的二十八个字,虽然语意闪烁,但已可窥见他俩云房中取乐的旖旎风光了。

除左名扬之外,与鱼玄机来往密切的还有一位经营丝绸生意的富商李近仁。起初鱼玄机根本不把这个脑满肠肥的商人放在眼里,但李近仁却别有心计,不但常常在鱼玄机面前竭力展示自己温文儒雅,同时又向咸宜观捐送了大量的钱帛,却又不表现出对鱼玄机有所希求的模样。鱼玄机慢慢地被他的大度恢宏而打动,觉得他完全不是那种满身铜臭味的商人,于是也就心甘情愿地以身相报了。在她"迎李近仁员外"的诗中,所描述的情形简直就像是闺中少妇,欢天喜地地迎接远游归来的丈夫一般:

今日晨时闻喜鹊,昨宵灯下拜灯花;

焚香出户迎潘岳,不羡牵牛织女家。

李近仁时常远赴苏杭采办货物,经久不见人影,但他一返京就必定到观中探望鱼玄机,给她带来许多绸缎织绣之类的礼物。而且,咸宜观中的开销用度基本上都包在李近仁身上,但他又丝毫不限制鱼玄机的交游,因而鱼玄机在委身李近仁的同时,又可自由地与各种人物交往,这中间也包括她的老师温庭筠,但温庭筠与她一直保持着一种纯粹的友情。

有一天,咸宜观中来了三位锦衣华冠的贵族公子,同时还携有歌姬和乐师。贵胄公子在鱼玄机眼里已司空见惯,倒是那位身材魁梧,相貌清秀,举止谦逊,神情略带几分腼腆的乐师深深吸引了她的眼光。在有意无意中,鱼玄机对乐师略施情韵,使这位叫陈韪的乐师受惊若宠,虽然碍着主人家的面不敢多言,但已抛过无数感激与仰慕的眼光。

陈韪含情脉脉的眼神,更加撩动了鱼玄机的情火,只感觉自己整个人都似燃烧起来。当那群人离去后的夜里,鱼玄机仍无法平静下来,在床上辗转一夜未合眼。第二天茶饭无心,好不容易熬到上灯时分,终于在情思迷离中,摊开彩笺,写下一首露骨的情诗:

恨寄朱弦上,含情意不任;早知云雨会,未起蕙兰心。

灼灼桃兼李,无妨国士寻;苍苍松与桂,仍羡士人钦。

月色庭阶净,歌声竹院深;门前红叶地,不扫待知音。

正思量情诗如何让陈韪看见,陈韪却在第三天清晨又来到了咸宜观。原来他回去后也对美艳含情的鱼玄机念念不忘,找准了闲暇时间,急急地来会佳人了。鱼玄机一见自然喜出望外,把他引进云房,故意让他看见桌上的情诗。陈韪见诗,洞察了伊人的心思,自己更加心神荡漾。于是关门掩帘,只听得云房内传出阵阵亲昵的笑语。从此陈韪便成了咸宜观中最受欢迎的客人,只要有时间,就来幽会鱼玄机。

艳丽的日子不觉又是两三年,鱼玄机的贴身侍婢绿翘已经十八岁了,也出落得肌肤细腻,身姿丰腴。受鱼玄机的影响,绿翘也善弄风情,双眼含媚。因绿翘做事机灵,又十分乖巧听话,所以深得鱼玄机的信任和重用。

这年春天的一日，鱼玄机受邻院所邀去参加一个春游聚会，临出门前嘱咐绿翘说："不要出去，如有客人来，可告诉我的去向。"酒宴诗唱，一直到暮色四合时，鱼玄机才回到咸宜观。绿翘迎出来禀报道："陈乐师午后来访，我告诉他你去的地方，他'嗯'了一声，就走了。"鱼玄机心想：经常自己外出，陈韪总是耐心地等她归来，今天怎么会急急地走了呢？再看绿翘，只见她双鬟微偏，面带潮红，双眸流露着春意，举止似乎也有些不自然，于是明白了一切。

　　入夜，鱼玄机点灯闭院，把绿翘唤到房中，强令她脱光衣服，跪在地上，厉声问道："今日做了何等不轨之事，从实招来！"绿翘吓得缩在地上，颤抖着回答："自从跟随师父，随时检点行迹，不曾有违命之事。"鱼玄机逼近绿翘，仔细检视全身，发现她胸前乳上有指甲划痕，于是拿起藤条没命地向她拍打。绿翘矢口否认自己有解佩荐枕之欢，被逼至极，她对鱼玄机反唇相讥，历数她的风流韵事。鱼玄机暴跳如雷，见一个一贯驯服自己的婢女竟敢说自己的不是，跳起来，一把抓住绿翘的脖子，把她的头朝地上猛撞。等她力疲松手时，才发觉绿翘已经断气身亡。

　　鱼玄机一看出了人命，顿时慌了手脚，然而她毕竟是见过大风大浪的人，当即定下神来，趁着夜深人静，在房后院中的紫藤花下挖了个坑，把绿翘的尸体埋了进去。过了几天，陈韪来访，问起"为何不见了绿翘？"鱼玄机回答说："逃走了。"陈韪不敢多问，也就不了了之。

　　到了蝉鸣蛙叫的夏天，有两位新客来访。酒酣耳热之际，一客人下腹胀极，忙到紫藤花下小便，见有一大群苍蝇聚集在花下浮土上，驱赶开后又复聚过来。土上无一脏物，为何引来蝇聚？客人心中生疑，回家后告诉了做衙役的哥哥，官衙中派了人来咸宜观勘查，挖开紫藤花下的浮土，见到了一具女尸，竟然肌肤未腐，宛如生时，寺中其他小道认出了是绿翘。

　　鱼玄机被带到公堂，抬头看座上，审问她的竟是旧日追求她而遭拒绝的裴澄。鱼玄机心想：这下子无法逃生了！为免皮肉之苦，她主动一五一十地交代了杀人经过，因罪行恶劣被处以斩刑。这年她才二十六岁，历尽波折变幻的一生就这样匆匆结束了。

玄奘西天取经是唐太宗支持的吗

神话小说《西游记》里所描述的唐僧师徒西天取经的故事,可以说是家喻户晓,妇孺皆知,书中引人入胜的故事情节都是作者虚构的,但是唐僧取经在历史上是确有其事。《西游记》中的唐僧确有其人,他就是我国唐代初年的高僧——玄奘大法师。他之所以称为"唐僧",《西游记》第十四回是这样介绍的:"只因我大唐太宗皇帝赐我做御弟三藏,指唐为姓,故名唐僧。"这里所说的"三藏",是佛教经典之经、律、论三个部分,他能荣膺这种称号,可见十分了得。

唐僧俗姓陈,名祎,隋文帝仁寿二年(公元602年)生于洛州缑氏镇一个官宦之家。曾祖是后魏的上党太守,祖父是北齐的国子监博士。父亲陈慧,当过江陵县令,隋炀帝大业末年辞官回家。陈慧生有四子,玄奘最小。因为生活拖累,玄奘的二哥陈素,即后来的长捷法师,小小年纪便被送进寺院,一面识字,一面习经,后来

玄奘

他又到了东都净土寺,成为知名僧人。这时,玄奘家中已经变得十分贫困,二哥便把这个小弟弟带在身边,教他读书认字,传授佛学义理,并有意识地让他学习辩论技巧。玄奘十一岁即能诵读《维摩诘经》《法华经》等,早早显露了佛慧之才。十三岁时出家为僧,法号玄奘,少年时代的玄奘潜心于对佛经的研究,足迹遍布四川、河南、河北、湖北等地的著名寺院,拜访求教了许多佛学大师,被人们誉为佛门"千里马"。由于他虚心求教,博采众长,获得了渊博的知识,并且精通佛家经典中的《经藏》《律藏》《论藏》,因此被人们称为"三藏法师"。

玄奘立志做个像哥哥那样的名僧,对于佛理的钻研几乎到了入迷的程度。

然而适逢战乱迭起，饥荒不断，佛寺的粮食无以为继，常常饿着肚子学习。玄奘在钻研佛学的过程中发现：有些经文晦涩难懂，词不达意；有些残缺不全，互为乖戾；有些取舍不当，精芜杂存；有些前后相悖，存在矛盾。其实这些问题并不奇怪，因为在隋唐以前，译经者良莠不齐，有的胡人不擅长汉语，汉人则不擅长梵文。而且师承派别各不相同，经典传本也有差别，加上众多佛卷多为手抄，因此难免出现混乱局面。玄奘认为，要从根本上解决这一问题，必须探本溯源，求得真经。因此他下定决心，西行天竺，寻师访学，把佛经之真谛带回中华大地。

《西游记》中有唐太宗李世民梦游地府，如患大病，茫然不知所措。适逢玄奘在长安设法会讲经，李世民前去听讲，不禁大受感动。于是命人写了取经文牒，御赐宝马一匹，并与玄奘结为兄弟，率领文武百官把这位御弟送到长安城外，玄奘作为名正言顺的唐僧，从此踏上了西天取经的漫漫之路。

从小说的情节描写中，我们都会以为玄奘西天取经是得到了唐太宗的大力支持，是作为唐朝的取经大使而前往西天的。可惜这都是小说虚构的情节，事实上玄奘根本没有受到如此高规格的待遇。玄奘二十多岁时曾经上旨，请求去天竺求法，但是被有关部门严词拒绝。因为唐初西域各国连年混战，边境不宁，从国家安全考虑，朝廷暂时禁止私人出境。玄奘只好留在京城，到天竺人居住的地方熟悉梵文梵语，为日后取经暗暗做着准备。贞观三年（629年）八月，玄奘决定违禁出国。他晓行夜宿，到达了金城（今兰州市），在这里设坛讲经，顺便筹集一些路费。当时的玄奘已经很有名气，许多西域商人都来聆听，当得知玄奘有去天竺取经的意图后，纷纷慷慨解囊，还有的帮忙讲明路线，介绍注意事项和联络方法等。不久，玄奘就来到了姑臧县（今甘肃武威市）。他在寺院里看到了朝廷要捉拿他的公文，因此不敢白天上路，只好星夜兼程。快到玉门关时，连正路也不敢走了，乘着夜色冒险从苦水河上游偷渡过去。过了玉门关，玄奘被边防部队发现，差点被士兵用箭射死。校尉王祥命人拦住玄奘，劝告他西天路途实在太遥远了，孤身行走十分危险，能够抵达天竺国的希望几乎没有，希望他回心转意立即东返。玄奘谢绝了王祥的好意，认为一个佛家弟子不能面对困难就畏惧退缩，表示性命不要，也要发誓前往西方。王祥见说不动玄奘，只好以逮捕治罪相威胁。谁知玄奘毫不畏惧，坚定地表明自己的决心。王祥见他连

国学经典文库

中国古代秘史

·隋唐五代十国秘史·

图文珍藏版

死也不害怕,不忍心再为难这位法师,便为他置备了路上用品,又派了几个心腹,向西送了一程。

玄奘来到敦煌,稍事停留,便大胆闯进一望无际的沙漠地带。这里上无飞鸟,下无走兽,随时都有迷路的危险。玄奘与一匹老马为伴艰难跋涉。一次他失手打翻了水袋,将水全洒在地上。没有了水,在沙漠上是无法继续前进的。玄奘坚持前进,发誓不取回真经不罢休。终于在第五天夜里找到了水源,方才死里逃生。经过天山要塞,由于路险难行,耽误了很长时间,好不容易来到高昌国。在这里,玄奘为国王讲经说法,使之深深服膺,二人还结拜为兄弟。高昌国王本来想要留玄奘住在本国,并答应让全国百姓都做其弟子,被玄奘婉言谢绝。国王看不可强留,于是敕令殿中郎携带绫帛五百匹,书信二十四封,给随骑六十,将玄奘安全护送到突厥叶护的牙所。当时大雪山以北六十多个国家都是突厥叶护的部属,高昌国王以玄奘兄长的身份,为玄奘西行打开了通路。《西游记》作者正是把高昌国王盛待玄奘的事情嫁接到唐太宗身上,其实大唐的皇帝并不支持玄奘西行取经。

后来,玄奘克服重重困难,历经一百三十八个国家,终于来到西天取经的目的地——天竺最有名的那烂陀寺。在这里,玄奘经过十七年的艰辛学习,于贞观十九年(645年)正月,回到了长安,受到数十万人的盛大欢迎。唐太宗当时在东都洛阳行宫,在官员的安排下,玄奘转赴洛阳,受到太宗的接见,随即安排在长安弘福寺里翻译带回的佛经。玄奘除去翻译了大量佛经外,还口述成了十二卷史地著作——《大唐西域记》,详细记录了玄奘法师在西行期间所经过的山川、城邑、特产、习俗等见闻趣事,不仅为以前所有著作所未载,也为朝野人士所未闻。

麟德元年(公元664年)正月,玄奘大师感到心力不足,不得不停下手中的译笔,一个月后在玉华寺圆寂,终年六十三岁。他对于佛学的贡献,一直为后人所称颂。

进士王魁为何引刀自杀

唐宣宗大中年间,江南重镇徐州发生了一件怪事:新科进士王魁被赐官为徐州金判,少年得志,意气风发,但不到三年,竟然引刀自刺身亡。对此事,众人议论纷纷,不解其中缘故,而知情者都说:这是负心人应有的下场!

王魁是莱州人,出身贫寒,却禀赋独厚,不但人长得相貌堂堂,而且极富才情。为了摆脱窘困的生活境况,他读书十分用功,只盼望有朝一日金榜题名,飞黄腾达。也算功夫不负有心人,二十岁时,他就顺利地通过了州县的乡贡考试,成了举人。到大中十年冬天,京城举行进士会试时,他筹备了盘缠,进京参加考试,且蛮有把握,踌躇满志。

结果,王魁虽长于诗文,但仍经——即阐明政见之文稍差,因此也像大多数应试者一样名落孙山。心高气傲的王魁原本是抱着极大的希望来应试的,一旦落第,无疑受到了沉重的打击,顿感前途暗淡,渺渺茫茫。发榜后,便忧心郁郁地回到家乡,整日枯坐书斋,长吁短叹,不知如何是好。

为了转移王魁的情绪,友人怂恿他到烟花柳巷中寻些开心,等心情平复后,再做拼搏。就在这时,王魁结识了红极一时的歌女殷桂英,她尤其善于弹弄琵琶。只见她取出一面琵琶,低头舒指弹奏起来,纤纤玉手上下抚弄,如水如泉的音乐便从琵琶中流出,轻轻回荡在客厅中,王魁顿感摇荡在云雾之中。一段清弹之后,殷桂英轻启歌喉,唱了一首小调,歌声幽怨婉转,就像一只夜莺在倾诉心声。只听得王魁如醉如痴,弹唱完后,三人品茗清谈,竟又是十分投缘,虽然身份迥异,心意却融融相通。不知不觉已到掌灯时分,桂英又备好酒菜,深情地举起酒杯对王魁说道:"酒乃天之精华,妾为地之美物,王君拥美物而饮精华,一定是来年登第的吉兆。"这话可真说到王魁的心坎里去了,他听了大喜,张开双臂把桂英拥入怀里,接过她手中的酒杯一饮而尽。晚餐后,友人识趣地走了,只留下情意相投的王魁与桂英。夜深人静,满院的花香透窗而来,两人春心激荡,只觉相见恨晚,畅叙之后、又相拥着走向绣床。

金鸡报晓,晨光朦胧,桂英娇怯地靠在王魁胸前,细语道:"郎只管专心攻读,准备来年应试。一切所需,均由妾来张罗。"王魁感激不已,当即指天发誓:"今生若有显达,决不辜负佳人一片真心。若有相负,苍天可惩!"

从此以后,善解人意的桂英为王魁把生活安排得妥妥帖帖,王魁则心无旁骛,日夜攻读。秋去冬来,转眼又到了礼部会试之期,桂英精心为王魁准备好行装和盘缠,送他进京。临行前夕,两人彻夜不眠,难舍难分,整夜交颈互诉别情,最后,两人一同对天盟誓:"若有异义,当遭鬼神之责!"

王魁去后,殷桂英洗尽铅华,闭门谢客,静心地等待情郎的佳音。夜来北风怒吼、大雪纷飞,殷桂英深情地牵挂着情郎的起居,长夜不眠,虔诚地祈求上苍:"苍天怜我苦心,保王郎此去平安。小女子愿折损阳寿,换取王郎的金榜题名。"也算诚心感天,王魁这次居然在会试中独占魁首,名列第一。春花烂漫的时候,王魁夺魁的消息传到莱州,桂英听了高兴得彻夜不眠,整天沉浸在喜悦的期盼之中。

大中十一年秋天,王魁奉朝廷之命往徐州任金判。赴任途中,顺路回到故乡莱州探视父母。进士返家,真正是衣锦返乡,门第生辉,王魁父母自是喜不胜收。为了喜上加喜,父母已为王魁订下了婚约,小姐乃是当地豪门之女崔氏。在家中操办完隆重的婚事,王魁很快就携带父母及新婚妻子前往徐州就任去了。

王魁成婚的消息很快传到了殷桂英耳中,她吃惊得几乎晕倒在地,失望和悲恨充塞心胸。情绪稍稍稳定之后,知情达礼的她又转念替王魁想到:"自己出身烟花柳巷,王郎身为朝廷命官,自然不便明媒正娶。好在徐州离此不远,待他一切安排妥当之后,必然会念及旧情,派人前来迎接我,即使做妾也无所怨尤。"这个痴心女子竟然还痴痴地坚信着王魁的情义。

挨过漫漫寒冬,又到了春回花开的时候,却仍不见王魁的半点动静。殷桂英心急如焚,于是派一忠诚老仆,持书信专程前往徐州一探究竟。老仆人好不容易买通王府的守门人,见到了王魁。王魁对他却佯装不识,老仆人苦苦相求,反而遭到一阵叱责,被赶出门外。老仆人仍不甘心,第二天又去公堂求见、呈送书信。王魁端坐堂上,竟以扰乱公堂之名命衙役责打了老仆五十大板,可怜这个忠心耿耿的老仆,当初王魁在殷桂英家中苦读时曾对他殷勤服侍,这时王魁不但不念旧情,反而把他打得皮开肉绽,躺在客栈中养了一个多月的伤,才病病歪歪地回到了莱州。见到殷桂英,老仆人老泪纵横地说:"姑爷一旦为官,与以往判若两人,以前种种,全不承认,姑娘还是死了这条心吧!"

可怜的桂英,原本把今生的希望全部寄托于王魁身上,如今他竟是这样无情无义,怎不叫桂英伤心欲绝、万念俱灰。她嘶喊道:"王郎忘恩负义,天理难容。我死当为厉鬼勾其魂魄!"这时,桂英已了无生趣,当天夜里,便用利剪刺人自己胸膛,顿时血溅床帏看反魂远去。

两年后,王魁到临南为官。一天深夜秉烛阅读公文,壁间忽有一长发披散的白衣少女冉冉而出,柳眉倒竖,怒眼喷火,直逼他的桌前。仔细一看,原来是已经死去的殷桂英。王魁吓得魂不附体,惊问道:"闻说你已死,难道不是真的?"殷桂英厉声叱道:"君忘恩负义,盟誓不履,使我死不瞑目!"王魁已吓得语不成声,哀求道:"我有罪!我该死!还望念在往日的情分上,不加怪罪,我一定为你诵经超度,多焚纸钱。饶了我吧!"殷桂英不再被他巧言所感,正色道:"我只取你性命,别的无所顾忌!"说完,又飘然而去。

从此以后,王魁终日魂不守舍,精神恍惚,还时常自击头部或用尖锐之物自刺身体。他母亲看在眼里,痛在心中,不解地问他:"我儿为何如此狂悖?"王魁神经兮兮地回答:"有冤魂附在我身上,我要赶走她。"王母请来当地有名的道士马守素为儿子施法驱鬼。马道士设下法坛,烧香祭拜,朦胧中看见王魁与殷桂英发丝相系,并立坛下,耳畔响起细语:"他们命该结为结发夫妻,王魁违背天意,命当该绝,你不必为他作法。"马道士惊骇不已,当即停下法事,称说:"小道不才,力不能及。"匆匆辞去。数天之后,神志不清的王魁终于引刀自刺而死。

俗话说:"为人不做亏心事,夜半不怕鬼敲门。"虽然这后鬼缠身索王魁性命只是人们的传说,但王魁不顾山盟海誓,背信弃义,做了负心郎,有此恶报,也不冤枉。

帝王之死

饮悲含愤,隋文帝为子所弑

隋文帝杨坚(公元 541~604 年)是在中国黑暗的历史上出现的一个闪光的名字,一个伟大的皇帝。公元 581 年(开皇元年)废胡人建立的周,建立隋朝,史称隋文帝。隋文帝登基后,即立长子杨勇为太子,次子杨广为晋王。之后,文帝将杨勇废为庶人,立善于伪饰的晋王杨广为太子。公元 604 年(仁寿四年)四月,隋文帝为杨广所害。一代英主带着永久的遗恨,饮悲含愤离开了人世。

1.一代英主功盖世

杨坚是东汉太尉杨震的第十四代子孙。杨氏家族从汉朝以来,直到魏晋,南北朝时期都是名门望族。

杨坚不喜欢念书,但因为父亲是功臣,杨坚在 14 岁就开始了政治生涯。15 岁时,杨坚被授予散骑常侍、车骑大将军、仪同三司的荣誉职衔,封成纪县公。当时西魏权臣宇文泰非常赏识杨坚。第二年,宇文泰的侄子宇文护废恭帝立堂弟宇文泰三子宇文觉为帝,即孝闵帝,建国号为"周"。杨忠升为柱国、大司空,封随国公。其子杨坚又升骠骑大将军、开府仪同三司。宇文觉只做了 9 个月的皇帝,便被宇文护杀掉,宇文护又立宇文觉长子宇文毓为帝,即周明帝,杨坚晋封为大兴郡公。公元 560 年 4 月,宇文护鸩杀宇文毓,拥宇文毓的四弟宇文邕为帝——即周武帝。19 岁的杨坚升为左小官伯,被任命为随州(今湖北随州)刺史,进位大将军。公元 566 年,鲜卑大贵族、柱国大将军独孤信意识到杨坚前途无量,便把自己 14 岁的七女儿独孤伽罗嫁给了杨坚。从此杨坚成为周明帝的连襟,杨坚的地位进一步提高。

杨坚并无突出的功绩,地位却扶摇直上,逐渐引起一些朝臣和贵族的嫉恨。

北周初年，宇文护专权，多次想除掉杨坚，都因大将侯伏侯万寿兄弟求情而没有得逞。公元573年，周武帝宇文邕诛杀宇文护亲政，齐王宇文宪劝他尽早把杨坚除掉，内史王轨也认为杨坚有反相，但周武帝都没有予以重视，且又把杨坚的长女杨丽华嫁给皇太子宇文为，进一步巩固了杨坚的地位。

同时，杨坚也积极利用已有的社会影响，广泛拉拢关系，扩大自己势力。杨坚在做随州刺史时已与骠骑将军庞晃结为莫逆之交。后来，杨坚做定州总管，庞晃任常山太守，二人交往更密。杨坚将任亳州总管时，庞晃劝他就此起兵，建立帝王之业，杨坚握着庞晃的手说："时机还不成熟啊。"至此，杨坚取周而代的愿望溢于言表。

公元578年6月，周武帝驾崩，宣帝宇文赟即位。杨坚的长女杨丽华做了皇后，杨坚升任上柱国、大司马，掌握了朝政大权。加上年少的皇帝比较昏庸荒淫，在群臣中没有威信，于是，杨坚便考虑取而代之。

周宣帝日夜享乐，为了满足自己的欲望，不顾朝臣的反对，修建洛阳宫，致使上下怨愤，杨坚便开始做取代周室的准备工作。

杨坚的行动也曾引起周宣帝的警觉，甚至曾想杀掉杨坚。但杨坚始终不动声色，周宣帝既找不到借口，也不愿意随便杀死自己的岳父。

杨坚尽管表面不露声色，但内心对周宣帝的猜疑也感到不安。为逃避周宣帝的猜疑，也想在北周动乱时拥有实力，杨坚想暂时离开朝廷，到地方上去掌实权。公元580年，时机到来，周宣帝决定南伐。郑译便乘机向皇帝推荐了杨坚，由于皇帝对关西士族郑译向来都很信任，于是就任命杨坚为扬州总管。

这时，周宣帝病重，召见小御正刘昉、御正中大夫颜之仪，准备托付以后事。二人到时，周宣帝已经不省人事。然而，宣帝的长子宇文阐才8岁，离当皇帝的实力还远了点。刘昉为以后飞黄腾达，便找来郑译商议，共同拟定一个假诏书，声称周宣帝遗嘱，传位于宇文阐，即周静帝，并尊杨坚的女儿杨丽华为皇太后，让杨坚以皇太后父亲的身份总揽朝政，辅佐周静帝。宣帝死，刘、郑等人暂不公开，首先由杨坚总管中外军事大权。杨坚又以诏书的名义控制了京师卫戍军队，基本控制了朝廷。3天后，杨坚等人才正式宣布宣帝已驾崩的消息，8岁的静帝即位，以杨坚为假黄铖、左大丞相，掌握军事、政治大权。杨坚深知自己的地位还不巩固,需要采取一系列措施。

杨坚首先是建立自己的统治核心。杨坚自任丞相,设丞相府,又拉拢真正具备政治才能的高颎等一帮人作为自己的亲信。丞相府实际上已取代朝廷成为真正的决策机构。杨坚利用掌握军权的司武上士卢贲,用军队的力量暂时压服了尚未完全清醒过来的朝廷百官。

接着除掉皇室宇文氏的势力。杨坚初执政时,周宣帝的弟弟宇文赟仍以皇叔身份居上柱国、右大丞相职,在朝廷中与杨坚平起平坐。杨坚指使刘昉把他劝回家中,不要过问朝政,答应以后由他做皇帝,只需在家里等。宇文赟年轻无才,信以为真。于是杨坚排除了皇室中潜在的干扰。

但这时真正的威胁是已经成年并各居藩国的宇文泰的五个儿子。他们既有实力,又有影响,一旦起兵,杨坚根本无法控制。在还没有公开宣帝的死讯时,杨坚便找借口召他们回到长安,收缴了他们的兵权印符。宇文泰五个儿子与雍州牧毕王宇文贤联系,请他起兵,但宇文贤很快就被杨坚击败。杨坚明知是宇文泰五个儿子从中捣鬼,却假装不知,并允许他们剑履上殿,入朝不趋,以此安定他们。宇文泰五个儿子看到外面指望不上,便寻找直接刺杀杨坚的机会,刺杀未遂,反而被杨坚将其一一剪灭。

然后,杨坚宣布废除周宣帝时的严刑峻法,停止洛阳宫的营建,以此取得臣民们的广泛支持。这样,杨坚在京师的统治已基本稳固。

接下来,杨坚一方面利用自己已经取得的政治优势拉拢地方将领,对反对者进行分化瓦解;另一方面,投入自己所能控制的全部军队,经过半年的战争,地方武装反抗被全部平定,杨坚控制了北周政局。

公元581年,杨坚派人为周静帝写退位诏书,内容极力称赞杨坚功德,希望杨坚按照舜代尧、曹丕代汉献帝的典故,接受皇帝称号,代周自立。诏书由朝廷大臣捧着到随王府送给杨坚。杨坚假意推辞,经过朝廷百官的再三恳求,杨坚才同意接受。仪式结束,杨坚穿戴上皇帝的龙袍,在百官簇拥下坐上皇帝的宝座。

杨坚由继承父亲的随国公起家,进称随王,故把自己新王朝的国号定为随,他又感到随字有走字旁,与走同义,不太吉利,便改随为隋。改元开皇,以长安为都,称大兴城。

杨坚在天下基本稳定、政治机构完善后,接受大臣的建议,采取了一系列改革措施,进一步巩固自己的皇权。

公元588年秋,杨坚共发兵50多万,东起海滨,西至四川,在整个长江沿线水陆并进,向陈国发动大举进攻。这时,陈国兵力不过数十万,而君臣仍生活在花天酒地之中。面对隋的全面进攻,陈后主陈叔宝及文武百官全部做了俘虏。晋武帝之后,200多年的分裂局面终于结束,全国再次统一。

2.废长立幼留祸根

隋文帝和独孤皇后感情甚好。独孤后是鲜卑大贵族的后裔。有一定政治能力。隋文帝想通过她收揽鲜卑贵族,因此也畏惧她三分,让她参与政事,宫中称为"二圣"。独孤皇后对隋文帝管束很严,因此隋文帝不敢接近别的妃嫔。

隋文帝共有五个儿子,都是独孤皇后所生。长子杨勇被立为太子,次子杨广被封为晋王,其余三个儿子也被分封为王。隋文帝曾经骄傲地对群臣说:"前代帝王都有很多宠妃,嫡庶纷争,遂有废立,甚至亡国。我旁无姬侍,五子同母,可说是真兄弟。哪能有嫡庶纷争的忧虑!"其实,他未免太过于自信和乐观了。他完全没有料到,正是自己的亲生儿子使自己亡国丧身,并演出了一幕幕骨肉相残的丑剧。

独孤氏嫉妒心非常强,一般情况下不允许杨坚和其他女人接近。虽然当时在后宫也有嫔妃几十人,但杨坚根本不能与她们亲近。

杨勇是杨坚的长子,幼时颇得父母喜爱,故在杨坚做隋王时便被立为世子,后来确立为太子。开国之初,杨坚为提高儿子的地位,凡有军国大事,都要杨勇参与处理。随着年龄的增长,杨勇越来越迷恋女色,东宫嫔妃多被宠幸。独孤氏最讨厌和除妻子外的女人生孩子的男人,当然对杨勇的行为也不满意。杨勇的第一个儿子是与尚未选入东宫的云氏在外边生的,杨坚对此也大为不满,指责杨勇。但杨勇不服,依然我行我素,从此,逐渐失宠。但杨勇既为皇太子,当然会有一批人为了将来的利益为他出谋划策,于是杨勇周围逐渐形成一派势力。

公元598年冬至日，朝廷百官都到东宫朝见杨勇，杨勇大张旗鼓地接受朝贺，这实际上是对杨坚的示威。杨坚不能容忍，专门为此下诏，严禁以后再有此类事情发生。杨坚废除杨勇的决心此时已经正式形成。其后，父子互相猜疑。为防备杨勇，杨坚把东宫强壮的警卫全部挑走，并将警卫经常轮换，侍卫以上的官吏全由皇宫卫队统一指挥，不受东宫调遣。杨勇本来就没有雄才大略，依附者在皇帝的再三警告下也不敢妄动，杨勇便也束手无策。

隋文帝次子晋王杨广于公元589年（开皇九年）率军灭陈，养成很大的势力。他很有野心，一心想取太子的地位而代之。杨广非常善于伪装。他做出种种姿态。竭力讨隋文帝和独孤皇后的欢心。

隋文帝反对奢侈，杨广外表就装得十分节俭，室内摆设用具和衣着都很不讲究，车马侍从也非常俭朴。独孤皇后限制隋文帝亲近妃子和宫女，杨广就装出一副不好女色的样子，除了和晋王妃萧氏生的孩子外，和其他妃子生的孩子都偷偷害死。有一次，随文帝和独孤后到他府里去，他事先得到消息，把宫中的美女都藏起来，只留一些又老又丑的宫女出来侍候。他还故意把乐器弄得残缺不全。隋文帝来后，看见乐器的弦断了，上面又有很多灰尘，好像许久不用了，以为杨广不好声色，非常高兴。

隋文帝和独孤皇后每次派身边的人到杨广那里去，不论地位高低，杨广和萧氏都亲自迎接，热情款待，送以厚礼。所以这些人都称其仁孝。杨广还经常送重礼给隋文帝的宠妃沈氏，后来杨广能当上太子，她起了很大作用。

杨广时刻不忘伪装自己。他率军灭陈后，将府库封存，资财无所取，天下称贤。他倾心结交朝臣，对读书人也很有礼貌，甚至对普通士兵也注意拉拢。有一次行猎遇雨，身边的人要给他披上雨衣，他说："士卒们都被雨淋着，为什么单单让我披雨衣？"让人把雨衣拿走。这些表演蒙蔽了很多人，使他的声望越来越高，远远超过其他诸王。隋文帝和独孤皇后也越来越喜欢他。

有一次，隋文帝秘密让人给几个儿子看相。看相人说："晋王眉上双骨隆起。贵不可言。"隋文帝又问大臣韦鼎："我的几个儿子，谁能够继承我？"韦鼎说："皇帝和皇后最喜爱谁，谁就应该继承皇位，这不是我所敢于预料的。"隋文帝笑着说："你不肯明说吧！"

杨广看出父母不喜欢太子却喜欢自己,就抓住时机加紧活动。一次,他入朝后要返回扬州总管任上,进宫向独孤皇后辞行,说:"臣虽然愚鲁,但很注意维护兄弟间的情谊。也不知因为什么得罪了太子,他总想暗算我。"说着,哭泣不止。独孤皇后相信了他,也泪流满面,愤愤地说:"太子越来越不像话了。我为他娶元家姑娘。他竟不以夫妇之礼对待她,专宠阿云。以前毒死太子妃,我还没治他们的罪,现在又要来暗算你!我在世时尚且如此,我死后还不把你整死!"杨广又拜伏在地,呜咽不止,独孤皇后也悲不自胜。从此,独孤皇后拿定主意要废掉杨勇,立杨广为太子。

杨广又暗中联络朝廷重臣宇文述、杨素等人,让他们在文帝和独孤皇后面前百般诋毁太子杨勇,为自己说尽好话。又令亲信段达收买东宫近臣姬威。让他诬告太子图谋不轨。

在独孤后的屡次劝说之下,隋文帝终于拿定主意。公元600年(开皇二十年)10月,隋文帝在武德殿召集诸王和文武百官,当众宣布废掉杨勇。改立杨广为太子。

杨勇被废后囚禁在东宫,隋文帝令太子杨广看管他。杨勇自以为废非其罪,屡次要求面见隋文帝申诉冤情,都被杨广阻止。杨勇于是爬到树上大喊大叫,想让隋文帝听到后接见他。杨素对隋文帝说,杨勇被癫鬼附体,已经神志昏乱,不可救药了。隋文帝竟信以为然,杨勇从此再也没见过隋文帝。

3.为子所弑含恨死

公元602年(仁寿二年)8月,独孤皇后病死。当着隋文帝及宫女们的面,杨广哭得死去活来,好像非常伤心。但回到自己的太子宫,饮食言笑和平常一样。

独孤皇后和隋文帝的感情很好,对他看管得也很严。限制他亲近妃子和宫女。一次,隋文帝见到一个宫女长得很美,就住在她那里。独孤皇后知道后很生气,乘隋文帝上朝时,把那个宫女杀了。隋文帝闻讯大怒,骑马从后苑跑出,信马由缰,深入山谷二十多里。经高颖、杨素等大臣扣马苦谏,半夜才返回皇宫。他曾叹息着说:"我贵为天子,而不得自由!"

这回，独孤皇后死了，没有人看管他了，他便纵情声色起来。无奈岁月不饶人，六十多岁的隋文帝，终因过度劳累病倒了。

仁寿四年四月，隋文帝卧病仁寿宫。七月，病情加重。这时，他才有些后悔，对身边的侍者说："若是皇后还健在，我不至于此。"

隋文帝自知来日无多。乃召太子杨广入居大宝殿，随时侍奉。杨广拜见父皇，故作愁容，详问病状，隋文帝略略相告。尚书左仆射杨素、兵部尚书柳述、黄门侍郎元岩等也都入阁侍疾。隋文帝与众臣握手辞决，自言凶多吉少，众臣皆出言相慰。

杨广见父亲病重，料想死期不远，心里十分喜欢。他即位心切，就给杨素写信，问他皇帝一旦驾崩，应该注意哪些事情。杨素将注意事项一一写清，封好后吩咐宫女送给太子。

偏偏事有凑巧，那宫女误将杨素的回信送到隋文帝那里。隋文帝看后大怒，心想自己还没死太子就准备继位登基了，心肠也太狠毒了。一时肝气上冲，喘息异常。当时在旁侍疾的宠妾陈夫人和蔡夫人慌忙上前救护。一阵忙乱过去，隋文帝才渐渐平复原状，悲叹数声，蒙眬睡去。半夜醒来时，见两个宠妾仍在旁侍候，隋文帝有些不忍，遂令二人更衣休息。

天色微明。隋文帝正在闭目养神。忽见一人抢入门来，定睛看时，原来是陈夫人。隋文帝见她神色有异，顿生疑窦，忙问原因。陈夫人欲言又止，经一再诘问，不禁泣下，呜呜咽咽地说出"太子无理"四个字。

原来这陈夫人本是南朝陈宣帝之女，生得国色天香，且性情聪慧。陈亡，被隋文帝纳入后宫。独孤皇后性情奇妒，后宫罕得临幸，只陈夫人得宠。等到独孤皇后病逝，陈夫人进位为贵人，专房擅宠，主断内事，六宫无人能比。杨广慕她美貌，早已垂涎三尺。陈夫人今晨出去更衣，被杨广撞见，便欲行奸污。陈夫人极力挣扎，才得免于受辱。

隋文帝听罢，跃然而起，用手捶床道："这个畜生怎么能托付大事？独孤误我！"说着，即呼内侍入室，令其速召柳述、元岩。二人奉诏而来，隋文帝一边喘一边说："快召我儿！"二人将呼太子，隋文帝道："不是杨广，是杨勇！"

柳述、元岩出阁，找来纸笔，草拟诏书，切磋多时，方才草就。他们正要派人去召杨勇,不料外面跑进许多卫士,不由分说,将二人捆绑起来。不一会儿,只见宇文述手执诏书赶到。诏书中说柳述、元岩二人侍疾谋变,图害东宫,应将二人拘系下狱。两人如同做梦一般,便被投进大理狱中,关押起来。

原来,隋文帝令柳述、元岩草拟诏书一事,早已为杨素侦知。他赶忙告诉杨广。杨广闻言大惊,急忙伪造圣旨,逮捕了柳述和元岩。又派心腹刘恕、郭衍率卫士包围仁寿宫,禁止出入。再派心腹张衡入殿问疾,同时密嘱一番。

张衡进入内殿,将陈夫人、蔡夫人和众宫女尽行赶出。众人走不多远,就听里面传来隋文帝喊痛之声,一阵高似一阵。过了一会儿,声息皆无。张衡出来报告太子,说是皇上驾崩。杨广率众人入内检视。果然见隋文帝一命呜呼。气息全无,只是双眼圆睁,甚是恐怖。屏风上溅有斑斑血迹,不知为何。杨广派心腹守住殿门,不准宫嫔、内侍等进入。

陈夫人等闻变,相顾战栗失色。晚饭后,杨广派人送来一个小金盒子,赐给陈夫人。陈夫人见了,非常害怕,以为要让她服毒。经来人再三催促,陈夫人才将盒子打开,只见里面有同心结数枚。众宫女见了,都很高兴,说:"这下可以免死了!"陈夫人很生气,不肯拜谢,经众人催逼,才叩头谢恩。当夜,杨广就前来奸污了她。

乙卯这一天,为隋文帝发丧,杨广即皇帝位,是为隋炀帝。不久,他伪造隋文帝遗诏,将杨勇及其十个儿子全部处死。后来,又杀了他另外两个弟弟(另一个弟弟隋文帝时已死)。至于那个为杨广谋杀亲父的张衡,后来也被杨广借故处死。临死前他大声叫道:"我为人做了何等大逆不道的事情,哪能奢望久活人世?!"

杨广即位那一年,陈朝的亡国之君陈后主恰好死去。杨广给他订了一个恶谥叫"炀"。谥法:好内远礼曰炀;逆天虐民曰炀。他做梦也没有想到:十四年以后,他被臣下处死,也戴上了他自己制定的"炀帝"的丑名。

臭名昭著,隋炀帝众叛亲离被勒死

隋炀帝杨广,隋朝的第二个皇帝,是历史上有名的暴君、淫君。他靠伪装自己骗取了父母的信任,后来又弑父杀兄,屠杀亲属无数。他刚一即位,就实行一系列暴政,搞得内外交困,民不聊生。同时他好大喜功,穷奢极侈,滥用民力。常年征发数以百万计的民夫,开凿京杭大运河,营建东都洛阳,筑西苑,缮离宫,修长城,开驰道,给社会生产造成了很大破坏。他三下扬州,三征高丽,更是惹得民怨沸腾,最终导致各地农民起义,隋朝的官吏也乘机割据,隋王朝迅速土崩瓦解。隋炀帝最后在扬州被部下缢杀,隋朝灭亡。有人拿商纣王、秦始皇等与他相比,并称暴君。

1.善于乔装,终成太子

杨广是隋文帝杨坚的第二个儿子,又名杨英,小名是阿麽。父亲杨坚建立隋朝后,杨广被封为晋王,当时只有十三岁。除了王位外,还让杨广做并州(治所是现在的山西太原市)的总管。

杨坚之所以要让很小的儿子担任并州总管,拱卫京城,是吸取了北周没有亲近的重臣辅佐。而被自己灭掉的教训。为了让儿子得到锻炼,真正能在以后胜任,杨坚让很有才干的大臣王韶担任杨广的辅臣。王韶没有辜负杨坚的信任,对杨广尽心尽力,有一次,在他出巡长城时,杨广便趁机造园林,结果等王韶回来后立即劝止了杨广。

公元589年,年仅20岁的杨广被拜为隋朝兵马都讨大元帅,统领51万大军南下向陈朝发动进攻(真正领兵作战的是贺若弼和韩擒虎等将领),进驻建康,即现在的南京。杨广表现得很有气度:杀掉了陈后主陈叔宝的奸佞之臣,封存府库,不贪钱财,最后将陈叔宝及皇后等人押回京城。灭掉陈后,杨广进封太尉之职。

隋军在杨广的指挥下,纪律严明、英勇善战,一举突破长江天堑。而对百姓则"秋毫无犯",对于陈朝库府资财,"一无所取",博得了人民广泛的赞扬。"天下皆称广以为贤"。20岁的杨广完成了中国的统一大业,结束了上百年来中国分裂的局面,也结束了中国三、四百年的战乱时代。从此中国进入了和平、强盛的时代。

此后,杨广也是屡建战功:在公元590年,奉命到江南任扬州总管,平定江南高智慧的叛乱；公元 600 年，北上击败突厥进犯。这些功劳是其他皇子所没有的。

作为一个邪恶的天才，杨广的野心和权术都使他对帝位产生了觊觎之心，而他的大哥、太子杨勇却没有觉察到弟弟的野心。杨勇生性率直，为人宽厚，小时候很受父母喜欢。文帝称帝前后，他内领禁卫，外统封地，后来被立为太子，参与军国大事。长大后杨勇奢侈起来，这就犯了父亲的忌讳；而且他还十分好色，这种毛病又触犯了母亲独孤皇后的忌讳。独孤皇后为杨勇挑选的妻子元氏被他所冷落，并且突发心脏病而死，独孤氏怀疑是杨勇故意毒死太子妃，并且，他和自己的几个爱妃云妃、高妃和成妃等生下好几个孩子。可以想象，连自己的皇帝丈夫都不准纳妃的独孤皇后看到这种情景是多么愤怒，她不断派人伺察这个儿子，访探他的举动，还不断在文帝耳边吹风，指责杨勇的过失。不可理喻的嫉妒使得独孤皇后失去了作为一个政治家应有的智慧，在这个问题上的反感心理终于造成了她和隋文帝的一个重大的决策失误，这失误后来被证明对隋王朝是致命的。

杨广并非不好美色奢侈，但是在争夺帝位的形势下，他极为狡猾地将自己伪装成十分谦虚自抑之人，史书上称："晋王（杨）广美姿仪，性敏慧，沉深严重；好学，善属文，敬接朝士，礼极卑屈；由是声名籍甚，冠于诸王。"对比即位以后杨广的表现，令人无法相信这是同一个人，可以说，青年时代的杨广被称为一个内外兼修的美男子是不过分的。

一次，杨广与军队观猎遇上大雨，左右给他披上雨衣，杨广说："士兵们都淋得透湿，我干吗要穿雨衣呢？"遂命左右拿走雨衣，仍冒大雨立马观览，将士们见了都非常感动。文帝有一次去他家里观瞧，早有准备的杨广随父皇四处查看，只见殿内乐器灰尘满布，琴弦断绝，一看就知很长时间不用了，老皇帝就此认定二儿子不好声妓歌舞，这和那位连铠甲都以金玉装饰的太子杨勇形成鲜明对比。

杨广又暗中派遣和他关系亲密的大臣宇文述、杨素等人在杨坚夫妇面前百般诋毁太子杨勇。太子本性直率，不知矫饰，每每喜怒形于色，于是隋文帝逐渐有了废掉杨勇的想法。

杨广当上扬州总管后，借入朝还镇的机会与母后独孤氏道别，装出一副依依不舍、可怜巴巴的样子，伏地流泪不止，独孤皇后也泫然涕下。杨广趁此机会大倒"苦水"："儿臣非常看重兄弟情谊，不知哪里得罪太子，他一直想杀掉我。每想到自己不知哪天被害死，真是惶恐万分。"

独孤皇后闻言大怒："杨勇太过分了，我给他娶的元妃他一点也不爱念，专宠云妃，还下毒毒死元妃（其实是心脏病发而亡）。我现在活着他还这样对待你，哪天我死了还不知怎样加害你们兄弟呢。等你父皇驾崩以后，想到你们兄弟得向云妃那个小妖精跪拜称臣，为娘我真是心如刀绞！"杨广闻言频频再拜，呜咽不止。独孤皇后也抱着儿子大哭。

至此，独孤皇后已经下了废掉杨勇的决心，她日夜不停地在杨坚面前说杨勇坏话，杨素等大臣也推波助澜。恰好有一年冬至，百官都到太子宫中称贺，杨勇超出礼制规定张乐受贺，独孤皇后便对杨坚说："太子勇率性任意，动多乖张，今日冬至，百官循例进宫，他却张乐受贺。圣上尚需劝诫他一番才好。"已到垂暮之年的隋文帝本来就对权力旁落十分敏感，马上下诏给群臣：此后不得擅贺东宫。文帝与太子杨勇的矛盾已经无法调和，杨勇知道大事不好，日夜惶恐不安。

公元600年10月，杨坚派人召杨勇入殿。心力交瘁的太子闻命大惊，问使者："不是要杀掉我吧？"进宫后，发现父皇戎服陈兵，百官肃立。杨坚开金口废掉太子杨勇，押回东宫。立晋王杨广为太子，并命其负责看押杨勇。

一番苦心终未白费，杨广总算由晋王成为皇储。杨勇当庭被废时"泣下沾襟"，只言自己罪过，拜辞而去，竟无一言反讦二弟杨广，由此可见杨勇乃是一个宽仁忠厚之人。

2.弑父杀兄，篡夺帝位

成为太子之后，杨广深知自己大意不得，如果在父母面前露出马脚，太子之位难免会产生变数，因此还要继续发挥自己的演技。

两年之后，公元602年8月，皇后独孤氏病逝。太子杨广进宫拜见父皇时哀恸气绝，装出万分悲痛的样子，一回太子宫则饮食欢笑，一如常日。为了表示思母过哀,饮食不思,杨广对外声称每天只吃两勺米,在灵前号哭跪伏,私下却派人精制猪鱼肉脯,装在竹管里以蜡封口藏于袖中,瞧见没人时就吃上几口这特制的"压缩干粮",继续演戏。

独孤皇后死后,杨坚没了紧箍咒,开始放纵起来,与宣华夫人(陈后主之妹)、容华夫人两位美女一通昏天黑地,然而一个已经60岁、日夜操劳国事的老翁怎么经受得起这般放纵!时间不长,公元604年4月杨坚病倒,6月下令大赦天下,7月,杨坚自知不起,躺在床上与文武百官诀别,流泪唏嘘。不久,一场惊心动魄的宫廷政变发生了。

杨坚在仁寿宫卧床不起,尚书左仆射杨素、兵部尚书柳述、黄门侍郎元岩都入宫伺候。杨广担心父亲弥留之际会发生什么变故,秘密派人问杨素内宫父皇的病状。杨素把老皇帝的病情一五一十写明,封上信口回送杨广。送信的官人转了几道手,误以为是送给皇帝的上奏,便呈给杨坚。病危的杨坚见信后又恨又悔,忽又见陈夫人进来时神色慌张,就问缘由。陈夫人垂泪回答:"太子……太子无礼!"原来陈夫人出去更衣时,被杨广抱住求欢,她强行挣脱跑了出来。老皇帝听到后,气得捶床大叫:"畜生何足付大事!独孤误我!"然后召唤身边的大臣杨述、元岩说:"呼我儿来见!"两人以为是召杨广,杨坚忙纠正说:"是杨勇!"不料此事走漏了风声,杨素马上告知杨广事急,又矫诏逮捕杨述和元岩,命杨广的心腹张衡入内"伺候",禁止宫内一切人员出入,不久就传出文帝驾崩的消息,显然杨坚并非善终。

史书记载中最耸人听闻的是马总的《通历》:杨素秘而不宣,屏退左右,让张衡进入寝宫拉扯杨坚,文帝鲜血飞溅到屏风上,冤屈惨叫的声音外面都能听见,老皇帝就这样驾崩了。这段描写绘声绘色,近乎野史秘闻,未必可信,但对于杨广这样心狠手辣的人来说,倒也不能完全排除残杀父亲的可能性。

3.荒淫无道的皇帝生活

隋炀帝虽然在父亲面前装作一副谦恭简朴,不好声色的模样,实际上却是个极其好色之人。在攻打陈国时就惦念着张丽华的美色,父亲病危之际又贪恋宣华夫人的娇姿,还差点因此被废。现在他登基为帝,大权在握,心中的第一件事，就是这个宣华夫人。

宣华夫人因为自己在文帝前面告了一状，引起了一场宫闱之变，吓得魂不附体，正在宫中愁肠百结。这时，来了一个内侍，称奉了圣上旨意，赐予宣华夫人金盒一只。宣华夫人想到老皇帝猝然驾崩，自己又得罪了新皇帝，现在这个金盒里一定是赐死的毒药，就和周围的宫女一起痛哭流涕起来。内侍不耐烦，几次三番地催她把盒子打开。宣华夫人想想怎么也躲不过去，就战战兢兢地揭开了盒盖。没想到，盒里不是毒药，竟是几个同心结，扎得十分精巧。周围宫女一看都放下心来，同时拜伏，欢呼道："娘娘千万之喜。"宣华夫人却有些恚怒，不管怎么说，她在名分上还是杨广的庶母啊。就把盒儿一推，转身去坐在床沿上，低头不语。但周围的宫女却管不了那么多了，只有保全了她大家才有活命的机会，就强拉她对那金盒拜了几拜，算是受了下来。当晚，隋炀帝就来到了宣华夫人的寝宫。此后一直对她宠幸无比，后来宣华夫人去世，隋炀帝还很深情地做了一篇《神伤赋》来怀念她。

失去了宣华夫人，隋炀帝还有大量的嫔妃。他觉得天下富安，外内无事，正该是行乐之时。《礼记·昏义》曾设想天子有三夫人、九嫔、二十七世妇、八十一御妻，共一百二十人。隋炀帝就把它付诸实践，因此后宫美人无数。为了安置这么多美人，他大兴土木，在东都洛阳营造西苑。西苑方圆二百里。苑内分十六院，聚石成山，凿池做海，汇集了天下所有珍异的鸟兽草木。每院有二十位美女，以炀帝最宠爱者为首。除了西苑，隋炀帝还自长安至扬州，设置四十余所离宫。各离宫也都安置了大量宫女。这样，他即使出去巡游，也不乏大量美人的陪伴。于是隋炀帝便天天左拥右抱，乐

宣华夫人

此不疲了。

不过，隋炀帝虽然美女如云，却对自己的萧皇后一直不错。萧皇后尽管对他拈花惹草不时吃吃小醋，倒也没有像隋文帝的独孤皇后那样醋海生波，卷起惊涛骇浪来。再加上萧皇后也是一个美人，隋炀帝就对她十分满意。有一次他做了一个梦，居然梦到了陈后主。陈后主还俨然一副皇帝的派头，呼隋炀帝为殿下。这两位都是文采风流之人，见了面就开始比试诗词，几局下来，不分高下。陈后主身边站着一个绝色美女，隋炀帝不禁频频注视。陈后主就说："殿下不认识这个人么，这就是张丽华贵妃呀。"隋炀帝一听这是他久闻其名而最终未能一见的张丽华，十分高兴，就请她舞一曲《玉树后庭花》。一曲终了，陈后主很得意地问隋炀帝："你的萧妃比此人如何呢。"隋炀帝虽然惊叹于张丽华的美色，但在这种场合下怎肯承认自家老婆不如，便很聪明地说："春兰秋菊，各一时之秀也。"

这时，隋炀帝忽然意识到陈后主已经死了很久，便大声呵斥："你怎么现在还叫我为殿下，还拿那些往事来问我。"于是陈后主一下不见了，皇帝半天才回醒了过来，过了好久，还是心惊胆战的。

有道是"国之将亡，必有妖孽"，隋炀帝这般白日见鬼，说明他的统治也长不了了。

隋炀帝在南征陈朝的时候，就对江南风物十分欣赏。接下来他又做了九年扬州总管。扬州在隋唐两代十分繁华，号称"人生只合扬州死"。后来更有"腰缠十万贯，骑鹤下扬州"的说法，把到扬州与当大富翁和做神仙相提并论，可见扬州城的魅力之大。隋炀帝在这样的锦绣风流之地，自然是十分沉迷。后来，他当了皇帝，依然很怀念在扬州的日子，连看到宫中挂着描绘扬州的图画，都注目久之，流连不已。于是，皇帝决定，要再去扬州一趟。

但他现在是皇帝了，想去扬州就不可能像当王爷那样轻车简从。而且隋炀帝还很喜欢摆排场，要带上百官、嫔妃、随行伺候的宫奴侍女……浩浩荡荡的一大队人马。这么多人一起随他南下，绝对是一桩浩大工程，远远超出了当时社会的承载能力。但隋炀帝一心认为天下大定，繁荣富庶，怎么会被这点小小的难处挡住，就从 605 年（大业元年）开始，下令开掘前所未有的巨大工程——大

· 隋唐五代十国秘史 ·

图文珍藏版

运河。

这便是历史上有名的京杭大运河。大致分为以下几个部分：从洛阳西苑到淮河南岸的山阳(今江苏淮安)，叫作"通济渠"；从山阳到江都(今江苏扬州)，疏通了春秋时期吴王夫差开的"邗沟"；这样一来，从洛阳到江南的水路交通就十分便利了。从洛阳的黄河北岸到涿郡(今北京)，叫作"永济渠"；从江都对面的京口到余杭(今浙江杭州)，叫作"江南河"的运河。这四条运河连接起来，就成了一条贯通南北的大运河。当时为了加快工期，便大征民夫，所用人力无数，据史载，一共动用了五百四十三万多人。主管修河的是酷吏麻叔谋，强制天下15岁以上的丁男都要服役，又从五家抽一人，或老，或少，或女子，担负供应民工的伙食炊事。还派出了五万名彪形大汉，各执刑杖，作为督促民工劳动的监工。因为劳动负担很重，监工督责太急，动不动就用棍棒毒打，所以当工程只进行到徐州时，就已经有一百五十万人因劳累过度而死。据记载东自荥阳，北到河阳，一眼望去，全是载死人的运尸车，恐怖万状。而且，这个麻叔谋还有一个可怕的癖好，爱吃人肉，而且专吃小孩儿。因为他长相丑陋，生着满脸骇人的胡须，所以被人称为"麻胡"。后来民间吓唬小孩子就说："麻胡子来了。"一直到现在有些地方还是这样。整个大运河的工程前后历时六年之多，耗费人力财力无数。这大笔的金钱，又转化为更繁重的租税。百姓身强体壮的去开掘运河，年老体弱的在家养家糊口都难，还要承担不断增加名目的苛捐杂税，人民怨声载道。

但这些事情是不会被隋炀帝放在心上的，大业元年八月，他不等运河全部完工，就从洛阳出发，坐龙舟前往扬州。船队规模浩大。隋炀帝的龙舟高四十五尺，宽五十尺，长二百尺。分为四重，上重为正殿、内殿和东西朝堂，中间二重共计一百六十房，都饰以金玉，雕刻花纹，下重居住宦官和内侍。龙舟有挽船人一千零八十人用青丝大绦绳牵引前进，都穿着锦彩衣袍，号称"殿脚"。皇后坐的船叫翔螭舟，比龙舟稍小但装饰相同，用殿脚九百人引进。嫔妃乘坐的是浮景舟，共有九艘，每艘用殿脚二百人。贵人、美人和十六院妃子所乘的船叫漾彩舟，共有三十六艘，每艘殿脚一百人。此外，还有各式各样的华丽大船上千艘，上面坐着宫人，诸王公主，僧尼道士，各国使者，宫廷卫士，总计用殿脚八百多人。这支浩浩荡荡的船队,在运河中航行的时候首尾相接,前后长达二百多里。两岸又有二十万骑兵护送,马蹄杂沓,旌旗蔽空。隋炀帝的龙舟已出发五十多天,随从的船只才刚刚离开洛阳。一路上,所过州县,五百里内都要供奉食物,称为"献食"。当地官吏自然不会放弃这个拍马屁的好机会,就争相进献,多的甚至达到一州数百车,都是水陆珍奇,美味佳肴。这么多东西,隋炀帝一行哪里吃得完,就把剩下的统统倒掉。这般靡费,最后却都要转嫁到老百姓头上,虽然隋炀帝假惺惺地免除了扬州五年的赋税,但他这一番巡游给当地百姓带来的困扰,可比那区区几年赋税大多了。

到了扬州,皇帝自然要大肆玩乐。他嫌当地的宫室太过轩敞,缺乏逶迤曲折之趣,就在观音山上建了一座新楼,把国库里的银子花了个精光。此楼布局别致,精巧无比。从外面远望,楼阁参差,轩窗玲珑,或是斜露出几曲朱栏,或是掩映着一帘绣幕,装饰着金银珠玉,光华夺目,与日影相映生辉。等进入门内,只见当中一座正殿,画栋雕梁,奢靡富丽。巧妙之处还在楼上,其中幽房密室,错杂相间,令人应接不暇。而且万折千回,前遮后映,重门复户,巧合回环,明明是在前轩,几个转弯,竟在后院;明明是在外廊,约加环绕,已在内房。步步引入胜境,处处匪夷所思。就连皇帝自己,也差点不知身在何处,东探西望,左顾右盼,累得目眩神迷,不禁赞叹道:"此楼曲折迷离,就是仙人游在其中,也会迷路。就叫作'迷楼'吧。"

有了绝妙的"迷楼",隋炀帝就可以安享扬州的美景和美人了。他在迷楼上设了四副宝帐,分别称为:散春愁、醉忘归、夜酣香、延秋月。接着诏选良家女子数千,住在迷楼中。不过皇帝日日与诸女周旋,身体慢慢地就有些吃不消了。他对近侍说:"朕还记得登极的时候,十分辛苦却不瞌睡,只有枕在妇人腿上,才能合目。如今却一睡下就醒不来,一近女色就疲倦,这是为什么?"近侍劝他少近声色,保养身体。说得皇帝连连点头,第二天在后宫选了一间静室养身,宫女皆不得进入。可才过了一天,隋炀帝就愤然出来,还说:"像这样活一千万岁又有什么意思呢?"又进迷楼纵情享乐去了。

不过扬州虽然美景怡人,美人秀媚,但它最负盛名的名胜,却是那号称"天下无双独此花"的琼花。这琼花的来历也颇不寻常,据传是仙人种下的美玉所生,所以被叫作"琼花","琼",就是美玉的意思。这花真是仙姿玉骨,卓尔不群,而且更为特殊的是天下只有一棵,就在扬州的后土庙。很多人慕于盛名,纷纷移栽,却怎么也成活不了。这样,尽管隋炀帝是大隋天子,几乎无所不能,可他想要看这琼花,也得亲自跑到扬州来。但是天公不作美,隋炀帝劳心费力,开凿了大运河,搅得天下骚然,百姓怨愤,好不容易到了扬州,那琼花竟然叫一阵冰雹给打得七零八落,一朵不剩。于是皇帝大怒,下令把琼花树砍断。

公元607年(大业三年),杨广北巡到突厥汗国启民可汗的王庭,无意中见到高句丽王国派到突厥汗国的使节,杨广吩咐那使节说,他将于公元611年(大业七年)前往涿郡(今河北涿州),命高句丽王高元亲自到涿郡朝见。

杨广于公元611年真的前往涿郡,高元却没有到。杨广感到没有面子,气得七窍生烟,下令讨伐高句丽,动员全国士兵集中涿郡,粮秣集中辽西郡(辽宁义县)。军令紧急,造舰工匠站在水中,昼夜加工,腰部以下都生满蛆虫,半数死亡。官仓粮食和兵器盔甲,也紧急运往辽西,车船衔接,路上川流不息的有十余万人,病死饿死,无人收葬,尸体横路数百公里。而这一年,黄河南北都发生大水,三十余郡成为泽国,饥民纷纷投奔荒山大泽。但民间征粮,毫不放松,朴实的老农赶着牛车,带着自备干粮,踽踽上道,大多数连人带牛死于中途。没有牛车的人,二人合推一辆小车,可载米三石。沿途用米充饥,到达辽西时,已无剩余,无法缴纳,只好避罪逃亡。隋政府指称他们是"盗贼",一面派兵征剿,一面逮捕他们的家属处刑,以期收杀一儆百之效。于是,官逼民反的形势非常严重,人民纷纷武装抗暴,集结起来,屠杀官员,抢夺富民食粮,天下大乱。

第二年(公元612年),集中于涿郡的兵力已达一百一十三万。杨广御驾亲自东征,最精彩的是他对将领们所做的一段训话。杨广说:"国家这次远征,完全是为了吊民伐罪,并不是好大喜功。你们中间有人不知道我的本意,打算乘此机会,使用奇兵突袭,以博取个人的前途,邀取勋赏。须知我们是堂堂正正的王师,正义的军队,岂可有不光明磊落的行为?所以任何军事行动,都要随时向我报告,听候指示,不可擅自做主。"换句话说,他要遥控指挥,以显示他的军事天才。辽东(辽宁辽阳)是高句丽王国西境第一大城,在中国兵团猛烈攻击下,城垣塌陷,高句丽守军悬白旗乞降。可是将领们既不敢接受,也不敢继续攻击,只好停战,急向御营报告杨广。等到指示回来,守军已把缺口填住,恢复抵抗。一连三次,都被耽误,以致那个并不坚固的孤城,竟不可动摇。加之渡鸭绿江深入高句丽国境的另一支军队失败,杨广只好狼狈撤退。第一次东征,损失三十万人。

第三年(公元 613 年),杨广第二次御驾亲自东征。这一次辽东城绝不可能再支持下去,可是杨玄感救了它。杨玄感是杨广夺嫡杀父同党杨素的儿子,这时正在黎阳(河南浚县)督运军粮。他在黎阳叛变,截断杨广的退路。杨广对杨素一直侧目而视,当杨素病故时,杨广说:"他如果不死,我会杀他全家。"所以杨玄感始终恐惧不安。乘着前方战争紧张,后方民变纷起之际,想一举把杨广解决。杨广只得放弃辽东,回军迎战,第二次东征也草草结束。杨玄感兵败而死,但他的叛变促使民变更加不可遏止。

公元 614 年,全国已经一片沸腾,旧有变民滚雪球似的四出攻掠,新的变民风起云涌。四方响应。可是杨广仍作第三次东征,高句丽王国一连三年受到攻击,已精疲力尽,只好求和,并且把杨玄感的同党,去年投奔高句丽的斛斯政,送回中国,以表诚意。杨广总算争到一点面子。可是杨广回到洛阳,用酷刑把斛斯政处死之后,征召高元入朝,高元仍然不至,杨广光火三丈,下令准备第四次东征。

第四次东征准备期间,杨广不能闲着。公元 615 年,他从洛阳出发,先到汾阳宫(山西宁武)避暑,避暑已毕,再悠悠北进,打算顺着御道前往涿郡,开始第四次军事行动。突厥汗国始毕可汗(他父亲启民可汗于公元 609 年逝世)得到消息,亲统骑兵十余万,向杨广突袭。杨广退到雁门郡(山西代县),被突厥团团围住,百道攻城,流箭堕到杨广面前,城内存粮又仅够二十余日。杨广魂飞魄散,整天抱着他最心爱的幼子杨杲哭泣,哭得两眼红肿。大将樊子盖建议说:"现在别无他法,只有一面征兵勤王,一面请陛下宣布不再东征。立下重赏,亲自鼓励将士奋死卫城,才有希望支持到救兵到达。"杨广做这种表面功夫,游刃有余。他登城巡视,向守城将士说:"各位努力杀贼,只要能够脱险,凡随驾官兵,不要发愁不富贵,我绝不允许铨叙机关舞文弄墨,减少你们的功劳。"大臣萧瑀建议说:"以突厥习惯,可汗出兵,可敦(皇后)必定知道,请派密使去见义成公主求救,不失为一策。"——义成公主是杨姓皇族的女儿,在隋王朝和亲政策下,下嫁启民可汗。杨广大喜,立即派人从小路前去向义成公主求救。幸而有此一策,义成公主向始毕可汗告警说:"北方发生情况!"始毕可汗才解围而去。杨广回到洛阳,心神稍定,发现又处于绝对安全之境时,立刻恢复了常态,深以自己在雁门郡的懦夫表现为耻,决定一手遮天下耳目。第一步,对他所做的重赏有功将士的承诺,全部不认账。樊子盖一再请求不可失信,杨广大怒说:"怎么,你打算收买军心呀。"樊子盖不敢再说话。第二步,杨广向群臣宣布萧瑀的罪状:"一小撮突厥丑类,窜到雁门城下,有什么能耐? 只几天没有逐走,萧瑀竟怕得不成样子,实在可羞。"把萧瑀贬出洛阳。接着,杨广下令加强第四次东征的准备工作。

远征高丽的战争,使隋朝的统治迅速崩溃。百姓受不了为发动战争进行的残酷剥削和暴虐驱使,纷纷起义。公元 611 年(大业七年),王薄在长白山(今山东章丘,不是东北)首举义旗,山东、河北广大地区的人民纷起响应,起义军"多者十余万,少者数万人。"

众叛亲离,国亡身死

公元 616 年,全国三分之二的郡县都陷落在"盗匪"手中,杨广对付"盗匪"的方法,跟嬴胡亥、王莽、胡太后相同,即根本不愿听到"盗匪"二字。但他已不能再在涿郡集结兵力。东征既然不行,于是他改作第三次出游江都。隋炀帝不顾臣下反对,第三次到达了扬州。由于杨玄感造反时已经焚毁所有龙舟水殿,他又下诏重新制造几千艘大小船只,形制比先前更宏丽精制。此时天下糜烂已极,不仅民众群起反叛,连勋贵大臣也巧立名目起兵,不听朝廷节制,占据重要城镇。

到了江都后,各地官员朝见,杨广从不问他们的政绩,只问他们奉献多少礼物钱粮,多的升官,少的贬黜。有些官员搜刮民女进贡,马上受到奖赏。于是地方官员更暴虐。"盗匪"也更多。

公元 617 年(大业十三年),杨广一年都守在江都,这是他当皇帝以来第一次一年之久停留一个地方,并不是他变老实了,而是遍地"盗匪",无处可去。此时,李渊攻占都城长安,迎立隋炀帝的孙子代王杨侑为帝,改元义宁,遥尊隋炀帝为"太上皇"。隋炀帝内心深处已经明白天下纷乱是无法收拾的了,因此无心北归,留在扬州成日与宠幸妃嫔千余人饮酒作乐,荒淫日甚。但他心中的烦闷是这种淫乐的生活所消解不了的,每天要由好几个嫔妃轻轻摇晃着他才能睡着。尽管如此,他还强作达观,萧皇后劝他外边群盗蜂起,要以社稷为重。他就说:"人生能几何,想也无用,别说那些烦心事了。"又宽慰萧皇后:"那么多的人想把我赶下去,代替我来做皇帝。我就是被赶下去了,也能做个长城公,你也能做第二个沈后,咱们还是喝酒吧,何必自寻烦恼。"长城公是陈后主降隋之后的封号,沈后则是他的皇后。隋炀帝已经很清楚,自己要遭到像陈后主那样的亡国命运了。为了以防万一,他甚至将毒药带在身上,免得被人折磨,不得好死。

在千万人血染刀锋和饿死山野之际,杨广以一种世界末日来临的颓废心情,更变本加厉的享乐。皇宫内分一百余房,称为"迷宫",跟洛阳十六院一样,每房美女数百人,由阶级最高的一位美女主持,每天由一房做主人,杨广和随驾的一千余宫女作客人(仅江都宫美女,至少三万人。如连同其他各宫,全国供杨广一人享乐的美女,总在十五万人以上),酒不离口,宾主全醉。杨广常对着镜子说:"好头颅,由谁来砍!"萧皇后大惊,问何以言此。他说:"贵贱苦乐,互相交换,没有什么可以伤心!"这是赌徒失败时勉强装出来的门面话,其实他内心却肯定他绝不会死,至少也会像陈叔宝一样被封为一个公爵。他不敢面对现实,当他的禁卫军密谋叛变,一个宫女得到消息,向他报告时,他因无法处理而大怒,竟把宫女处斩。而后再有人告变,连萧皇后也劝说宫人不要再冒死进言:"天下事一朝至此,情势已然是无可救药。不用上奏了,徒令皇上忧烦。"

但这一天还是要到来的。天下大乱,扬州周围也是摇荡不已,粮食渐渐吃完,从行的禁卫军多是关中人,人心思归,不时有兵将逃亡,斩诛多人也止不住。

公元618年,杨广最亲信的大将宇文化及率领禁卫军入宫。杨广逃到一个小房间躲藏,被一位恨透了他的美女指出所在。禁卫军把他拖出来,杨广还恬不知耻说:"我有甚么罪,对我如此?"禁卫军当面把他最心爱的幼子,十二岁的杨杲杀掉。杨广这时才发现公爵已没有希望,他要求服毒自杀,禁卫军不愿浪费时间,于是把他绞死。杨广死时才五十岁,当了十五年皇帝。同年五月,李渊逼杨侑退位,自行称帝,是为唐高祖。隋朝灭亡。

他死后,萧后叫宫女拆去床做成棺材以装殓尸体,宇文化及将他葬在扬州西边的吴公台下。后来江都太守陈核又于631年(贞观五年),把他改葬在江都城西的吴公台下,以后又移葬雷塘。

民间传说,因隋炀帝作恶多端,他葬在哪里。雷就轰到哪里。隋炀帝墓后来渐渐荒芜。直到清朝嘉庆年间,才被住在雷塘附近的扬州学者阮元发现,现陵前有阮元重修时所立的碑,碑上刻有当时的书法家、扬州知府伊秉授所书"隋炀帝陵"四个大字。

唐宪宗死亡之谜

唐宪宗在位十五年,尽管有许多可以称颂的地方,但是,他还是没有实现中兴唐室的愿望。原来,宪宗虽然重视发挥宰相的作用,去平定割据的藩镇,但同时,他对宦官也非常宠信,特别是包庇宦官吐突承璀。

吐突承璀年幼时以小黄门的身份侍奉东宫,和当时还是太子的宪宗关系密切。宪宗即位后,命吐突承璀为内常侍,管理内省事务,并授为左监门将军,不久,又提升为左军中尉、功德使。元和四年(公元809年)在平定地方节度使王承宗叛乱时,宪宗任命吐突承璀为河中、河南、浙西、宣歙等道赴镇州行营兵马招讨使。对此,朝廷谏官向宪宗指出,自古以来还没有人用宦官做军事出征兵马元帅的。宪宗没能听取这些意见,当吐突承璀率领禁军出征上路的时候,还亲临通

唐宪宗

化门楼送行,再三勉励。吐突承璀出师一年没有任何功绩,便秘密派人暗通王承宗,劝他上疏请罪,作为罢兵和解的条件。王承宗照办了,朝廷的军事行动遂告结束。事后,有人揭发吐突承璀的通敌行为。宪宗只是把吐突承璀降为军器

使。不久,又升他为左卫上将军,管理内侍省事务。

宪宗不仅包庇宦官,而且在后宫里也多内嬖,还企图长生不老。宪宗生前没有册封过皇后。王妃郭氏的父亲是驸马都尉郭暧,母亲是代宗的长女升平公主。宪宗为广陵王时,纳郭氏为妃;元和元年八月,册封为贵妃。元和八年(公元813年)十二月,百官上表三次请立贵妃为皇后,宪宗都以种种借口推脱而没有允许。其实,宪宗所考虑的,主要是郭氏为名门望族,怕立皇后对自己约束过紧,影响和妃嫔的往来。直到元和十五年(公元820年)闰正月,穆宗即位以后,郭氏才被封为懿安皇太后。至于宪宗的孝明皇后郑氏,更是后来宣宗即位后才正式追封的。宪宗在位十五年中,虽然一直没有册封皇后,但他的儿子竟有二十个之多,由此也可以看出他后宫生活的多宠。

宪宗还希望自己长生不老。元和五年(公元810年)八月,他问大臣李藩:神仙的事是否可信?李藩给了否定的解释。对此,宪宗虽然口头上表示同意,但心里却始终坚信不疑。不久,他就开始服用方士们进献的金丹。当起居舍人裴潾上表劝阻时,他还大发脾气,把裴贬为江陵令。

元和十五年(公元820年)正月,宪宗因服食金丹中毒,身体感到不适。就在宪宗病重时,宦官王守澄、陈弘庆等人将他杀害,死时才四十三岁。宪宗终究为所宠信的宦官杀死,这大概是生前所没有料到的吧!

元和十五年正月三十日,宦官王守澄、韦元素等人拥立宪宗第三子李恒在太极殿继承了帝位,是为唐穆宗,当时二十六岁。穆宗即位后的第二天,在宦官们的怂恿下,把宰相皇甫汎贬为崖州司户;第六天,又把道士柳泌和僧人一通乱棍打死。这样,朝中再也没有人知道宪宗是被宦官害死的了。

虎毒食子,孝敬皇帝李弘为母毒杀

孝敬皇帝李弘于公元656年(显庆元年)被立为太子,数次受命监国。然而,年仅二十四岁的李弘却在公元675年(上元二年)跟随父母从幸洛璧宫时突然死去。李弘年纪轻轻,怎么会突然离世?是武则天亲手杀死了自己的长子吗?孝敬皇帝李弘之死,给后人留下了永远无法破解的谜团。

国学经典文库

中国古代秘史

·隋唐五代十国秘史·

图文珍藏版

1.仁孝之君

作为唐高宗李治的第五子,武则天的长子,公元652年(永徽三年)秋冬之际,李弘出生了。第二年,李弘就随母亲入宫,被封为代王。永徽七年被封为太子的时候,太子李弘还是武则天最最疼爱的孩子。正是依仗着这第一个儿子,她才真正稳固了她在后宫中的地位。原本压迫在她头上的王皇后和萧淑妃,也是因为李弘的诞生,而迅速失去了她们皇后和宠妃的位置。所以武则天不可能不从内心深处宠爱自己的儿子,何况这又是个仁孝懂事的儿子。

《唐历》中记载:"弘仁孝英果,深为上所钟爱,自升为太子,敬礼大臣鸿儒之士,未尝有过……"高宗对其非常器重,并寄予

唐高宗李治

很大希望。为其选聘著名大臣李勣、许敬宗、李敬玄、刘仁轨、许圉师等作为辅弼老师。李弘"深为帝及天后钟爱",少年时代就让他参政,培养他的政治才能,让他在行政的实践中锻炼。如公元662年(龙朔二年)高宗"幸骊山温汤,太子监国。""次年十月一日,诏太子每五日于光顺门内视诸司奏事,其事之小者皆委太子决之。"

李弘曾经向郭瑜学习《春秋古氏传》,当读到楚世子芈商臣弑君故事时,不禁掩书叹曰:"这种事做臣子的都不忍听闻,而经典之书是圣人拿来训示后人的,为什么要记载这种事?"郭瑜回答他:"孔子作《春秋》是为了要褒贬善恶,用来劝世或告诫,因此记下商臣的恶行,让千年以后的人都知道有这样一件事。"李弘说:"不是不能让这种事流传,而是我不忍知道有这样的事,请让我改读别的书吧。"郭瑜向他拜曰:"殿下资质敏睿,既然不忍听闻这些不好的凶事,臣听说要安定上位、治理人民,莫过于精通于礼。不懂礼则无以事天地之神、辨君臣之位,所以先王重视此道。孔子也说:'不学礼,无以立。'那么请殿下就停止读

国学经典文库

中国古代秘史

·隋唐五代十国秘史·

图文珍藏版

《春秋》，改读《礼记》吧。"李弘接受这个提议。

当时在征辽的士兵，如果有逃亡或期限内没报到的，不但找到后要斩首，家人也要充官。李弘进谏："如果士兵有因病而逾期不到的，或是中途不幸溺死压死，军法不但不会认为他们是战死的，反而连同队的人与他的家属都要连坐。这有些太不近人情了。《左传》有言：'与其杀无辜，宁失不经'，臣希望可以修订法律，以后家中有士兵逃亡者，不用再受连坐之罪。"高宗也同意了这个请求。

李弘的仁孝、谦虚、谨慎，深得高宗喜爱，朝中的官员也对他有好感，虽然体质羸弱、性格温和，但对于许多事情，他却能有些大丈夫的作为，喜欢打抱不平。

历史中所记载的李弘一生做过的最重要的一件事，就是他曾非常勇敢地私下探望过他的两个被囚禁的姐姐——宣城和义阳公主。

义阳、宣城两位公主是萧淑妃所生，而萧淑妃与武则天政见不一，和皇后一起在与武则天的权力角逐中落败，两位公主受到牵连，被幽禁在掖庭，也就是冷宫，年过三十还没有结婚，李弘奏请高宗，允许她们出嫁，高宗准奏。虽然这件事传到武则天耳中令武则天非常愤怒，一气之下马上让两位公主嫁给了当时在执勤的卫士。但毕竟李弘的举动为这两位公主争得了权利，让她们走出了冷宫，走进了婚姻的殿堂。

可以这么说，在当时的大唐，也只有他敢于冒着得罪母亲武则天的危险，要求高宗允许义阳、宣城两位公主出嫁。

但毫无疑问，这件事让李弘卷入宫廷内部斗争之中。从此之后，李弘开始了他的悲剧人生，并在年仅24岁的时候，结束了自己的人生。

2.死因之谜

孝敬皇帝二十四岁就完成了他的人生路，留给了后人无法破解的谜团。

由于他与武则天的特殊关系，自唐以来人们一直疑窦丛生，把李弘之死与武则天连在了一起。无论是官方还是私人撰修的史书，如新旧《唐书》《唐会要》等，均明言李弘是被其母亲武则天鸩杀的。一般人都相信这一观点，因为从武则天的一生来看，滥杀无辜是众所周知的事实，一旦母子关系破裂。残杀亲生儿子也是十分有可能的。

采信这些史书观点者认为，李弘自小就得到良好教育，仁孝谦谨，对士大夫十分有礼貌，能体察民间疾苦，深得中外人心。高宗特别喜欢他，想尽一切办法培养他的办事能力。当高宗出幸东都时，下诏让他监国。当时关中发生饥荒，禁军中的一部分士兵在吃榆树皮，李弘见后，就悄悄地让家令寺送粮食给他们。公元673年(咸亨四年)八月，高宗得病，遂让李弘"受诸司启事"，即接受批阅各个部门上奏的报告，实际上高宗想让李弘一点点接替自己的工作。高宗感到自己的身体不是最理想，一旦自己有个三长两短，太子要做好接位的准备。武则天见到自己的儿子已长大成人，能力也越来越强，但问题是她自己渐渐并发出要代李氏为皇的强烈欲望。李弘就成了妨碍她临朝称制的最大障碍，所以想了办法把李弘杀死。《旧唐书》116卷明确说："天后方图临朝，乃鸩杀孝敬。"这种说法中唐时期广为流传，如李泌曾对唐肃宗说："孝敬皇帝，为太子监国，仁明孝悌。天后方图临朝，乃鸩杀孝敬，立雍王贤为太子。"后来的史书自然就全部采信了。

武则天要把李弘杀死的第二个原因是她与儿子之间矛盾重重，到了后来竟然是不可调和。因为李弘替义阳和宣城两位公主求情这件事，武则天对李弘产生了看法，从此李弘与武则天关系不和，并且失去了母亲的垂爱。李弘选妃也没有如自己的愿望，与母亲的武氏家族发生了严重的矛盾。李弘最初想选的是司卫少卿杨思俭的女儿，这位女孩子知书达礼，人也长得极为端正漂亮，有大家闺秀的风范，李弘十分喜欢。不料这个女孩子被武则天的外甥贺兰敏之相中，明明知道李弘打算娶她，婚期也已定好，却粗暴地强奸了她，使李弘的婚事落空了。武氏家族对李弘的如此污辱，让李弘觉得无比愤恨，年少气盛而又缺少城府的李弘就把这种愤恨不时流露出来，这让武则天感到非常惊惧，决心除掉李弘。至于武则天到底是如何下手的，由于事情是秘密进行的，史书记录也十分简略，我们仅知是在酒中下了毒。李弘突然死去，"天下莫不痛之"。

李弘被他母亲武则天杀害，这个看上去不应该成为争论的问题，近年来却被一些学者重新提了出来。他们在对《新唐书》《全唐文》等书研究后，发现李弘有可能不是被杀害的。《新唐书》载有高宗的诏书说："太子婴沈瘵，朕须其痊复，将逊于位。弘性仁厚，既承命，因感结，疾日以加。"意思说太子李弘一直有"瘵"这个疾病，高宗本想待他病好了后传位给他。瘵就是结核病，一种由结核菌引起的传染病，在古代是很难治愈的，常常会置人于死地。李弘以太子身份监国时实际上已经得了这种病，由于他带病理政，以致太劳累了，加重了病菌的侵袭，最终病情恶化死在洛璧宫。

持这种观点者认为，《新唐书》和《唐会要》是记录李弘被鸩最直接的史书，但这几本史书都编于五代及北宋，它们录入了许多唐人的观点。从中唐开始。当时的社会对武则天已经有了特殊的看法，人们是很难接受一个女人曾经篡夺政权当上皇帝这一事实，所以整个社会对武则天是抱着很深的成见，大家都在尽可能把武则天描绘成一个十恶不赦的女暴君。《新唐书》等书的记载有史料的来源，不会是凭空想象的，但必定会继承了唐人的观点并加入作者个人的好恶观念，因而并不能强有力地证明是武则天杀了李弘。司马光编《资治通鉴》时比较实事求是，说："《实录》《旧传》皆不言弘遇鸩。"又云："弘之死，其事难明，今但云时人以为天后鸩之，疑以传疑。"显然，李弘是被鸩杀的在唐代就有人说起了，但司马光认为这件事是有点说不清道不明。

通常认为李弘与母亲交恶是由于李弘替两位公主讲了几句公道话，这也说不通。当时武则天确是一怒之下把两位公主许配给了卫士，但她与李弘的结怨其实根本没有必要，因为李弘的所作所为根本不可能影响武则天的当政和夺权，其时的武则天早就大权在握，号称"二圣"。更何况从时间上说也有一些问题，因为此事发生在成亨二年，距离李弘死的时间约有四年，凭了武则天的个性，真要杀人，无论如何不可能等上四年的。李弘早已瘵病缠身，死亡是早晚的事，武则天何必要冒风险去把他杀死，还不如静静地等他撒手离开人间。如此，说李弘是被武则天鸩死的是不能成立的。

司马光说李弘之死"其事难明"，直到今天，人们仍没有取得一致的看法，看来这的确是个千年之谜。

窝囊一生，唐中宗李显被妻女所害

唐中宗李显，是武则天的亲生儿子之一，生于公元 656 年，母亲武则天生他时刚升任皇后。父亲高宗李治给他起名为"显",后又赐名"哲",对他寄予了很大的希望,结果他比他的父亲更没有出息,最后还被世上最亲最爱的人——妻子和女儿,送上黄泉路。

1.年轻气盛被母废

李显虽然名字体现了长辈的希望,但他的个人品行和能力都比不上他的哥哥李弘和李贤,根本不是治国所需的干才。

在公元680年,李贤被废为庶人,在他之前,李弘已经被杀。这样,皇太子的位置便落到了李显的身上。由于高宗的身体状况每况愈下,在第二年的七月,高宗让裴炎任侍中(相当于宰相),辅佐太子李显监国,也就是主持朝廷政务。在公元683年,高宗病逝,留下遗诏让李显在自己的灵柩前继承帝位(这是皇位继承的惯例,以示正统、合法),尊母后武则天为皇太后,封韦氏为皇后。由武则天掌握朝政大权,临朝听政。中宗这时二十八岁,本该一展抱负,但没想到母亲的权利欲望

唐中宗李显

超过了他很多倍,他这个皇帝从即位起就成了一个名副其实的傀儡。

第一次做皇帝,李显没什么经验,也没想到摄政的母亲的能力比他要大很多。所以,他要自己做主,体现皇帝的威严,结果皇位刚坐了不足两个月,便败在了母亲的手下,被赶了下来。

李显排行第三,所以他从来没有想到自己有一天会当上皇帝,何况两个哥哥先后被立为太子,结果都没有登上帝位就被废黜。现在,他真的做起了至尊无上的天子,心情十分兴奋。中宗即位后,皇后韦氏的父亲韦玄贞立即从一名小官一跃而升为豫州刺史。但韦氏仍不满足,在她的要求下,中宗又准备升韦玄贞为侍中。中书令裴炎不同意,他觉得韦玄贞并无大功,只是以皇后父亲的身份一下子晋升高位,未免太快了一些。他向中宗提出自己的看法,但中宗不

听。裴炎再三劝谏，惹得中宗火起，怒道："我是天子，只要我愿意。就是把天下送给韦玄贞又有何不可?"裴炎听了，心想自己身为宰相，倘若中宗真这样做了，万一太后怪罪下来，担当不起，便把中宗的话去告诉了太后武则天。结果，中宗立即被武后废黜皇帝位，改封为庐陵王。中宗还愕然问道："我有什么罪?"武则天说："你想把天下让给韦玄贞，还能说无罪?"中宗这才明白过来，顿时无言以对。这样，中宗只做了40多天的皇帝。

2.凄苦的流放生活

李显和韦氏被幽锢在宫中，失去了人身自由，韦氏的父亲韦玄贞等家属则被流放到岭南。李显心情郁闷，终日愁眉苦脸，唉声叹气。韦氏精明而坚定的性格在逆境中得到了很好的体现。她经常教导安慰李显说："现在保命要紧，你绝对不要流露出丝毫怨恨的表情，否则会招来杀身之祸。我们应该好好忍耐，等待机会，我不信将来永无出头之日。"

3个月后，武则天下令将庐陵王李显一家流放到均州(今湖北郧阳)。还没走到均州，在半路上又接到诏书，要他们再迁到房州。房州地处武当山，县城只有几百户人家，既贫瘠又闭塞。李显一家人到这里后，待遇也不好，过着凄苦的生活，还时时担心会有大祸临头。

不久，传来李勣的儿子徐敬业以"匡复唐室"为号召、兴兵造反的消息，李显更加惊恐不安。房州刺史也受命加强了对李显的监视，朝廷三天两天都有特使来到房州，显然是担心李显与徐敬业勾结叛乱。李显生怕武则天借故处死自己，日夜忧惧不安，甚至想自杀一死了事。韦氏很是生气，怒气冲冲地训斥丈夫道："你这样懦弱无用，将来怎能成大事?"接着，她分析了局势："依我看，徐敬业如能得胜，我们的性命就难保;若他兵败，我们倒还有生路。"

这时的韦氏已经怀孕，但一家人的吃穿漱洗还得由她一人操劳，生活过得十分辛苦，但她却一直相信艰难的处境总会过去，将来总会有出人头地的一天。此时的韦氏，不仅是李显的贤内助，还是李显的主心骨，"备尝艰危，情爱甚笃"(《资治通鉴·卷二百零八》)。

两个月后，徐敬业兵败身死，一切重新安定下来，李显和韦氏总算放下了心上的一块石头。不久,韦氏生下一个女儿。堂堂皇子落难,竟然连婴儿用的衣物都没有一件,李显便脱下自己的衣服给女儿裹用,顺便替女儿取小名为"裹儿"。生于患难之中,又是父母亲自抱养长大,这个小女孩自然特别受到李显和韦氏的疼爱。她就是后来的安乐公主。

终于,这一天到来了。公元698年的三月,中宗李显被武则天派人暗中接回了京城洛阳(洛阳本来是个陪都,即京城之一,高宗时便一直在洛阳住,武则天的名字"则天"原是洛阳宫中一个楼的名字),又被立为太子。

这次接李显回来,是武则天在大臣们的劝说下,采取的一项策略性行动。当时,武则天的侄子们,包括武承嗣和武三思等人非常想做太子,准备以后接替武则天做皇帝。在他们的鼓动下,还有人联合数百人请求立武氏后裔为太子,废掉当时的太子李旦,结果被宰相假托圣命将领头的人处死。斗争的日趋激烈使武则天也很焦急,最后在宰相狄仁杰等人的极力劝说下,武则天终于决定将中宗招回来。

武则天知道,假如以后让侄子即位称帝,她这个姑姑因为是嫁出去的人,所以不可能被放进宗庙里祭祀,享受死后的荣耀。但如果让儿子即位,即使他们对自己再有怨恨。也不会把她这个母亲怎么样的。在当时,封建法制中的"十恶"罪名已经有了,对父亲和母亲必须孝顺,否则就上犯了"十恶"之一的"不孝"罪。封建的伦理道德、武则天的封建意识决定了她的这个决定。

同时,边疆地区的少数民族也常借口这个皇太子的问题发兵骚扰,这是很重要的外部因素。

武则天经过权衡,最终还是决定将皇位传给儿子,并派人去房州接李显一家回京。李显被放逐十余年,时时为性命担忧,猛然间峰回路转,被风光地接回洛阳。他重新见到武则天后,心中又是畏惧又是激动,竟然跪伏呜咽,泣不成声。

3.韦氏的心机与隐忍

从房州召回后,李显重新被立为皇太子,韦氏也被立为太子妃,她的内心开始再度充满渴望。经过了前面太多的苦难后,韦氏已经变得极有心计,开始懂得在朝中暗结势力。当时朝中有几个人最有权势：一是武则天最宠爱的太平公主，其次是武则天的两个男宠张易之和张昌宗，再次是武则天的两个侄子武承嗣和武三思，另外还有一人，是武则天所信任依赖的贴身女官兰台令史上官婉儿。

韦氏冷眼旁观，看清形势后，便劝李显尽量亲近讨好太平公主，以增强自己的实力和资本。太平公主本来就是李显的亲妹妹，这对李显来说倒还不算困难。

在极力讨好太平公主的同时，韦氏还主动与武氏兄弟结成姻亲，她将长女永泰公主嫁给武承嗣的儿子魏王武延基，幼女安乐公主嫁给武三思的儿子武崇训。如此一来，就同武氏兄弟成了一家人。

但不久又发生了一件令李显和韦氏悲痛的事。李显与韦氏所生的儿子邵王李重润丰神俊朗，孝友好书，与妹夫武延基性情相投，引为知己。两个年轻人经常在一起议论朝政，很看不起张易之、张昌宗兄弟以男色侍奉武则天，在外趁机招权纳贿的行为，说到激愤之时，还说总有一天要杀死这两个人。结果，这些话被张氏兄弟知道了。其实，李重润和武延基任何一方，都代表着不可小觑的势力，如果张氏兄弟会做人，应该主动去与其结盟，这样才能为将来武则天死后留下保命的资本。但这两个面首毫无政治头脑，恐慌之下，便向武则天告状，诬陷李重润与武延基想谋反。武则天也不问青红皂白，下令将李重润、武延基以及永泰公主杖死。李显、韦氏亲眼看着一对儿女被活活打死，却不敢求一句情，内心的痛苦和恐惧可想而知。武承嗣因儿子惨死，不久抑郁病死。一样醉心于权力的韦氏，虽然恨武则天入骨，但内心深处却相当佩服婆婆的手段和才干。她经常想："武则天能做的事，我为什么不能做呢？"她相信自己的聪明才智，当然，她更希望像婆婆那样，有朝一日能成为君临天下的女皇。

4.韦皇后效仿武则天

到了公元705年正月，武则天的病情加重，而这时在身边常陪侍她的是男宠张易之、张昌宗兄弟俩，就是宰相们和太子也很难见到武则天。宰相们害怕武则天一旦病逝，张易之兄弟借机作乱。于是，宰相张柬之联合其他大臣和京城的将军,领兵五百前去请太子、即原来的中宗李显即位。李显害怕得要命,不敢去,最后是属下将他抱到了马鞍上。

政变因为谋划得好,又有军队支持,取得了全胜。张易之兄弟被杀,然后,张柬之对武则天说张易之兄弟要谋反,已经被诛杀,请求她让位给中宗李显。年迈的武则天只好同意了。她让出了皇宫,自己搬到皇城西南的上阳宫养病。李显再次即位后。给母亲上了尊号"则天大圣皇帝"。

二月初四日,中宗正式恢复了大唐的国号,武则天建立达十五年的"周"王朝到此结束。旗的颜色也从大红色改回到唐朝原来的黄色。将长安重新定为首都,洛阳去掉了"神都"的名号,还是陪都。

武则天的行为、至高无上的权势让韦皇后这个儿媳妇羡慕不已,她也常想着有一天也像武则天那样做个高高在上的女皇帝。长时间的软禁式生活养成了她坚毅的性格,加上对中宗的有效的控制,这都是她的优势。所以,等中宗再次即位后,权力便很自然地就转入了韦皇后的手中。多年的苦媳妇熬成了婆,韦氏终于登上了皇后之位。韦氏先是学武则天的样子,中宗上朝时,她就坐在帝座斜后方的帐幕中垂帘听政。中宗一向对她敬爱有加,当然言听计从。大臣桓彦范上书反对,奏道:"伏见陛下每临朝听政,皇后必施帷幔,坐于殿上,参闻政事。愚臣历选列辟,详求往代,帝王有与妇人谋及政事者,无不破国亡家,倾朝继路。以阴干阳,违天也;以妇凌夫,违人也。违天不祥,违人不义。《书》称'牝鸡之晨,惟家之索'。《易》曰'无攸遂,在中馈'。言妇人不得干政也。伏愿陛下览古人之言,以苍生为念,不宜令皇后往正殿干外朝,专在中宫,聿修阴教,则坤仪式叙,鼎命惟新矣。"(《大唐新语·卷二》)意思是说,自古以来,凡是有让女人参与政事的帝王,无不破国亡家。中宗感念韦氏患难情意,对韦氏言听计从,当然不肯听从桓彦范的劝谏。桓彦范后被武三思害死。

武则天死后,形势急转直下,武三思失势。但他极有心计,通过上官婉儿搭上了韦后。韦后为了自己的利益,竭力向中宗建议重用武三思。于是,中宗下诏,拜武三思为司空,同中书门下三品,成为名副其实的宰相。这对张柬之等拥立中宗的定鼎功臣不啻是个重大打击。张柬之等人秘密求见中宗,劝中宗不要养虎为患,应时时想到恢复李氏江山来之不易。这话不但没有说动中宗,反而惹动中宗的怒意,认为张柬之自恃拥戴有功,有要挟之意。张柬之从此失宠。事实上,中宗也不可能听从张柬之的劝谏,违背韦后的意思。在长期的幽禁生活中,他与韦氏患难与共,相濡以沫,感情相当深厚,甚至许下"幸复见天日,当惟卿所欲"的诺言。现在他重新坐上天子龙椅,拥有了天子的权威,怎么能不对妻子报恩呢?

在韦皇后的安排下,韦氏家族的人进入了中央的政府机构,堂兄韦温是礼部尚书,其他的人也有的做了将军。为了巩固地位,韦皇后还和武三思勾搭成奸,武三思最后成了控制政权的实际上的天子。

武三思为了确保中宗和韦皇后的信任,和他们极为信任的秘书上官婉儿勾搭在了一起,促使后宫淫乱之风再起。后来,上官婉儿得到同意,在外边修建了自己的私宅,和大臣们上朝一样,早上去侍奉皇后,晚上回自己府上。这个恶例开了以后,在当时竟成了一种风气。

中宗对武三思毫不介意,和韦皇后一同听政回到后宫后。便看着武三思和韦皇后在床上下棋,自己在一边观看,没有了君臣之礼。中宗的可怜地位可见一斑。

中宗时期,公主们像得到解放一样,活动和权势都超过了皇子们。这也是武则天示范作用的结果。她们利用中宗的信任,纷纷卖官鬻爵,竞相建造豪华宅第,还像男子拥有众多妻妾一样,广纳男宠淫乱。

公元706年(神龙二年)十月,洛阳流言四起,说"当今皇后与武三思有通奸行为",中宗因谣言不息,觉得有失颜面,决定迁回西京长安。这一年秋,中宗立第三子李重俊为太子。韦氏因李重俊不是自己亲生,劝阻过中宗,但中宗在这件事上没有听从韦氏的意见。

武三思的儿媳、中宗和韦后最宠爱的女儿安乐公主李裹儿骄横,而且她有着同母亲一样的性格——争强好胜,野心勃勃。她竟然异想天开地想做"皇太女"。这样将来就能继承皇位做女皇帝。她常常说:"连侍妾出身的阿武尚能做皇帝。我是公主,为什么不能当皇太女?"

然而,中宗虽历来对女儿百依百顺,却唯独不肯答应她这个离奇的要求,还是坚持立李重俊为太子。中宗是好丈夫,好父亲,但他却有他最后的尺度,他再溺爱妻子和女儿，却不敢在违背礼法和祖制的路上走得太远。

不过，形势却因安乐公主而起了意想不到的变化。安乐公主对庶出的哥哥李重俊很看不起，她和丈夫武崇训经常辱骂太子，背后都称其为"奴"。李重俊听说安乐公主与武崇训背后骂他小子或是"奴儿"时，怒火中烧，决心也像当年他的祖宗李世民发动玄武门之变一样，诛灭武三思，逼中宗退位。他经过仔细分析，觉得满朝文武中唯有辽阳郡王李多祚（即斩杀武则天内宠张昌宗、张易之的那位）忠诚爽直，值得信赖，便去向李多祚寻求帮助。李多祚为皇室宗族，对武三思的擅权也很愤慨，此时见太子流泪向他倾心诉说，很受感动，决定帮助太子起事。李多祚还联络了部将李思冲、李承况、独孤之等人协助太子。

公元707年（神龙三年）七月某一天的半夜，太子李重俊和李多祚、李思冲等人假称奉皇帝紧急诏令，率羽林军300多人袭击武三思的府第。武三思此时正拥着侍妾饮酒作乐，儿子武崇训也陪坐一旁，安乐公主进宫去还没有回来。羽林军一拥而入，见一个杀一个，把武三思父子牵到太子李重俊马前。太子李重俊骂了几声，拔出佩剑刺死二人，又下令杀尽武三思全家。随即命左金吾大将军成王李千里及其儿子天水王李禧分兵把守各处宫门，自己同李多祚一起杀入肃章门，直奔中宗、韦后的寝殿。

中宗与韦后、上官婉儿以及安乐公主等人夜宴方罢，忽见右羽林大将军刘景仁飞奔前来报告，说太子李重俊谋反，已带兵杀入肃章宫。中宗吓得浑身发抖，韦后大骂："我早说过你这儿子不是个东西，不听我的话，死路一条！"还是上官婉儿镇静，她说："玄武门坚固可守，请皇上皇后立即登上玄武门楼，一来可暂避杀身之祸，二来可宣布紧急诏命，征调兵马讨逆。"

中宗、韦后便跟着上官婉儿慌慌张张来到玄武门，上了门楼。中宗和韦后都没了主意，上官婉儿老谋深算，便以中宗的名义令刘景仁立即率领在玄武门值夜的一队飞骑百余人，严密守在门楼下，抵御叛兵。这时，李多祚已经领兵来到玄武门，见中宗在门楼上，又有飞骑守卫，不敢贸然行动。

此次事变中，李多祚为人耿直，不敢轻易对中宗无礼，导致目的不坚定明确，当断不断，已经注定了将要失败的结局。

中宗在门楼上斥责李多祚说："朕待你不薄，为何助太子谋反？"李多祚回答说："武三思淫乱宫闱，臣等奉太子令，已将武三思父子正法，太子与臣等并无谋反之意，只是请求陛下准许肃清宫闱之乱，臣立即退兵，再向陛下请罪。"一听武三思父子已被杀，韦后、上官婉儿以及安乐公主都大哭起来（野史记载说韦后、上官婉儿都与武三思长期有染）。李多祚又高呼："上官婕妤勾引武三思入宫，是第一等罪犯，请陛下速速将她交出来！"中宗还没有答话。上官婉儿已是泪水满面，跪在中宗脚下，说道："臣妾并无这等事，请陛下明察。臣妾死不足惜，只恐叛贼们先是索要臣妾，再索要皇后，最后索要陛下。"中宗一时没有了主意。上官婉儿上前指点了几句，中宗这才向城下大声宣道："叛军们听着，你们原是朕的亲信宿卫，为何跟从李多祚谋反？若能立时反正，杀死多祚，朕不但不计前罪，还另加封赏，保证你们的荣华富贵！"

羽林军本来以为太子和李多祚是奉诏令起事的，现听到中宗的亲口宣告，方知自己跟着李多祚成了叛逆。各人都有老小家口，未免动心，大家一时沉默。当时，宦官宫闱令杨思勖主动请求出战，先斩杀了李多祚女婿羽林中郎将野呼利，羽林军随即一齐拥向李多祚，将他乱刀砍死。李思冲、李承况等将领也被杀死在乱军中。杨思勖从此以宦官身份为将，以嗜杀善战出名。

太子李重俊带领几十名侍从突围而出，逃向终南山。兵部尚书宗楚客调动兵马，迅速平息了这场叛乱。太子李重俊在终南山树林中休息时，被手下士兵刺死，割下首级献给了朝廷。中宗闻报后，毫不痛惜，反将儿子的首级献入太庙，并奠祭武三思和武崇训的灵柩，甚至还把儿子的首级挂在朝堂示众。对于中宗的这种做法，大臣们既气愤又寒心，但谁也不敢多说什么。李隆基后来的崛起，在很大程度上是受益于堂兄李重俊的失败。

官职卑微的永和县丞宁嘉勖路过长安，见到被悬挂示众的太子李重俊首级。立即脱下自己的衣服，包住首级，伤心得号啕大哭。他哭的不是素昧平生的太子，而是痛心大唐骨肉相残的血腥，伤感动荡不安的局势。此事被武三思的门人宗楚客知道后，立即要求中宗把宁嘉勖流放到岭南。宁嘉勖后在岭南病死。睿宗即位后，追念他"忠义而重名节"。

5.被亲人毒杀的可怜皇帝

太子李重俊死后，安乐公主想当皇太女的愿望越发强烈了。她恃宠骄恣，開府置官，"皆出屠贩，纳赀售官"，"侯王柄臣多出其门"。甚至伪造诏敕，掩住文字，让中宗"署可"。

这时，宗楚客因平叛有功已进位宰相，他有很大的野心，主动讨好韦后与安乐公主，为安乐公主未来当女皇帝担任参谋。这样，一旦安乐公主真的当上女皇帝，他便"佐命"有功，可以控制朝廷大权。在宗楚客的指使下，安乐公主与韦后向中宗进谗，说相王李旦和太平公主串通李重俊谋反，想一举铲除相王李旦和太平公主。中宗起初有些相信，命御史中丞萧至忠审查此案。萧至忠先是大哭道："陛下富有四海，不能容一弟一妹，而使人罗织害之乎？"然后大谈相王当初如何主动地让出帝位，现在绝不可能参与夺取帝位的谋逆。中宗深为感动，疑虑这才一扫而光。萧至忠后来因为归附太平公主而被玄宗捕杀。

后来又发生了一些事，使一向对韦后信任的中宗也开始产生了怀疑。先是定州(今河北定县)人郎岌冒死上书，揭发韦后与宗楚客勾结，企图谋反。中宗阅书后还没有任何回应，韦后便走了过来。看见郎岌的上书后，韦后大怒，一定要中宗下令杀死郎岌。中宗只革去了郎岌的官职，命郎岌在家里反省。但韦后却不肯罢休，派人将郎岌活活杖死。

接着，又有许州参军燕钦融上奏：说皇后淫乱，干预国政；安乐公主、武延秀以及宗楚客等人交相勾结，朋比为奸，危害社稷国家，应予以严惩。中宗既感到震惊，不愿意相信，却又心有疑虑，心情之复杂难以言喻。之后，中宗瞒过韦后，将燕钦融悄悄召入宫中，当面质问。燕钦融毫无惧色，揭发了皇后及其他人的丑行，有凭有据。中宗一直沉默不言，过了好半天，才神色惨淡地说了一句："朕日后再召你进来。"燕钦融退下，从内殿直出，到宫院外时，两厢忽然拥出一帮武士。为首的宰相宗楚客手持敕书，说奉有皇上诏命，立将燕钦融杀死。

事发后，中宗没有责罚宗楚客伪诏一事，但燕钦融所言显然已经影响了他对韦后的信任。中宗总是闷闷不乐，不像平时那样亲近韦后，甚至常常有意无意地躲开她。中宗这样子，不仅使韦后恐慌，连安乐公主也不安起来。母女二人担心地位会发生动摇，商量的结果，竟然定出了一条恶毒的计谋——杀死中宗，由韦后登位做皇帝，立安乐公主为"皇太女"。

历史总是会有一些惊人的相似之处。当年，中宗的父亲高宗，在皇后武则天的挟制下度过了大半生。而中宗也始终受到妻子韦氏软硬兼施的钳制。不同的是,高宗总算是有寿终正寝的结果,中宗就没有那么幸运了。

中宗很喜欢吃饼。一天,他坐在神龙殿批阅奏章,韦后亲手为他做了一笼饼,命宫女送去。中宗取来便吃,越吃越香,竟一连吃了七八个。谁知过了一会儿,他忽然发出一声惨叫,两只手猛抓胸部,倒在榻上翻来滚去。内侍们慌忙入报韦后。等到韦后慢慢走来时,中宗已是两眼翻白,说不出话来了。他瞪着韦后,思维还在回忆。此刻,内心的痛苦远远超过了肉体的痛苦。

他的一生,好日子并不多,他好像也没有什么对不起人的吧?母后那样对他,他也从来没有怨恨过。后来得势,他对武姓也没有大加屠杀,力排众议说:"杀别人可以,武氏之族,系我中表之亲,不可滥杀!"在这个血腥的宫廷中,他是少数几个还念着骨肉亲情的人。然而,对不起他的人却很多,只是最不该的就是眼前这个女人。他又一次地想起了与韦后共患难的日子。他那时候真是一刻也离不开她呀。他是如此感激她的患难真情,所以才会对妻子发誓说:"见天日,当惟卿所欲,不相禁制。"(《资治通鉴·卷二百零八》)这是他发自内心的承诺。他当了皇帝后,确实也是这样做的。他的一生,虽然碌碌无为,但在"信诺"二字上却做得非常好。可惜他如此待她,视她为自己至亲的人,最后竟然是她杀了自己。真是太可悲了。

中宗痛苦地挣扎了一会儿,便咽气了,享年55岁。

韦后显得非常冷静,她一面指挥宫女们料理中宗的尸身,一面严令左右,任何人不得走漏皇帝暴崩的消息。然后,她假传中宗命令,让韦氏子弟掌握的禁军,分兵把守长安各城门,另派一支军队前往均州,阻止被贬的中宗次子李重福入长安。一切布置停当后,她才发出丧报,在中宗的梓宫前,立中宗幼子李重茂为皇帝,尊韦后为太后,临朝称制。于是,韦后变成了另一个武则天。但她的才识和处理政事的能力,以及必要时的谋略和手段,同武则天不可同日而语。所以,最后她非但没有实现"女皇梦",反而死于乱刀之下。

凶暴乱伦,朱温惨死儿子刀下

梁太祖朱温惨死在自己儿子手里,不为权力,不为财富,只为强纳自己的儿媳。他死后，朱友珪找了一个破毡片子，把朱温卷起来，就在他住的屋子里在地上挖了个坑埋了。堂堂一国之君，死得连狗都不如。

1.荒暴淫乱埋祸根

朱温，五代时梁王朝的建立者。早年曾参加黄巢起义，后叛变降唐，官至宣武节度使，封梁王。其势力渐大后，于公元907年(天祐四年)代唐称帝，国号梁，史称后梁。

京剧人物——朱温

关于朱温的身世，有些离奇的传说。说是朱温出生的那天夜里，所居的屋顶上，有红光上腾，几里之外都能看见，乡邻都相顾失色，同声呼叫："朱家起火了！"当下大家提水挑桶到朱家去救火。谁知他家并没有起火，只有初生婴儿(就是朱温)的啼哭声，众人都十分惊异，都说朱家的这个孩子很不寻常。

朱温兄弟三人，朱温排行老三。他们幼年时失去了父亲，母亲只好带着他们兄弟三人寄住在萧县人刘崇家里做佣工。朱温渐渐长大后，好逸恶劳，以雄勇自负，乡人都很讨厌他。刘崇因为朱温懒惰，经常用鞭杖抽他。只有刘崇的母亲可怜朱温幼小，劝诫刘崇说："朱三不是常人，你要善待他。"刘崇问原因，刘母说："我曾见他熟睡的时候，变成了一条赤蛇。"然而刘崇并不相信。

此后，朱温发挥他的特长——骑射，每天在深山里追逐野兽，他身手矫健，就是像鹿这样善于奔跑的野兽,他也能徒步追取,手到擒来。刘崇家的庖厨,野味多得放不下。自此刘崇也暗暗佩服朱温的本领。朱温的兄长朱存也向刘崇要了弓箭,与朱温同去追马逐鹿。朝出暮归,没有空手回来的时候。然而朱温并不满足这样逍遥自在的日子,又伙同他的哥哥朱存投奔黄巢军营。

朱温纵横沙场,有万夫不敌之勇,深得黄巢信任,倚为亲信。唐广明元年十二月甲申,黄巢攻克长安,称大齐皇帝,改元金统,遣朱温领兵屯于东渭桥。中和元年二月,又令朱温为东南面行营先锋使,不久攻下了南阳。六月,朱温回归长安,黄巢亲自在灞上迎接。中和二年,朱温由丹州南行,攻下左冯翊,又攻陷同州。

中和三年四月,朱温叛变,与诸节度使收复长安,当时他只有32岁。黄巢被灭后,黄巢手下名将霍存、葛从周、张归厚、张归霸都匍匐于朱温马前,朱温将他们收为己用,并追逐黄巢残部东至于冤句。

文德元年,僖宗任命朱温为蔡州四面行营都统,诸镇之师,皆受朱温节制。黄巢虽灭,但唐朝统治已变得脆弱不堪。各地藩镇在镇压黄巢过程中,乘机扩大势力,争夺地盘,唐王朝已经名存实亡。文德元年三月,唐昭宗即位。朱温在连年争战中渐渐积蓄力量,此时已上挟朝廷,下制诸侯,废唐称帝只是朝夕之间的事。

天祐元年八月朱温令养子朱友恭、右龙武统军氏叔琮、枢密使蒋玄晖弑唐昭宗于椒殿。改立昭宗第九子辉王李柷为帝。然后诿罪朱友恭、氏叔琮,将他们斩首塞责。李柷年仅13岁,是为宣帝。天祐四年四月,宣帝禅位于朱温,从此唐朝彻底灭亡,朱温改国号为梁。

朱温残虐成性,但其妻张氏却聪敏贤惠,被称为"五代第一贤后"。朱温对张氏往往敬爱有加,每次军谋国计,必先听从张氏的意见。朱温时时暴怒杀戮,张氏加以救护,许多无辜的人因此得以保全。

张氏病重弥留之际,对朱温说:"君人中英杰,妾无他虑,唯'戒杀远色'四字,请君留意。"说着不禁气涌痰喘,深夜撒手离世。朱温失声大恸。汴军也人人垂泪,因为朱温生性残暴,杀人如草芥,只有张氏能以柔克刚,经常婉言规劝,从而挽救了无数将士的性命,军士因为她的及时规劝才得以存活的不知有多少。可惜张氏死得早,从此朱温渐渐荒淫,无人可制。

军阀们可以用很优厚的待遇笼络自己的牙兵与养子兵,但是对一般士兵如何控制?他们如果逃跑又怎么办?朱温对此想出了一个绝招,那就是在士兵的脸上刺字,把队伍的番号刺上去。这种刺青一辈子都消除不掉,你跑到哪儿去都会被发现,被抓住就要砍头。刺青作为一种人体装饰,是自古就有的,但是用来防止士兵逃亡,则是朱温的发明。士兵留在队伍里,眼前有饭吃,如果打了胜仗,立了功,还有升官的可能,也就是说还有一线希望。如果逃跑出去,在一片荒芜的大地上,眼前就要挨饿,被抓住就是死路一条。因此,许多士兵都不敢跑。士兵们不逃跑了,但是打仗的时候不卖力又怎么办?《资治通鉴》二百六十六卷中说:朱温的军律最为严酷,"将校有战殁者,所部兵悉斩之,谓之'拔队斩'"。原来这种惨无人道的军人连坐法也是朱温发明的。小军官阵亡了,部下的士兵全都要被斩首。这就逼得士兵们在作战时一定要保住军官,如果保不住,大家都是一死。

朱温常常杀人如儿戏。《旧五代史·梁书·太祖纪一》:十一月,朱碹复遣将贺瑰、柳存及番将何怀宝等万余人以袭曹州,庶解兖州之围也。帝知之,自兖领军策马先路至钜野南,追而败之,杀戮将尽,生擒贺瑰、柳存、何怀宝及贼党三千余人。是日申时,狂风暴起,沙尘沸涌。帝曰:此乃杀人未足耳,遂下令尽杀所获囚俘,风亦止焉。

文中所说的"帝",就是"梁太祖"朱温。天起大风了,他竟说是"此乃杀人未足耳",下令把三千多人杀完。

另有一个传说,也可以从侧面说明朱温常常以杀人为游戏。

有一次,朱温游园,身后跟着一批随从。前面有一棵大柳树。朱温自言自语地说:"好大一棵柳树!"几个随从立即随声附和:"好大一棵柳树!"朱温又说:"可以做车毂。"几个随从又随声附和:"可以做车毂。"

这一来,朱温冒火了:"车毂要用坚木才行,哪里能用柳树?"他立即下令把几个随声附和的人就地扑杀。

朱温当了皇帝之后,尤其是在妻子张氏去世之后,他的凶残淫乱也达到了疯狂的程度。他淫辱了所有的儿媳妇,最后被自己的儿子所杀。朱温的一生可以用几句话来概括。在未成年以前是家庭、乡里中不齿于人的无赖子,不事生产,好勇斗狠。在投入农民军后不久就为求富贵而当了叛徒。在当上唐王朝的武将后又成为祸国殃民的军阀,进而成为篡夺帝位的乱臣贼子。最后因为乱伦而被儿子所杀。

朱温晚年更加凶残好色。他巡视河南时,将河南尹魏王张全义的儿媳、女儿全部奸污,张全义的儿子们不忍受辱,要杀昏君,被张全义劝住。朱温与自己的儿媳淫乱,"诸子虽在外,常征其妇人侍,帝往往乱之"(《资治通鉴·后梁纪三》)。朱温的次子朱友文之妇王氏,颇有姿色,朱温非常宠爱,三子朱友珪之妇张氏也被朱温霸占。儿媳们之所以顺从朱温的乱伦,一是因为畏惧朱温的淫威,二是希图得到朱温的恩赐,使她们的丈夫继临帝位。王氏在应召"入侍"期间就曾提出过以朱友文为太子的问题,朱温虽未当面应诺,但"意常属之"。朱友珪得知,心中愤愤不平,加之朱友珪曾因过错受过朱温的责打,更加不平。不久,朱温病重,他密令王氏速召在洛阳的朱友文,打算与之诀别,并嘱托身后之事。这消息被也在宫中"入侍"的张氏知道了,马上告诉朱友珪说:"陛下要把传国宝交给王氏送往东都洛阳,我们死期将近了!"朱友珪闻听大吃一惊,十分伤感。他身边的人对他说:"何不想想别的办法,这正是个好机会!"朱友珪有些动心。但仍迟疑不决。

朱友珪最后决定杀死他的父亲是在后梁太祖宣布了调任他为莱州刺史的命令之后。按照惯例,贬斥降职者多被赐死,所以,这个命令对朱友珪来说如同五雷轰顶,使他不胜惊骇。他想,与其被贬身死,不如杀进宫中。父皇荒淫乱伦,行同禽兽,已不堪为父,就怪不得当儿子的了。他这样想着,一个弑父篡位的阴谋在胸中成熟了。

2.朱友珪弑父篡权

公元912年7月18日(乾化二年六月戊寅),朱友珪换上服装,悄悄进入左龙虎军去密见统军韩勃,说出了自己的打算。左龙虎军是皇宫禁军,韩勃久在军中,亲眼看到过一些功臣宿将因小小的过错便被杀害,一直十分惧怕,担心自己也会落得这样的下场,听朱友珪这样一说,正合自己的心意。他们马上商定好行动计划,选派出数百精兵跟随朱友珪混入侍卫亲军控鹤军,在夜深人静时进入宫中。到了朱温的寝殿,侍疾者都四散奔逃,朱温惊问:"是谁造反?"朱友珪说:"自己人。"朱温大骂道:"我早就怀疑你造反,只恨没及早把你杀死,你大逆不道,天理不容!"朱友珪却说:"老贼罪当碎尸万段!"朱友珪的话音刚落,手下冯廷谔将利刃刺进了朱温的肚子,顿时鲜血四溅,朱友珪用一条破毡子将朱温的尸体裹起来,埋在了大殿的角落里。

朱友珪杀死父亲朱温后,秘不发丧,拿出府库财物,赏赐群臣和诸军,用以收买和稳定人心。与此同时,他派出心腹前往东都,将他二哥朱友文杀死。然后伪造诏书说:"朕艰难创业,逾三十年。托于人上,忽焉六载,中外叶力,期于小康。岂意友文阴畜异图,将行大逆。昨二日夜,甲士突入大内,赖友珪忠孝,领兵剿戮,保全朕躬。然而疾恚震惊,弥所危殆。友珪克平凶逆,厥功靡伦,宜委权主军国。"(《新五代史·梁本纪·太祖本纪》)在这份伪造的诏书中,真相被掩盖了,是非被颠倒了,杀死皇帝的凶手成了领兵诛逆的忠臣孝子,而远在东都根本不知此事的朱友文却成了"阴蓄异图,将行大逆"的贼子。不仅如此,真正凶手还因"克平凶逆",被委权主持军国大事。

这种嫁祸于人的伎俩尽管不难被识破,但朱友珪已掌握了禁军,控制了局势,杀死了朱友文,所以识时务的大臣们自然知道应该何去何从。待朱友珪将这一切处置完毕,才将朱温发丧,自己继承君位。

朱友珪是个短命皇帝,他在位只八个月便被他的弟弟朱友贞杀死。

霸占儿媳,夏景宗为子所弑

夏景宗名曰李元昊(公元1003～1048年),西夏开国皇帝,党项族人,北魏鲜卑族拓跋氏之后,李姓为唐所赐。元昊雄毅大略,熟习兵书、法律,通晓佛学。蕃汉文字。元昊的横空出世,使宋朝从此进入多个北方强邻环伺的时代。但元昊在杀戮中长大,凡是暴君的特质,元昊都具备了,贪恋美色竟至霸占儿媳。惊世骇俗的不伦之恋,成了元昊最后的疯狂。太子宁令哥不堪其辱,持刀割去元

夏景宗为子所弑

昊的鼻子,元昊时代,终于在他自己的好色之路中结束了。

1.少年英才称帝

元昊出世的几个月前,他的祖父李继迁,一生戎马征战,彪悍勇武的盖世英雄,却因箭伤发作,伤势日重,卧床不起了。儿子德明战功卓著。继承父亲遗业。在他在位的近 30 年中,善于识时审务,利用时机,发展壮大自己的力量,为元昊建立西夏王国,奠定了坚实基础。

元昊出生的这一年,中原的北宋王朝与北方的辽朝之间的关系也发生了重大变化。当时辽军南侵,宋真宗被迫亲征而获胜,两国签订了"澶渊之盟"。两国间这一相对和平时期的确立是以宋朝付出高昂的经济代价换来的。对于"国危子弱"的党项政权,宋真宗也打算以恩致之,进行招抚,贯彻其"姑务羁縻,以缓争战"的既定方针。

在这种有利的和平形势下,李德明为了恢复战后秩序,巩固新挑起的西平政权重担,巧妙地利用宋、辽矛盾,求得生存发展。同宋的友好往来和经济贸易,促进了党项族的经济发展,一时出现了欣欣向荣的局面。"塞垣之下,逾三十年,有耕无战,禾黍云合。甲胄尘委,养生葬死,各终天年";"自与通好,略无猜情,门市不讥,商贩如织"。这些就是德明时期和平景象的写照。

尚在髫龄的元昊,对父亲的睦宋政策,特别是同宋朝的经济贸易,不能理解。有一次李德明遣使臣到宋用马匹换取物品,因得到的东西不合他的心意,盛怒之下把使臣斩首。元昊对父亲的这种举动十分不满,劝诫父亲说:"吾戎人本从事鞍马,今以易不急之物已非策,又从而杀之,则人谁肯为我用乎?"德明见年仅10余岁的独子就有这种见识,十分器重。

少年元昊,长了一副圆圆的面孔,炯炯的目光下,鹰钩鼻子耸起,刚毅中带着几分凛然不可侵犯的神态。中等身材,却显得魁梧雄壮,英气逼人。平素喜穿白色长袖衣,头戴黑冠,身佩弓矢。常常带了百余骑兵出行,自乘骏马,前有两名旗手开道。后有侍卫步卒张青色伞盖相随,从骑杂沓,耀武扬威。元昊幼读兵书,对当时流行的《野战歌》《太乙金鉴诀》一类兵书,更是手不释卷,专心研读,精于其蕴。他颇具文才,精通汉、藏语言文字。又懂佛学。尤倾心于治国安邦的法律著作,善于思索、谋划,对事物往往有独到的见解。这些都造就了元昊成为文有韬略、武有谋勇的英才。

在宋朝边将中,对元昊的外貌、器度、见识有种种不同的传说。边帅曹玮驻守陕西沿边,早想一睹元昊风采,派人四处打探他的行踪。听说元昊常到沿边榷市行走,几次等候,以期会面,但总不能见到。后来派人暗中偷画了元昊的图影。曹见其状貌不由惊叹:"真英物也!"并且预见到他后日必为宋朝边患。

这种预见不是没有道理的。元昊逐渐长大成人,对父亲的和宋政策,特别是向宋称臣日益不满,多次规劝父亲不再臣服宋朝。

公元1028年(天圣六年)5月,元昊24岁。德明派他取得了对河西回鹘作战的决定性胜利后,立为太子。封元昊的生母卫慕氏为后。第二年,德明又向辽为元昊请婚,辽兴宗封宗室女为兴平公主,嫁给元昊。同时宋也封德明夏王,"车服旌旗,降天子一等",以此来抵消辽同德明建立的姻戚关系。

公元1032年(明道元年)10月,51岁的李德明在完成了建国称帝的各项准备工作之后死去了。李德明虽然没有来得及登上皇帝的宝座,但他却为元昊的称帝建国奠定了坚实的基础。

元昊继位后,为了强化民族意识,增强党项族内部的团结,争取贵族上层和广大党项部落人民的支持,首先抛弃了唐、宋王朝赐封给其祖的李姓、赵姓,改姓嵬名,称"吾祖"。"吾祖"为党项语,意为"青天子"。元昊自以为祖宗为鲜卑拓跋,为了怀念祖先,保持旧俗,他率先自秃其发,剃光头,并穿耳戴重环饰,以示区别。同时强令党项部族人一律"秃发",且限期三日,有不服从者,任何人都可以处死他。一时间,党项民众争相秃发。

1034 年,李元昊改年号为广运,后知此为晋朝年号,遂又改为大庆。同年五月,又升首都兴州为兴庆府(今宁夏银川)在城内大兴土木,扩建宫城,广营殿宇。兴庆府的布局,仿照唐都长安、宋都东京。李元昊还依照中原王朝的礼仪,设立文武百官,在皇帝之下的中央政府机构为:中书省、枢密院、三司、御史台、开封府、翊卫司、官计司、受纳司、农田司、群牧司、飞龙司、磨勘司、文思院、蕃字院、汉字院等。地方分别设州、县。对文武百官的服饰和官民服饰分别做了严格的规定。这些措施,进一步推进党项社会内部日益增长的封建关系,同时也适应广大新占领汉族地区的封建地主的需要。

作为一个军事统帅,元昊深知他占有包括河西走廊在内的广大地区后,没有强大的军事力量及严格的兵制,对内统治和对外防御都将失去保证。为此。在原有军事组织的基础上,随着党项国家的形成和疆域的扩大,元昊进而将十二个部落武装改变为十二个军事行政区,分别在各驻地置十二监军司,诸军兵总计五十万。每一监军司设都统军、副统军和监军使各一员,由贵戚豪右充任;下设指挥使、教练使、左右伺禁官等数十员,党项人,汉人都可以充任。除步兵外,常备军性质的还有骑兵、炮兵、"擒生军"、侍卫军等。"擒生军"是担任后勤或警卫部队的总称,由十万人组成。又有二万五千精兵驻扎在首都近畿担任卫戍,给他们配备服役的副兵达七万人。还有从出身豪族而擅长弓马技术的士兵中挑选出来的五千侍卫亲军,由元昊亲自掌握。近畿卫戍或宫廷值宿一般都佩戴由国家保卫部门颁发的"防守侍命"或"内宿侍命"西夏文铜牌作为标志。

元昊大庆三年(1038 年)十月十一日这一天,在兴庆府的南郊,祭坛高筑。元昊在亲信大臣野利仁荣、扬守素等人的拥戴下,正式登上了皇帝的宝座,国号称大夏,改元天授礼法延祚。是年元昊三十四岁。

2.夏景宗的政绩

元昊不仅是一个十分有头脑的政治家,还是一个卓越的军事家。作战时,多针对客观情况制定战术,为了争取作战的胜利,元昊不惜采用种种手段,调动各种力量,用谋略取胜。每战或诱降,或诈降,或行间,或偷袭,或设伏。天授礼法延祚三年(1040年)正月,元昊派牙校贺真等率部向宋金明寨部都监李士彬诈降,又令将士与士彬相遇时不战而退,称士彬为"铁壁相公",说"我等闻铁壁相公名,莫不坠胆",以次使李士彬越加骄傲,松懈防务。然后李元昊用突袭战术围攻金明寨,原来诈降的党项士卒为之内应,一夜之间就攻破寨城,俘虏李士彬。接着元昊进围延州(今陕西延安)宋朝驻延州的长官范雍十分惊慌,立即牒令驻守庆州(今甘肃庆阳)的刘平和石元孙率军赴援。刘、石二人带领人马赶到延川、宜川、洛水三河的汇合处三川口时,已经人困马乏。西夏兵按照元昊的部署,在此设伏以待,从山地四出合击,将宋军万余人消灭殆尽,刘平和石元孙被俘。三川口之战是西夏建国后取得的第一个大胜仗,充分显示了元昊的军事指挥才能和西夏军事力量的强大。

元昊建国后形成的宋、辽、夏三国鼎立的局面,使当时的局势复杂化,出现了三国角逐的形势。元昊时期的对外政策,即不同于继迁时期的一贯联辽抗宋,又不同于德明时期的与宋、辽和平相处,而是根据实际利益,随机应变。抗衡宋、辽,视二国"强弱之势以为异同"。这是十分灵活的外交政策。元昊继位后,同辽联姻,受辽封号。一旦两国因党项叛附问题发生纠纷,并引起战争,元昊在给辽以重创之后又立即以胜求和,恢复两国友好。对待宋朝,结盟于辽,有恃无恐。悍然发动攻掠战争。当元昊看到辽以出卖夏国利益从中渔利,便立即决定同宋媾和,在一向坚持的名分问题上向宋做出了让步。这一步不仅使元昊摆脱了早想结束的由长期战争造成的困境,而且避免了辽为从宋得到经济实惠,有可能牺牲夏国,夏国将遭到两面受敌的危险;对宋妥协,两国议和,还可以从宋得到经济实惠,可谓一举三得。

元昊在建国的过程中,很重视人才的培养和收罗。西夏建国初。因忙于战争,教育事业并不发达,所以元昊特别注重吸收汉族的知识分子为自己服务。《宋史·夏国传》记载元昊的"智囊团"有嵬名守全、张陟、张绛、扬廓、徐敏宗、张文显,除了嵬名守全是党项人,其余皆汉人。重用张元、吴昊,更说明了元昊对汉族人才的重视。张、吴二人为宋华州(今陕西华县)人,他们"累举进士不第",而又自以为有王佐之才,不甘寂寞,便写诗明志:"好著金笼收拾取,莫教飞去别人家"。明白表示宋朝弃人才而不用,他们将为异国效力。宋朝的边帅未能重视,于是他们进入西夏。为了引起西夏王国统治者的注意,他们到酒店里狂喝豪饮,又在墙壁上书写"张元、吴昊饮此"。张、吴二人的所作所为被西夏巡逻兵发现,遂将二人带入宫中。当元昊问他们为什么不避讳自己的名讳时,他们毅然答到:"姓都不管了,谁还理会名呢?"明目张胆地对元昊接受赵宋赐姓进行讽刺。元昊听后,不但不生气,反而认为他们有胆识,有奇才。立即予以重用。并在数月之内派人潜入宋境将二人的家眷接来,使之团聚,从而安心为西夏服务。张元曾当过西夏的中书令,和元昊一起指挥了好水川战役。张吴二人帮助元昊成就了一番事业,充分显示了汉族知识分子对少数民族地区的政治军事的作用,也说明宋朝不重视知识分子人才的失策。

元昊对夏国文化建设的最大贡献就是主持创制了西夏文字。元昊规定西夏国内所有艺文诰牒,一律都用新制夏字书写。由于元昊的大力提倡和推行。西夏字上自官方文书,下至民间日常生活,广泛使用并迅速流行,这不仅对于元昊加强统一,巩固统治起了巨大作用,也是元昊加强民族意识建设的又一突出贡献。元昊继位后,对党项民族实行受唐宋影响的礼乐制度十分不满。他按照"忠实为先,战斗为务"的标准,认为唐宋以来的中原礼乐过于繁缛,不适合于党项民族的习惯,于是"裁礼之九拜为三拜,革乐之五音为一音",简化了礼乐制度。

3.暴君和他的四个女人

战争铸就英雄,但也制造暴君。

元昊在杀戮中长大,以征战为生,这扭曲了他的性格。他的舅舅卫慕山喜,是他祖父李继迁留下的重臣。公元1034年,舅舅暗中篡权,为元昊识破。元昊大开杀戒,把舅舅一家抛进黄河溺死,又亲手毒死母亲。他的一名妃子,也出自母亲家族,当时有孕在身,但元昊连亲生骨肉也不顾惜,就地赐死。

凡是暴君的特质,元昊都具备了,比如贪恋美色。

还是毛头小伙时,父亲李德明为了修好辽国,亲自北上,为元昊求婚,带回了兴平公主。元昊一直抗拒这段政治婚姻,对兴平公主冷淡疏离。公主抑郁成疾,芳龄早逝。辽国震怒之下,大举侵犯西夏,直逼都城兴庆府。元昊自知理亏,因此并无怨言。咬牙打赢了这场艰苦的战争。

和所有游牧民族一样,党项男子的骨子里充满了对女性的依恋。元昊立国后,他的皇后是野利氏,野利家族权倾一时。不久,有人向元昊诬告说,皇后兄长要造反。元昊勃然大怒,杀了大舅子全家。

等到真相大白时,元昊追悔莫及。他骑着马,四处找寻野利家的幸存者、大舅子的遗孀没藏氏。然而,对野利皇后来说,元昊的这次"反省"才是悲剧的真正开始——没藏氏是那样的年轻貌美,他一见之下,便据为己有。

没藏氏从此享有皇后都不曾有的待遇:行猎途中,元昊带着她;生孩子时,元昊亲自守护,为儿取名"谅祚"。但没藏氏的美貌,还是拴不住他。皇后所生的太子宁令哥大婚,元昊前去主持婚礼。谁知元昊一见到美艳的新娘没移氏,立即走不动了。一场婚礼,竟变成父夺子妻。朝野哗然大乱!但元昊置舆论于不顾。废掉野利皇后,立没移氏为新皇后。

惊世骇俗的不伦之恋,成了元昊最后的疯狂。太子宁令哥不堪其辱:舅舅被杀、母亲被废、妻子被夺。恰在此时,没藏氏之兄觊觎国舅宝座已久,挑唆太子造反。公元1048年一个夜晚,太子闯入元昊禁宫,持刀割去父亲的鼻子。翌日早上,元昊因失血过多,结束了他的一生。随后,没藏氏之兄又以"弑君之罪",杀了太子。

是年冬天,西夏兴庆府城头,一个女子拾梯而上,怀抱着周岁的婴儿,他就是新君谅祚。太后没藏氏垂帘听政。元昊时代,终于在他自己的好色之路中结束了。

荒淫亡国,陈后主醉死他乡

陈后主陈叔宝是陈朝的最后一个皇帝,历史上有名的昏君,其荒淫腐败的程度在历史上是非常出名的。他并不像前辈刘子业那么赤裸裸的淫乱,在他看来那太没情调,满腹经纶的他更偏爱与嫔妃狎客游宴,饮酒赋诗,并采其尤艳丽者被之新声,以为词曲。其中,以《玉树后庭花》最为著名,后世称亡国之曲。亡国后被隋军擒获。隋文帝封其为长城县公,礼待甚厚。陈后主则全无心肝,日日沉浸于饮酒,后因饮酒过多而死。

1.登基称帝的血腥之旅

陈叔宝(公元553~604年),是南北朝时期南陈后主,也是陈朝最后一个皇帝。字元秀,小字黄奴,陈宣帝长子,生于江陵(今湖北省江陵县),宣帝病死,他击败二弟的皇位争夺而继位。在位七年,国亡被俘。

陈后主醉死他乡

宣帝陈顼在位时,立陈叔宝为皇太子。公元582年,宣帝病故前,下诏说:"皇太子叔宝继体正嫡,年业韶茂,篡统洪基,社稷有主,群公卿士、文武内外,俱罄心力,同竭股肱,送往事居,尽忠诚之节,当官奉职,引翼亮之功。务在协和,尤违朕意"(《陈书宣帝本纪》),既然已经有皇帝遗诏,后主继位是顺理成章的事,不料陈叔宝的二弟陈叔陵同他展开了激烈的争夺帝位的斗争。

陈是南朝的最后一个王朝,由武帝陈霸先于公元557年(武定元年)建立。公元569年(太建元年)正月,陈宣帝陈顼登基称帝,立长子陈叔宝为太子。此后陈叔宝就做了十三年太子,本来登基毫无问题,但陈宣帝又特别宠爱三子陈叔陵。太建元年,年仅十六岁的陈叔陵就被封为都督江、郢、晋三州诸军事,独当一面。公元571年(太建三年),陈宣帝又超迁他为都督湘、衡、桂、武四州诸军事,平南将军。公元577年(太建九年),又得授扬州刺史,都督扬、徐、东扬、南豫四州诸军事。公元578年(太建十年),又让他于东府治事,几乎就是皇帝之下的第一人了。此人苛刻狡险,恃宠自骄,在地方任职期间,严刑峻法,大肆抢掠,征求役使,无所不至,诸州镇闻听他要来,都非常害怕。他对部下也凌虐备至,凡是阿谀奉承的,都能升官发财;而那些刚直不阿的,就被他逼辱至死。因为他如此残暴无理,没有人敢上报朝廷,所以陈宣帝也并不知情,还以为他有才干,对他连连升迁。陈叔陵还有一个特殊的癖好,那就是做盗墓贼。对于建康周围的众多古墓,经常令左右之人发掘。取出墓中的珍宝玩物甚至尸骨藏于府中。公元579年(太建十一年),他的生母去世,为了寻找好墓地,居然把东晋太傅谢安的墓给挖了,把这个鼎鼎大名的"江左伟人"的骸骨随便丢弃。陈郡谢氏也是南朝高门,对此却不敢干预。对于这个儿子的胡作非为,陈宣帝多少也有些耳闻,但对他素来宠爱,只不过是责骂两句了事。而陈叔宝虽然是太子,却由于父皇在位,无兵无权,于是陈叔陵越来越肆无忌惮,开始对太子之位产生了觊觎之心。按说他在幼年还和陈叔宝一同做过西魏的人质,却毫无兄弟之情。不过陈宣宗虽然宠爱他,却也没有立他做太子的意思。他便勾结五弟陈叔固,共同图谋不轨,终于在陈宣帝病重的时候找到了机会。

那时他和太子陈叔宝、长沙王陈叔坚一同在宫里侍疾。他见被立太子已是无望,就暗暗起了杀机。按照当时宫中的规定,凡入宫者都不能携带兵器。所以陈叔陵才不得不从一位典药吏那里骗来一把切药刀,虽然磨了又磨,到底还是很钝,怎么磨也不顺手。第二天宣帝崩逝,他入朝前,大叫:"快拿剑来!"左右不解其用意,便取平日上朝服饰和所佩木剑,叔陵大怒,一掌打退左右,弃木剑怀揣切草药刀前往。到宫廷之后,乘后主正伏在灵柩前恸哭之际,举刀向叔宝后脑劈下去,后主猝不及防,大叫一声,昏倒在地。身边的柳太后上前救护,身上也中了几刀。叔宝的乳母吴氏急忙绕到陈叔陵的背后,用力抱住他拿刀的右手臂,陈叔宝苏醒过来,乘机起立,逃了出去。陈叔宝的四弟长沙王陈叔坚上前抱住陈叔陵,夺下刀子,用衣袖将他缚在宫殿柱子上,出去问后主如何处置叔陵,叔陵乘机挣脱束缚,逃回府中,开始举兵造反,但他披挂整齐。登上西门城楼招募百姓及诸王将帅,却没有一个人响应,只有那个和他勾结的陈叔固前来。他凑了半天,手下的人马也不过一千来个人。这时,长沙王陈叔坚以太子的名义发兵讨伐,不久就把他和陈叔固捉住杀掉。两天之后,陈叔宝养了养脖子上的伤,正式登基为帝,就是陈后主。

陈叔宝侥幸从刀下逃得一命。虽说历史不能假设,可如果那把刀再锋利一些,这个太子恐怕就当不了陈朝的后主了,那以后大名鼎鼎的《玉树后庭花》恐怕也无从出现,六朝金粉的金陵,可是要减色不少的。

虽然那把切药刀不够快,但给猛砍了一下也够受的。陈后主登基,但脖子上的伤很重,不能出来理事,朝政大权,很自然地就落到平乱功臣长沙王陈叔坚手中。这位王爷一旦大权在握,也就有点晕晕乎乎,专断跋扈,不把后主放在眼里,于是陈后主也开始对他有了防范之心。而他做太子时的东宫旧臣。对陈叔坚独揽大权早就不满,也经常在后主前面告他的状。于是。后主就封陈叔坚为司空,但把他手中兵马以及人事任用的实权全部夺去。陈叔坚对此心生怨恨,让工匠做了个真人大小的木偶,给它穿上道士的衣服,里面设置着精密机关,使这个木偶能够活动,跪拜自如。然后不分日夜地放在太阳月亮底下作法事,好诅咒陈后主早死。但不久这件事就被人告知了陈后主,后主大怒,派人到他王府搜查,人证物证齐全,就把陈叔坚囚于宫内,准备赐死。他命令近侍太监宣读赦令,历数长沙王罪行。陈叔坚跪地伏罪,痛哭流涕,连称自己该死。不过,这位王爷也很有心计,他一边哭,一边强调自己并无二心,只是想"亲媚"皇上而已。又说自己要是死了,一定会见到陈叔陵。请皇上让自己带个口信给他,再申斥他昔日悖逆之罪。这么一说,陈后主又想起这个四弟以前的功劳。想想他对自己也有救命之恩,便赦免了他的罪过,保留了王爷的身份免官还家。不久,又重新起用起这个兄弟来,封他为侍中、镇左将军。比起南朝不少父子兄弟杀得昏天黑地、血流成河的暴君来,陈后主算得上是仁德宽厚了。陈朝也成了南朝中唯一没有大肆杀戮的朝代。但是陈后主不是暴君,并不代表他不会成为一名昏君。而他做昏君的这种"潜质",也在他刚刚即位的时候就表现出来了。

陈叔宝为东宫太子时,就贪酒好色,只因宣帝陈顼管教极严,不敢放肆。宣帝死后,他继位后,就无所顾忌了。他认为陈朝的统治固若金汤,无须居安思危。因此,他当政的七年中,只有很短的一段的时间政治比较清明。以后就纵情酒色,放荡形骸,变成一个昏庸的君主。

他的脖子被切药刀砍了刚好,就在后殿摆酒设宴,召集近臣们一边欣赏轻歌妙舞,一边饮酒赋诗。那时他老爸陈宣帝死了还不到一年,按礼制作儿子的人是不应该饮酒作乐的。有个大臣看不惯,就装作生病昏过去了,搅了陈后主的兴致。陈后主很不高兴,甚至想找个茬杀了他,幸好有人劝阻才作罢。不过毕竟是新皇登基,总要摆出点励精图治的模样。于是诏书屡下,表明自己不敢贪图安逸,不敢忘怀国事。还说要让帝王大业兴盛,就要对好的建议不遗余力地四处采纳。所以大小臣子一定要对他这皇帝知无不言,言无不尽,他自己也会虚心听取,择善而行。他又说自己最讨厌奢侈腐化,那些堆金刻玉,花里胡哨的装饰品一概看不上。绝对不会在宫里收罗这种劳民伤财的祸害……

看了以上言论,我们一定要惊叹尧舜再世了。可惜,"今吾于人也,听其言而观其行",陈后主虽然大言炎炎,但"其行"实在不怎么样。

2.万户千门成野草,只缘一曲后庭花

陈后主治好了脖子,又除掉了谋逆的兄弟,便开始总揽起政事来。当时陈朝在南朝诸朝中最为弱小,疆域局促,户口不多,只相当于刘宋的一半。此时,北方的北周已经被隋朝所取代。隋文帝志在一统,对这个南方小朝廷也就虎视眈眈。陈后主也对此不安,便派使者去隋朝通好,他听说隋文帝的相貌不同寻常。就让使者画成画像带回来。等他展开画卷,看到里面的皇帝面貌沉雄奇伟,不禁大为惊骇,把画卷扔在地上,掩着脸说:"吾不欲见此人。"

陈后主把脸一捂,就自以为能够脱离危险,可以开始享乐了。他嫌陈宣帝留下来的宫室太过简朴,于是他登基的第三年,迫不及待地在光照殿前修建了临春、结绮、望仙三阁。每一座楼阁都高达数丈,带有数十间精巧的房间。其中的梁柱窗牖,悬楣栏槛之类,都是用沉香木雕刻而成的,有的时候有微风吹过,

便会传来一阵沁人心脾的幽香,数里之外都能闻到。并且还用金玉珠翠加以装饰,被阳光一照,更是异彩纷呈,光华夺目。每间房屋外面都悬挂着珠帘,房中陈设的床帐铺设,以及用来点缀的玩器,无不是瑰奇珍丽,近古未有。在庭院之中还用精致的奇石垒成假山,引来活水蓄为池塘。并种植了很多奇花异木杂错其间,装点得犹如人间仙境。

有了这样美妙的宫殿,陈后主就开始与一班臣下听歌观舞,吟诗作赋,天天乐此不疲了。这些臣下不少是他的东宫旧人,也有很多是朝中高官。如江总,天天和一群文士在后宫侍宴,陪后主饮酒赋诗。要说起来他也算是个不错的文学家,"好学,能属文,于七言、五言尤善"。可他贵为尚书仆射,相当于宰相,却对国家大事毫不上心,只顾宴游嬉戏。此外,还有一个叫孔范的,更是一个趋炎附势之徒,他因为也姓孔,就和后主宠爱的孔贵嫔结为兄妹,以此大得后主的信任。这帮人和后主在一块玩得兴起,又是"以文会友",便嬉皮笑脸,插科打诨,不再有尊卑上下之序,号称"狎客"。除了这帮知情知趣的狎客,文采风流的陈后主当然少不了美人的陪伴。他有宠爱的张贵妃、龚贵嫔、孔贵嫔,还有从民间"采集"的王美人、李美人、张淑媛、薛淑媛,又有袁昭仪、何婕妤、江修容。莺莺燕燕,柳媚花娇。陈后主还让宫女们比赛诗文,宫女袁大舍一举夺魁,就被他封为"女学士",每次游宴,就让她和狎客们共赋新诗。又制作彩笺,用来酬唱诗词,迟则罚酒。其中词采艳丽的,就谱作曲子,制成新歌。召来漂亮宫女千余人,伴以大型乐队,载歌载舞,分部迭进,一派旖旎浪漫。

对于这样的风流妙事,陈后主当然不甘心只做观众,他也是要参与进来的。他本是风流倜傥的才子,又精通音律。于是既写词配曲,又充当编舞导演,有时还亲自操琴演奏,忙得不亦乐乎,却也悠游其中。他所制作的新曲,有:《玉树后庭花》《春江花月夜》《临春乐》《黄鹂留》《金钗两鬓垂》《堂堂》等。光听这名字,已经是香艳无比了。这些曲子本来都是清商乐中的吴音与西曲歌调,来自民间,不乏质朴天真之处,但却不符合后主所喜欢的奢靡情调。于是,他对之加以改变,使得"其声甚哀",更有一种销魂蚀骨的效果。现在,这些曲子的声乐部分均已不存,歌词也仅留下《玉树后庭花》一首了。不过,就是这首《玉树后庭花》，一向被视作标准的"亡国之音"，在历史上大大的有名，或许很多人就是因此才记住了陈朝这个江南小朝廷。这首歌的歌词如下：

丽宇芳林对高阁，新妆艳质本倾城。映户凝娇乍不进，出帷含态笑相迎。妖姬脸似花含露。玉树流光照后庭。

一眼看去，满目秀辞丽藻，但仔细一品却意境浅俗，格调不高，仍是典型的齐梁宫体诗的套路，不脱剪红刻翠，无病呻吟之风。但此诗虽然水平不高，却也没有什么过分的描写，有些人指斥它为淫荡，就未免不着边际。其实，这样的平庸之作，在南朝可以说是一抓一大把。但只有这首诗，因为有了"亡国之音"的大名，居然一千多年以来广为传颂，倒也算是一件异事。

不过，陈后主的诗作也不全是这种靡靡之音，他到底是个才子，还有写的极精巧有味的诗。如：

午醉醒来晚，无人梦自惊。夕阳如有意，偏傍小窗明。

一种幽微的情绪，细腻而复杂，但在梦阑酒醒之际，却全然化作怅惘空幻。但是，梦中的惊恐和倚窗的夕阳，已经暗示出了一种不安的心绪和迟暮之感。陈后主尽管夜夜笙歌，醉生梦死，却也能够感受到这个小朝廷已经是日薄西山，时日无多了。

陈后主大治宫室，游宴不已，过着豪华奢侈的生活。而由此产生的巨大费用。就自然要转嫁到百姓头上。他当太子时的从官施文庆以及施文庆老友沈客卿等人掌理财政大权，不停地加重对民众的税赋盘剥，"税江税市，征取百端"，导致"刑罚酷滥，牢狱常满"，于是民不聊生，怨声载道。而他身边的那些狎客，又多是阿谀奉承之徒，比如那个孔范，知道陈后主不愿听人指责自己的过失，所以每当有大臣进谏，就被他以种种罪名斥退，然后又鼓动如簧之舌，巧加文饰，把皇帝的过失说成美德。皇帝听到这些天花乱坠的溢美之词，自是心花怒放，对他欣赏有加了。而此人仗着陈后主对他的宠幸，自我感觉极好，自诩是文武全才，满朝大臣谁都比不上他。经常对后主说那些在外镇守的武将不过是行伍出身，只会逞匹夫之勇，哪里有什么深谋远虑。牛皮吹得让后主以为他有多大才干，一旦将帅稍有过失，就下诏夺去他们手下的兵马，分与孔范等文士指挥。结果将士离心,文武解体,直接削弱了陈朝的武装力量。

这种情况,当然引起了朝中正直大臣的不满。秘书监傅縡,原来也是陈后主的东宫旧臣,得罪了施文庆,被诬陷入狱。他在狱中上书谏诤,痛陈时弊,指斥后主酒色过度,任用奸佞,货贿公行;后宫奢侈无度,百姓却流离失所,僵尸蔽野。还说再这么下去,一定会落得众叛亲离,"恐东南王气,自斯而尽"。

陈后主看到这番大骂,自是恼怒不已。但他心中却也不得不承认傅縡说的都是事实,又顾念到他毕竟是自己的东宫旧人。便打发人到狱中告诉傅縡,说要赦免他,但条件是让他必须改过,承认自己都说错了,不再上书批评皇帝。但这个傅縡却是一个正直不阿的人,他对来人说:"臣心如面,臣面可改,则臣心难改。"陈后主恼羞成怒,将他赐死狱中。其他大臣看到这个榜样。哪里再敢多言。于是君臣上下,就日复一日地沉迷于灯红酒绿,莺歌燕舞之中。什么国家大事,一概付诸脑后了。

"台城六代竞豪华,结绮临春事最奢。万户千门成野草,只缘一曲后庭花。"唐代诗人刘禹锡这首脍炙人口的《台城》,对陈朝由于穷奢极侈而亡国作了形象的描绘。陈朝君臣过着"璧月夜夜满,琼树朝朝新"的豪奢生活。却也终归是难逃"玉树后庭花,花开不复久"的必然覆亡的命运的。

3.都是美人惹的祸

陈后主在那首大名鼎鼎的《玉树后庭花》里,淋漓尽致地描画出一个绝代佳人来,"妖姬脸似花含露,玉树流光照后庭"。而这个让他用如此热情来赞美的美人,就是他宠爱的贵妃张丽华。

陈后主本来是"生于深宫之中,长于妇人之手",即位之后也就耽于诗酒,专喜声色。他的皇后沈氏为人贤德,却不受后主宠爱。他宠爱的是龚贵嫔和孔贵嫔这两个妃子,而孔妃更盛一筹,后主经常和她们一起饮宴欢乐,后主曾对孔妃说:"古称王昭君、西施长得美丽,以我来看,爱妃你比她们美。"

张丽华出身贫民之家,父兄都以织席为生,入宫时,年仅十岁,被分配为东宫侍婢,为孔妃的侍女。虽然小小年纪,却已经出落得轻盈婀娜,举止娴雅,姿容艳丽,不同凡响了。她发长七尺,黑亮如漆,光可鉴人。并且脸若朝霞,肤如白雪。目似秋水,眉比远山,一双眼睛在顾盼斜视之际,竟是神采奕奕,光彩夺目,照映左右。有一天,被后主偶然遇见,后主大惊,端视良久,对孔妃说:"此国色也。卿何藏此佳丽,而不令我见?"孔妃说:"妾谓殿下此时见之,犹嫌其早。"后主问何故,她说:"她年纪尚幼,恐微葩嫩蕊,不足以受殿下采折。"

丽华年虽幼小,但天性聪明,吹弹歌舞,一见便会,诗词歌赋,寓目即晓。随着年龄的增长,越发出落得轻盈婀娜,举止娴雅,姿容艳丽。

不久后主就将张丽华纳为妃子。张丽华后来又给他生了个儿子,后主就对她更为宠爱了。他曾经作过很多首《三妇艳》。《三妇艳》本是乐府古题,描写一家子三个儿媳妇共操家事,其乐融融的景象。到了后主这里,就变成了对他三个美人的赏玩了。"大妇爱恒偏,中妇意常坚。小妇独娇笑,新来华烛前。新来诚可惑,为许得新怜。"无疑,最得他心爱的,还是那个"独娇笑"的"小妇"。

后来陈后主受伤,卧床休养期间,也只肯让她一个人前来服侍。即位之后,就封她为贵妃,宠冠六宫。陈后主修建了临春、结绮、望仙三阁,他自己住在临春阁,让张丽华住在结绮阁,孔贵嫔和龚贵嫔住在望仙阁。三阁之间,还各以复道相连接。后主便可以自如地往来其间,和他的美人们嬉戏玩闹。最受他宠爱的张丽华常常在阁上梳妆,有时临轩独坐,有时倚栏遥望,宫中的人远远望去,飘逸如神仙一般。

张丽华是个聪明的美人,她虽然受到后主百般宠爱,却能宽宏大量,毫无嫉妒之心,对于后主宠爱的其他美人都能搞好关系。每逢后主带贵妃和宾客游玩饮宴,她便推荐诸位宫女同去。她还经常把相识的美貌女子推荐给后主,后宫家属犯法,只要向她乞求,无不代为开脱。这么一来,后宫中的人都感激她,争着说贵妃娘娘的好话,后主就对她更为宠爱了。

但张丽华的聪明不只用在这里。她本出身于民间,做了贵妃之后,依然喜欢打探宫外的事,社会上的一句话一件事,她必然会先知道,然后告诉后主,于是后主更敬重她。于是,张丽华凭借着自己的聪明开始干预朝政。她能言善辩,鉴貌辨色,记忆力特别好。那时,陈后主倦于政事,百官奏书都由两个太监进呈御阅,两个太监奏事之时,唠唠叨叨地说了半天,陈后主还不得要领。这时,坐在旁边的张丽华却逐条裁答,说得清清楚楚,毫无遗漏。后主一看她有这般才情,大喜过望,从此之后就把政事统统交给她处理。张丽华起初只执掌内事,后来由于后主的信任,也开始干预外政。王公大臣如不听从内旨,只由她一句话,就被免官罢黜。此后江东小朝廷,不知有陈叔宝,但知有张丽华。

不过,张丽华虽然得到陈后主的专宠,又大权在握,说一不二,却仍然有一件事情不能随心所愿,那就是她给陈后主生的儿子陈深的地位。张丽华虽然是贵妃,宠冠六宫,实际上成了后宫的主人,可她毕竟不是皇后。虽然后主对她专宠,爱屋及乌,对于她的儿子也倍加宠爱,封他为始安王,还兼着扬州刺史和军师将军这两个职务。不过,无论官职做到多大,总不及备位储君的太子更加稳固。但陈后主那时已经立了皇后沈氏的养子陈胤为太子了。这位沈皇后出自高门,是望蔡侯沈君理的女儿,也是陈朝开国皇帝陈武帝的外孙女。虽然皇帝一直冷落她,打发她独自住在求贤殿。但沈皇后性格温良贤德,深得内外敬重,所以她国母的位置却依旧无人敢于轻侮。后主很少去看望她,往往是一年半载才来一次。而且,这种拜访也多是礼节性的,暂入即还,从不留宿。沈皇后虽然黯然神伤,却也无可奈何。后主却还有兴致写诗打趣她:"留人不留人,不留人也去。此处不留人,自有留人处。"沈皇后见他这般嘲讽,也不禁心酸,赋诗答道:"谁言不相忆,见罢倒成羞。情知不肯住,教妾若为留。"对后主的无情暗暗抱怨。于是皇帝当下翻脸,大怒而归。不过,那句"此处不留人,自有留人处"却成了后世极为流行的俗语。

皇帝对沈皇后越来越不满,自然被张丽华看在眼中。于是在她的暗中授意之下,立刻有以孔范为首的数十近臣开始在皇帝面前谗害太子。张丽华又联络同样对皇后怀有不满的孔贵嫔一起给后主吹枕头风。使得耳软心活的陈后主对太子渐渐产生了疑虑。最终,在祯明二年(588年)五月,陈后主做出了决定:废掉太子陈胤,改封吴王,立张丽华所生的始安王陈深为太子。

按照陈后主的意思,下一步就是废掉沈后,立他心爱的张丽华为皇后。但是,他的愿望来不及实现了,同年三月,隋文帝已经发兵五十一万八千人,由晋祸,迫在眉睫。

4.胭脂井畔留红唇

陈后主的小朝廷本来就国小民穷,在北方强大的隋朝压力下显得很是局促。可陈后主还自不量力,就在祯明二年的春天,他一边派使者出使隋朝,一边又派兵出屯峡口,侵犯隋的峡州。早就想找机会灭掉陈国的隋文帝得知此事,真是又怒又喜,立刻以此为借口出兵伐陈。发布三十万份檄文,历数陈后主的二十大过恶,一路势如破竹。而此时江南百姓早就不满陈后主的暴虐统治,纷纷传唱东晋王献之的《桃叶词》:"桃叶复桃叶,渡江不用楫。但渡无所苦,我自迎接汝。"欢迎隋军的到来。到了十一月,陈朝沿江的镇戍已是连连报奏告急了。

就在这种情况下,陈后主还自恃金陵的"王气",不以为然地说金陵这地方齐兵来了三次,周兵来了两次,无不大败而归,这回隋兵再来,也不过是重蹈覆辙罢了。他的宠臣孔范也随声附和,道是长江天堑自古就限隔南北,今天虏军哪能飞渡过来。这些军情紧急的报奏,不过是沿江诸将想要邀功求赏而已。他还吹牛,说要是虏军能渡江,自己就能凭军功做太尉了。这时,有人来报隋军的战马死了,孔范就夸张地感叹:"哎呀,这都是我的战马啊,怎么就死了呢。"面对这样热昏的胡话,陈后主竟大笑不止。

不过虽然有"王气"保佑,陈后主心中也并不十分踏实。那时钱塘县被杂草堵塞多年的临平湖,忽然不浚自开,老百姓纷纷传言"湖开天下平"。陈后主听到,很是烦闷。他还有点自知,知道自己绝对不是那个"平天下"的人,那根据这个谶语,自己就要被"平"了。忧虑之余,他居然想出了一个绝妙的主意,要效法前朝的梁武帝萧衍,自己卖到佛寺舍身为奴,来以此躲过灾祸。同时,为了寻求佛祖保佑,又在建康城内大造皇佛寺,兴建七层宝塔,可是宝塔尚未完工就被焚毁,还引发京城大火,连累百姓。陈后主又从湘州采木,准备建造正寝,可运木的船只刚到牛渚矶,就沉没水底。种种"亡国之兆"都让他觉得心惊肉跳,但他的解决方法依然是付诸饮酒作乐,狂欢玩闹。大臣章华在国家危亡之际,上表极谏陈后主,说他做了五年皇帝,"不思先帝之艰难,不知天命之可畏",沉迷酒色,宠幸奸佞。现如今已是敌军压境,形势危急之时,如果皇帝再不改弦易张,"臣见麋鹿复游于姑苏矣!"但惶惶不可终日的陈后主此时已是鬼迷心窍,对这封戳到他短处的奏章羞怒交加。于是不但不幡然悔悟,痛改前非,反而让章华又步了傅縡的后尘,而且这次甚至懒得审问,在上书的次日就将他斩首。

公元589年(祯明三年)正月十五,隋军从广陵渡江。接着又攻拔京口,继而进据钟山,屯军新林,对建康形成合围之势。当时,建康城内还有十多万军队,但陈后主不懂指挥,只会每天哭哭啼啼,朝中军将劝他坚守建康与隋军相持,等到隋军疲惫之后,再想退敌之策。但后主对此却拒不听从,反而相信孔范的大话。孔范吹牛:"请陛下下令,我率军与敌一决,定能成功,像窦宪燕然勒石那样名垂千古。"结果弄得诸军分散,首尾不相知。后主这才惊慌失措,忙召集群臣商议退兵之计。后主连问:"众卿,谁肯为朕出战?"连问数声,无人应答。正在焦急之时,老将萧摩诃答道"臣愿领三军前往御敌!"当时,建康城中有兵十万人,后主听从臣下建议,命大将萧摩诃、任忠率军出城迎战。

萧摩诃丧偶,续娶夫人任氏。任氏妙年丽色,貌可倾城,与张丽华说得投机,结为姊妹。任氏生得容颜俏丽,体态轻盈,兼能吟诗作赋,自矜才色,颇慕风流。她觉得丈夫摩诃是一介武夫,闺房中惜玉怜香之事,全不在行,故心里不满。在宫里看见后主与张丽华,好似并蒂莲恩爱绸缪的样子,不胜欣羡。因此见了后主,往往眉目送情。留宿过夜,调情纵乐,做长夜欢聚。自此任氏常被召入宫,在萧摩诃面前,只说被丽华留住,不肯放归。萧摩诃是直性人,开始还信以为实,也不用心查问。后来风声渐露,才知妻子与后主有奸,不胜大怒,叹道:"我为国家苦争恶战,立下无数功劳,才得打成天下。今嗣主不顾纲常名分,奸污我妻子,玷辱我门风,教我何颜立于朝廷!"不由火冒三丈,当时晕倒在地,将士见主帅昏倒,顿时慌作一团。

隋军杀来,两军还未交手,那个吹牛高手孔范纵马便逃,主将一跑,剩下的兵士也就跟着溃散，一时间兵败如山倒，连大将萧摩诃也被活捉，建康城马上就守不住了。

陈后主慌了手脚，拖出两大箱笼黄金给老将任忠，让他出外募人出战。任忠拿到黄金，出得城来，就投降了隋将韩擒虎，还作为向导带领隋军进城。守城的兵士准备战斗，任忠挥挥手，大声斥责："老夫尚降，诸君何必多事。"守城将士闻言便作鸟兽散，隋军兵不血刃地进了建康城。

此时，陈后主已经是众叛亲离。他召集百官，却没有一个人再来，只有尚书仆射袁宪守在身边。陈后主悲从心起，对他说："我从来待你不如其他人，现在只有你还在这里相陪，真令我不胜追愧。今日之事，不仅是因我无德，也是江东衣冠道尽了。"说着，魂不守舍地找地方躲藏。袁宪义正词严地说："北兵入都，料定必无所犯。大事已经这样，陛下能去哪里安身。依臣之见，陛下应该正衣冠，御正殿，效仿梁武帝见侯景的故事。"

这位梁武帝就是南朝梁朝的建立者萧衍，而梁朝也亡在他手上。侯景投降他又起兵造反，最后攻入建康城。兵戎相见之际，萧衍依然神色安详，从容地问起侯景的起居妻小等琐事来。凶残的侯景也被他的风度折服，汗流满面，不敢仰视，最后唯唯而退，不禁感叹萧衍真是天威难犯。现在，袁宪劝陈后主效法梁武帝，希望他在隋兵进犯之际至少要保持镇定的风度，也算多少给"江东衣冠"挽回点面子。但陈后主哪里有萧衍的气度，他早就吓得面无人色了，再要他和持刀露刃的隋兵相见，就更是一百个不情愿。所以他跑得比兔子都快，还说"锋刃之下，怎好轻试。不必多言，朕自有办法。"

他的办法究竟是什么呢？隋军攻入宫里，四处搜寻，却找不到陈后主的踪影。于是又搜到后面的景阳殿来。那有一口井，隋军隐隐约约地看到井里似乎有人影，就高声呼喊。井里没人答应，兵士们便威吓说再不回答就要扔石头了。还真找了一块石头放在井口，装出要扔的样子。于是井里的人吓得叫了起来，兵士把绳索丢到井里，把他往上拉，却发现十分沉重，等拉上来才发现原来是三个人，就是陈后主，贵妃张丽华和孔贵嫔。据说张丽华在慌张之际，把唇上的胭脂抹到了井口上，所以，这景阳宫井，也就以胭脂井而出名了。隋军的统帅，晋王杨广曾特别嘱咐长史高颎,令他一定要保全张丽华的性命,但高颎此时却立刻把这美人杀死,还说当年姜太公灭纣杀了妲己,今天怎么能留下张丽华。杨广得知,愤愤不平,最后他登基做了隋炀帝,终于找到借口处死了高颎。

这时,隋军又攻入太子陈深所在的宫殿,这个十五岁的少年倒很镇定。他毫无惧色,神色安详地对那些兵士说:"你们戎旅在途,想必十分辛苦了吧。"杀气腾腾的隋兵见此情景,肃然起敬,都立在原地不敢妄动,一齐向他行礼。两相比较,这陈后主可是比他儿子差远了。

5.全无心肝,醉死他乡

陈朝灭亡之后的第二个月,陈后主被押解到长安。胜利后的隋文帝在阳广门召见了他,陈后主此时不得不面对这个他当年宣称"吾不欲见此人"的皇帝了。他伏在地上,大气都不敢喘。隋文帝先是指责陈朝君昏臣佞,陈后主吓得战战兢兢。之后隋文帝又宣诏抚慰,陈后主就高兴得手舞足蹈起来,连忙山呼万岁,叩拜再三。隋文帝对他还不错,给他三品官的待遇,还经常召他进宫宴饮,为了怕他伤心,特地嘱咐乐队不要演奏江南的音乐。但是,隋文帝实在低估了这位陈后主的脸皮厚度。他虽然从九五之尊变成了阶下囚,却依然喝得开心,乐得开怀。居然会觉得每天参加宫廷的宴会,自己没有官职,坐在其中不自在,要求隋文帝能封他个一官半职。隋文帝听了不由大笑,说:"陈叔宝真是全无心肝。"

给了他这么个鉴定,隋文帝就对他更放心了,东巡的时候还把他带上。陈后主也尽忠竭力,给隋文帝献诗一首:"日月光天德,山川壮帝居。太平无以报,愿上东封书。"歌功颂德,请隋文帝封禅泰山。陈后主喜欢喝酒,天天喝得大醉,隋文帝开始为他身体着想,让监守的官员控制他的供应。后来又说,还是让他喝吧,他若不能随意饮酒,日子也不会过得舒服。于是陈后主天天沉浸于醉乡之中,最终于公元604年(隋文帝仁寿四年)喝酒喝死了,时年五十二岁,比隋文帝还多活了大半年。他的宗室子弟也在降隋之后得了善终,不少人后来还做了官。比起南朝的不少皇室都互相杀戮,彼此征战而全族覆灭,死于非命来说,陈后主虽然亡了国,却能"寿终正寝",宗族也得到了保全,倒也是一种幸运了。

历史奇案

隋朝宰相苏威的"朋党"冤案

隋开皇十二年,四海归心,天下已定。为巩固和加强统治,隋文帝杨坚打算重修礼乐,以加强和巩固统治。

一天傍晚,平日早已寂寥无声的朝堂,这时候却百官伫立,争论不休,讨论制乐一事。这一过程中,国子监博士何妥与太子通事舍人苏夔的争执激烈异常。他们二人各执己见,各不相让,僵持了很久。一个是德高望重的儒林耆宿,一个是颇负盛名的少年俊秀,他们俩都精通礼乐,尽管意见不一,可都有理有据。文帝觉得十分为难,最终不得不按照大多数朝臣的意见来定取舍。

年纪不大、资历不深的苏夔敢和德高望重的何妥当庭一争高下,并非由于此人可以面折廷争。苏夔之父苏威乃当朝宰相,自开皇初便执掌朝政,是隋朝开国元勋。日常文武百官都争相依附此人,这次议乐,当然又给那些人提供了一次巴结宰相的好机会。原本一场学术上的争论,这时已化作一场政治势力的较量。

通过表决,十分之八九的大臣都站在了苏夔一边。胜利者洋洋得意,失败者却心理不平衡。何妥火冒三丈,他怒火冲天地说:"我做了这么多年的侍坐先生,此刻栽在一个乳臭未干的毛孩子手里!"

苏威与何妥早有积怨,多年来上朝议事时常有争执发生。何妥自以为是一代鸿儒,对苏威当然不服,但念在苏威大权在握,通常也不得不忍气吞声。可这回竟然让苏威的儿子击败了,这必然令其自尊心大受伤害。何妥的确是位造诣颇深的"儒林高士",旧怨新仇,令其情思激愤,大笔一挥,一篇指责苏威等大臣朋比为奸的上"封事"诞生了。

　　文帝阅毕何妥的奏章,心里甚是愤怒,他一贯痛恨大臣之间各树党羽,相互串联,这可能和他起家的经历有关。曾辅佐自己夺取北周天下的当今国相,此时此刻又在暗中结党,这对自己的江山社稷必然是种极大的威胁。不过,这件事情事关重大,依据何妥所奏,一定会牵涉到吏部侍郎薛道衡、礼部尚书卢恺、考功侍郎李同和、尚书左丞王弘等多人。出于慎重,文帝特意派上柱国虞庆则、皇子杨秀等人联合调查苏威"朋党"案。与此同时,还把卢恺等人交由御史台审理。

　　很快,对苏威的调查有了结果,调查者列举了苏威罪证的事实:尚书省中都称呼王弘为"世子",而叫李同和"叔",李、王就像是苏威的子弟,可见关系异乎寻常;儒士王孝逸,原本是国子学请来担任书学博士的,吏部却依据苏威的命令,任命此人为府内参军;除此之外,苏威以多种不正当手段,提拔自己几位族弟为官等等。证据看来已确凿无疑,证明何妥所奏并不是诬告诽谤。文帝顿时龙颜大怒,他让苏威当庭诵读《宋书·谢晦传》中一段关于朋党之案的内容。苏威吓得失魂落魄,赶快脱下官帽,不停地叩头请罪,文帝却愤怒地说:"现在为时已晚矣。"立刻罢免了苏威的官爵。

　　苏威被罢免后没多久,御史台对卢恺的调查报告也呈给了文帝。经查证卢恺有下列罪状:第一,立隋国前,房恭懿参与了北齐旧臣尉迟迥的叛乱,本不该任用这样的人,可是却经原吏部长官卢恺、苏威执意推荐,令其官至海州刺史;第二,滞留在吏部候选的人不少,当时卢恺身为吏部尚书,并非从速授予官职,而是先让那些人填写履历,要在划分士流后才派遣;第三,苏威的族弟苏肃、苏彻,二人是通过区区乡正调吏部候选的,苏彻在委任状还没有下达就已被先行录用,而苏肃不仅身残,且碌碌无为。为了逢迎苏威,卢恺居然任命苏肃为朝清郎。按照上述事实,宪司最终判定,苏威与卢凯等人共为朋党,证据确凿。

　　这下隋文帝更加震怒,当庭斥责卢恺道:"你胆敢利用自己神圣的天官之职布施个人恩惠!"卢恺边脱帽叩头,边为自己开脱道:"皇太子曾想让小人提拔通事合人苏夔为舍人,当时臣觉得苏夔资历不够,因此坚持反对提拔他。倘若臣的确和苏威有私情,会反对提拔苏夔吗?"文帝不信他的话,说:"苏夔乃苏威之子,这是人尽皆知的。你坚持不提拔他,只是想欺世盗名、掩人耳目而已。而对那些不为人所知的,像苏肃、苏彻,你就随意提拔,难道这还不是奸人的行为吗?"

卢恺百口莫辩,当即被贬为庶民。

因为何妥所奏,房恭懿、薛道衡等也相继充军流配。此事先后被治罪受牵连的知名人士有上百人,是自隋开国以来以"朋党"罪名涉及人数最多的一桩案件。

对此案史家素有微词:自北周至隋以来,不分清浊选任官吏,导致在官吏中鱼龙混杂,在薛道衡、卢恺执掌吏部后,有鉴别、有区分,举贤任之,才令过去的局面有较大改观,可这些却成为他们阿谀结党的罪证;尽管房恭懿曾参与叛乱,可那时天下未定,难免人为其主,后经苏威引荐效忠于隋,文帝因其政绩卓然,还数回嘉奖于他,任命他为海州刺史;说起何妥一怒,不惜令百余位名士罹难蒙冤,有失儒者风度,此乃儒家仁道所不容。

卢恺、苏威"朋党"案确属冤狱。不久,隋文帝对此有所悔悟,他非常愧疚地对大臣说:"苏威被人诬陷了。"又过了一段时间,便恢复了苏威邳国公的爵位,只是同案的房恭懿、卢恺却因不堪劳忧,已含冤先后奔赴九泉。

隋相国高颎私通反臣案

隋开皇十九年仲夏,暑气使人感到异常闷热难耐。平索深受爱戴的国相高颎以私通反臣之罪被免职。

高颎被免职与一个多月前的一起"谋反"案有关:大臣王世积被弹劾谋反,在审理过程中,涉及一些宫禁秘事,据王世积供认,是宰相高颎告诉他的。文帝闻知十分吃惊,紧接着,又有御史劾奏,说高颎及左、右卫大将军元旻、元胄都同王世积私通,王世积曾赠送他三人宝马。隋文帝听后大怒,当下就将高颎、元旻、元胄等罢了官。

说到高颎，他曾是隋文帝建隋朝的佐命第一功臣，开皇以来，一直提任尚书左仆射，创立了隋初的各项重要制度。十多年来，文帝对高颎言听计从，宠信备至，尽管开皇初年曾有很多人，或因政见不合，或出于嫉妒而诋毁、攻击过高颎，但文帝并没有相信，而是把说高颎坏话的人全都治了罪，并且还故意把太子杨勇之女嫁给高颎之子高表仁以示恩宠，从此堵上了那些想陷害高颎的人的嘴巴。

数年之后，隋文帝不仅是单凭一些无凭无据的报告和一个"反臣"的供词就治了高颎的罪，而且当一些大臣，如吴州总管琮文弼、上柱国贺若弼、刑部尚书薛胄、兵部尚书柳述、民部尚书斛律孝卿等出于正义。为高颎鸣不平时，文帝还不分青红皂白地将他们全部打进了大牢。

其实，文帝这样做是有他的道理的，因为这起"私通反臣"案的真正起因并不是那么简单，然而隋文帝无论如何也不会想到，这桩案子如果真有必要治罪的话，那么该治罪的恰恰是他的皇后独孤氏。

一次，独孤皇后嫉妒文帝的一位宠姬，便乘文帝上朝时杀死了她。文帝退朝回来得知此事后大发雷霆，狂怒之下一口气骑马飞驰了二十多里山路。身为宰相的高颎只好尾随其后，苦苦相劝也不起作用，直到他说"陛下怎么可以为一妇道人家而置江山社稷于不顾"，文帝才渐渐消了气，回宫后原谅了皇后。但高颎万万没想到，他的一句"妇道人家"，竟为他日后的遭遇埋下了祸根。

独孤皇后共生五个儿子，开皇初，长子杨勇被立为太子，但是到了开皇十八年，太子由于恃宠骄淫，已不再被宠幸，这时，伪善矫饰、生性奸诈的二皇子晋王杨广却颇会讨帝、后的欢心，于是文帝便想重新立杨广为太子。一次，文帝想试探高颎，便说："有神灵启示晋王妃，说晋王必得天下，您怎样认为？"高颎立刻猜到了文帝的意思，他马上回答说："长幼有序。陛下怎么可能随意废立呢？"文帝默然。而独孤氏却从此决意除掉高颎。

恰逢高颎的妻子去世，独孤皇后见时机来临，便故意装出一副关心国相的样子对文帝说："高相国年事已高，如今没了夫人，陛下有没有考虑为他另娶一个？"文帝哪知皇后用心不良，他觉得皇后想得甚是周到，便将她的意思讲给高颖。高颖见皇帝、皇后对自己关怀备至，感激不已，连连道谢，并再三推辞道："臣年事已高，退官以后，只想在家静静地读经修性，至于纳室，臣早已不想了。"见高颖言辞恳切，文帝也就随他了。君臣二人永远也不会想到，他们已经误入那"妇道人家"精心设计的"圈套"，无论进退，高颖失宠获罪都已成定局。

没过多久，高颖爱妾喜得一子，文帝知道后也十分高兴，皇后这时却说："陛下还像以前那样信任高颖吗？当初陛下好心降恩要为他娶妻，他分明是眷恋爱妾，却找借口欺骗陛下。现在他骗不过去了。陛下可不能对这种人过于信任了。"文帝听了，觉得皇后所言有一定道理，心中隐隐有些不快。

开皇十八年春。高丽王人寇辽东未遂。文帝一时气恼，一定要出兵攻打高丽，高颖苦谏不成，只得受命出征。但是正巧天气恶劣，军中瘟疫流行而无法继续出战，被迫撤军。高颖还朝后，皇后又借机说他的坏话："高颖是因为陛下强迫他才出战的。我早知道他此次出兵不会有什么建树。"辽东之行，以文帝幼子汉王杨谅为元帅，但因杨谅年纪尚小，文帝将一切军务大事都委托给长史高颖。高颖深知责任重大，所以遇事都亲自决断。杨谅见高颖如此独断，不采纳自己的建议，心存怨恨，因此回朝后便向文帝哭诉，甚至谎称自己"差点被高颖杀掉"。从那以后，文帝对高颖已不仅仅是丧失了信任，可以说已完全无法容忍高颖了。

王世积的供状只不过是文帝罢免高颖的一个借口。高颖被免官后，文帝仍让他以齐国公身份居于原来的府第。然而，他并没有从此而得到安宁。不久，高颖的一位部下又将所谓高颖家的"阴事"告之皇上，此人声称高颖被免官后，他的儿子高表仁对高颖说："司马懿当年以生病为借口不上朝，结果当了皇帝，父亲如今被免官，焉知非福呢？"文帝见高颖竟敢拿晋武帝自比，恼怒万分，随即下诏将他拘押在内史省。后来，御史台又弹劾说，一个和尚曾对高颖说"明年国有大丧"，可见高颖确有谋反之心。有司也趁机陷害高颖。请求将高颖处斩。文帝考虑再三，才说："去年杀了虞庆则，前不久又刚杀了王世积。如果现在再杀高颖，我怎么向天下人交代呢？"虞庆则、王世积都是早年帮助文帝打天下的老臣，因被诬陷谋反而先后被杀。对于强加给这些勋旧的罪名，文帝总觉得于情理上过不去,因此他决定不杀高颍,只将他削职为民。

高颍当年刚任宰相时,他的母亲就对他说:"你富贵已极,就只差一斧头了,要小心呀。"高颍深知母亲的担心是对的,数年来他也确实是经常害怕身遭不测,如今总算保住了性命。高颍倒是能坦然接受命运的安排,因为对他来说,活着就已经够幸运的了。此后终文帝之世,高颍一直为庶民。然而他最终还是死于别人的刀下,那又当是隋炀帝时的另一桩案子了。

唐代侯君集谋反案

侯君集,幽州人,从小就好玩弓箭,从未读书识字。唐太宗李世民为秦王时,见他勇武健壮,将他收在幕府。后来,侯君集随李世民征战南北,他勇猛善战,屡立战功,而且在诛元吉、建成的"玄武门之变"中,他也足智多谋,立下大

侯君集

功,所以日益受到太宗恩宠。从贞观四年升任兵部尚书、参议朝政以来,侯君集可以说是步步高升。贞观九年,大将李靖用侯君集之计平定北方吐谷浑,使其

又建奇功,贞观十二年,拜为吏部尚书。

任吏部尚书就免不了要定考课、典选举,这时侯君集才知道"书到用时方恨少",于是发狠地读起书来。不久,侯君集便能舞文弄墨,且能很自如地应付吏部之事,诸事处置十分得当,令朝臣们刮目相看。唐太宗见侯君集无论在军为将,还是在朝参政,都能得心应手,且颇负美名,对他十分满意,只是觉得侯君集行伍出身,没学过兵法未免美中不足,于是亲自为他请了一位老师。

太宗为侯君集请的老师正是精通兵法、战功赫赫的老将军李靖。侯君集也还算是个好学生,他有着很浓的学习兴趣,学习兵法就像上战场一样,任何问题都穷追不舍。但学了一些日子,侯君集突然私下对太宗说:"李靖想造反。"太宗问他怎么知道,侯君集回答说:"李靖教臣兵法,把兵法中的精华部分都隐匿了,只教一些简单的皮毛。"太宗以侯君集的话问李靖,李靖十分气愤地说:"我看侯君集才是要造反的人。如今四海安宁,臣教给他的已足够用了,可他偏偏要刨根问底,穷究一些绝技,这不是要造反是什么?"江夏王李道宗也对太宗说:"君集自负而功微,志大而才疏,位居房玄龄、李靖之下,他一向觉得这是耻辱,虽已官至吏部尚书,仍不满足。依微臣所见,他早晚要犯上作乱。"太宗对待他的功臣们一向是很大度、很器重的,但有时也难免过于骄纵。他说:"以他的才华,什么职位都能当之无愧,不是我不愿委以重任,只是如果按资历排下来,现在还轮不上他罢了。"太宗又责怪李道宗说:"你不要妄加猜测,随便怀疑别人。"从此,对于因学兵法而引出的谋反的话题便没人再提,但真正的谋反却尚未开始。李道宗的怀疑也许是无稽之谈,但他却真的猜对了。

贞观十七年四月,太子承乾谋反案发,侯君集也被告发。在审问时,侯君集供认了自己的所有犯罪事实。唐太宗本来不相信他会造反,但现在,太宗不得不承认眼前的事实。太宗这时才对李道宗说:"卿果然说中了。"话中充满了愧意。

侯君集仕途得意,又极受太宗宠幸,怎么会谋反呢?这还要从三年前说起。

贞观十四年,侯君集奉太宗之命越两千里戈壁、西行七千余里讨伐高昌,功震朝野。然而当他凯旋之时,迎接他的不是封赏,而是监狱。原来侯君集降服高昌以后，自以为将在外可以不受朝纲约束，便私自将当地一些无辜百姓流放或杀害，并且还将高昌城中所有应收归国有的珍宝据为己有，他的部下也纷纷效仿主帅，中饱私囊。侯君集因为怕手下人将自己告发，也只好放纵他们胡作非为。一时间盗宝之风盛行，一发而不可收。纸是包不住火的，有司的奏本证据确凿，太宗虽不想让侯君集受牢狱之苦，可也找不出为他开脱的理由，只得诏令抓侯君集下狱。然而没过多久就有位叫岑文本的中书侍郎上书，声称不可如此对待国之勋臣，太宗见书，顺势做出纳谏的样子，将侯君集释放了。

然而侯君集却不领太宗的情，自从被劲遭囚禁后，他就一直闷闷不乐，对太宗心怀不满，萌发反叛之心。一次，太子詹事张亮出任洛州都督，侯君集心想张亮此时心情应当与自己相同，便激将说："您因为什么被排挤出京城到地方任职？"张亮一听，觉得侯君集是在侮辱自己，便没好气地说："你才是被排挤的。"侯君集见张亮误解了他，又启发说："我平定高昌，为国立功，没想到却遭此厄运，谁受得了这种窝囊气。您如果要谋反，我一定支持您。"张亮当时未动声色，事后，他将侯君集的话密奏太宗，太宗对张亮的话没有太在意，只是置之一笑，还说："卿与君集都是朝廷的功臣，这些话君集只对卿一人讲了，又没旁证，如果找君集来问话，君集肯定会否认他说过这些。这是你们两个人的事，别人怎么会清楚？"

过了几天，太宗诏令，于凌烟阁绘大唐二十四功臣像，张亮和侯君集都赫然在列。

过了数月，侯君集被告发谋反入狱。太宗自己亲自审讯，而没将侯君集交法司审理。太宗让人把侯君集召来，对他说："我怕将军受那些人的侮辱，所以亲自来审问。"很明显，太宗坚信侯君集是清白的。侯君集起初也有心抵赖，但证人就在面前，他无话可说。该证人正是侯君集的女婿、东宫卫士贺兰楚石。贺兰楚石证实，太子承乾见魏王李泰日益受宠，担心自己被废，得知侯君集对太宗心怀不满后，便请侯君集入宫问他有关自安之术。太子曾多次命贺兰楚石引侯君集入宫。一次，侯君集举起自己的双手对承乾说："这么好的一双手，应该用来为殿下效劳。"贺兰楚石还出示了太子与侯君集往来的若干书信。人证、物证俱在,太宗只得相信。

但太宗认为,侯君集只是一时失足,他毕竟于己于国,功不可没,所以不忍心杀害他。他在大臣面前说:"当年国家还没有安定下来时,侯君集尽忠竭力为朝廷效力,屡建奇功。现在他犯了罪,众爱卿就看在过去的份上,放他一条生路吧。"群臣一致要求依法办事,太宗也没有办法。只好与侯君集挥泪诀别。

依大唐律例,谋反者处斩。临刑之日,侯君集平静地对监斩官说:"我侯君集真会谋反吗?只不过是一时糊涂而已。可我毕竟还为国家平定了吐谷浑、高昌两地。请你替我向皇上求个情,能否留我一个儿子的性命,好让他接续侯家香火。"太宗得知后,立即下令赦免侯君集之妻及其一子。母子二人被流放岭南。

唐朝太子谋反案内幕

唐高宗上元二年(公元 675 年),太子李弘暴死。有人说太子由于屡屡违抗其母武则天的旨意而被武则天处死的。现在这些已经无从考证,但在此之前,武则天确实曾为了废王皇后而取而代之,亲手将她的亲生女儿掐死在襁褓之中。

李弘死后,李贤被立为太子,并奉旨监国。李贤是李弘的同胞兄弟,为人处事一如其兄,他仪表堂堂,不仅聪明,尤好诗书,受到高宗的宠爱,而且英明果断,受到朝臣的一致好评。然而这样一个贤良的太子,对于觊觎皇位已久的母亲武则天来说,简直就是一个绊脚石。当然,如果太子能够顺服一些,那又另当别论。于是,武后命北门学士撰写了《少阳正范》(少阳即东宫)和《孝子传》赐给太子,并利用各种机会三番五次地点化他。

正谏大夫明崇俨对诅咒之术十分精通。武则天很相信这些东西,而明崇俨也正是抓住武后的这个弱点赢得了她的欢心的。李贤立为太子后,明崇俨居心不良,多次在太后耳边吹风,说太子没有能力继承帝业,又说英王与太宗长得很像,有帝王之相。这些话传到太子李贤耳朵里,李贤十分厌恶明崇俨。后来,李贤又听到宫人们纷纷议论，说他是武后之妹韩国夫人所生，便不禁联想到武后常常因一些小事就对他大加指责，李贤心里不免产生怀疑。正巧，武后又赐这样两本书给他，这令太子更加不安。

调露元年（公元679年），明崇俨被害，凶手始终没有找到。武后很自然地怀疑到太子头上，于是便伺机报复。重要的是，如果太子谋杀明崇俨属实，那么他就威胁到武后夺取皇位的计划。武后派人密查太子。李贤好声色，常与门人赵道生等嬉戏逗乐，并多次赐给他们金帛。李贤贵为太子却如此不顾尊卑之礼，是大逆不道。于是，武后暗中派人告发太子。高宗听后果然大怒，他让裴炎、薛元超和御史大夫高智周等共审此案。谁料，却从东宫马坊中搜出了数百副甲胄。这些东西，足以说明太子要谋反。而此时，太子的门人赵道生又落井下石，谎称是太子指使他杀害明崇俨。人证、物证俱在，太子图谋不轨、心怀异志已确凿无疑。

肃穆的朝堂上，法司认真地念着太子案情的经过。文武百官都呆呆地伫立着，宛如一尊尊雕像，国事家事都不过是皇帝自己的事，与他们一点关系都没有。朝罢，顷刻间人去堂空，只有高宗久久踟蹰不去。高宗十分心疼这个儿子，此刻，他想他这个当皇帝的父亲还能够为儿子做点什么。紧随高宗身后的武则天早已猜透了这位软弱无能而又重感情的父亲的心事，她毫不留情地说："李贤居心叵测，我们只有大义灭亲，这没什么好商量的！"

永隆元年（公元680年）八月的一天，高宗不得不下诏将爱子李贤贬为平民，押往西京长安幽禁。当日，在东都洛阳城的天津桥南将从太子宫中搜出的甲胄当众焚毁，李贤的几个亲信被视为叛党，皆处以死刑。次日，英王李哲立为太子。

后来，人们从太子的物品中搜出一部《俳谐集》，是由原太子洗马刘讷言亲自撰写并赠给太子的，全书都是一些戏谑幽默之语。高宗正因痛失爱子而闷闷不乐，看到这本书就仿佛看到了害死太子的罪魁祸首，顿时火冒三丈，他呵斥道："用《六经》教育尚且怕教育不好，你竟敢写这种下流的东西诱导太子走上邪路，这就是你的教育法吗？"于是将刘讷言流放振州。

李贤案虽属谋反重案，但武后是"项庄舞剑，意在沛公"，所以对除太子外的人员处置并不算重。除几个无足轻重的亲信被处死、太子左庶子张大安以阿附太子罪被贬外，其余所有被牵连的人一律被赦免了。这桩太子谋反案虽震惊朝野，但却如此草草了事。

有趣的是，太子典膳丞高政因与李贤案有牵连，高宗赦免了他，将其交给其父左卫将军高真行严加管教。谁也没想到朝廷尚能宽恕高政，但他回到家里，高家却演了一出真可称为大义灭亲的悲剧。高政被释放后，十分庆幸地回到家，谁知一进门，被父亲一剑刺穿了喉咙，接着又被哥哥刺中了腹部，最后其堂兄砍下了他的头颅。后来，人们在路上看到一具尸体，已身首异处，这就是高真行之子高政。高政惨死的消息很快传到宫中，高宗得知后心里很不舒服，从感情上，他不能容忍父子、手足相残；从道义上，他也不能容忍国家任用这种毫无仁义之心的臣子。高宗立即下诏，贬高真行为睦州刺史。

也许是在东都的武则天对远在京师长安的太子仍然不放心。于是，开耀元年（公元 681 年）又下令将太子迁往巴州。巴州距京师 2360 里，距东都 2582 里。

唐中宗弘道元年（公元 683 年）十二月，唐高宗驾崩。至此，武则天当皇帝的道路已经畅通无阻，而李贤却再也没有人能来保护他了。武则天很快登上皇位。三个月后，她派丘神勣前往巴州，逼李贤自杀。就这样，李贤被他的生母一步步地逼上了绝路，死时年仅 32 岁。

数日后，李贤自杀的消息传遍了京城。武则天率群臣于显福门致哀凭吊，并将凶手丘神勣贬为叠州刺史。不过，丘神勣很快就官复原职了。

唐朝宗室诸王反叛案

公元 683 年，唐高宗归天。对于李唐王朝来说，这本来算不上是一场大的变故：人固有一死，皇帝也是人，当然不能逃脱。然而，李唐宗室诸王相继丧命却由此开始。

高宗死后，太子李显继位，即唐中宗。次年，中宗被废为庐陵王，其弟李旦登皇位，即睿宗。后来武则天又将睿宗软禁起来，而自称圣母神皇。武则天对这种"代天子以令诸侯"的局面一点都不满足，她梦想有一天能够君临天下，成为真正的万乘之尊。要实现这一目标，武后意识到最大的阻力应该来自与此利害攸关的皇室诸王。诸王各据一方，其中肯定不乏有识之士，一旦他们与两位被废、被幽禁的皇帝串通一气来对付她，后果将不堪设想。为了清除障碍，武后正迅速做着准备。

真是"若要人不知，除非己莫为"，况且当时世人对"牝鸡司晨"都很敏感。再者，武则天废中宗、立睿宗很明显地显示出武氏的势力和意图。李氏宗族诸王对此大为不满。武则天垂拱四年多，豫州刺史越王李贞收到一封信，内容很奇怪，只有十七个字："内人病浸重，当速疗之，若至今冬，恐成痼疾。"李贞是唐太宗的第八子，写信人通州刺史黄公譔则是高祖第十四子韩王李元嘉之子。李贞自然明白黄公譔在说什么。自武后临朝以来，宗室诸王个个寝食难安，要想保住大唐江山和自家性命，只有与武则天全力以拼。

这是一场残酷的较量，双方争夺的核心——权力被任何一方夺得，就会轻而易举地将对方摧毁；而任何一方稍有差错，也会导致灭顶之灾。因此，双方不得不步步为营，而草木皆兵也在所难免。

李贞收到信后不久，东都明堂竣工。武则天召集宗室诸王赴东都行大飨之礼。诸王听到号令后惶恐不安，暗中相互警告说："神皇想在大飨之际把我们宗室子弟一网打尽。我们李家面临着绝种之灾。"形势似乎已刻不容缓，而诸王地位不相上下，只有幽禁中的皇帝最适合出来发号施令。黄公譔虽然智勇双全，但在诸王长辈中人微言轻，但此时只有冒险一试了。黄公譔伪造了一纸睿宗手谕，言："朕被幽禁，望诸王发兵救发。"然后派人传到博州刺史琅玡王李冲（李贞之子）处，李冲见"旨"也灵机一动，如法炮制，又加上一句"神皇欲移李氏社稷以授武氏"。

八月，李冲派长史萧德琮去招兵买马，准备起兵匡复唐室。其间范阳王李蔼（鲁王之子）闻讯，特派人送信给李冲，强调要想成功，须四方诸王同时起兵。

于是，李冲分别致书越王、韩王和青州刺史霍王李元轨（高祖要十四子）、贝州刺史纪王李慎（太宗第十子）、邢州刺史鲁王李灵夔（高祖第十九子），与他们相约共赴东都，以武力推翻武氏政权。

为了配合李冲的行动，赵王李贞事先派人到寿州联络发兵之日的借路事宜。寿州刺史赵环是常乐公主（高祖第七女）的驸马，因此李贞由豫州赴东都走寿州是最佳选择。赵环看了使者带来的信犹豫不决，常乐公主却发话了："当年隋文帝想夺后周天下，后周皇亲尉迟炯尚且二话不说，发兵相助，以匡社稷，因为这是忠义之事，即使失败了，也能威震四海。名留青史。况且诸王皆先帝之后，今李唐危在旦夕，你还犹豫什么呢？"接着公主又对使者说："你告诉越王，我寿州这里只借进路，不借退路。"

诸王尚未商量好具体起兵的日期，李冲便毛手毛脚地率领招募来的区区五千人渡过黄河，去攻打济州。一时间朝野震惊，宗室诸王不知如何是好，只好按兵不动。只有李冲的父亲李贞仓促响应，济州刺史薛顗、其弟薛绍、薛绪闻讯，也暗中制造兵器，招募兵马。

由于势单力薄，又没有后援，加上准备不足、仓促行事，李冲起兵7天之后兵败，为部卒所杀。武则天派左金吾将军丘神勣收复博州。丘神勣收复博州时，博州官吏素服相迎，结果全部被杀。

李贞同儿子一样由于没有任何外援，也很快陷入绝境，最后孤城难守，夫妻双双自尽。

兵变平息后，李贞父子的尸体被运到东都斩首示众。同时武则天责令监察御史苏珦调查韩、鲁诸王的罪状。这次未遂的兵变更坚定了武后的想法：诸王不除，就没有她安宁之日。她派苏珦调查诸王，并不是已抓住了什么把柄，只不过是想找个借口除掉他们而已。

不久苏珦回京复命，说没有证据证明韩、鲁诸王的罪行。武后一听顿时拉下脸来质问苏珦："有人说你与诸王关系不错，你没有包庇他们吧？"苏珦听了立刻脸色大变，急忙为自己辩白。武后见他执迷不悟，只得没好气地说："爱卿是个大好人，朕对你另有重赏，爱卿不必再管此案了。"此后，苏珦被发配到河西监军,周兴接管此案。

周兴是有名的酷吏,他接了案子不几天,韩王元素、鲁王灵夔、黄公譔、常乐公主就被押赴东都赐死,其亲信、家属也无一幸免。

十月,有知情者告发申州刺史李融私通叛臣。东莞公李融是高祖第十五子虢王李凤之子,为人处事谨慎小心。当武后召宗室朝明堂时,李融拿不定主意,特意派使者到东都请教他的好友高子贡,高子贡的答复是:"来必死。"李融于是称病未朝。后来李贞相约起兵时,李融按兵不动,静观其变。李贞父子兵败以后,李融见风声太紧,为了保全性命,他将李贞派来的信使交给了朝廷,并因此高升为右赞善大夫。武则天对顺服的宗室子弟并不感兴趣。当月,李融被斩首,家也被抄,高子贡也作为李融的同谋一起问斩。

十一月,济州刺史薛颋、其弟薛绪被斩,薛绍因是武后爱女太平公主的驸马,被杖责一百下,后饿死于狱中。

十二月,青州刺史霍王李元轨因为与李贞通谋,被废为庶人,发配黔州。行至陈仓时,死于囚车中。霍王之子江都王李绪被斩首示众。

贝州刺史纪王李慎是诸王中唯一没有参与谋划反叛的,故免于一死。至此,充满血腥的"宗室诸王反叛案"落下帷幕。

次年七月,纪王李慎在发配巴州途中丧命。

贝州刺史纪王李慎是诸王中唯一没有参与谋划反叛的,故免于一死。

至此,充满血腥的"宗室诸王反叛案"落下帷幕。

次年七月,纪王李慎在发配巴州途中丧命。

唐七大臣谋反冤狱案

在武则天长寿元年正月间,京城发生了一桩轰动朝野的大案:户部尚书狄仁杰、同平章事裴行本、任知古、尚书左丞卢献、司礼卿崔宣礼、潞州刺史李嗣真、御史中丞魏元忠等七大臣谋反,统统被拘捕收审。

不说其他,仅说魏元忠、狄仁杰,这二人是大唐上下共敬的忠直之士,怎么可能谋反呢？不仅臣民对此怀疑，甚至则天皇帝也无法相信。可是，当见了来俊臣递上来的狄仁杰的"自供状"后，就不再说什么了。她怎么会知道，来俊臣为了达到自己构陷他人的目的，是什么样的"奇迹"都能创造出来的。

来俊臣虽然有种种"巧夺天工"的刑具，可并非对所有囚犯都能生效。因此，来俊臣的手段在暴力以外还要下些功夫。就拿魏元忠来讲，平素他性格偏的"炮筒"。来俊臣等恨透了这种人，但出于女皇对其倚重，当着他的面也不敢过于张狂，甚至连则天皇帝的爱侄武三思还要让魏元忠几分。

就算不是明哲保身之人，也该适时为自己留些余地，然而，魏元忠不懂得这么做。魏元忠当时任御史中丞。有一次，他因身体不适，没上朝。监察御史郭霸携带不少礼品来探视。入朝前郭霸仅是个小县丞，凭着自己的三寸不烂之舌，后来被"发掘"出来，破格提升为监察御史。郭霸来到魏元忠病床前，不乏一阵嘘寒问暖的体贴关怀，接着还说自己有祖传秘方，能够依据病人之粪便诊断病情。魏元忠家人因他的病甚是焦虑，听郭霸一说，赶快去取魏元忠的粪便来。郭霸接过那粪便，用食指蘸了蘸抿在舌尖上，闭口咀嚼了一会儿吐出，一言未发，又弄了点儿放到舌尖上，继续闭口咀嚼，这回却没有吐出。郭霸兴奋地对魏元忠说："倘若大夫的粪便是甜的就不好办了，多亏是苦的，说明您很快就会康复，也没什么大病。"

魏元忠只不过是御史中丞，而非御史大夫，听到郭霸称呼他"大夫"，见其尝自己的粪便更觉得恶心。此刻，魏元忠突感痛楚，就口气生硬地声称自己不舒服，一点儿也不留情面地下逐客令了。打那儿以后，魏元忠见人便说郭霸尝自己粪便之事，弄得郭霸声名狼藉。

郭霸拍马屁没拍到正地方，被魏元忠狠狠踢了一脚，肯定会对其怀恨在心。他早就听说来俊臣善于罗织构陷无辜，就主动讨好巴结，亲近来俊臣。无论是指挥千军万马的将军，还是打家劫舍的草寇，不会不接受替自己卖命的喽啰。再说，来俊臣也正准备对付一下那软硬都不吃的魏元忠。

魏元忠倒是被抓起来了，若想制服他，可没那么容易。

审讯魏元忠的恰好又是来俊臣的"得意门生"侯思止。此人对魏元忠使出了所有酷刑，都没有令魏元忠屈服。侯思止怒不可遏，将体无完肤的魏元忠拉出刑讯室，高喊大叫道："快去牵匹马来，将魏元忠的脚捆在马背上，拖死他！"

魏元忠头胸着地，被狂奔的马倒拉着，但凡经过之处，无不是一道道血迹。

侯思止看魏元忠被马拖得不再挣扎了，才下令让骑马的喽啰停下来，把倒绑的魏元忠从马上解下来。

魏元忠刚一落地，又破口大骂："我魏元忠天生命薄，被恶驴从它的背上掀下来，脚却依然挂在镫上，因此才遭此厄运。"

侯思止听到被人骂是恶驴，火冒三丈。他这次亲自上马，又和刚才一样用马倒拖魏元忠，不同的是马被侯思止恶狠狠地一抽，跑得更加快了。

侯思止跑得气喘吁吁，大汗淋漓，才停下来。

魏元忠此刻已被拖得快撑不住了，松绑后放在地上好大会儿，才吃力地从地上爬起来。魏元忠艰难地支撑着自己已经遍体鳞伤的身体，怒目圆睁瞪着侯思止，噪音嘶哑但却铿锵有力地说："你侯思止身为大唐御史，理应知道礼数轻重。倘若要我魏元忠的头颅，就拿锯子锯不就行了，何必偏让我承认谋反！"

这一回，侯思止清楚了，强逼魏元忠承认谋反真的是徒劳了。

来俊臣的那些酷刑并非所有人都能受得住。"死猪愁""失魂胆"之类的刑罚听起来就毛骨悚然，谁还有胆量拿自己的身体去试。来俊臣希望快些解决此案，减少一些不必要的麻烦，就请女皇降敕，凡主动承认谋反的囚犯可免死罪。因此，裴行本、任知古、卢献、崔宣礼、李嗣真等人都赶快承认了谋反，这些人只求免酷刑，赶快了结这噩梦般的人生。

狄仁杰当时已 85 岁高龄，不知他是根本不想同来俊臣等酷吏同朝共事，还是经不住让死猪都犯愁的酷刑。在来俊臣用主动招供可免一死去引诱狄仁杰时，狄仁杰声色俱厉地说："不必免死，我承认不就得了。大周革命，百废俱兴。我身为唐室老臣，情愿就戮。我谋反并非捏造。"

出乎来俊臣意料的是狄仁杰这关攻得这般顺利，就连一旁陪审的判官王德寿都暗自窃喜。王德寿多年求仕，因德才都不出众，沦落下层，始终不得志，最终依附了来俊臣，才得到个判官的差事，但依然是处于下品。他早就看上了尚书同中书门下平章事杨执柔的职位,但没有除去此人的机会。

这时候,王德寿看到狄仁杰这般驯顺,当然是大喜过望了,在带狄仁杰回牢房的途中,他趁机威胁狄仁杰说:"已经搞清楚了尚书的事情,您可免死刑了。我德寿现在也是受人差遣,也是身不由己呀。因此我想借尚书之力,弄个宰相当当。"

狄仁杰认为这真是不可思议。倒不是王德寿的厚颜无耻令他奇怪,令他不解的是,以自己罪臣的身份,可以帮助他什么呢? 只不过可以帮助他挽救灵魂罢了。

"你希望老夫怎么做?"狄仁杰问。

王德寿热情高涨地说:"只要尚书供出杨执柔便行了。"

狄仁杰这才如梦初醒,他恼怒万分,再也忍受不了这种奸佞小人的卑劣行径,他捶胸顿足,仰天长叹道:"苍天啊,我狄仁杰怎么可以干出那样的事情!"然后,一头撞在身边的一根柱子上。等王德寿意识到情况不妙,赶快上前制止时,狄仁杰已躺在地上,血流满面,人事不省了。

半个多月过去了,潮湿阴暗的牢中当然感觉不到春天悄然来临。

来俊臣请求处死七大反臣的奏章已报上去很长时间了。自打狄仁杰招供以后,来俊臣就不怎么对他进行监视。他既然已活不长了,何不为自己也积点阴德——这是来俊臣的想法。

监牢里的狄仁杰比入狱前苍老了好多。这颗被武则天皇帝发掘出来的"沧海遗珠",原来志在千里,万万料不到会招来俊臣等酷吏的嫉恨、陷害,最终倒弄个反臣罪名,这怎么能够让狄仁杰甘心就戮啊!

一日,王德寿又到狱中,他拿着笔、纸给狄仁杰,想让他再供出些什么人,争取宽免减刑。狄仁杰一改昔日的态度,顺从地接过笔纸,同意按王德寿的意思去做。王德寿认为他终于回心转意了,放下东西就高兴地离开了。

翌日,王德寿再次到狱中,欲了解一下狄仁杰的供状写得如何了。

狄仁杰见他进来,便将包好的棉衣交给王德寿,声称还没写好供状,并请他将棉衣捎给自己家人,说天气渐渐暖和了,需要去掉一些棉衣里的棉絮。

王德寿哪里知道棉衣里缝着狄仁杰连夜写出来的诉冤状。狄仁杰之子狄光远看到父亲的诉冤状，马上去求见武则天皇帝。

这段日子里，女皇因狄仁杰的案子已伤透脑筋。她不信魏元忠、狄仁杰等人会谋反，她也不好不理睬来俊臣等人之意，这便是来俊臣请求处死七大反臣的奏状一直未批复的原因。

看过狄光远送来的诉冤状，女皇更加对自己的感觉确信无疑。她召来俊臣问道："狄仁杰谋反一事究竟是真还是假？"

来俊臣听这一问，吓出了一身冷汗，但他马上又镇定下来，从容不迫地答道："七大反臣在牢中寝食安定，衣冠如旧，倘若没有此事，他们自己能承认吗？"

武则天依然心存疑虑，随即差舍人周綝去牢中察看。来俊臣唯恐事情败露，立即找借口退出，匆匆忙忙到狱中进行布置：命他们七个全都穿戴好衣冠巾带。待舍人来到时，一切早已布置妥当了。

实际上，来俊臣的担心大可不必。朝廷上下都怕来俊臣，更何况周綝只是一个舍人。周綝根本不敢多看，心惊胆战地瞥了几眼，就赶快回去复命。来俊臣拦住舍人说：

"周兄且慢走，小弟有事相求。"来俊臣边说边将一封写好的书信递给他，嘱咐他转交给武则天皇帝。

周綝一看，居然是狄仁杰一行人的谢死表。他心里清楚这肯定是来俊臣使的坏，命人摹仿狄仁杰等人的笔迹伪造的，可他看透却不能说透，只好带上这封信火速回宫了。

后来，一个年仅九岁的孩童给女皇出了个主意，终于令武则天认清了狄仁杰等人谋反一事的真伪。那孩童便是蒙冤而死的宰相乐思晦之子。小孩对则天皇帝说，只要你注意列出几条狄仁杰的罪状交给来俊臣，他定会说狄已承认了那些罪状。武则天真的按那小孩所说的去做了，果然，她随便写的几条罪状，来俊臣都说狄仁杰供认不讳。女皇这才知道狄仁杰等人的确是被冤枉了。

她马上召见狄仁杰等，并对七位大臣的自诬行为颇为不满，质问道："既然这并非事实,你们为什么还承认?"

任知古等五人惭愧,不知应怎样作答,一时间默不作声。狄仁杰替他们答道:"倘若臣等不招认,早已死于来俊臣的酷刑之下了。"

女皇接着又问:"那你们又为什么要写谢死表呢?"

几位大臣你看看我,我看看你,不约而同地回答:"未曾写过。"

武则天把那仿造的谢死表拿给他们看。几个人恍然大悟,来俊臣明摆着是要置他们于死地。

次日,女皇下诏,释放魏元忠、狄仁杰等七人。

来俊臣并未善罢甘休,依然请求武则天杀掉狄仁杰等。女皇坚决反对。如此一来,那七个人才算死里逃生,免遭奸人残害。

然而,又过了一天,女皇下诏,贬魏元忠为涪陵令、狄仁杰为彭泽令、崔宣礼为夷陵令、任知古为江夏令、卢献为西乡令,把李嗣真、裴行本发往岭南。

好像只有如此,则天皇帝手上的忠佞并存的天平才可以得以平衡。

唐御史李昭德被酷吏冤死案

六月的一天,这是一个难忘的日子,朝野痛恨的佞臣来俊臣被处以死刑;就在这天,朝野敬慕的监察御史李昭德也被处以死刑。忠佞原本是志不同,道不合,可这一忠一佞,却刚好是在同一个地方、同一天,以相同的方式,结束了二人毫不相同的生命历程。

实际上,来俊臣与李昭德都盼着对方有这天,不过这回历史却给他们两个人开了个并不令他们开心的玩笑。

自则天皇帝执政以后,为了加强统治,令黎民百姓都忠实于她、服从于她,一面大兴告密之风,由此还发明了一种新告密方法——投匦密告,就是直接向皇帝投递匿名信;同时选拔扶植众多心狠手辣且擅长诬陷之术的酷吏。这种类型的人当然以来俊臣为首,他们投女皇所好,大肆诬构不满武氏、忠于李唐的忠直之臣,更多的则是陷害无辜,挟私报复。一旦有谁敢对来俊臣等人流露出一丁点儿不逊，马上便会遭诬陷、入监、受酷刑，最终被逼死。因其刑讯逼供之残忍令人发指，诬陷手段之高令人瞠目，因而朝廷上下无不自危，只有那李昭德不畏惧那些人。

李昭德是当时的宰相，对来俊臣等陷害忠良的不法之举深恶痛绝。身为一朝宰相，治国平天下的责任感令其不能在此时此刻还考虑个人安危，他下决心要挫挫来俊臣等奸佞的"锐"气。

武则天于长寿二年初颁布诏书禁止民间留用织锦。那个时候，来俊臣的左膀右臂、靠诬陷李唐宗室舒王元名起家的侯思止为了居奇牟利，依然大肆囤积锦缎。李昭德获悉这一情况后，把他的罪行逐一列出并投入瓯中。

这时，女皇登基将近十年。要说排除异己，也处理得差不多了，何况就算仍有余孽残渣，那些人也只能夹着尾巴做人，成不了什么气候。因此，对这帮"除逆"的"工具"，女皇也逐渐厌烦。再说那群家伙任意构陷、为非作歹、酷刑威逼，民怨震天，则天皇帝也不再像执政初那样处处袒护他们。恰恰相反，倘若认为有必要，她将除掉这些恶迹昭彰的"勋臣"。

则天皇帝见了密信，对信中所提之事并不觉得吃惊，而令女皇惊讶的是竟然有人胆敢密告侯思止！

私蓄织锦的确不算什么，在文武百官里像侯思止这样知法犯法，表里不一的人绝非他一人。女皇熟知"网开一面"的优点，"赶尽杀绝"这事她是从来不干的，这次只能怪侯思止自己碰到了刀口上。

女皇是不会轻易背负诛杀亲党之恶名的。她清楚，李昭德是个敢作敢为、疾恶如仇的人，他早已对来俊臣等人恨之入骨。在满朝文武中，只有李昭德敢与来俊臣等奸臣面折廷争了。一次在朝堂上，李昭德居然点名道姓地骂侯思止和来俊臣。那一回是众臣讨论侯思止纳叛臣之女为妾一事。当时，满朝文武没谁敢对侯思止说个"不"字，而宰相却毫不顾忌，蓦地站起来说："以前来俊臣强娶诸多名门闺秀，已够辱没斯文的了，现在侯思止这混账东西又要强娶叛臣之女，难道这不有辱国体吗？"

他这一番言辞，不仅把来俊臣狠狠地羞辱了一番，而且坏了侯思止的美事。

这个时候,女皇要借刀杀人,这么一来,她既能够顺理成章地除去一个累赘,还能够不得罪所有忠于她的人。

李宰相也不负皇帝众望,接手侯思止一案后,毫不拖泥带水地审理结案。赃物摆在侯思止面前,赖也赖不掉,不得不乖乖服法。李昭德早盼着这天的到来,此刻更是抑制不住内心的快慰,亲手把他杖杀于朝堂上。在场的百官都在心中暗暗称快。

杖杀侯思止后,来俊臣等的嚣张气焰略有收敛。因此,那些恶人也更加嫉恨李昭德。

来俊臣的构陷之术确实堪称一绝,他还写过一部关于构陷之术的"著作"发给他的爪牙,名曰《密告罗织经》,其造诣可见一斑。与此同时,也足见文武对来俊臣等奸人谈而色变的缘由。

来俊臣选择构陷对象的方法也是与众不同的。他得先选个黄道吉日,投石占卜后才决定。

三月初三是个好日子。来俊臣召集他的党徒前往龙门遗址。他把提前做好的靶子插在附近一座废弃的桥上,靶子上分别写有他们打算诬告的大臣的姓名。接下去,那些人轮流在桥下投石击靶,哪个先倒下,就先诬告靶上有名字的那人。那一日,这群人是专为李昭德来的,故而仅拿了一个靶子。

可不知是真有上苍护佑,还是来俊臣等人投技欠佳,他们从早晨投到夕阳西下,直到天色暗得几乎看不见靶子了,那个靶子依然直挺挺地立在原地。疲惫不堪的酷吏们对这一现象大为恼火,取乐的兴致也因此锐减,悻悻收兵。

来俊臣正准备设计陷害李昭德时,这位正直的宰相因被劾专权而遭流放。这突发的情况令来俊臣等人的心头之恨稍稍消解了些。但不料九十天过后,李昭德却又被朝廷召回来当监察御史!这是来俊臣等人无法容忍的。

因此,酷吏们抓紧时间谋划构陷李昭德,最终把李昭德罪行的起因、详细的过程及每个细节都筹划得无懈可击。

武则天当女皇以后,最痛恨、最敏感的事情就是倒周拥李。李昭德刚好"触犯"了这一天条:他一贯厌恶周室使用来俊臣之流的酷吏,并对其深恶痛绝,李昭德身为宰相没什么大过而受流放之苦，尽管不久便被召回，但官仅至监察御史。来俊臣向武则天上了一封密信，密信里对原宰相反状进行了详细的描绘，生性多疑的女皇丝毫不怀疑李昭德罪状的真实性。

则天皇帝下诏，把反臣李昭德押入大牢。

同时，来俊臣也真是机关算尽，最后竟然算计到武后爱女太平公主和武氏诸王的头上。最终密谋泄露，被诸武先下了手，来俊臣最后还是难逃法网。

请君入瓮案

说到"请君入瓮"这个成语，少不得提起唐朝两个有名的酷吏，即周兴和来俊臣。

唐高宗时，皇后武则天逐渐掌握了实权，高宗死后她成了中国历史上第一个女皇帝。武则天上台后，为了排除异己，扶植了一批心狠手辣、阴险狡诈的酷吏，诸如周兴、来俊臣、丘神勣等。武则天把所有的诏狱都交给这几个人，任凭他们去诬陷无辜、残害忠良。武则天看谁不顺眼，只要一个眼神、一个手势，此人就会立刻重罪加身，直至家破人亡。这种方式对武则天的统一思想和政治统治起到了很大的作用，但也给她带来了很多隐患。

随着时间的推移，被酷吏陷害以致家破人亡的人越来越多，波及面越来越广；而且人们对"牝鸡司晨"逐渐习惯，于是将注意力逐渐转移到酷吏的罪行上来。为了大周政权的安定，武则天决定杀几个恶首以平民愤。

恰在此时，有人密告丘神勣谋反。丘神勣是左金吾大将军，高宗驾崩后就是他奉命去逼死了太子李贤的，回朝后又代武后受过，作为杀人犯的替罪羊而遭贬。后来武则天登上皇位，丘神勣再次飞黄腾达。谋反就是死罪，况且李贤毕竟是自己的亲骨肉，武则天便下令收审丘神勣。

丘神勣在不堪忍受酷刑，对所犯罪行供认不讳，最后被处以死刑。

丘神勣死后，又有人告发刑部侍郎周兴与反臣丘神勣同谋。

这个刑部侍郎周兴可不是一般的人物。此人心狠手辣，而且直接掌握刑部。刑部本来就让人望而生畏，周兴更是将它变成了人间地狱。在这里，他对囚犯滥施刑罚。按唐律，对囚犯进行严刑逼供是被禁止的，即使是拷问囚犯，也不得超过三次，而且每两次拷问之间不能少于二十天，三次拷问、拷打加起来不得超过二百下。若拷打到了二百下，囚犯仍不承认有罪，则要将其释放。唐律还规定，若官吏拷问超过规定限数，或用规定之外的其他刑罚，要罚打一百棍。而周兴根本不把这些律例放在眼里。在他手下被各种酷刑折磨而死的不下一千人。然而周兴无论如何也没有想到，他也会有被人陷害的一天。

武则天对来俊臣、周兴等人的肆无忌惮也日渐不满，只是怕伤害他们的忠心才不便当面指责，以致姑息养奸。事到如今，她也只有杀鸡儆猴了。

武则天故意让来俊臣去审理周兴的案子，希望来俊臣稍微识相些，从中吸取教训。

来俊臣对武则天的忠诚是无可厚非的，只可惜武则天的良苦用心，他一点都没有察觉到。

艳阳初照，晨风送爽，这是一个令人心情舒畅的好日子。吃过早饭，周兴稍事洗漱，便如约驾车前往城东来俊臣家赴宴。不知这位老兄到底要做什么，不过请他赴宴怎么说也不会是件坏事，最起码不会是鸿门宴。周兴一路上盘算着，心情轻松愉快。

等周兴来到来俊臣府上时，宴席早已备好了。二人见过礼，寒暄几句之后，便各自入席。今天，来俊臣一反常态，大献殷勤，使周兴有些受宠若惊，但是这种感觉很快就被餐桌上的美味所代替。他顾不上寻根究底，而只是尽情地去受用眼前的美味佳肴。

酒过三巡，周兴已有几分醉意。来俊臣见时机成熟，这才转入正题。

来俊臣愁眉苦脸地对周兴说："犯人们都不肯招认，不知贤弟你可有什么高招？"

周兴一听笑了，原来来俊臣就为这点小事请他吃饭。他一边狼吞虎咽地吃着肉，一边不屑地说："这再简单不过了，把犯人放进一个大瓮里，用火一烧，看谁敢不招！"

来俊臣佯装不知,说:"具体怎么烧呀?请贤弟当场示范一下好吗?"

周兴十分感兴趣,他乘着酒兴,拿出平日在刑部时那种派头,不可一世地对来府的仆人们吩咐道:"来人!去院子里点燃一堆炭火,越旺越好。再找个大瓮来架在上面。"

仆人们丝毫不敢怠慢,没多久就依照吩咐准备妥当了。

此时。来俊臣、周兴也酒足饭饱,他们便来到院子里。只见院子里火光冲天,一大堆炭火正在院子中央熊熊燃烧,火上架着一口高约一米左右、肚大口小的大瓮,瓮底早已被烧得通红了。

来俊臣见到这般情景,装出十分吃惊的样子,忙问周兴道:"贤弟这是要做什么?"

周兴听了来俊臣的话,觉得他今天怎么变得愚笨了。他捻着下巴上稀稀疏疏、因刚吃完了饭而沾满了油腻的胡子,得意扬扬地说:"把你的犯人放进去,看他招不招。"说完,周兴哈哈大笑。他又一次为自己的天才发明而自豪。

等周兴笑够了,来俊臣也收敛了笑容,他恶狠狠地对周兴说:"我奉旨审讯贤弟你,那就——请君入瓮吧。"

周兴一听这话,顿时目瞪口呆。过了许久,他才强作镇定地开口道:"来兄不是在开玩笑吧?"

来俊臣冷冷地干笑了一下,说:"这是奉旨办事,我没有开玩笑。"

周兴顿时面如土色,冷汗直流。他知道,任何人落到来俊臣手里,就像过去落在自己手里一样。可他并不死心,像死猪一样瘫在地上,不住地向来俊臣叩头告饶。

为了免遭那些非人的折磨(其中不少刑罚还是他引以为荣的天才发明),周兴招认了所被告发的全部罪行。

来俊臣在设陷、刑讯、杀人上,向来是不留一点情面的。但武则天却不愿为此而得罪太多的人。杀一个丘神勣就足以谢天下万民了,所以她特意赦免周兴死罪,改判流放岭南。

俗话说:善有善报,恶有恶报。周兴虽被免了死罪,可还没走到流放地就被一蒙面刺客结果了性命。没有人知道这究竟是武则天试图根除后患,还是来俊臣使用了其惯用的伎俩,抑或是行侠仗义者所为,无论怎样,周兴落得这一下场是罪有应得的。

但是令武则天大失所望的是,来俊臣只是把周兴一案与以往他所办的无数案件同等对待,而没有从中得到丝毫教益。

因此,又一出"请君入瓮"的戏也为时不远了。

人鬼相庆诛来俊臣案

六月天一般都是骄阳似火,而今天却是大雨倾盆,但这并不能阻挡长安的官民如潮水般地赶往西市,使西市显得格外嘈杂。他们脸上虽不时露出悲愤之色,但这却掩盖不住其发自内心的无法抑制的喜悦之情。

来俊臣塑像

今天西市所吸引大家前往的不是集市,而是将被处决的犯人。此犯人不是一般的强盗或政治犯,而是十多年害人无数、恶贯满盈,而且还搞得所有人家整天提心吊胆、惶惶不可终日的酷吏来俊臣。人们争相赶来,亲眼目睹来俊臣的可耻下场,真是大快人心。被来俊臣陷害过的人家争先恐后地怒踏其尸,更有深仇大恨者甚至挖其眼、剥其皮、剜其肉、掏其心,以解心头之恨。那些仍未解恨的人还赌咒说:"此贼臭名昭著,就是到了阴曹地府,被他害死的冤鬼们也会把他碎尸万段的!"

十几年来,来俊臣一手遮天,看谁不顺眼就不费吹灰之力地让他家破人亡。多少蒙冤受屈的人家只能咬碎牙齿,泪往肚里咽,因为要置来俊臣于死地简直就是异想天开。而如今梦虽成真,但仍有许多人不敢相信这是事实。

来俊臣曾是武则天用来铲除异己的得力武器。早在十三年前,高宗一死,武则天便开始为登基做准备,未及登位,徐敬业就开始反叛。吃一堑,长一智,这个教训使武则天认识到,要想夺取帝位,必须先将通向金銮宝座路上的绊脚石全部铲除,但又不能明目张胆地大开杀戒。罗织罪名、制造冤狱则是掩人耳目的好办法。于是,武则天对那些以无中生有、诬告陷害之本事巴结她的人大加赏赐,以便网罗爪牙,一展宏图大志。

来俊臣的父亲是个赌棍,而来俊臣更是有过之而无不及,他不但能赌而且还又兼有奸盗之能,所以虽不学无术,却也混得有滋有味。不想有一次作案时被官兵当场抓获,被刺史"赏赐"一百大板。当时的刺史是唐朝宗室东平王李续。来俊臣对他一直怀恨在心。几年以后,武则天铲除宗室诸王,来俊臣见有机会报仇雪恨,便找人写了一封奏折,谎称他早年曾上书告发琅玡王李冲谋反,却被东平王李续将书信扣下,还杖打自己一百大板。武则天见奏认为来俊臣忠心耿耿,便对他大加封赏,从此来俊臣便时来运转。

从此以后,来俊臣便更加肆无忌惮。他多次奉武则天之旨处理案件,其判决深得武则天之心。武则天对来俊臣的严刑逼供、罗织陷害、弄虚作假全都充耳不闻,目的是以容来俊臣作恶来震慑群僚。有武则天撑腰,来俊臣更是胆大包天,无所畏惧。谁胆敢稍微触犯他一下,马上就会招致杀身之祸。

来俊臣诬告陷害的手段之高简直到了炉火纯青的地步。他精心培植了一帮喽啰,让他们去往全国各地。每当来俊臣要对付哪个人,告发此人的密信便会同时从全国各地纷至沓来,而且所告罪行都比较集中。所谓三人成虎,这足以构成其罪了。这就叫"罗织"。同时各地奏状都要求让来俊臣处理案子,必定会水落石出。这样,那个人无论如何都逃不脱来俊臣的魔爪。为了提高喽啰们的罗织技艺,来俊臣还煞费苦心地写了一本小册子专门来讲如何罗织罪名,书名为《告密罗织经》。书中对如何捏造事实的各个环节如起因、经过、结果等都做了细节性的阐述。这本小册子的负面影响是巨大的,它使好多良心未泯之人转眼间变得毫无良知。

能诬陷无辜致罪,就不怕被诬者不承认罪行。往鼻子里灌醋、将犯人囚于狭窄的地牢、让其吃喝拉撒睡都在一个一平方半左右的小地方,或者不给吃喝,以至有人把身上的衣服都撕成碎片吃了……这些都是来俊臣惯用的伎俩。被关押者即使没被折磨死,也决不会轻易活命。每当遇到大赦,来俊臣总是在赦免命令来到之前先将重犯杀死。这还不算,来俊臣的刑讯之法更令人发指。以刑具为例,光锁犯人用的大枷就有十多种,有定百脉、喘不得、突地吼、著即承、失魂胆、实同反、反是实、死猪愁、求即死、求破家等。还有一种铁制的四壁密封的龙头,下部与囚犯颈上的枷套相连。犯人戴上笼头在地上打转转,不用两分钟,就会因窒息而晕过去。犯人醒过来后,不愿再遭受非人的折磨,只有承认一切被诬告的罪行。

其实,许多被诬入狱的人连刑都不必用。只要将这些刑具往他面前一放,就把他吓得魂飞魄散,哪里还敢不承认。

就这样,来俊臣以审理制狱之功青云直上,酷吏们也都纷纷仿效,看谁诬陷的本领更强,以致无中生有,造谣告密者蜂起。一时间,整个国家人心惶惶。朝臣早上入朝晚上就被斩首的,大有人在。以至于大臣们每次上朝前,都像是生离死别:"不知此去还能不能再见到你们。"

下面是一个司空见惯的审讯,案犯是一个大将军和他的一个内侍。大将军自恃功高,内侍又侍奉过先帝爷,所以平日他们对来俊臣之辈不屑一顾。来俊臣由此怀恨在心。收拾大将军的事情,对来俊臣来说不过是小菜一碟。他将各种刑具轮着用,大将军终于忍受不住,暗中派人到大理寺徐有功那里去上诉。

谁知诉状没到大理寺就被来俊臣截获了。

来俊臣看完诉状，阴森森地说："你想告我，到阎王殿告去吧！"说完，他咬牙切齿地命令刽子手们："给我用斧子砍！"

大将军撕心裂肺地嚎叫着，不久便死于乱斧之下。

内侍见此惨状，越发激愤，对来俊臣大骂不止。来俊臣命刽子手把内侍的舌头给割掉。就这样，内侍嘴里鲜血直流，但仍咿咿呀呀地又叫又骂，直到倒在血泊中。

司刑史樊戬被来俊臣陷害致死。他的儿子替父鸣冤，在法司门前从早上一直哭诉到天黑，却没有一个司法官来理他，因为谁也惹不起来俊臣。樊戬之子最后在绝望和悲愤中剖腹自杀。在场的官吏们虽见惯了这种事情，但见此惨状也不免难过，只是谁也不敢表现出来。有位老法官实在忍不住而落了泪，结果被来俊臣诬为与樊戬同谋而被处以绞刑。

落入来俊臣或其党徒的诬陷之中的人，死亡率几乎是百分之百。当时，武则天为了方便来俊臣处理公事，特意为他在皇城的丽景门单独设了一个公堂。丽景门被来俊臣的喽啰们戏称为"例竟门"，意为只要进了这个门，就很难再出去。不过也有例外，但那必须是在武则天的干预之下。

如意元年，来俊臣诬陷狄仁杰等谋反。狄仁杰是武则天一手提拔起来的，对武则天一向忠心不二。来俊臣料到武则天会怀疑他，便给武则天看早已准备好的狄仁杰的自供状。但武则天还是不信，疑心是来俊臣严刑逼供所致，便派身边一个亲信宦官到牢里去察看狄仁杰是否受过刑罚。宦官来到牢房，一眼便看到穿着华彩绸、衣安详端坐的狄仁杰，与环境极不协调。这时，狱卒催促宦官离开，转身时他手里的灯笼一晃，恰恰照到牢房墙角的刑具上。寒光闪闪的刑具把宦官吓得心惊胆战。他没敢再多看一眼，便匆匆离开了牢狱。宦官回去不敢说实话，只得说狄仁杰在狱中一切都好。武则天这才打消了疑虑。

当时前宰相乐思晦刚被来俊臣构害不久，家也被抄斩了，只有其子乐颖因年幼得以幸免。这时武则天有一点悔意，便召见乐颖以示安抚。

或许是家破族亡的遭遇使其早熟，也可能是受人之教，年仅九岁的小乐颖来到大殿竟能镇定自若，不卑不亢。面对威颜正色、高高在上的武则天，小乐颖不急不忙、振振有词是说："来俊臣凶残毒辣、欺下瞒上、作恶多端，狄仁杰等人一定是被来俊臣指使其党羽陷害的。陛下如果不信，可验证一下。您随便写一封密告狄仁杰的信，并随便签个名，再派人交给来俊臣，不久这些罪状就会成立。小臣的父亲已被杀，回天乏术了，小臣只是怕来俊臣等会继续愚弄陛下。"

武则天真的被这个九岁小孩说动了。只可惜她对来俊臣的所作所为依然不闻不问。不过在她的干预下，狄仁杰等人被免死流放。

来俊臣不仅仅以诬陷求宠取乐，而且还靠诬陷发财。每抄斩一家，他都把贵重物品据为己有，其余的就分给他的喽啰们。就是没被抄的人家，只要家里一有人落入来俊臣手里，也都不惜把家当全部卖光向来俊臣进贡，以挽救亲人，或仅仅只是为了使其他的家人能获免于难。来俊臣如此贪得无厌，难免会被一些刚正敢言的大臣弹劾，武则天也不能随时随地都庇护着他。因此，尽管来俊臣的后台很硬，可还是先后两次被贬。不过即使遭贬谪，来俊臣依然骄横恣肆，毫不收敛。

来俊臣还是个出了名的色狼。在朝中，宰相以下的大臣家里的妻姜奴婢都被列在他的名单之上，姿色不错的大多受过他的污辱。被贬后，他仍色欲不减。

一次，来俊臣到同僚宋某家里做客。席间，他的眼睛一直盯着主人的漂亮夫人不放。几天以后，来俊臣又来到宋家，这次他是来宣伪造的武则天圣谕的。他竟然厚颜无耻地要强娶宋某之妻。宋家顿时慌作一团。宋某的母亲年纪较长，她稍微镇静些之后出来好言求情。谁知这位母亲虽然年纪大了些，却风韵犹存，来俊臣见后顿起歹意。当天夜里，他竟然强奸了宋某的母亲。

来俊臣第二次被贬之后，武则天很快又把他召回京城。而且为了抚慰他，特意赏了十个宫奴给他。然而他在十个官奴中竟没有挑出一个称心如意的。最后，武则天竟然允许他在大臣们的私家奴婢中任选十个。

来俊臣听说吐蕃酋长阿史那有一位能歌善舞、貌若天仙的宫女，便指使喽啰们罗织阿史那的谋反罪名。来俊臣的阴谋很快得逞。阿史那无缘无故地被加罪，诸蕃酋长看不过去，便一起为阿史那申冤，他们采取了当地风俗中最为极端的做法——割耳刺面,却没有结果。不久,来俊臣为诸武所告,阿史那才免于一死。

卫遂忠同来俊臣一样,是靠诬构起家的,而且两人是死党。来俊臣强娶名门王庆诜之女时,没有邀请卫遂忠。卫遂忠勃然大怒,于是拎着一壶酒边喝边向来府走来。

走到来府,见大喜之日的来府安安静静,并没张灯结彩、宾朋满座。他哪里知道,来俊臣嫌王庆诜之女已许配给了他人,怕沾了别人的晦气,所以就没有请任何宾客。卫遂忠想进去,门人拦住说:"主人不在家,请相公改日再来。"

卫遂忠一听,不由大怒:"放屁!来俊臣这小子办喜事不请老子,不就是怕老子来了干他老妻吗?"说完,不由分说就往里闯。门人拦也拦不住。

来俊臣正在与王氏亲热,突然闯进一个人来,而且还骂骂咧咧,满嘴污言秽语,顿时气不打一处来。他命令手下把来人绑了,不管三七二十一吊在树上就是一顿痛打。打完后放下来一看,才认出是卫遂忠。来俊臣看他醉醺醺的,也就不再追究,将卫遂忠放了。

卫遂忠从来府出来,酒也醒了。他喜酒没喝上,还遭一顿毒打,他以前还从来没有遇到过这种不明不白的事呢,真是欺人太甚。此仇不报非君子!他没回家,而是去了太平公主的住处。

卫遂忠将来俊臣阴谋诬陷太平公主及武氏诸王窃取国柄的事非常夸张地告诉了诸武。诸武听了不由得浑身一颤:看来这天下还没有来俊臣不敢干的事。与其让来俊臣罗织罪名,倒不如先下手为强,以其人之道还治其人之身!

武则天很快收到了多封密告来俊臣的信和要求严惩国贼的奏状。不久,来俊臣被捕入狱,法司判决处以极刑。武则天本想说点什么,但几经犹豫最终还是顺了民意,批准法司之奏,处死来俊臣。

问斩之日,来俊臣及其党羽均被杀身灭族。朝臣百姓盼这一天盼了十几年,现在无不欢欣鼓舞。许多人感慨地说:"从今以后总算可以高枕无忧了!"

盗贼误伤人命案

唐朝的时候由于朝政清明。且无战乱,所以国力强盛,商业特别发达。在对外贸易繁荣的广州,更是人口稠密,商旅云集。这天,珠江岸边停着一艘商船,船上站着个年轻人,长得白皙英俊,风度翩翩。他名叫李书文,是富商之子,现在跟随其父出来游玩,此时正在观看岸边的繁华景象。当他正在感叹之际,无意间抬头一望,见岸边一门楼上站着个十八九岁的女郎,容貌妖艳美丽,体态婀娜多姿。李书文目不转睛地盯着女郎,简直看呆了。见有人盯着自己,女郎的脸一下红了,但心里暗暗高兴。李书文经常寻花问柳,见过许多美女,但现在却被这个妙龄少女迷住了,于是他就试探着说:"我傍晚时分来看你。"面对这个英俊少年,少女也很有好感,于是就娇羞地点了点头。

可能是第一次约会吧,女郎既格外高兴,又有些慌乱。天刚擦黑,她就把门打开,回到房里,急切等待着,期望着少年快来与她共度良宵。一小偷正巧这时路过,看到大门没关,偷偷溜了进去。见院内一间房没点灯,以为没人在里面,立即推门而入。那女郎等得正焦急呢,听见有人进门,心想:公子真不守信,过了这么长时间才来。边想边迎上前去,屋内黑暗,她没看清来人是谁,张开双手将他紧紧拥抱。小偷突然被人抱住,以为是躲在暗处的捉贼者,条件反射似的急忙抽出尖刀,对着抱他的人的胸部猛刺过去。可怜这个痴情女子,霎时间,竟一声不响、糊里糊涂就香消玉殒了。小偷一时慌了手脚,连刀也顾不上捡,便匆匆逃之夭夭。

过不久,李书文满心欢喜地前来赴约。刚一进门,就踩到地上的鲜血,脚下一滑,摔了一跤。他以为是水,用手一摸,滑腻腻的还粘糊糊的,似乎还闻到血腥味;他接着往前摸,摸到地上躺着的死尸,这才吓了一大跳。他怕被误认为是凶犯而被抓,就悄悄出门,跑回船上,叫仆人解缆起航。到天亮时,船已走出一百多里地。

清晨,江岸还像往常一样热闹。而门楼前却有慌乱,因有人发现,点点滴滴的血从那里流出，直流到江边；当户主得知女儿被杀死，呼天喊地地大哭，立即向官府报案。广州刺史刘崇龟接到报案，急忙赶来，一一审问左邻右舍的人："你们可曾发现有什么可疑的人吗？"一个船夫回答道："昨天夜里，有一条船不知为何连夜开走了。"于是，在问明该船特征后，刺史就急忙派人去拦截。

官府截住了李书文的船，而且搜到了沾有血的靴子和衣服。差役将他捉住，押回广州入狱。初次审问时，李书文便如实讲明，自己如何结识女郎，又如何约定黄昏见面，如何进门被鲜血滑倒，以及如何怕被人冤枉而逃走等，但就是不承认自己杀了人。

刘崇龟心想："这李文书看上去像一懦弱书生，说得又合情合理，不像是那种敢用刀杀人的人。看来，要破此案须从插在死者身上的杀猪刀入手。"他略一思索，便生一计，向属吏下令说："过几天我要宴请宾客，你们把全城的屠夫都叫来，然后挑选几个手艺最好的来宰杀牲畜。"到了预定的日子，当屠夫们都来了的时候，他忽然派人传令："今天天色已晚，恐怕时间不够，就不宰杀牲畜了，请各位把屠刀留在这里，明天就不用拿着来了。"接着，又让衙役把其中的一把收起来，用案中那把刀替换。

第二天清早，屠夫们都来了，刺史借口说因为要宴请的宾客都不来了，所以不用杀牲畜了，让大家认领自己的刀回去。刀被纷纷领走了，只有一个屠夫没走。刘崇龟就问他为什么不走，他答道："我还没拿到我的刀呢，剩下的这把不是我的。""你知道是谁的吧？"他回答："这是杀猪刘的刀。"刺史一听，马上派人去捉杀猪刘，但发现他早已逃走了。

刺史又想，该如何捉拿凶手归案呢？他又心生一计，从狱中提出一个已判死罪的人，趁天黑在市场将他处死，并对市民说他就是凶手。杀猪刘在外地每天叫人打探消息，当得知该囚犯已被处决，便笑刺史傻且无能，误将别人定为凶手。于是他决定回家了，但还没进家门，立即被捉到刺史衙门。审问之下他只能供认了罪行，刘崇龟便依法将他处死。而李书文夜入民家，则从重按犯奸论罪，罚处杖刑后释归。

冤魂大闹春宵案

春天已至,京城的天气却忽然变得雾蒙蒙、阴惨惨,寒气逼人。夜里,星月潜形,狂风骤起,飞沙走石,在飞檐流阁间冲撞,在宫殿的屋脊上翻滚,到处檐铃叮当,门窗吱呀。整个世界仿佛是一间随时会被吹倒的古屋。

隋炀帝杨广的寝宫内却灯火通明,一派暖融融的景象,炀帝此刻正宽衣就寝。宫女、太监做完各自的工作后相继退出,最后只剩下两名值宿的侍卫。

玉漏声声,春宵寂寂。炀帝很快在龙床上安然入梦,值宿的侍卫也渐渐抵挡不住袭来的倦意,开始打起盹来,朦朦胧胧中忽听炀帝惊恐万分地喊道:"来人,有鬼!有鬼!"炀帝已坐了起来,侍卫突然惊醒,急忙跑到床前,宫女、太监也随后赶到。炀帝问道:"你们看见鬼了吗?听见什么声音没有?"他的声音有些发颤。众人都说既没看见什么,也没听见什么。于是,便安慰炀帝继续睡下。

炀帝刚躺下一会儿,又像刚才一样惊慌地叫了起来:"有鬼,有鬼。"他声音嘶哑地说:"你们快听,他们在喊:'还我头来!'看,那个领头的是李浑,那个年少的是李敏。你们一定听见了,你们骗朕。"说完浑身颤抖,一句话也说不出来了。太监和侍卫们知道炀帝一定是在做噩梦,只好骗他说:"我们听见了,听见了。"宫外,风正狂,雨正猛。风雨之声交织在一起,仔细听来,果真像是有人在喊:"还我头来!"众仆役都不敢再作声。

炀帝安静了一会儿,才说道:"安伽陀呢?叫他快来。"过了很长一段时间,安伽陀总算来到了皇宫,他在路上就问清楚事情的原委,于是不慌不忙地说:"陛下圣明,鬼神不敢打扰。依微臣之见,一定是陛下今日亲赴刑场监斩33名罪犯,操劳过度,以至日有所见,夜有所梦。待我祭灵符一道,贴于寝宫门上,自然就好了。"等到安伽陀贴好了灵符,炀帝才魂不守舍地回到了龙床上。

此案,说的正是炀帝梦中所见到的李浑、李敏等人。

李浑是隋朝开国元勋李穆之子,子承父业后,李氏家族更加兴盛,势力日渐强大,这引起了炀帝的担心。一次,炀帝率军征伐辽东途中,遇到一个名叫安伽陀的方士,他自称通晓图谶。安伽陀早已看出炀帝十分嫉恨李氏家族,于是他对炀帝说,天下将会成为李氏的天下,并说只有尽诛海内姓李者,才可得保全隋朝江山。

炀帝本来就特别相信方术,而且疑心又十分重。他听了安伽陀的话后,便注意观察起每一个李姓臣子来。

一次,炀帝发现李浑的侄子李敏,小小年纪就才华出众,便认为他的名字符合图谶,于是便召见了李敏,将方士的谶语告诉了他,并暗示他自尽。李敏简直不相信自己会遭这飞来横祸,更不甘心就这样死去,便去找叔父李善衡、李浑。因为此事事关重大,所以说话时屏退了身边的仆役,并将声音压得很低。不巧,这些正好被李浑的妻兄宇文述听到了。宇文述凭借这点"蛛丝马迹",捏造了李浑等人"谋反"的罪名,于是引出了一场灭绝李氏家族的大屠杀。

至于宇文述诬告李浑一家的缘由,那还得从李穆说起。李穆有十个儿子,长子李惊先李穆而死,所以便由李惊之子李筠以嫡长孙身份继承李穆的爵位。李筠为人吝啬,其叔父李浑对他十分不满,便唆使他的另一个侄儿李善衡暗中杀掉李筠。这样,李氏家族需要另立一个继嗣者。文帝甚至还亲自出面为此事忙碌。

很多人都想谋取这一爵位,李浑也一样,不过他的兄长、子侄一大堆,看来也很难落到他的头上。于是他便请求其妻兄、太子杨广的外甥宇文述帮助他谋得这一爵位,并许诺:事成之后,他将以每年国赋的一半奉送给宇文述作为酬谢。宇文述见有这么多钱,便欣然应允了。他从皇太子杨广身上着手。他对杨广说:"古往今来立嗣以长子,而不以贤,现在申国公李穆爵嗣已经断绝,他的子孙当中,大多没什么能耐,不能够担此重任。只有李浑有功于国,定会有所建树。我看袭封之人非他莫属了。"太子杨广向来不知道孰是孰非,况且此事与己无关,也就答应要上奏皇上。

不久,文帝下诏,封李浑为申国公,袭李穆封。炀帝即位后,又改封李浑为郕国公。自继承父业以来,李浑身价倍增,财源也更加旺盛起来,他后房穿绫罗长裙的美女就多达数百人。不知是忘记了自己的诺言,还是由于吝啬,李浑并没有如约将所领国赋的一半奉送给宇文述。这使宇文述十分气愤,他总想寻隙报复李浑,但一直没有找到机会。直到那天看见他们叔侄聚会密谈,才算找到了借口。

宇文述对炀帝说:"安伽陀的图谶真的十分灵验。我与李浑是姻亲,听说他很怪异,经常与李敏、李善衡等几个侄子聚在一起密谈,有时甚至通宵达旦。李浑是我隋朝大臣,领朝廷俸禄,他又掌握着禁兵,这样下去如何是好?请陛下详察。"

与此同时,宇文述又指使武贲郎将裴仁基上表告李浑谋反。

裴仁基的诬告正合炀帝之意,炀帝立即降旨,令宇文述带领宿卫兵千余人将李浑府邸团团围住,李浑、李敏等人都被捕获。

御史大夫裴蕴、尚书左丞元文都连续审问了几天,得不到丝毫关于李浑等人谋反的证据,只好将实情奏明炀帝。炀帝对此十分不满,令宇文述一定要将此案查个水落石出。

宇文述接手此案后,知道自己也不会审出什么来,便径直来到狱中。他单独提出李敏之妻宇文氏,劝她说:"你是炀帝的外甥女,以后一定会有好丈夫,李敏、李浑其名正合妖谶。必定会被朝廷处死。你若想保全自己,就照我说的招供。"

李敏妻为了活命,立刻按宇文述说的做了。在宇文述口授下,供词很快就写出来了。只见供词上写道:李浑曾对李敏说:"你已应验图谶,将来必为太子。今皇上穷兵黩武、劳民伤财,这一定是上天帮助你,我愿助你一臂之力。如若再去征辽,你我必为大将,每人率军两万多人,合起来就是五万兵力,再联合诸房子侄、内外亲戚。而我家子弟必为主帅,分散在各军之中。时机一旦成熟,首尾呼应,必能成功。"

宇文氏的供状写好以后,宇文述又仔细检查了一遍,确信没有漏洞了,才出了监狱,飞身上马。亲自送入朝中交与皇上。

炀帝接过宇文述的奏状,连看都没看一眼,就流泪说道:"我隋朝江山差点倾覆了,全靠你才转危为安啊!"于是立即下旨诛杀李氏家族,共三十三人。其中包括李敏之妻宇文氏。

三十三个冤魂大闹春宵，这也许有些太离奇了。但是，在审理李浑"谋反"案时，炀帝自己心中弄鬼倒是有可能的。

贪色借刀杀人案

在唐朝时，发生了这样一个案件。

天还没亮，板桥旅店已为一天的生意忙开了。厨房已飘出阵阵饭菜的香味，有的店伙计忙着给早起的客人端茶或送水；有的伙计忙着给客人上酒、上饭、上菜；有的客人正在结账；有的已经结完账而赶路去了。忽然，一个伙计慌慌张张地跑到管事身边，喘着粗气对管事说店主被杀了，管事一听，吓了一跳，马上跟伙计来到店主房里，发现店主确实已横尸床上。伙计急忙解释说，因为店主要他每天给他送洗脸水，所以他一早便发现店主被害。管事立即吩咐他去报案，又让账房停止给客人结账，再派两个伙计把住店门不允许任何人出入，以便官府来人查验。不一会，一个伙计来报告管事，说找到了杀人凶手，是叫王卫和阳正的两个房客，于是管事便和那伙计来到王卫和阳正的住房。他们刚到门外，就听客人在争辩，管事推开房门，一眼就看见一把满是血污的刀，旁边还放着刀鞘，两个人赶忙停止争吵，向管事解释，说他们绝没杀人。管事心虽怀疑，但不肯定，又问屋内的伙计是怎么回事，伙计说，他们是昨天掌灯时分才来投宿的，让我今早五更叫醒他们，因他们要赶路。昨晚我给他们送洗脚水时，发现他们带有刀，但没在意。今早听说店主被人用刀杀死，我想可能是他们干的，赶忙过来看看。他们正要结账走人，我就拦住他们，说店主被杀了，你们带着刀，有杀人嫌疑。他们不服，拔刀一看，结果刀上果真有血迹，我就让另一伙计去报信了。正在这时，官府派来验尸查案的人到了，经过查验，店主确实是死于王卫那把刀下，还在店主的屋里找到带血的手套，和王卫的另一只手套正好是一对，王卫看了那手套后也承认是他的，但还是坚持说他没杀人。官差当即将他们二人押回官府。

审讯时，两人一直都不服。官府则认为人赃俱获了，必须严刑拷问。重刑之下，两人只得承认凶案是自己所为。此案判决就这样上报了。皇上最后审决死刑犯时，觉得可疑，便交由司法机关重审，司法机关就派蒋常复审此案。蒋常受命后，便仔细审阅案卷，也觉可疑，他想凶手杀人后应趁早逃走，但那二人却没走，赃证也过于明显。凶手和店主素昧平生，为何行凶杀他？两人从外地来，办事经过此店夜宿，不熟悉店主和店里情况，怎会找着店主房间，而进去杀他？杀人却又不盗走钱财是不是受贿杀人？如是受贿，贿赂者一定与店主有仇恨！总之，应从熟悉店情又与店主有关的人中查起。蒋常定好探查计划，便带人来到板桥店。他们先审问了店主妻子，店主妻子说丈夫被杀前后，自己不在这，而在娘家，店里的事都由管事打理着，还请管事协助官府办案。蒋常就让管事把现在和以前在店里干过活的人都找来，到下午共找来十六七个人。蒋常对来人说，店主被杀案还没破，已抓到两个嫌疑犯死不承认杀人，所以要大家协助调查，大家都在店里干过活，要仔细回忆一下过去的所见所闻，把想到的、可疑的报告官府，以便早日抓住真凶，也可早日证明自己无罪，还说留几位官差住在店里，大家有什么情况就及时报告。当然，人们心里也都明白，几位官差留下，一是查找证据，二是监视店里的人。蒋常又说，还有人今天没来，让大家各自先回去，只留下一个每天早来晚走只给店里烧火做饭的老妇人，问些过去和现在有关店主的事，还有意无意地透露给她一些似是而非的事情，到晚上才让她回家。蒋常派人暗中察看，看谁经常去老妇人那打听消息。这样过了三天，监视的人发现，有个叫阿乙的人，天天都在想方设法套问老妇人，也调查了阿乙的一些私人情况。蒋常觉得阿乙很可疑。蒋常把所有的人召集到一块，从人群中叫出了阿乙，说官府要请他去了解情况，便把阿乙带回官府。

几经审问，阿乙觉得无法隐瞒了，便全招了。原来阿乙与店主妻子有奸情，而且阿乙对她几乎着了迷，就想杀死店主，夺店得妻。至于怎样作案，阿乙确实费了一番心机。他在店里当伙计时，就处心积虑地熟悉店里房屋设置以及店里对工人、客人的各种规定，找各种借口来店里观察情况，寻找时机。他发现，南来北往的旅客各不相同又互不相干，于是他便想利用这个条件制造假象，以便隐蔽自己。正巧，有一天，他有个朋友住在板桥旅店，邀他相见，阿乙便怀着两种目的赴约。进店以后，他和往常一样眼耳并用，边走、边看、边听，在他朋友的房外，听见隔壁房里客人叫伙计送洗脚水，说赶了一天路太累了，要烫脚解乏，明天还要起五更赶路。正巧这时伙计开门走进去，阿乙趁机往屋里一瞧，正好看见客人脱下的外衣旁放着一把带鞘的刀。一看见刀，阿乙脑子一转，觉得正好利用它来杀店主。店主的妻子两天前就回娘家探亲了，店主整天忙店里的事，很累，所以晚上睡觉睡得很死。而且只一个人睡。机不可失，阿乙立即拿定主意。当晚，他故意在朋友那逗留很久，还找各种借口敬酒把朋友灌醉了，他把朋友放到床上，便走出房间。出门一看，客房几乎都关了灯。他确认了带刀旅客也睡熟了，又观察了一下店主的住处，便悄悄走了。回家后，仔细算好自己的每一步行动，觉得没什么漏洞了，等到三更以后，便换好装束，拿好撬门窗的工具，又潜回酒店。顺利地偷出了王卫的刀，不小心带出一只手套，他想把它扔掉，但转念一想，正好把它当成刀主杀人的证据，杀了店主后，故意把手套染血丢在房里。然后小心地把刀送回原处，干完一切后便回家了。案发后官府拘捕了王卫和阳正，并判他们杀人罪后，阿乙压在心上的石头终于放下了，庆幸自己借刀杀了店主，还成功地让官府帮助自己找到替罪羊。但没高兴多久，官府又来重新查访案情，阿乙觉得有些不妙，但他仔细回想后，觉得自己没有任何破绽，官府不可能怀疑自己。然而终归做贼心虚，总想知道官府的调查情况好及时采取对策，保住自己，不料反而中了圈套，暴露了自己。

案子终于真相大白。王卫和阳正无罪释放，阿乙、店主妻则被依法判刑。

中国古代秘史

两宋秘史

马昊宸 ⊙ 主编

线装书局

帝王秘事

宋太祖皇位为何传弟未传子

宋太祖作为开国皇帝，皇位并没有传给自己的亲生儿子，而是传给了他的弟弟赵光义，这种皇位传弟不传子的做法既不符合儒家礼数，也不符合历代传统，所以给后人留下了一个不解之谜。千百年来，对这件事人们众说纷纭，比较成形的有四种说法。

宋太祖赵匡胤

第一种说法是太宗杀兄篡权说。太祖驾崩的前一天晚上，阴云密布，雪雹骤降，皇宫四周黑漆漆一片，太祖赵匡胤紧急召见其弟晋王赵光义到宫中。赵光义急速入宫，与太祖二人在寝宫内酌酒对饮，皇宫官员不准随侍，外面的宫人只看到烛影下晋王时常避席，好像是不胜酒力的样子。喝完酒，已是深更半夜，殿前的雪积了好几层，这时赵匡胤还用玉斧刺雪，身体还倾向赵光义，嘴里说

图文珍藏版

着："好做，好做。"不过没人知道他们说了些什么，也不清楚当时究竟在干什么。当天夜里，赵光义留宿于禁宫中，第二天早上天快亮时，皇宫中一片寂静，好像很太平的样子，然而人们却发现宋太祖已经驾崩了。奇怪的是赵光义竟然接受了遗诏，在灵诏前继承帝位。人们猜测是赵光义趁着太祖身体虚弱的时候杀了他的兄长，而后自己写下了遗诏，篡权夺得了皇位。这种说法不管是正史还是野史都有记载。不过令人费解的是太祖既然病重，为何只招太宗一人进见，身边没有其他人呢？

第二种说法是太宗调戏太祖妃子说。传说赵光义一直十分欣赏已归降的后蜀主孟昶的妃子花蕊夫人费氏。孟昶死后，花蕊夫人被宋太祖赵匡胤接入皇宫中，纳作自己的妃子，并且十分宠爱。在赵匡胤卧病在床时，赵光义来探望，到半夜时分，赵光义连叫赵匡胤数言，都不见答应，于是乘机调戏花蕊夫人。赵匡胤惊醒，于是用玉斧砍地，皇后、太子赶到时，赵匡胤已经气息微弱，赵光义则慌忙逃回了自己的王府，第二天太祖赵匡胤就驾崩了。从这种说法看，赵匡胤本已病体虚弱，再加上发现其弟调戏宠爱的妃子花蕊夫人，盛怒之下举起玉斧，怎奈力不从心，玉斧未中赵光义却砍到了地上。赵光义非常后悔，却一时无法向其兄解释什么，他预料到等待自己的将是一场灾难，索性一不做二不休杀死了自己的同胞手足，然后逃回府中。不过赵光义与赵匡胤毕竟是患难与共的亲兄弟，赵光义是否真正杀死其兄也难下定语，赵匡胤也许是病怒交加而死。不过，从上述说法来看，赵匡胤之死可能与其弟赵光义有极大的关系。

第三种说法是内侍王承恩矫诏说。宋太祖赵匡胤去世时是凌晨，皇后派内侍王承恩叫皇子德芳过来。内侍王承恩和赵光义关系很好，他没有去找赵德芳，却直接去找赵光义。赵光义当时闻讯不敢前去，王承恩再三催促才把赵光义带到宫中。进宫后，皇后见到来的不是自己的儿子德芳，而是晋王赵光义，惊诧万分，后来突然醒悟，便哭着对赵光义说："我母子的性命都托付给官家了。"赵光义也哭着说："大家是一家人，我们共保富贵，不要太过于忧伤了。"于是，赵光义灵前就位，是为太宗。这种说法看似有理，可是仔细想来，这时王承恩不过是一个宫人，胆子怎么会有这么大，竟敢违背皇后的懿旨？如果事情败露的话,那他不是有杀身之祸吗？再说,太祖病重,为何皇子德芳不在宫中服侍呢？而且,太祖驾崩,按理还应召见朝中重臣,共同处理诸项事宜,皇后为何只召皇子德芳呢？诸多疑点,使得这种说法很难为人们所接受。

第四种说法是金匮之盟的说法。传说太祖、太宗的母亲杜太后临终时有遗命给太祖,说后周就是因为主少母寡,你赵匡胤才取得皇位,开创了宋朝。五代以来政权更迭频繁,所以要想宋朝江山坐稳坐牢,只有在你百年之后,挑选一位得力的皇帝来继承皇位才可永葆江山。赵光义从小跟随你出生入死,文治武功样样拿得出来,所以应当立为皇帝。太祖同意了母亲的要求,并且将这份遗命诉诸文字,放在金匮中,所以赵光义就继位为宋太宗。

除去第四种说法,从前三种说法来看,它们有相同的地方,那就是宋太宗不是宋太祖赵匡胤遗诏命立,而是赵光义自己篡位。据史书记载,宋太祖赵匡胤驾崩,赵光义在第二天即位后,便完全不顾嗣统继位后在第二年改元的惯例,迫不及待地只用了不到两个月就将开宝九年改为太平兴国元年,如此急切改元是否心中有鬼,抢着为自己"正名"呢？而后他又将三弟改名为廷美,封为齐王。后来赵光义又将廷美削去王爵,继而贬为涪陵县公,廷美没过几日就"抑郁而死"了。赵光义在继位后曾封赵匡胤长子赵德昭为武功郡王,可是后来赵德昭也"自杀而死",赵匡胤幼子赵德芳也神秘"暴死",这一连串的事件看似偶然,然而这些太祖的准皇位继承人的相继早逝与太祖皇位传弟不传子之间肯定存在着某种联系,所以说宋太宗赵光义很有可能是谋权篡位。不过,这几种关于太祖皇位传弟不传子的原因的说法都有些漏洞,凭现存的史料,很难判定太祖皇位传弟不传子的真正原因,看来只有等待后来再做进一步的考证了。

宋太宗是一介武夫吗

五代历朝"武人"当政,宋太祖赵匡胤也是武人出身,那么宋太祖驾崩之后继位的"御弟"赵光义作为新一任的统治者,他是怎样的一个人呢？也是只知南征北战的一介武夫吗？宋太宗继位之初,使用政治压力,逼迫吴越王钱俶和割据漳、泉二州的陈洪进纳士归附，又亲征太原，灭掉北汉，可说是有些战功战绩，但是他在与辽朝及党项拓跋部势力这些强敌对抗的过程中，却屡战屡败，战功并不显著，可见宋太祖并不是一名能指挥大军的指挥家、军事家。

其实之所以说太宗不是一个武将，还因为在宋太宗统治期间，实行了弃武尚文的统治政策，大量任用文官主持政务。另外，其本人在日常生活中，也并非粗俗武夫，还是一个真正的附庸风雅的人呢。

宋太宗从幼年开始，业余爱好与兴趣首先就是读书。他的父亲赵弘殷总兵江南的时候，每当攻破州县，必定到处搜寻古籍供他学习，并且时时激励他，即使在战火纷飞的年代，他读书从未有间断的时候。那时书籍和书袋成为赵光义的随身之宝。太宗即位之后虽然政事繁多，却仍然不改初衷，像以往一样喜爱读书。他曾经对身边近臣说："朕没有别的爱好，只是喜欢读书，想从中知道古今成败的道理，好的加以采纳，不好的引以为戒。"他尤其对《太平御览》情有独钟。《太平御览》这本书多达一千卷，他决心发奋每日读三卷，争取一年内通读一遍，于是命史馆每日进呈三卷，昼夜苦读，到天明时才小睡一会就去上朝。到了天寒日短之时，每日读三卷，宰相等考虑到如此读书容易使身体受到伤害，就劝告宋太宗不要把时间抓得太紧，宋太宗却说："朕天性喜好读书，开卷有益啊，这不会损伤我的身体的。好学之士读万卷书都不当回事，这千卷书又何足挂齿呢。大凡读书应该发自内心喜欢。如果不是这样，读也不会真正读进去的，白白浪费时间。"于是太宗仍旧坚持不懈，终于用一年时间读完了《太平御览》这部巨著。宋太宗读书范围甚广，各门各类的书无不涉略，还常常加以评论，另外将其中有益于治国的部分，融会贯通，加以采用。当他读《阴符经》时，他感叹地说："这是一部诡诈奇巧的著作，不足为训。"在读《道德经》后，他又对近臣说："书中'善者，吾亦善之；不善者，吾亦善之'，说的是善恶无不包容，修身治国理应如此。如果事事不包容，怎能治理好天下呢？"由于治理国家，政事繁忙，宋太宗又事无巨细，大多亲自过问。这使得他只能把读书安排在听政之后，常常是废寝忘食，并且他多年能坚持不懈，这作为古代帝王实在是很难得的。

太宗读书学以致用，并不死读书，不仅将其心得用于治理国家，还大规模地开科取士,所以得到了很多优秀的人才,像吕蒙正、寇正等名臣都是北宋初期录取的进士,他们后来都成了太宗的得利助手。在读书过程中,他的文才不断增长,常与群臣诗文唱和,有时是消遣之用,有时是歌功颂德,这在宋太祖时是没有的。在平定北汉后,宋太宗就作了《平晋诗》要求随从的大臣们唱和;到了春天万物复苏,冬天大雪初降之时,宋太宗都多次与臣下唱和作诗。宋太宗还曾将自己写的诗文编成《御制诗文》41卷,收藏于宫中书库,其诗作已达到了定的艺术水平。

读书写诗之余,宋太宗还苦练书法,精通草、行、飞白、篆、籀、八分书,在书法上具有很高造诣,被列入宋代著名书法家之列。其书法遗迹也被选入供人临摹的碑帖之中。他对近臣说:"朕君临天下,为什么非得喜欢书法?只不过从内心喜欢,不能舍弃。"即位后,他还经常观摩古碑刻,向古人学习,常向吕文仲请教书法历史问题和笔法问题,向葛端请教字学问题。王著是当时的书法名家,宋太宗曾派侍臣王仁睿把自己的作品拿给他看,王著看完,淡淡地说:"未达到尽善尽美的地步。"太宗知道后,更加勤奋练习,又过了一段时间,再派侍臣王仁睿给王著看自己的作品,王著回答仍与前次一样,王仁睿责问王著是否藐视宋太宗书法时,王著笑着回答说:"帝王开始练习书法就称赞他写得不错,以后就不留心了。"

太宗还是个围棋高手,他曾自创围棋三势,一叫"独天飞鹅势",一叫"对面千里势",一叫"大海取明珠势",他亲自讲解给内侍裴愈,然后派裴愈讲给众学士,众人无不佩服太宗这三势的高妙。他在围棋小小的黑白世界中,运筹帷幄,纵横捭阖,显示出了作为一代帝王驾驭全局的才干。当时著名的围棋国手,像杨希紫、蒋元吉都无法与太宗对抗。太宗嗜围棋,与人对奕绞尽脑汁,不知疲倦,许多大臣就劝他注意身体,可太宗却说:"朕不是不知道,只不过借此躲避六宫诱惑,众爱卿不必多言。"

宋太宗喜好读书,热爱诗文、挚爱书法、围棋,而又不讲奢靡,不讲淫乐,其中无不包含着一种弃武尚文统治政策的转变,"尚文"正是太宗不同于一介武夫之处。

宋真宗"泰山封禅"之谜

宋真宗赵恒即位初年,以勤政治国,广开言路,锐意革兴,使宋代朝廷政治清明,社会经济大大发展,出现了"咸平之治"的小康局面。可是,自从宋真宗勉强打退萧太后带领的契丹兵的大举进攻,还屈辱地与辽国订立了"澶渊之

宋真宗"泰山封禅"

盟"后,他的进取精神就日渐泯灭,每年向辽国纳些岁币以求苟安。真宗以为从此就天下太平,也就不再积极进取,施政思想也日益保守,并且还崇道信佛,讲求迷信,这么劳民伤财地一折腾,宋朝的国势就逐渐衰微下去了。

签订"澶渊之盟"后,宋真宗赵恒听信谗言,将刚直敢言、富有威信的抗辽派官员寇准贬职,而提升了善于阿谀奉承的主和派官员王钦若为资政殿大学士,居于百官之首。王钦若是个十分懂得迎合主子的小人,他看准了赵恒讨厌战争而又好大喜功的心理,就向真宗提出了"封禅泰山"的建议。他还向真宗建议说:"自古以来,就有圣人以神道设教的说法。祥瑞虽不是人力可为,但是只要皇上深信而崇奉,昭示天下,其实与天降祥瑞是一样的。"于是,赵恒立刻下

旨昭示天下。不久,全国各地就争先恐后地将祥瑞之物进献给皇帝。真宗时,著名的"天书"就是在这种背景下出现的。

相传,有一日上早朝时,有官员报告,在宫城左承天门南角发现黄帛两丈多长。这黄帛像书卷一样,上面隐约有字。赵恒说:"去年我曾梦见神人,说今年会降《大中祥符》三篇,想来正是天书下降了。"于是,赵恒率领群臣来到承天门,焚香望拜,取回"天书"。"天书"的内容是称赞赵恒的,还勉励他要善始善终,永葆宋祚。赵恒把这充满恭维之词的"天书",藏在金匮中,然后大宴群臣,庆祝得此"天书",而后立刻改元为大中祥符,改"左承天门"为"左承天祥符门",并且派遣使者祭告天地、宗庙、社稷、京城寺庙以及各地宫观。各位臣子也纷纷上表称贺。大中祥符元年初,兖州知州亲率一千二百八十余人来到京师上表说,天降祥符,国运昌盛,请赵恒封禅泰山,以报天地。不久,宫中的功德阁又发现"天书"一幅。宰相王旦率文武百官、中外使臣、僧道各界等两万多人伏阙上表,请行封禅。赵恒非常高兴,于是,决定在当年十月"封禅泰山"。六月,王钦若又上奏说,泰山下澧泉涌出处又有"天书"出现。群臣再次纷纷上表称贺,并上奏要加给赵恒尊号"崇文广武仪天尊宝应章感圣明仁孝皇帝"。这些阿谀之词,宋真宗赵恒竟然全都接受了。

十月,庞大的仪卫护从跟随赵恒离开京城前往泰山封禅。用玉辂运载的"天书"行于队伍前列,表示此次封禅"师出有名",是宋真宗前来拜谢上天所恩赐的"天书"教诲的。真宗及随从人马,经过十七天的长时间行路来到了泰山脚下,仪仗队及士兵每两步一人、隔八步树一旗,直从山脚通到山顶。真宗的这次封禅可谓是浩浩荡荡,极为风光。

到了十月十三日早晨,赵恒头上戴着通天冠,身上穿着绛纱袍,乘了金辂,后面装备法架,在文武百官的簇拥下,登上了泰山顶,准备封禅。次日,真宗以隆重的仪式封祭昊天上帝及各路神明,很长时间礼仪才完毕,真宗即日下山。后来真宗又以同样隆重的仪式在杜首山祭祀天祉神,最后又登上朝觐坛,接受百官、使臣及僧众的朝贺,并颁布诏令大赦天下。封禅完毕后,真宗下诏改泰山脚下的封县为"奉符县",并且作《庆东封礼成诗》,还下令群臣唱和,又设下盛宴,君臣同庆封禅成功。

十一月,赵恒回到京师开封,诏定"天书"降临京城的那天为"天庆节",并且命人将他泰山封禅一事编成《大中祥符封禅记》一书,还命人专门制造了奉迎"天书"而使用的"天书玉辂",群臣为了讨好皇上,争相上奏表章,赞颂赵恒功德无量,才感动上苍得降"天书"。

其实,自秦汉以来,只有少数帝王因为天下大治,四海升平、国富民强,才有理由去泰山封禅。然而,赵恒在位期间,不仅政绩不显著,还和辽国签订了屈辱的条约,就是这样一个平庸的皇帝竟然也跑去泰山封禅,所以宋真宗封禅不被后人称赞。并且真宗在内扰未平、外患未安的衰弱国势下,做这样劳民伤财的事,说穿了不过是为了满足自己的虚荣心罢了,根本于国于民无益。而那些阿谀奉承的大臣们,也不顾连年水旱灾造成民心动摇,还投真宗所好,屡屡谎报所谓"祥瑞",例如什么"池盐不种自生","仙书《灵宝真文》问世","黄河自清",对于这些真宗居然都深信不疑。相反,真宗对于忠臣的进谏,却当作耳旁风,丝毫不予理会。

此后,真宗又于大中祥符四年,再次封禅泰山;大中祥符七年还到南边驾临亳州。沿途所费无数,估计不下数十万钱帛,给劳动人民带来了更加沉重的赋税负担,宋朝积贫积弱的形势更加严重了。

徽、钦二帝为何成为阶下囚

北宋朝廷和金国联合攻辽时让金朝摸透了宋朝的家底,也让北方的金国看到了宋朝的腐败与无能,所以金国要乘着宋朝内乱的时候前来发笔横财。于是灭辽以后,在1125年冬,金国就兵分两路南下攻宋,企图消灭北宋政权。这时北宋已多年没有战争,军队战斗力已经大不如以前,抵抗不住金兵凶猛的进攻。到第二年初,金兵就渡过了黄河,兵临汴京城下。可是这时宋徽宗还是整天花天酒地地生活着,自以为天下太平无事,丝毫没有抗金的准备。面临金国的进攻,他并没有立即组织军队进行抗击,而是在宫中让道士做法,堂堂一国皇帝竟然把解围的希望寄托在道士郭京的六甲法上。这些道士的法力虽然能欺骗皇帝，却阻挡不了金兵的猛烈进攻。徽宗万不得已，为了欺骗百姓争取民心只好连下罪已诏，言辞恳切地向人民道歉，表示悔恨。另外还下令全国各地的军队增援京师，保卫皇帝，但是远水解不了近渴，金兵已经逐渐逼近。徽宗这时已经完全被吓昏了，他不知所措，他所宠幸的"六贼"干尽了坏事，也早已受到人民的唾弃，不能领导抗金。徽宗在万般无奈之下，写下"传位太子"四个矍铄的瘦金体大字，自己躲在深宫中整日烧香。

在国难当头之时，太子赵桓即位，是为宋钦宗。宋钦宗即位的第二天，徽宗就以烧香为名，带着一批宠臣日夜兼程，渡过淮河逃到扬州，还把太上皇后丢在扬州，自己带了一帮妃子过长江逃到了江苏镇江。随行的妃嫔们受不了奔波之苦，落在沿途很多人。

宋徽宗南逃后，钦宗起用抗战将领李纲，京城军民在李纲的率领下，奋勇抗敌，多次打退金兵的进攻。但就在这时，宋钦宗却在一伙投降派的鼓动下，罢免了抗战派领袖李纲，原因是根据祖宗家法防止李纲篡权，保全皇位；另外为了防止抗金后再招惹是非，得罪金人。并且这时宋徽宗还以太上皇的名义不准京外军队回师救急，宋钦宗抗金一时陷入了困境，另好放弃抵抗，派人向金屈膝求和，满足金人的一切无理要求。恰好这时孤军深入的金兵在北宋军民的顽强抵抗下，也认识到形势对自己不利，宋钦宗又满足了他们索要的金银、财物、土地等要求，所以金兵就撤兵回师了。这时，宋钦宗赶紧迎回那位危险的太上皇，宋徽宗这时以为天下太平了，急忙高兴地赶回汴京重新过起了荒淫奢靡的宫廷生活。

这时，一些大臣劝告钦宗要准备抵御金兵的再次南侵，可是钦宗却满不在乎地说："金兵一退就万事大吉了。"徽宗和钦宗一样，都不思忏悔，也不作任何准备，甚至还认为这些话太危言耸听了。半年后，金兵又卷土重来，再次分两路南下灭宋。他们飞速渡过黄河，再次包围汴京。宋钦宗又仿效前计，前往金营求和，却遭到了金人的百般戏弄。随行的吏部侍郎李若水气愤不过，痛骂金兵，被金人割舌而死，钦宗当即被金人扣押。在金兵的猛烈攻击下，汴京陷落。

1127 年 4 月，金兵把宋徽宗、宋钦宗父子二人连同北宋的后妃、亲王、内侍等共 3000 人俘虏北去。宫中所藏的金银、绢帛、文物、图籍、宝器等被抢一空，此年，北宋灭亡。此事件史称为靖康之难，又叫靖康之耻。北宋旧臣和南宋的君臣们为了避讳这一不光彩的史实，又经常自欺欺地称之为二帝北狩，意思是徽钦二帝去北方打猎去了！

徽钦二帝被金兵押到金国后，金国皇帝立刻下令把二人带到远离南方的五国城（今黑龙江省依兰），关押到一口地窖中，以防宋人来救。在天寒地冻的北方，宋徽宗痛楚地写下了一首诗

彻夜西风撼破扉，萧条孤馆一灯微。

家山回首三千里，目断山南无雁飞。

诗中凄凉悲惨的亡国之情，真是有如那句"春花秋月何时了，往事知多少"，包含了多少辛酸啊。

宋钦宗是个"软骨头"吗

北宋徽宗宣和七年，金兵大举南下，攻城略地，嚣张之极。此时宋徽宗却将皇位传给了毫无统治经验的太子赵桓，即为钦宗。赵桓本来就生性温和，遇到这种对付凶悍金兵的入侵的难题更是显得方寸大乱，处处优柔寡断。赵桓上台伊始，就惧怕金人，主张讲和，但是议和没有坚持几天，在主战大臣们的力谏下，他又变成了主战，后来又变成主和，整天徘徊在战和二者之间，有时甚至战与和双管齐下，并行不悖，既主战又主和，他做出和还是战的决定不是依靠自己作为一个君主的判断，而是依据不时变换的各种耳边风的强弱，他的命令很多时候都是一天之内变几变。在变来变去，朝令夕改中终于演出了一幕亡国的悲剧。

宋钦宗赵桓在太上皇赵佶南逃之后，首先召集宰相等人议事，他们主张赵桓跟着向南逃，来避金兵锋芒。后来兵部尚书李纲为钦宗出谋划策，希望钦宗坚持守城，等待各地勤王之师共助退金，正好这时燕王、越王赶到，都主张固守京城，赵桓这才稍微安定下来预备迎战，当天白天钦宗还对李纲说："朕今天是

为你留下来的,治兵退敌,全由你来操办。"然而夜里,赵桓就告诉宰臣,准备离京。第二天早晨赵桓等人被李纲拦住,六军将士也表示愿意誓死守城,赵桓这才又勉强留下来。但是,他又派人偷偷出城,到金人营中议和去了。宋朝廷提出,愿派亲王、宰相到金营议和,同意每年增加岁币,另外还答应犒劳金军,但不同意割地。而且当时就派人押送去一万两金子及酒果等物,送给金军统帅宗望。宗望喜出望外,收下礼物,还不肯罢休,又提出犒师金银帛绢各以千万计,马驼骡驴等各以万计,宋朝尊金国为伯父,以河为界,割让太原、中山、河间三镇之地,另外让宋朝的亲王、宰相到金国作人质。宋朝君臣商议后不答应,于是第一次议和破裂。金兵开始攻城,宋军顽强抵抗,两军相持半月不下。这时各地勤王之师十余万人陆续到达,金兵恐慌,稍做撤退。李纲等人为钦宗献策说,我方目前已有二十多万人,而金兵只有六万人左右,他们又是孤军深入,现在不能迅速攻下汴京,必然要撤退。那么宋军就可趁其回撤渡河之际,加以攻击,然后联络河北各地,从背后袭击拦截金兵,这样就可以全歼金军。这个作战方案可谓天衣无缝,只要执行肯定胜券在握。可是赵桓却毫不理会,又错误地采纳了姚平仲夜袭金营的计策,背着李纲出兵,结果劫营失败。朝中主和派乘机抱怨此次劫营使勤王之师及京城部队尽被金兵消灭。赵桓吓得急忙罢免了李纲的职务,并下诏不准再战,去向金人谢罪。太学生陈东等人听闻李纲被罢免,数百人齐上书为李纲喊冤,京城数万军民也闻讯赶来,人们打破了登闻鼓,呼声动天。赵桓只好又恢复了李纲尚书右丞之职,并任京城四壁守御使。此时金兵派人责问赵桓为何派兵袭营,赵桓连忙说这不是朝廷的命令,一定治罪偷袭之人。然后,让人带着同意割让太原、中山、河间三镇的诏书前往金营,并让皇弟赵构到金营作人质。金人拿着割地诏书,押着赵构,慌慌张张地撤军了。宣抚使种师道请示趁金兵半渡河之际,出兵攻击,赵桓竟然不许。而主和派李邦彦等人则宣布军法,谁敢擅自出动攻击,格杀勿论。种师道等人眼睁睁地看着金兵渡河而去十分气愤,但也无可奈何。

金兵退去,北宋朝廷又恢复了以往那样平静的生活,钦宗赵桓更是以为天下太平,丝毫没有加固边防的意思。只有大臣李纲忧心忡忡,多次上书请求加强战备,以防金兵再侵。赵桓不仅不采纳李纲的意见,反而通知门下侍郎耿仲南等人对于李纲上书不得上报,全部扣押。

金国派出的刺探回报说宋朝廷没有什么举动,金国认为宋朝软弱可欺,于是仅仅过了半年,又卷土重来,再度南侵。靖康元年,两路金军会师围住汴京城。此时各地勤王兵由于接到不得妄动的命令,因此离京城甚远,不能解燃眉之急,而赵桓身边也只有卫士和弓箭手七万人左右,这下钦宗急坏了。他病急乱投医,听信一个自称能撒豆成兵,生擒敌帅的骗子郭京,赐金帛数万,召来市井无赖七千七百七十七人,于次日出城决战,结果"神兵"一败涂地,郭京也逃跑了,金兵趁机攻进了汴京城。赵桓悔恨万分,痛哭道:"朕不用种师道之言,以至于此。"可惜后悔已晚。他对前途完全丧失了信心。此时,汴京百姓争欲巷战,吓得金人宣布要议和退兵,赵桓仿佛捞到了一棵救命稻草,亲自出城向金人恳求,奴颜婢膝,低声下气地俯首称臣,乞求宽恕。签字已毕,赵桓又摆下香案,望金国方向拜了几拜,算是尽了臣礼,金人这才同意放他回城。

回城后,赵桓下令搜集金银、骡马、美女送与金使。计有金一千万锭、银二千万锭、帛一千万匹、牲畜七千余匹、少女一千五百人,甚至连自己的嫔妃也拿来充数。但金人贪得无厌,嫌所得金银数量不足,声称要洗劫城池,并要赵桓再去金营议和。吓破了胆的赵桓只得再次前往,却被金人当作人质扣留下来。赵桓被迫下令城中官吏加紧搜刮金银,百姓各分坊街,互相监督,即使妇女的钗钏之物也在搜刮之列。直弄得汴京城里翻江倒海,民不聊生。

这次"议和"让赵桓在金营内受尽了苦头和屈辱。他整天被囚在一间小屋里,忍受着砭骨寒风,缺吃少喝,晚上蜷缩在一铺土坑上,连被褥都没有,真是生不如死。后来,他的父亲太上皇赵佶也被押来了。四月一日,金兵在大肆掳掠后开始撤退。金兵退走时,带走了大量金银财宝、仪仗法物、图书典籍、古董文物、百工技艺、倡优杂技人等,北宋王朝"二百年府库蓄积"为之一空。赵桓及赵佶、皇后、妃嫔宗室、大臣等两三千人也成为俘虏,随金兵北归。

赵桓到金国后,头戴斗笠,骑着马,由人监管。每过一城池,就掩面而泣,然而,泪水再多也洗不掉这亡国之君、阶下之囚的耻辱啊。赵桓到金国后,被封为

"重昏侯"，意思是他与其父"昏德公"赵佶加一起是一昏再昏。后来赵桓客死在金国，终年六十二岁。

宋高宗骑泥马脱险果有其事吗

宋高宗赵构曾经是康王，在靖康年间受宋钦宗差遣，前往河北金兵统帅那里请求缓师，路过磁州（今河南省磁县），那时磁州守臣宗泽劝谏他说："肃王

宋高宗赵构

（徽宗的另外一个儿子）已经一去不返，现在金人又来骗大王。大兵压境，再去有什么用处呢？"磁州的百姓也纷纷请求赵构留下，没有多长时间，金兵攻破汴京，将宋朝徽、钦二帝和宗室后宫三千余人掠出了汴京城。由于赵构不在京城，才逃过此劫，接着登基即位，做起了南宋朝廷的皇帝，偏安于东南一隅，这是众所周知的事情。可是人们是否知道宋高宗也曾在金国为人质，他是如何逃出虎口，又是如何平安回到宋朝境内的呢？人们对此有种种传说，其中最有名的是"泥马渡康王"的说法，说的就是崔府君显灵，让泥马运送后来成为南宋高宗皇帝的康王逃离金兵虎口的事情。

当年康王赵构在金国做人质时，金国皇帝命令康王和金国太子一同射箭比武，康王发箭三支全都中靶，让金国皇帝大开眼界。金国皇帝与朝臣商量后，一

致认为宋朝派的来人并非皇子,而是找个擅长武功的人冒名顶替,所以就将康王遣还要求换真皇子过来。于是赵构得已从金营脱身,火速赶往宋朝属地。途中在崔府君庙中打盹,梦见崔府神君出现了,还催着赵构赶快骑门口的马走,说金兵马上就追了过来。赵构一下就从梦里惊醒了,看到马就在他的身边,于是翻身一跃上马向南疾驰而去。途中遇到一条很深的河,那马也是一跃而过,毫不费力,可是等过了河再看,这匹马就不动了。赵构十分奇怪,下来一看原来这竟是匹泥马。人们都说是崔府神君救了赵构的命。

崔府神君究竟是何方神圣呢?南宋时比较普遍地认为是他是东汉的崔瑗。崔瑗曾经在河内郡汲县做县令。也有人认为崔府君是唐朝贞观年间滏阳令,后来升任蒲州刺史,崔府君在滏阳有爱民如子的美名,死后百姓立寺安葬供奉为神,以后人们就把他传为崔府神君了。崔府君的传说在唐宋时期的北方地区流传很广。

其实,说崔府神君显灵,助赵构骑泥马过河脱险,这只是民间传说,稍有一点科学知识的人都知道,这是根本不可能的。之所以会出现这种传说,无非是赵构为了给自己继承皇位作的宣传,用来迷惑百姓,让人相信,他有天道神助罢了。靖康元年,金人掠走了徽钦二帝及皇朝宗室妃嫔三千余人,徽宗皇子中仅剩下康王赵构滞留在河北、山东一带。这期间金人曾扶持宋朝原宰相张邦昌为楚帝,继位汴梁。可是由于张邦昌是个卖国贼,深为中原人民痛恨,这个政权得不到人们的承认,充其量不过是走狗而已,所以这个政权没有几天就瓦解了。这时众人扶持赵构作了皇帝,举兵反金,虽然大部分人同意赵构危难时刻继位,但是赵构的新政权毕竟刚刚建立,还很脆弱,另外徽钦二帝都在世,继位的合法性也时常受到质疑。高宗登基之时就有人提出,说他登基时不应穿正黄色龙袍,因为父皇帝和兄皇帝都在,所以应当穿淡黄色的龙袍称制,并且年号不应变动。建炎三年,大将苗傅和刘正彦发动兵变,胁迫赵构交权,另立三岁的小太子继位,由隆佑太后垂帘听政。赵构被迫无奈,只得暂时让位,到后来才又寻到了机会重新夺权。这些事情令赵构十分头疼,他的继位一天得不到充分承认,他就一天不得安宁。在这种心理的支配下,赵构开始寻求神灵的支持,他的神道设教意识也逐渐凸现出来了。建炎年间,赵构的幕僚曾对其他人讲述高宗在靖康元年一天晚上所做的梦,那日高宗突然对幕僚说昨晚上梦见当今皇上也就是钦宗脱下了御袍送给了高宗,高宗也毫不客气地脱下旧衣服穿上了御袍。另外,靖康之变后,高宗在一次召集四方兵马大元帅的聚会上,就曾指着随身佩戴的方玉带对大臣们说这条玉带是徽宗送给钦宗的,而钦宗又亲自送给了他。宋高宗极力地想告诉大家他就是命定的天子。

宋高宗还听从大臣李纲的建议,用权术来借神灵行人事收买人心。当时崔府神君在民间香火很盛,高宗就将崔府神君请来作他的护身符,还在绍兴年间下令建庙奉祀崔府君。传说建炎二年,孝宗的母亲王夫人(孝宗并非高宗之子,高宗死太子,只得从宗室中选立太子)在生孝宗前还梦到崔府神君再次显灵,怀抱一只小羊和她说以羊相识,接着孝宗就出生了,属羊。人们将这些故事越传越玄,最后都认为崔府神君就是宋高宗的保护神,赵构得皇位确实有天命相助。

其实说崔府君显灵也好,说"泥马渡康王"也罢,这些都是为了统治的需要杜撰出来的,这样的故事在中国古代历史上也是屡见不鲜,它们为历代的政治家们手中的有力武器,也确实起到了蒙蔽世人的作用,有时甚至是武力所不能比的。

宋理宗的继位之谜

宋理宗的继位与宁宗末年的权臣史弥远有关。史弥远在宁宗嘉定末年独揽相位,有十余年之久。史弥远为相之时,作威作福,十分风光,可是他仍旧担心这样的富贵荣华长久不了,总有一天会随着宁宗的去世,新皇帝的上台而消失,为此他十分看重宁宗选嗣这件事情。

宁宗曾经选立荣王为皇太子,当然史弥远并不担心荣王的即位,因为荣王曾与史弥远联手定计,除掉了韩胄,二人的交往也由此加深,如果荣王能顺利继承皇位,史弥远自然不用担心他的地位问题。可是在嘉定十三年(公元1220年),荣王竟然在宁宗之先病逝了,史弥远这才开始关注宁宗的选嗣问题。

宋理宗赵昀

　　因为宁宗只有荣王一个皇子，现在荣王英年早逝，宁宗就必须另外挑选皇子来备立储君。嘉定十四年(公元 1221 年)宁宗选定沂王的儿子贵和为皇嗣，赐名为赵闳,然后宁宗托付史弥远为沂王另选嗣子。史弥远因为对赵闳的为人不很了解,不敢把自己将来的官场生涯轻率地押在赵闳身上。他密奏宁宗要小心立嗣,想乘机多选出一两个宗室子弟安置在宫中,作为皇子的候选人。宁宗还以为史弥远考虑周到,处处为皇室打算,却不知道史弥远的用心险恶,是在处处为自己打算。于是,宁宗糊里糊涂地将事情全部委托给他。史弥远就堂而皇之地把大宋朝选立后嗣的重大责任揽在了自己的手里。

　　史弥远想到宋廷南渡时,曾有不少宗室子弟流落到他的家乡浙西,就拜托为人谨厚的老乡余天赐回乡打听。在临行前的酒席宴上,史弥远特地嘱咐余天赐要仔细留意物色。余天赐回乡那天,在途中避雨亭里,就恰好碰到了两位宗室子弟,很快就带到京城给史弥远看。史弥远十分欢喜,急忙相见,见这二人气质不凡,确有富贵之相,认为是奇货可居。于是,就在宁宗面前多次夸赞这两位宗室子弟是天资过人、品行超群。宁宗立嗣心切,也害怕所托非人,所以就急切地想见到这二人。史弥远这时才将二人带进宫里,宁宗见了十分满意,当日就把那个年长的宗室子弟与莒立为沂王的嗣子,赐名贵诚,授秉义郎。

史弥远暗地里对贵诚和赵竑进行了多次考察。史弥远发现贵诚为人乖巧，每次上朝，衣冠整齐，面容严肃，不苟言笑，并且他对史弥远也总是毕恭毕敬，谦称小侄。史弥远觉得这个贵诚值得托付和合作，所以在众人面前常常夸奖贵诚，称他有大器之材，为贵诚树立威望。可是相比之下，皇子赵竑却对史弥远十分傲慢，有时甚至不理不睬，他对史弥远专权擅政也有不满的表示。在这两者对比十分明显的情况下，史弥远自然更倾向于贵诚。可是赵竑是皇帝所设的皇子，要推翻重来，也很不容易。赵竑喜欢弹琴，为了监视赵竑的一举一动，史弥远投其所好，为赵竑献上一位擅长抚琴的美女。赵竑知道史弥远的用意，起先对这位美女时时刻刻加以提防，可是时间长了，赵竑竟然放松警惕，还把那美女引为自己的红颜知己，把自己的心里话全告诉了她。当然这些话全都一字不漏地传到了史弥远的耳朵里。史弥远十分吃惊，他知道赵竑对他不满，可是他不知道赵竑竟然十分怨恨他。原来，赵竑对于史弥远与杨皇后互相勾结、狼狈为奸、诛杀大臣的事情早已经心存不满，他厌恶史弥远独权擅政的奸臣伎俩，曾经暗自记下了史弥远的数条罪状，并且还在旁边写批语：“（史）弥远当决配八千里。”他还指着地图对那位美女发誓：“我日后要是做了皇上，一定要把史弥远贬到最南边的琼崖（今海南）去。”这一切都被史弥远知道了，他暗自捏了一把汗，幸亏自己明智，不然真的是死无葬身之地，他立刻决定先发制人，将赵竑除去，以绝后患。史弥远于是开始着手对贵诚进行皇储的训练，他为贵诚偷偷地找了老师教授，他准备在宁宗去世前，把废立之事定下来，所以故意在宁宗面前，抑赵竑，扬贵诚。可是宁宗始终没有反应。嘉定十七年（公元 1224 年）八月，宁宗大病不起，史弥远立即派人转告贵诚拥立他为皇帝的事情，贵诚十分谨慎，一言不发，既不明言拒绝，也不明确接受，只是慢条斯理地说道：“我绍兴还有老母，怎么能做决定？”史弥远认为贵诚的确做事稳重，值得共事，于是就趁宁宗病情加剧时，假传圣旨，立贵诚为皇子，赐名赵昀，封成国公。宁宗去世的消息传出之后，赵竑就穿好孝衣，等待宫中派人前来宣召。可是却始终不见人来，他十分着急，也感觉情况不妙，但是始终没有想到皇位从此与他无缘。后来宁宗的拜祭仪式结束，百官入殿恭听宁宗遗诏时，赵竑还没有被授意登位，他十分疑惑,问:"现在怎么还要让我站在这呢?"侍卫按史弥远的授意告诉他:"宣读遗诏后才可登位。"可是片刻之后,内宫中走出一位身着黄袍的少年,从容登上金銮宝座,群臣伏地叩贺,这位少年就是赵昀,即为理宗皇帝。赵闳这时才明白是史弥远私造了遗嘱,可是又没有掌握这个权臣的任何把柄,赵闳只好自认倒霉。

其实在朝廷中,人们也对史弥远的做法十分不满,可又都不敢反对。在宁宗去世当晚,史弥远命杨皇后的侄子杨谷石将废立皇储的事情告诉了杨皇后,杨皇后不愿意改变宁宗的意思,可是又担心心狠手辣的史弥远对自己和家人不利,所以忍气吞声,没有反对。朝中一些人也不满史弥远擅自废立皇储,在理宗即位之初就起兵造反。史弥远乘机穷追不舍地残酷镇压,乘这个机会逼死了赵闳,解除了后顾之忧。

史弥远废立储君的阴谋如愿以偿后,因为拥立有功,所以他深受理宗信任,又继续专权达九年之久,直至病死。

柔福帝姬是真是假

柔福帝姬是宋徽宗三十四个女儿中的一位,她是南宋高宗的同父异母的姐姐。按照习惯,皇帝的女儿都被称为公主。可是宋朝的这位公主为何却叫作"帝姬"呢?这件事和徽宗时的改制有关。徽宗政和三年,在大臣蔡京的建议下,宋朝廷仿照周代王室中"王姬"的称号,进行改制,宣布"公主"一律被称为"帝姬"。这种制度维持了十多年,直到南宋初才恢复旧制。柔福帝姬本来因为北宋的灭亡,也随之消失在金国的土地上,可是令人感到特别奇怪的是:就是这样一位弱女子,竟然从金兵的爪牙下逃了出来,还历经艰难回到南宋朝廷。南宋的高宗皇帝和文武大臣,对柔福帝姬的虎口逃生本来感到十分高兴,可是这实在太出乎人们意料了,在欣慰的同时,不禁会产生疑问:这个长得酷似公主的人真的是柔福帝姬本人吗?

靖康二年,金兵的铁蹄横扫中原,一直南下攻到北宋都城汴京,然后将宋朝徽钦皇帝、宗室、后宫妃嫔三千余人作为俘虏押送到金国,柔福帝姬作为宫廷的一员自然也不例外,她与徽宗、钦宗及赵氏大部分宗室成员一起,离乡背井地被掳往金国,成为名副其实的亡国奴,沿途受到了金兵的百般侮辱。柔福帝姬在靖康之难被掠到金国后,很长时间都没有消息传回宋朝,所以人们一直都以为她早已经死了。可是,到了南宋高宗建炎四年时,竟然有一个女子来到宫廷,自称是从北方逃归的柔福帝姬。

宋高宗虽然惊喜万分,但是又担心这是个假冒帝姬身份骗取荣华富贵的人,于是就命令几名老宫女前去察验,这几位老宫女都觉得这女子相貌确实很像柔福帝姬,并且对宫中旧事也是了如指掌,能够回答得八九不离十,所以就禀告皇上,这确实就是当年被掠往金国的柔福帝姬,老宫女的担保让人们渐渐不再怀疑其中有假。可是众人还有一个疑问,柔福帝姬身为金枝玉叶的公主,从小就是三寸金莲,怎么竟会生了一双大脚呢,这实在是让人太怀疑了。那女子面对一双双怀疑的眼睛,丝毫没有惊慌,不胜悲苦地解释说:"金人对宋朝宫室成员不加怜悯,像牛羊一般地驱逐,我们连鞋都不曾穿上,光着脚步行了几万里路,就是三寸金莲又怎么能保持原样呢?"宋高宗觉得言之有理,并且又听到这女子能够直呼他的小字,便认定她就是真的柔福帝姬,不再怀疑。于是马上下诏让她入宫,授予福国长公主的称号,又为她选择永州防御使高世荣为驸马,赐予嫁妆一万八千缗,从此过上了衣来伸手、饭来张口的神仙般的生活。这以后,高宗认定这是唯一的姐姐,所以对她恩宠有加,先后赏赐的东西折合达四十七万九千缗。

可是在绍兴十二年和议结束后,南宋高宗的生母显仁太后从北方回来了,见到高宗后,没说几句话就急急忙忙地告诉高宗说:"金人都在笑话他,因为他错把"颜子"(颜子就是冒牌货的意思,当年京师有颜家巷,制作的各类器物都是假品次品,极不坚实,因此人们"颜子"来称呼冒牌货)当公主。"高宗一向信任他的生母显仁太后,刚一听到这番话,非常吃惊,也十分地愤怒,于是立即下旨捉拿柔福帝姬,但他还是有些疑惑,如果公主不是真的,怎么会对宫中的事情知道得那么详细呢?

· 两宋秘史 ·

图文珍藏版

于是高宗下令将"柔福帝姬"下狱审讯,没过多久就真相大白了:这女子确实是个假公主,她原本是个尼姑,在兵荒马乱的年代里,曾经遇到一个在靖康年间从京城逃难出来的柔福帝姬的贴身宫女。那宫女一见她就惊呆了,告诉这女尼说她的容貌与柔福帝姬十分相像,又告诉她许许多多的宫中琐事。女尼在兵荒马乱的年代里,无以为生,于是就冒名顶替柔福帝姬,可没想到竟然蒙混过关,居然还享受了十多年的荣华富贵。这个假公主逍遥多年,致使南宋王朝受到金人的耻笑,宋高宗不能忍受这样被人捉弄,他生气极了,在以极大的耐心听完上报的假公主的原委后,立刻怒气大发,派人即刻将假的柔福帝姬处死。轰动一时的真假公主案就这样结束了。只是那驸马高世荣最可怜,人们纷纷嘲笑他说:"向来都尉,恰如弥勒降生时;此去人间,又到如来吃粥处。"意思就是说他福分太浅了。

不过,这个柔福帝姬虽然被诛,可是民间却流言纷纷,很多人都为她抱屈不平。在民间流传的《四朝见闻录》《随国随笔》等笔记中,都记载了另外一种说法:柔福帝姬其实真的是公主,历经了千辛万苦才到达南宋国土;可是显仁太后回来后,由于她在北方多年,有许多不愿为国人知道的隐私,见柔福逃归,怕她泄露,因而强说她是假的柔福帝姬,令高宗将她杀掉。高宗为奉母命,也容不得柔福辩解,最终使她死于非命。这一说法虽然流传甚广,可惜没有真凭实据,又死无对证,于是柔福帝姬的真伪,就成了真正的千古之谜。

"金匮之盟"是个骗局吗

"金匮之盟"指的是宋太祖、太宗的母亲杜太后临终时要求儿子太祖赵匡胤传位给赵匡胤之弟赵光义的一份遗嘱。据传当日杜太后病危,急召赵匡胤等人受顾命。太后问赵匡胤:"你知道自己是如何做了天子的?"赵匡胤十分悲伤,伤心地不能回答。杜太后又说:"我已经行将就木,你哭管什么用呢?我时日已不多,你怎么只哭呢?我还要告诉你一件大事。"赵匡胤见状,只好回答母亲:"我能做天子,全是先祖与太后积功积德的结果。"杜太后听后,有些生气,严厉地说:"根本不是这样! 你能当天子是因为周室国君年幼,群心不附的原因。倘若周室有长君,你能当上皇帝吗?"继而又说:"你与光义都是我的儿子,将来你应当传位给你的弟弟光义,这才是确保社稷的根本啊!"赵匡胤于是叩头回答:"一定照您的吩咐办。"杜太后又指着宰相赵普说:"你把它记下来,不能违背我的话。"赵普于是当场记下了太后遗嘱,并在末尾署名"臣普记"三字,赵匡胤将遗嘱藏到金匮中,并命令那些细心谨慎的人掌管,这就是历史上所说的"金匮之盟"。

"金匮之盟"已经被各种正史、野史广泛记载,可是令人奇怪的是,这份似乎言之确凿的盟书却在赵匡胤在位时期并没有被提到,一直等到赵光义做皇帝五年之后才在正史中出现。如果"金匮之盟"真是杜太后所留遗嘱,当时的宰相赵普又知晓的情况下,以赵普的老谋深算又何苦在宋太祖赵匡胤在位期间屡屡与赵光义做对呢? 所以有人说"金匮之盟"是赵普捏造出来讨好宋太宗以求重新为相的手段而已。那么赵普为什么要这么做呢,这还要从赵普和赵光义在太祖朝的矛盾说起。

赵光义和赵普原本都是陈桥兵变的重要策划者,在宋王朝建立之初,赵普出任枢密副使,赵光义为开封府尹。杜太后在世时,偏爱赵光义,每次赵光义出门,总是嘱托赵光义要与赵普同行。所以建隆年间赵匡胤、赵光义、赵普三人关系很好。可是在建隆二年六月,杜太后去世后,三人关系就急转直下了。先是七月,赵匡胤解除赵光义禁军职务,只命他担任开封尹,权力大大减小。这时赵普却一再升官,到乾德二年已升至宰相,远远高过赵光义。随着时间推移,赵普渐渐专权朝政,赵光义则力图把以开封为中心的东京府经营成独立的小区域。两人不可避免地产生了矛盾,渐渐展开了明争暗斗,冲突时有发生。

乾德四年,两人在枢密直学士、右谏议大夫冯瓒的问题上矛盾进一步公开化。冯瓒是赵匡胤十分欣赏的人才,乾德三年,冯被派往蜀地,出任樟州知府,在樟州任上有人密告他受贿,但由于太祖认为冯瓒才力出众,所以决定召冯瓒入京由自己亲自处理。冯瓒入京后,赵普暗中派人到潼关截获和检查冯瓒留在后车上的行李,结果却意外发现行装中有若干包捆扎好的"金带珍玩",上面都贴着送交刘鋹的字样。刘鋹是赵光义的幕府,这样一来,问题就严重了。赵普抓住机会,意欲狠狠打击赵光义的气焰,极力主张将冯瓒处以死刑。不过这一意见没有被赵匡胤采纳的,太祖"宽大"处理,只将冯瓒流放到当时环境条件最为恶劣的沙门岛。冯瓒虽未被处以极刑,但赵普"公报私仇",借此削弱赵光义的权力,杀其威风的做法让赵光义很是恼火。赵光义做了皇帝后,立即就将冯瓒官复原职。

冯瓒事件后,赵光义立刻对自己的幕府进行了整顿,当时幕府中有一位叫宋棋的,与赵普同乡,又同赵普关系密切,赵光义因此认为宋棋有可能在冯瓒事件中扮演了告密的角色,所以屡屡向赵匡胤进言,要将他赶出幕府,吓得宋棋一再表示要"悔过自新",赵光义才放过他。从赵光义执意要赶走宋棋这一点看,赵光义与赵普的矛盾已完全公开化。以后,赵普又多次制造机会压制赵光义的威风与权势,如果赵普得知"金匮之盟"中赵光义要做皇帝,他讨好赵光义都来不及,又怎会打击赵光义这位未来的皇帝呢?实在是没有道理。关于赵光义同赵普关系不和,在太宗即位后的一些谈话中也有所披露。赵光义当了皇帝后,曾对人说:"如果赵普还在中书当宰相,那么朕坐不到皇位。"直到赵普去世后,赵光义还对手下人说,赵普一向都与朕有不和,这是大家都知道的事。可见两人的积怨是很深的。

在太祖朝,特别是赵普担任宰相期间,赵普同赵光义的争斗中,赵普占上风的时候多。但在后期,由于赵普的专权遭到赵匡胤的猜忌,赵普才开始失势,赵光义乘机利用"权谋之士"卢多逊攻倒赵普。由于卢多逊对于"倒普"出力很多,因此赵光义即位后,便将卢升为宰相,权重一时。赵普被罢相出任河阳节度使后,卢多逊又多次在赵匡胤面前进行挑拨,将赵普的妹夫侯仁宝赶到知邕州(今南宁),侯不甘心居荒蛮之地,便请求出兵攻占交趾,试图借机回京,可是却被卢多逊阻拦。等到赵光义当了皇帝,卢却又建议赵光义命侯仁宝直接率师讨伐,结果侯仁宝最后死于战场。对赵普本人,赵光义和卢多逊也都极力阻止他重返朝廷。

赵普以他从政多年的经验,以及他对赵氏家族的了解,深知要使他的命运出现转机,在政治上将他的老对头卢多逊整倒,主要要为新皇帝赵光义献上一份厚礼,而且这份厚礼物要足以使他动心。他知道,在政治上打倒卢多逊还是有实力的。他被罢相时,一批朝廷重臣像窦仪、王佑等人都曾站出来为赵普辩护。他们对卢多逊等人趋炎附势抱有很深的成见,虽说他是离开了朝廷,但虎死余威在,以他本人的声望和长期培植的势力,在政治舞台上仍可以同对手一见高低。另外他反复考虑过,认为赵光义以非常手段夺取皇位,即位的合法性始终是他的一块心病。只有在这方面下功夫做文章才能使赵光义尽释前嫌,和好如初。确实,最让赵光义放心不下的也就是关于皇位的潜在斗争还没有消除,这对赵普来说是天赐良机。

　　赵普于是献上了他的"金匮之盟"的厚礼,一下子就得到赵光义的欢心,但他显然没有忘记自己的第一个重要使命是置卢多逊于死地。复相之后,他像只老狐狸一样窥探着卢多逊的动静。不久就"察"到了卢多逊结交皇弟赵廷美的事情。赵廷美显然是太宗皇帝的心头大忌,同为皇弟,难保赵廷美不会成为又一个"宋太宗"。卢多逊千算万算没有猜透太宗的心思,此事被赵普告知了太宗,于是赵廷美被贬为涪陵县公,卢多逊则被流放幽州(今河南三来),从此卢的政治生涯就结束了。所以这样看来,"金匮之盟"根本就是个骗局,只不过是赵普和太宗皇帝达成的一笔交易而已。

真的有"太祖誓碑"吗

　　宋朝文人叶梦得在《避暑漫抄》中曾经记载了"太祖誓碑"的事情,他说:建隆三年(公元962年),宋太祖秘密请人镌了一块有刻字的碑,立在太庙寝殿的夹室里,世人称之为"太祖誓碑"。

　　据叶梦得的记载,"太祖誓碑"平时用镶金黄幔遮蔽,门窗封闭得十分严实。太祖命令有关部门,只有在太庙四季祭祀和新天子即位时才可以启封,天子拜谒太庙之礼完毕,太庙官员奏请皇上恭读太祖誓词。天子在恭读誓词时,只允许一名不识字的小黄门跟随,其余都远远地站立在庭中,不能喧哗,不能仰视。天子务必走到碑前再拜,跪着瞻视,默默念诵,接着再拜,然后出来。北宋年间,各位朝廷重臣以及皇帝近侍都不知道太祖誓词所写何事。北宋的历代皇帝代代相传,每年按时伏谒,按礼恭读,不敢有丝毫泄漏不敬。直到靖康年间金人南侵时,金人冲入太庙,将祭祀礼器席卷而去,这时太庙寝殿夹室的门才打开,人们才看到传说中的太祖誓碑。这块誓碑高有七八尺,宽有四尺多,上面刻着誓词三行:第一行写着赵氏皇帝要优待后周柴氏(周世宗)的子孙,如果他们有罪是不能以刑罚处置的,即使犯的是谋逆罪,也只在狱中赐他自尽,不能在闹市人群中行戮,更不能实行连坐支属的法令;第二行写着赵氏皇帝不能杀士大夫和上书言事的人;第三行是如果子孙有违背前两项誓词的,必定遭到天打雷劈。可是叶梦得说的是实情吗?到底是不是真有"太祖誓碑"呢?

有人认为真有"太祖誓碑",他们说到了南宋建炎年间,有武义大夫曹勋从金国南逃,临走时向徽宗告别,那时被扣留在金的宋徽宗还让他转告高宗赵构说宋太祖有誓约,藏在太庙里。这件事在《宋史·曹勋传》中记载详细,从中可以看出"太祖誓碑"确实存在。"太祖誓碑"的内容,与北宋初期的文治国策有密切的关系,宋太祖及其后继者确实比较严格地遵循着不杀文士大臣和上书言事之官这条原则。在《范仲淹年谱·庆历三年》一文中,就记载了北宋著名官员范仲淹曾由衷地说过,有宋一代,从祖宗建制以来,并没有轻易杀过一名臣下,这实在是盛德之事啊!现在史学界也认为,北宋之所以出现冗官现象,与"太祖誓碑"中规定优待士大夫的政策不是没有联系的。

但是,也有不少学者认为,叶梦得关于"太祖誓碑"的记载证据不充分。叶梦得在靖康之变时他本人并不在京师,誓碑内容也不是亲眼所见,而是道听途说,在其他人所写的书中关于"太祖誓碑"的记载也多是根据叶梦得的记载,实在不足为信。另外从史实来看,太祖在位时,杀的文人大臣并不少。有学者统计根据《宋史》《长编》记载,太祖时杀的文人大臣有八十八人之多。还有,誓碑规定历朝赵氏皇帝要优待柴氏子孙,但是宋太祖自己在即位当年就将周恭帝母子迁到西京,在立碑的那一年又将他们迁到房州。西京和房州都是边远偏僻的地方,生活困苦,这些对待周恭帝母子的做法显然与誓碑优待柴氏子孙的做法大相径庭。那些不承认"太祖誓碑"存在的学者还指出:"太祖誓碑"的收藏方式过于奇特,像这种可以起到安定人心作用的誓约完全可以公开,用来显示帝王宽广的胸怀,何必要藏起来搞得这样神神秘秘?还有对于宋朝官员曹勋从金国逃回前告别宋徽宗时的话也欠推敲,宋徽宗在遭受金人掳掠,备受屈辱的时候,要曹勋告诉高宗的竟然不是告诫后人怎么样去和金人交涉,如何收复故土,偏偏带回去那些关于"太祖誓碑"的事。虽然"太祖誓碑"的事情也许确实重要,但是这时撇开国家生死存亡的问题不说,实在是有悖于常理。因此,这些学者一致认为,"太祖誓碑"只是宋高宗为了笼络人心而优待士大夫所编造出的谎言,苦于没有理由,才冠以祖宗遗训以满足政治需要,太祖誓碑实际上纯属子虚乌有。

不过大多数学者反对"太祖誓碑"优待士大夫是由高宗编造的说法。他们指出"太祖誓碑"有没有这件事情虽然没有很多的史料可以证明,但是并不能因此就否定北宋初年重文抑武、以文臣驾驭武将国策的存在。北宋初期在范仲淹、吕大防、曾布等重要大臣的言论中,就曾多次提及祖宗家法。应当承认北宋初年优待士大夫,不轻易诛杀大臣是事实。北宋也确实有祖宗家法流传并被执行,祖宗家法中规定的国策一方面尊重了士大夫的人格尊严,另一方面也使他们获得特权,使得一些人无所顾忌,横行不法。当然,一旦国家利益遭到损害时,宋朝统治者是可以将家法置于脑后并大开杀戒的。因为不杀并不等于绝对的不能杀。不过将北宋和其他朝代相比较,诛杀大臣确实不是北宋统治者国策的主流。因此,这种说法的提倡者认为即便是没有"太祖誓碑",北宋还是有与碑文类似的家法誓约的。善待士大夫是北宋祖宗传下的家法这点可以肯定,这绝不是高宗收买人心的伪造。

后宫秘录

刘皇后如何入主皇宫

宋真宗的皇后刘氏原本出身卑贱，只是京师街头一个摇鼓卖艺的孤儿。可是她从少年到中年却一直都得到真宗的恩宠，由宫外的无名无分到进入皇宫成

刘皇后

为妃子，而后立为皇后，后来真宗驾崩后成为皇太后临朝听制，这个女子究竟有什么魅力会得到这样多的恩宠？她又是如何由卑贱之身入主皇宫的呢？

刘皇后原名刘娥，她的父亲姓刘名通，官拜虎捷都指挥使，蜀地人氏，家里有妻子和一个女儿。一次战役后，他随军班师回京途中，不幸染上了疾病，死在

了路上，留下孤妻弱女独自生活。天有不测风云，在听到丈夫死讯后，刘通的妻子龚氏非常焦虑忧伤，没过多久也撒手人寰，只撇下了她孤苦伶仃的女儿刘娥。就这样，刚刚出生不久的刘娥便成了孤儿，只好由年迈贫穷的外公外婆来抚养。

春去秋来，花开花落，十几年时间很快就过去了。刘娥也不知不觉已经到了豆蔻年龄。这时刘娥的外公、外婆、舅舅、舅妈均已过世，只留下她与表哥龚美相依为命。龚美一直做着锻银的生意，他听说京城汴梁生意好做，便带着刘娥不远万里来到京师，在京城开了一家小小的银坊，算是在京城了落了脚，而刘娥则在作坊前面的铺面给表哥看店。按说龚美的锻银技术本来很一般，可是他的银作坊里却时常有公侯王孙们前来光顾，只因为他有个如花似玉、会播鼓的漂亮表妹刘娥。其实刘娥播的鼓，只是小孩子无聊时玩的拨浪鼓而已，本也没有什么稀奇的，可是由于她人长得实在漂亮，所以那些纨绔子弟还是照来不误，时日一久，刘娥的美名也传遍了京城。

直到有一日，刘娥正静静地坐在一边看表哥干活时，猛然间抬头竟看到一男子正微笑着盯着她看，她心里颤了一下，细声问道："客人是要锻造银器吗？"那个男子说："不是。"刘娥接着又问："那您是要整兑银圆吗？"那男子也说："不是。"这时刘娥十分疑惑地问道："那么您来是为了什么？"只听这位来客回答说："孤家是特意来听你播鼓的。"刘娥一下子惊呆了，一方面是奇怪他那火辣辣的目光，一方面是奇怪为什么他称自己是孤家。刘娥懵了，一句话也说不出来了，要知道孤家可只有皇帝、王爷才可这样称呼啊！这时只听这位来客身后的侍从发话了："见了王爷还不下跪，你有几颗脑袋啊？"刘娥吓得目瞪口呆，侍从接着说："襄王爷，这是襄王爷，我们是襄王府的人，你总该知道了吧！"在汴梁，谁不知道襄王爷呢？当年太宗皇帝叫了一个道士为几个皇子看相，几个皇子都看过了，道士都没有说话，只有当时襄王还睡着，道士没有看准备要走了。可是这时襄王身边几个随从过来了，道士马上问太宗这几个随从的主人是谁，太宗说是襄王的随从，道士向太宗贺喜说大王的这个儿子有天命。太宗问道士："你没有看到襄王怎么知道的？"道士回答说："单看襄王身边的几位随从就知道他们以后都是出将入相的官职，那能让他们全都出将入相的一定是他们的主人了,所以襄王是大富大贵的人。"从此以后,襄王就成为太宗皇帝的几个皇子中最有名的,也是最有希望成为太子的人,他后来果真成为宋朝的第三个皇帝,也就是后来的真宗皇帝。

刘娥听说这位又年轻又英俊的来客竟然就是襄王爷,她立刻感到无限的荣光,陶醉在一股莫名的虚荣心里,襄王是何等人,竟然来听我小小的一个店面艺人来播鼓,她顿时拿定主意,也不再害怕,深深给襄王爷道了个万福,然后打起十二分精神,拿出了看家本领,把平日里本来就很精彩的摇鼓技艺表现得淋漓尽致,她让襄王听得如痴如醉。她是用摇鼓来表达她自己心中的情感;襄王也好像听懂了一样,他快乐得好似找到了老朋友一般,他觉得眼前的这看似平凡的女子竟然带给他一种很美好的感觉,这种感觉真的是不同寻常。襄王爷立刻就将刘娥带回了襄王府,两人自是花前月下百般恩爱。

这男欢女爱本来就是天经地义的事情,可是襄王府中有一个人不愿意了,像大多数宫廷里的老婆婆一样,襄王从小的乳母孟婆婆认为襄王这样沉溺于女色会坏大事。于是她就把刘娥进了襄王府并且成日与襄王作乐的事情告诉了太宗皇帝,还添油加醋地说刘娥让襄王不思进取,于是太宗命襄王将刘娥遣送出宫,可是刘娥早已在襄王的心中住下了,所以虽然表面上刘娥离开了襄王府,可是太宗和孟婆婆哪里会料到刘娥被真宗藏在了与他关系较好的臣子家中,真宗随时可以去看望她。没有谁会阻挡他们之间的感情。后来,太宗皇帝驾崩,襄王继位,即为宋真宗。他马上把刘娥接进皇宫封为美人,百般恩宠。由于得到真宗的宠爱,刘娥终于由出身卑贱的社会底层人物一步步爬到了权力的顶峰,做了皇后、皇太后。

宋真宗为何立刘美人为后

刘美人也就是真宗后期的刘皇后,仁宗时垂帘听政的刘太后。后世史家说她"虽政出宫闱,而号令严明,恩威加天下。"对她评价可以说是很高了。

宋真宗原配是大美人潘氏,是忠武军节度使潘美的第八个女儿。潘氏是早在真宗封韩王时太宗替真宗聘娶的,封莒国夫人。但自古红颜多薄命,真宗还未即位,潘氏便早早地离真宗而去,真宗即位后追封她为皇贵人。

真宗第一任真正的皇后是宣微南院使郭守文的次女。淳化四年,真宗封襄王时,太宗为他聘娶,封鲁国夫人,进封泰国夫人。真宗即位后,即册立为皇后。十年后即景德四年郭皇后病逝,年仅32岁。郭皇后俭约谦恭,深恶奢靡,受到了皇宫上下、朝廷内外的爱戴。

郭皇后病逝,皇后一位空缺。宫中候选人有两人:一是宰相沈伦的孙女沈才人,她父亲是光禄少卿沈继宗。另一个是刘美人,出身寒微。沈才人以将相家子女入选后宫,她本人又没有大小姐般的骄纵之气,文静贤淑,俭约朴素,在宫中历才人、美人、婕妤、充媛,再到德妃,很受真宗宠爱。

朝中的大臣、皇亲国戚几乎众口一词要求立沈才人为后。相比之下,刘美人不仅是出身寒微,而且襁褓而孤,立刘氏为后,大臣们激烈反对。翰林学士李迪甚至公开进谏,说刘氏出身寒微,不可以母仪天下。但是历史却和人们开了一个大大的玩笑。真宗没有立沈才人为后,却立了众人皆不以为然的刘美人为后,这是什么原因呢?

其实真宗虽喜欢沈才人,沈才人的家世也好,但令真宗更为着迷的却是刘美人。刘美人秀美动人,聪颖灵悟。15岁入襄王府,真宗就对她神魂颠倒,大加宠爱。真宗乳母认为刘氏妖媚,偷着向太宗奏报。太宗即命襄王逐出刘氏。襄王却暗地里把她寄放在王宫指挥使张耆家。太宗死后,真宗即位,这才将刘氏召回后宫,授美人,旋进修仪,再进位为妃,宠冠后宫。再加上刘美人天性敏悟,通晓书史,使得真宗对她敬爱并重,真宗于是不顾朝臣反对把出身低下的刘美人封为皇后。

刘美人加封皇后后,对朝廷大事小事,都能熟记本末。真宗退朝以后,批阅天下奏章,直到深夜,刘皇后总是陪同,并且一同理政。宫中有什么事,她也能妥帖解决,真宗对她又爱又敬。刘皇后干政受到朝廷官吏的阻挠。天禧四年二月,真宗执政22年以后突染风疾,不能理事,政务多交刘皇后裁决。宰相寇准、李迪认为自古皇后干政是国家的大忌,所以谋划让太子监国。结果太子并未掌权,寇准与李迪二人反被罢去宰相,贬到地方做官。后来又有宦官周怀政以身试法,谋立太子即帝位,奉真宗为太上皇,罢刘皇后干政。其间周怀政联合寇准企图杀权臣丁谓而复寇准相职,不幸谋事又泄,周怀政被杀,寇准再次遭贬。

其实,太子赵祯是刘皇后的侍女李氏所生,李氏是刘皇后的心腹,为真宗侍寝,生下赵祯后,刘皇后收养于宫中,为自己的儿子。而李氏则进为才人。而后又封为宸妃。太子对刘皇后言听计从,与刘皇后如同亲生母子,所以刘皇后平息两次谋太子监政的事件之后,即诏太子参议朝政,开资善堂,太子裁理政务,皇后则决于内。一年以后,真宗驾崩,太子即位,是为宋仁宗。遗诏刘皇后为皇太后,权职处分军国大事。

仁宗是年只有 13 岁,亲政后大权自然只会由权臣包揽,而权臣丁谓又以新皇即位,奏请太后别御殿。刘太后十分不满,遣张景宗、雷允恭宣谕丁谓,质问他别御殿是怎么回事,丁谓不敢言语。自此,刘太后便和仁宗同御大殿,垂帘听政。刘太后恨寇准、李迪搞阴谋,对二人是一贬再贬。随后又杀了不忠的雷允恭,罢丁谓相职,任吕夷简、鲁政道参知政事,王曾同平章事。刘太后完全统揽了朝中、宫中的一切大权。

明道元年,仁宗生母李宸妃死去。从刘太后收仁宗为自己的儿子起,李氏一直沉默,至死那日,仁宗仍不知李氏是他的生身母亲,仁宗只知道刘太后是他的母亲。朝廷大臣这时很为难,他们是知道这件事的,可是到底在李宸妃入葬问题上,该持什么态度呢?刘太后本人并不想声张这件事。她认为,李氏身为自己的侍女,能享圣恩,怀龙胎,已是很幸运了,还能企盼些什么呢?李氏由侍女而跻身嫔妃之列,成为宫中的主子之一,还有什么不满足呢?因此,刘太后觉得只按宸妃礼仪下葬李氏就可以了。可是朝中大臣却不这么想,尤其这帮臣子明白,一旦太后驾崩,皇上亲政,一定会有人告密这件事,到时候皇上问起,身为辅政的宰相该如何交代呢?又该如何去面对皇上呢?所以宰相吕夷简,一再劝说刘太后,要为自己的家人想想,因为一旦刘太皇驾崩,仁宗必须会知道真相,那时定会迁怒到太后的家人。刘太后觉得有理,最后以皇后礼下葬了李宸妃。后来,刘太后去世,仁宗才被告知其生母是李宸妃。感念刘太后的抚育,辅佐之恩,对刘太后家族待之更厚。

　　刘氏出自寒微,由美人到皇后再到太后,临朝十几年时间,号令严明,恩威分明,受到了后世史家的美溢。

"狸猫换太子"的事是真的吗

　　在经典京剧《狸猫换太子》中,宋朝龙图阁大学士、钦差大人包拯巡行到地

狸猫换太子

方,路上在经过一处破窑时,被一个双目失明的老妇拦住了。这位老妇向人称包青天的包拯哭诉了自己鲜为人知的悲惨而又离奇的身世,包拯经过仔细推敲,才得知她就是当今圣上宋仁宗的生母李娘娘。包拯立刻回京查访当年还在世的老宫女,得知这李娘娘虽只是宋仁宗的父亲宋真宗后宫的宫女,可是由于受仁宗皇帝宠幸,被封为才人,进而升为婉仪,并且还怀上了"龙种"。那时候,"母以子贵",李娘娘幻想着生下儿子,在后宫拥有自己的一席之地。可是当时的刘德妃也就是后来的刘皇后心肠很坏,又阴险毒辣,因为她自己没有生育,又很嫉妒李娘娘,于是就买通接生婆,用一只剥了皮的狸猫,换去刚刚出生的宋仁宗。等到宋真宗高兴地下朝回来要看自己的骨肉时,却只看到了一个血淋淋的怪物。宋真宗非常生气,他并不问为什么会这样,也不想事情的前因后果,一怒

之下就把李娘娘打入冷宫。后来刘德妃又升为皇后,就对李娘娘起了灭口之心。李娘娘看出刘皇后的心思,就在一位好心的宫女帮助之下,急忙逃出了深宫,从此就躲到了一处破窑里,隐姓埋名孤苦伶仃地生活了 20 年,期盼着有一天自己能骨肉团聚。包拯一向清节廉明、大公无私,他为了洗雪李娘娘的冤仇,就把她带回京城,想方设法让仁宗认了真母。此时几十年的冤案真相大白,坏人得到应有的惩处,李娘娘也母子团圆,被封为李宸妃,结局十分美满。

可是这毕竟只是演戏,现实中的李宸妃至死也没有认仁宗为儿子,不是她不想,而是根本没有机会。宋仁宗在李宸妃去世很久后,直到刘太后也去世了才被告知他的亲母其实不是刘太后,而是李宸妃。据野史传说中记载,当年宋真宗最宠爱的妃子是刘德妃。这个刘德妃虽然只是个临街播鼓卖艺之人,但由于本人长得十分出色,所以被刚刚成年的太子赵恒,也就是后来的宋真宗看上,接着纳入了王宫。昔日的太子赵恒登基成为皇帝之后,刘德妃更是从"美人""婉仪",一直封到了"德妃"。只可惜刘德妃虽然深受皇帝宠爱,但是却久久不能生育。刘德妃为竞争皇后之位,提高自己的身价,便想出了"借腹怀胎"的诡计。她打算利用身旁的一个长得有些姿色的姓李的侍女,引诱宋真宗上钩。一次在刘德妃沐浴之时,真宗果真临幸了这个李姓侍女,不久这个侍女就怀孕了,这时刘德妃也装作怀孕的样子,其实侍女怀孕是真,刘德妃只是安排计策,假装而已。等到十月分娩的时候,"两个"龙种先后呱呱落地。刘德妃采取了狸猫换太子的卑劣手段,让真宗将李姓侍女打入冷宫,可是刘德妃自己却如愿以偿地登上了梦寐以求的皇后宝座。

以上不管是戏曲还是野史,都说有狸猫换太子一事,可是正史里并没有记载这件事。在《宋史》中专门记载了李宸妃其人其事。李宸妃是刘德妃的侍女,本是杭州女子,生得美丽小巧。在怀上龙子时,刘德妃就已被立为皇后,掌控后宫。在李宸妃生下后来的仁宗之后,刘德妃立刻就把孩子从李宸妃怀里夺走交杨淑妃抚育,说是自己的亲生儿子,并请皇帝把李宸妃生下的儿子赵祯立为太子,将真相一下子隐瞒了几十年。真宗去世后,13 岁的赵祯即位,也就是宋仁宗。昔日的刘皇后成了刘太后,临朝辅政,又掌权后宫,众人都不敢冒着杀头的危险来挑明这个真相，只能眼睁睁看着仁宗母子不相认。天圣九年，仁宗生母李宸妃病危，刘太后晋升她为宸妃。次年，李宸妃去世。刘太后本想只以妃子之礼下葬李宸妃，可是宰相吕夷简却上书给刘太后说，仁宗现在虽然并不知道自己的生母是李宸妃，可是在太后百年之后，一定会有人向仁宗禀告实情的，如果仁宗因此怪罪太后家人，那就不是谁可以控制的了，所以应当以一品礼安葬李宸妃，那时即便谁要说什么坏话，仁宗也不会拿刘家怎么样的。刘太后认为宰相吕夷简言之有理，于是就下令以一品礼安葬李宸妃。宰相吕夷简又暗中吩咐内侍押班给李宸妃穿皇后装入敛，并使用水银宝箱，刘太后也一一默许了。李宸妃的丧礼因此举行得极为隆重。刘太后去世后，果然就有人告诉了宋仁宗他的生母其实是李宸妃。仁宗十分悲痛，他号啕大哭，甚至下了哀痛诏自责。他十分愤怒自己身为天子却不能保护自己的母亲，不能孝敬自己的母亲，还让母亲含恨而死，至死母子不能相认。他认为这一切都是刘太后的错，是刘太后让自己不能尽孝，不能享天伦之乐。于是，他下令包围了刘太后娘家的府第。这时宰相吕夷简急忙觐见，劝说仁宗，太后虽然不义，可是以皇后礼仪厚葬宸妃，就表明她已有自悔之心；虽然刘、杨不是陛下的生母，可是对陛下仍有抚育之情，这种恩情陛下又怎能忘呢？

这一番话使仁宗冷静下来，仁宗命李宸妃的弟弟李用和检查了李宸妃的下葬，一看生母没有鸩杀、残害或者虐待的迹象，还穿了皇后服下葬，这才下令解除对刘姓亲属的包围。仁宗下旨尊李宸妃为皇后，谥号章懿，亲临殡仪地方祭告。并且为了弥补他对生母的愧疚之情，他还把李太后的弟弟李用和一再擢升，并把福康公主下嫁给李用和的儿子李玮。

所以，从《宋史》中的记载来看，包拯和李宸妃之间并没有什么联系，不存在"狸猫换太子"一事，李宸妃也没有流落到民间。"狸猫换太子"的故事只不过是人们的传说罢了。

宋仁宗郭皇后为何被废

宋仁宗的皇后郭氏是平卢平军节度使郭崇的孙女。仁宗在做太子时，特别宠爱的妃子是张美人，即位后，就想立张美人为后，可是刘太后却不同意，并且在天圣二年，为仁宗立郭氏为皇后。虽然郭皇后对仁宗体贴备至，可是仁宗却

宋仁宗郭皇后

不喜欢郭皇后，仁宗喜欢的是尚美人、李美人和张美人。所以郭氏虽贵为皇后，但一直得不到仁宗的宠爱，如同住在冷宫。

受宠的美人知道皇上的心思，所以互相争宠，并且总是逮着机会，就损毁郭氏，都想取皇后而代之。尚氏、杨氏等就多次和郭皇后发生争执，双方都愤恨不已。有一天，尚美人又在仁宗面前说郭皇后的坏话，恰巧被郭皇后听见了。郭皇后怒不可遏，上前挥手就想抽她一耳光。不料，在一旁的宋仁宗救美人心切，扑过去就挡住了尚美人。可是郭皇后盛怒之下，这一巴掌实在是又快又狠，等到她见到皇上扑过去，却实在也没有办法停止，就这样巴掌被仁宗挨上了。仁宗只觉得颈上火辣辣的，脑袋昏昏沉沉，一股股怒气直往上蹿，被随侍扶入冬殿。

内都知阎文应一向善于迎合宋仁宗，是个溜须拍马的小人。他知道皇上不

喜欢郭皇后,可是又没有机会废掉,所以仁宗绝对不会放过这个废后的绝好机会的。他马上就给仁宗出了主意,建议仁宗把皇后留下的手印给宰相辅政大臣们看,这样仁宗就能立刻废掉皇后。仁宗接受了这个建议,真的召来大臣吕夷简,告诉他事情的经过,还请他看皇后的手印。果然是红痕刺眼。吕夷简以前曾经被废相,他以为是郭皇后向皇帝说了坏话,早就怨恨郭皇后,于是乘机向皇上进奏说:"废后的事情,古代就有先例,所以皇后如果有错,您可以废掉皇后。"侍臣们也纷纷跟着附和说:"郭氏身为皇后九年,却没有子嗣,实在是应当废去啊。"宋仁宗听着大臣们没有反对废后,还站在自己这一边批评郭后,心里的一块石头落了地,他本来是十分高兴的,可是当真说到废去皇后,宋仁宗又有些犹豫不决了。这时宰相吕夷简就在一边鼓劲说:"光武帝是汉代的明主,当时他的郭皇后只是心中有怨怼就被废了,何况是打伤了陛下呢? 更是罪不可恕。"仁宗于是决心废去郭皇后。废后的消息不胫而走,宫中、朝中都紧张和热闹起来,御史中丞孔道辅、谏官范仲淹、段少连等十余人力谏,声称:"废后是件大事,郭皇后没有过错,不可废啊!"吕夷简却吩咐有司不得接纳台谏奏章。仁宗也下诏说:"皇后没有子嗣,自愿入道,现在经过特许封为净妃、玉京冲妙仙师,赐名清悟,住在长乐宫。"

　　废后诏书已经颁发,台谏的奏章又不能上达,御史中丞孔道辅和谏官范仲淹只好连同知谏院孙祖德、殿中侍御史段少连、侍御史蒋堂、郭劝、杨偕、马绛、右正言宋郊、左右言刘焕等在宫门外等候皇上召见,极力想劝阻仁宗垂听谏官的话,不要废掉郭皇后。孔道辅、范仲淹等要进去见皇上,可是守候殿门的内吏却把宫门关得紧紧的,不去通报给皇上。御史中丞孔道辅一时间十分着急,双手使劲叩着宫门的铜环,还大声疾呼皇上:"皇后被废,为什么却不听台谏进言呢?"孔道辅等人看没有效果,又接着去拜见宰辅吕夷简。孔道辅还质问吕夷简:"我们作为臣子来侍奉皇帝皇后,就像子女侍奉父母一样。父母不和,本来就应当劝和的,怎么能只顺从父意却将母亲扫地出门呢?"一席话说得吕夷简实在没有话说。朝中百官都很生气,纷纷指责吕夷简。吕夷简被逼无奈,只好又搬出先例,争辩着说:"废后的事,本来就不是本朝首创,古代就有很多。"孔道辅、范仲淹十分气愤地指斥他说："为人臣子应当用明君来教导君王，怎么能引出汉光武帝那种失德的事情来劝皇上呢？这并非是人臣之道啊！"吕夷简只好拱手说："我无能为力，你们自己面见皇上吧。"可是没等孔道辅等见到皇上，他们已被贬官，逐出京城去了。

郭皇后就这样被废入道。不久尚美人也失宠了，废入了洞真宫，也成为道姑。杨美人也被安置在其他的宅子，不能见到皇上。仁宗则赐郭氏金庭教主、冲静元师等法号，来表示安慰。后来宋仁宗很想念他的结发妻子郭氏，于是常常遣使去问候，还赐赏乐府。郭氏为感谢圣恩，常常书信作答，言词凄凉悲伤。仁宗又有些割舍不下郭氏了，于是就派人秘密地召郭氏回宫。郭氏要求仁宗如果要再想见召，那么应当百官立班受册才行。可是仁宗没有答应，不久郭氏竟然染病去世了。死前内侍闫立应曾经奉命带御医前去诊视，可是本来病不重的郭氏没过几天却暴病身亡。宫中和朝廷都怀疑是闫文应下毒，但也只是怀疑，没人敢查证，不过没过多久那个闫文应就被仁宗皇帝流放走了。

宋仁宗曹皇后为何能稳坐后位

宋仁宗明道二年，郭后被废后，枢密使周武惠王曹彬的孙女曹氏便被诏聘入宫。次年，曹氏便被册封为皇后，入主后宫。曹皇后天性面目慈善，非常节俭，注重稼穑，又知书达礼，文质彬彬，还能写一手漂亮的飞白书。更值得人们称赞的是在关键的时候，文弱的曹皇后却镇定自若，临危不惧，因此后人认为正是曹皇后这样的人格和修养，才得以在明争暗斗的宫廷生活中得以颐养天年。

在曹氏被册立为皇后的第二年冬天发生了一次变故，那天曹皇后刚侍候好仁宗就寝，就突然听到殿外传来呼号声、喊杀声和撞门声。仔细一听原来是很多侍从意图集体越脊冲进殿，劫掠兵仗，夺取兵权，然后杀死仁宗，抢夺宫中财物。曹皇后急忙吩咐近侍将门窗关紧并且统统堵死；当时仁宗听到这个消息以后吓得全身直发抖，慌慌张张地就想逃出寝殿，曹皇后拦住了仁宗，并且果断地派人告知都知王守忠，带兵攻入寝宫。在王都知还未到时，就听到殿外一阵阵

宋仁宗皇后曹氏

惨叫，原来是叛兵杀死一些宫嫔、侍女，气氛一时间恐怖阴森。宦官也担心发生兵变，多次建议殴打宫女发出惨声，以掩盖真相。曹皇后怒声呵斥他们："贼就在眼前，你们瞎说什么啊！"接着，曹皇后下令宫人准备冷水，因为她听到殿外的叛兵没什么动静了，估计是这些人撞不开门放火去了。曹皇后真是料事如神。没过多久，贼兵果然开始放火，火势蔓延，眼看着就要烧毁宫门和挂帘，宫人立即泼水浇火。有叛兵冲进来，曹皇后就鼓励宦官努力杀贼，并承诺一律重赏。这才没有酿成大祸，都知王守忠带领卫兵及时赶到，擒杀了叛兵，平息了这场血腥的兵变。可是令人意外的却是仁宗十分糊涂，而且糊涂至极。这场变故仁宗能转危为安、化险为夷，全靠曹皇后的决断明智，因而曹皇后不可置疑的有护驾、保驾之功。可是，这样贤惠明智的皇后却赶上了一个糊涂皇上，仁宗不仅不念皇后有功，颁给奖赏，他反而说是张美人有功，想颁发诏书，升张美人为贵妃。后宫一时间怨气汹汹。朝臣们也大为气愤。知谏院王贽、御史何郯则上书力谏，直言其不可。翰林学士张方平则婉转劝皇帝，舍皇后而礼尊美人，古来没有此礼。但仁宗不听，还是晋张美人为贵妃。曹皇后大度大量，什么都不计较。

在仁宗病危期间，宰相韩琦等鉴于仁宗的三个儿子都过早去世，奏请仁宗早日建继嗣。嘉祐七年八月，仁宗下诏，立异母兄弟孔濮王赵允让的第十三子赵曙为皇子。这年赵曙虽然年已三十，身体却很羸弱，于是他托病不受皇子。仁宗命使者往返了多次，可是赵曙却仍然不接受，使者只好用肩膀扛着他进到了皇宫。次年仁宗过世后，曹皇后就紧闭宫门，妥当安排宫中事宜，然后召皇子赵曙入宫，遗诏嗣位。赵曙坚决不肯即位，他转身就逃走了，曹皇后和辅政大臣截住他，为他解散头发、又为他披上御衣，拥立他即皇帝位，这就是昏庸无能、一身是病的宋英宗。宋英宗即位没过不久，就突然得了癫狂病，不认识任何人，也不吃任何药，话也不说一句。次日，宋英宗病情就加剧了，他狂号着前后奔走，实在无法履行皇帝职责。于是曹太后只好垂帘听政。

到元丰八年时，宋英宗的病情已经很重了，大多数情况下处于不正常的状态。有时他的举动出乎人们意料之外，他动不动就骂后宫嫔妃，有时甚至谩骂曹太后，弄得后宫人心惶惶，剑拔弩张。大臣司马光和吕诲等都曾上疏极力劝解，但是两宫还是不能和解。有一次，韩琦、欧阳修在帘前奏事，却听到帘后曹太后呜咽抽泣起来。大臣们忙问何故，曹太后泣不成声，告诉大臣原来是宋英宗整日行为异常，疯疯癫癫，对自己临政总是耿耿于怀，时常出言不逊。韩琦连忙上言劝慰太后，说是由于皇上病重的缘故，还劝太后要担待一些。欧阳修也进行劝解，说太后侍奉先帝数十年，仁德传遍天下，朝野谁人不知？当年张美人受宠，太后都能处之泰然，今日母子之间反倒不能相容？太后听他们这样一说，果然心里舒服了不少。欧阳修担心太后有废嗣之心，便说道：先帝在位期间，对天下百姓广施德泽，所以一日驾崩之后，天下人奉从先帝遗言拥护嗣君，不敢相背。现今太后只是一个妇人，臣等五六个人而已。如果不是先帝遗意，天下人谁人能服啊！太后听了默默无语。韩琦这时接着又说，皇太后深处内宫，臣等做官在外，如果皇帝有何调护不周的情况，太后断不能推卸责任！曹太后又惊又气，这无异于说皇上一旦有什么事，惟太后是问！于是便愤愤地说，这是什么话，儿子有病，我更为关切！几天后，韩琦又单独见英宗，英宗见了他就说太后对他少有恩德。韩琦却回答英宗说，父母慈爱而后子孙孝顺，这是天下常理，不值得称道。值得人赞美的是父母虽不慈爱而子孙却很孝顺！自古以来圣明帝王实在很多，但为什么只说舜是大孝？难道其他的帝王不孝吗？实在是由于舜做到了父母不慈而他却一直孝顺父母。更何况现今曹太后仁慈，天下哪有父母不仁慈的呢！英宗也不言语。

宋英宗就这么闹腾了四年，在治平四年正月在福宁殿去世，即位的是宋神宗，曹氏被尊为太皇太后。

宋仁宗确有遗落民间的皇子吗

宋仁宗赵祯十三岁即位，十五岁就由刘太后为他选了秀女郭氏为皇后，后来又选了无数美女充盈在后宫中，本来指望能多生皇子，以便从中挑选有德能者继承皇位。可是十几年过去了，皇后妃嫔没有一个为他生育皇子。古代社会里，家中没有儿子是件天大的事情，这在普通人家就意味着没有人继承香火，而在皇家则意味着没有人继承朝代。仁宗成天对这件事是心急如焚，甚至在宫中供奉起了赤帝像，日夜祷告，希望天降皇嗣。接下来的几年里，俞美人、苗美人、朱才人先后生了皇子三人，这使仁宗乐不可支，可是不知道是什么原因，这几个儿子都是年纪轻轻就死去了，让仁宗白白高兴了一场。宋仁宗赵祯为此深受打击，因为无子问题感到无限的忧愁。皇嗣问题也就成为朝野关注的大事之一。

皇佑二年四月，开封城内正是春暖花开的时候。这天，京城里出现了一名从庐山来的和尚，姓全名大道。本来和尚走南闯北化缘，也是件平常的事情。可是这个和尚却不平常，因为这位全和尚带着一位风度翩翩、仪表堂堂的二十左右岁的青年，他口口声声地说那个青年是当今圣上遗落民间的亲骨肉，是来到京师见圣上的，要认亲爹。和尚和青年一说出这个消息，也不知道这件事是真是假，一下子就传遍了京城每个角落。是啊，当今朝廷大事不就是皇子缺位的事吗？人们纷纷奔走相告，开封城的人放下手中的活计，全都围过来看这位自称是皇子的青年了。没过多久，这件事就传到了官府的耳中。开封府的知府钱明逸首先听说后，丝毫不敢怠慢，马上就命手下人将全大道和尚和小青年请到了开封府衙门，一面安顿下来，以礼相待；另一面，派人飞速奏报朝廷前来处理此事。

消息一传到朝廷，在朝堂上，官员们就像炸开了锅一样议论起来，有人说："皇上已有的三子都已经夭折，这是天下尽人皆知的事情，哪里又出了个这么大的皇子,实在是荒谬之极。"也有人说:"那个和尚说得有板有眼,或许这个皇子真有可能是皇上遗落在民间的孩子,你们哪个人敢说自己对皇上的私事知道得一清二楚呢?"大部分人不相信这是真皇子,主张将这个明显的"假皇子"立刻诛灭九族,以惩罚他胆大妄为,竟敢自称是皇子。朝堂上大臣们争论不休,但也是莫衷一是。仁宗很快就听奏了这件事,他大动肝火,本来没有皇子就是他心头的一块病,现在竟然还有人胆敢冒称皇子、犯欺君罔上的大罪,宋仁宗感到非常恼火,于是派翰林学士赵概与知谏院包拯速速查明此事。

包拯就是历史上赫赫有名的包青天,他一向办事得力,非常受仁宗的喜爱。这次接到命令,知道这件事非同小可,马上就去见那位和尚和自称皇子的小青年,经过详细查问,包拯他们终于弄清楚真相:原来,这小青年并不是皇子,他真名叫冷青,他的母亲是仁宗宫内一个宫女王氏,王氏以前犯过错误被派遣出宫去了,他的父亲是江湖郎中冷绪。这冷青根本和皇室一点边都不沾,他从小就游手好闲,好吃懒做,是个只会想着法子骗吃骗喝的流浪人。到大一些为了逃避父母的责骂,干脆就离家出走,游逛到庐山时碰到了和尚全大道。两人闲聊之间,全大道得知冷青的母亲王氏原来是宫女,而冷青又长得一表人才,便认为这冷青"奇货可居",于是留了冷青在庐山,准备发一笔横财。全大道的主意是利用王氏在宫中的经历伪造出冷青是"皇子"的事实来,进到宫里,再用花言巧语骗过皇上。虽然这件事的风险极大,但是如果能够成功,以后就是名利双收、飞黄腾达,现在的苦日子也算是熬到头了。全大道和冷青抱着这种"做大事"的心理到了京城,可是万万没有料到刚到京城,还没有见到皇帝的面,就被足智多谋的包大人识破马脚。最后和尚与小青年偷鸡不成反蚀米,全都被处死了,只给人们落下了笑柄。

"假皇子"的闹剧虽然很快就平息下去,可是宋仁宗赵祯经过这件事却越来越为"无子"感到烦躁,成天在后宫当中与后妃们纵欲无度。再到后来,仁宗的身子也搞垮了,弄的是一身病,干脆深居宫中,服起了丹药,没有精力再去过问政事。宋仁宗统治后期,统治阶级对内腐败成风,对外则不能抵御西夏和北辽的频繁侵扰,每年都要拿出大量的银帛来息事宁人。可是仁宗对于这些有关国家边疆的大事要事却根本无心搭理,大臣奏报国政的时候,他只是点头敷衍,丝毫不加理会。宋仁宗这时候已经心如死灰,对人生完全丧失了兴趣。到嘉庆四年,仁宗立养子宗实为嗣,赐名曙,又过两年便驾崩了,享年五十四岁。

佳丽三千为何独选孟娘做皇后

宋神宗赵顼去世之后,他的第六子赵煦就继承了皇位,也就是宋哲宗。当时,宋哲宗刚满 10 岁,不怎么懂事,所以只得暂且由他的祖母高太皇太后掌握国家大权。

一晃五年就过去了,宋哲宗也到了该结婚的年龄,其实,中国古代皇帝结婚的年龄也未有任何限制,一般都在 16 岁左右。但是太皇太后与皇太后认为哲宗已满 15 岁,是应当举行大婚的年龄了,所以高太皇太后就下诏为哲宗选后。因为高太皇太后下令不从宫亲贵戚中选皇后,所以就挑选天下各地的美女进宫,要从中为宋哲宗选出一位母仪天下的皇后。没过几日,来自全国各地的好几千名美女就进到了皇宫。首先由皇宫里的总领太监进行第一轮挑选,选出一百多名;然后,再由太皇太后和皇太后再亲自从这一百余名美女中为哲宗选出皇后。

选后那日,高太皇太后仔细地端详着这一百余名美丽的女子,看过一个又一个,都不太满意。直到后来,高太皇太后突然发现队伍的最后几个女子中,有一个女孩子特别地与众不同,她身着紫红衣裙,仪态端庄,面如桃花,模样长得实在俊俏,于是高太皇太后禁不住在这女孩子身上细细打量起来,越看越满意,暗自点了点头,只觉得皇后的最佳人选就是这位姑娘了。这时,诏令官察言观色,发现高太皇太后眼睛一直不离开这位女子,就赶紧走上前去,小声地说:"启禀太皇太后,她叫孟娘,是马军虞候孟元的孙女。"高太皇太后听到这里,就招呼孟娘走上前来,她笑着说:"你过来,让我好好看看。"孟娘也十分乖巧,轻盈地走到高太皇太后面前,跪下轻启朱唇:"民女孟娘叩拜太皇太后,皇太后。"高太皇太后叫她起来说话,可是这孟娘却不肯起来,还是跪着对高太后说:"太皇太后德高望重,人所共仰,民女应该跪拜听话。"高太皇太后当下就更喜欢这个女孩子了,觉得像这样知书达礼、性格温顺的好姑娘就应该贵为皇后,所以马上就停止了这次审验,把孟娘接到了后宫。

这孟娘是什么样的出身和为人呢?孟娘当时十八岁,是北宋马军虞候孟元的孙女。孟娘因为从小长得漂亮,性格温顺,受到了爷爷孟元的特别喜爱。爷爷孟元曾为孟娘请过当地最好的老师来教她诗词歌赋和经文,使她知书达礼,有学问、有知识,并且一点都不俗气。高太皇太后弄明白这些情况后,十分满意,就和向太后商量,向太后也同意了,于是就准备挑选日子,为哲宗完婚。哲宗本人早已听说孟娘的美貌,却一直没有亲眼所见,本来就已经很向往,现在又听到高太皇太后和向太后对他说这女子贤惠有教,受到她们的喜爱,所以也没有二话,说:"孩儿愿意听从太皇太后和皇太后的安排。"高太皇太后于是下令五月初八那日举行册封孟娘为皇后的大典,接着为哲宗举行大婚。她还专门派人教孟娘一些宫里的礼仪,还有皇帝大婚和册封皇后的规矩,直到孟娘一一记在心里,高太皇太后才命人把孟娘先送回了家,到时再来迎娶。

五月初八那日,天还没亮,孟娘就早早起来梳洗打扮,高太后也从宫中专门选了一些宫女为她打扮。天刚亮,奉迎使、尚书左仆射吕大防就带了奉迎卫队来接孟娘。那时,礼炮声震耳响彻云霄,鼓乐齐奏欢天喜地,孟娘带着对未来生活的憧憬和渴望,也带着对爷爷和父母依依不舍的心情,坐在了精美绝伦的乘舆里,由奉迎卫队护送去了皇宫。皇帝大婚在中国古代是十分重要和庄严的事情,因为它代表着皇帝皇后将合天下之好,上事宗庙,下继后世,为天下夫妇树立仁德典范,所以大婚自然不同寻常,礼仪也就极为复杂。孟娘接受了宋朝迎立皇后的"诰命",也就是册宝,册用珉玉50简做成,宝则用纯金制作,方一寸五分,高一寸,上面刻有"皇后之宝"四个大字,接受册宝也就代表着孟娘愿意做皇后,愿意入主后宫,接着她将册宝交由司言、司宝掌管,再由司仪引导坐上了皇后宝座,坐北面南,接受内官们的叩拜。这样,册立皇后的仪式告一段落。皇帝大婚的仪式比起册后仪式更是复杂,孟娘哪里经过这样的大场面,经过这样的折腾,她已经有些支撑不住了,不过也只有等这些礼仪全部结束,孟娘才住入了属于皇后的坤宁宫,成为大宋第七位皇帝宋哲宗的皇后。

孟娘嫁入了皇家,仍旧保持着自己的温顺贤惠的性格,对下人十分宽厚,也从来不去压制其他的嫔妃,所以在成为皇后的前几年受到了皇宫上下的尊敬和爱戴,称得上是宋朝典型的好皇后。只是凡事有利就有弊,她一味地好性格却在后来成为哲宗的新宠刘妃用来赚取后位的工具,最终哲宗废掉了孟后,另立心狠手辣的刘妃为皇后,实在是让人觉得世事弄人。

刘婕妤如何搞垮孟皇后

哲宗的皇后孟娘是高太后与向太后亲自为哲宗挑选的百里挑一的好皇后,她温柔贤淑,知书达礼,又性格极好,宋哲宗在宴尔新婚对孟娘也是一往情深,两人恩爱有加。

刘婕妤

孟娘比哲宗年长四岁,她侍奉高太后与向太后周到备至,友好地对待其他妃嫔,对宫女十分关心和照顾,所以孟皇后被公认为是贤良淑德的好皇后,受到了皇宫上下一致的尊敬和爱戴。

然而好景不长,高太皇太后病逝,哲宗亲政后由于政务繁忙,开始只是偶尔冷落孟皇后,这也是在所难免,可是过了一段时间后,孟皇后就感到事有蹊跷了,她发现宋哲宗对自己有些爱理不理了,甚至十分冷淡,有时甚至半月不上她的坤宁宫一回。孟皇后纳闷于皇帝的冷淡,急忙打听事情原委,原来哲宗喜欢上了擅于讨好人的刘婕妤,甚至宠爱刘婕妤到说出让刘婕妤为皇后的地步。孟皇后也不便计较,再加上她本身性格就很温顺,也就听天由命去了。不过,这个刘婕妤可不是盏省油的灯,她听到皇帝偶然间说出的立她为后的话,心里便一下子怦然跳动了起来,她有些蠢蠢欲动了。可是要想当皇后障碍却有很多,首当其冲就是孟皇后。于是刘婕妤打定了主意:一定要将孟皇后扳倒,自己做皇后。

刘婕妤仗着哲宗的喜爱,寻找着契机压倒孟皇后。绍圣三年的一天,孟皇后带着嫔妃们去朝景灵宫谒,在礼仪结束后,孟皇后坐下来休息,其他妃嫔都恭敬地站在皇后周围等待,可是刘婕妤却胆大地一个人站在门边用背对着孟皇后,她这明显是给孟皇后难堪,孟皇后本来应当按宫中的规矩,治刘婕妤的罪,可是孟皇后天生宽宏大量,她没有那样办,而是什么都没说,站起身来当做什么事也没发生过一样回宫去了。这时刘婕妤认定了孟皇后的懦弱,从此欺负孟皇后的气焰更加嚣张了。

还有一次,冬至节将到,孟皇后率领众嫔妃前去隆佑宫朝见向太后,在向太后未出来之时,孟皇后与众嫔妃要坐下来等候。按宫中规矩,孟皇后要坐金饰的椅子,而其他嫔妃则坐木椅子,刘婕妤自然也不例外,可是当宫女为刘婕妤搬来木椅子时,她却不愿就坐,眼睛还总是瞟向孟皇后坐的金饰椅子。众人都心知肚明,也不知该怎样处理这件事。这时一个调皮的宫女搬来了另一把金饰椅子,刘婕妤高兴坏了,心安理得就美滋滋地坐在了上面,嫔妃们虽然很气愤,可是孟皇后不说话,她们也毫无办法。这时,一个宫女高喊:"太后到。"刘婕妤听到赶忙站起来,生怕得不到讨好向太后的机会,可是太后并未到,孟皇后只好叫大家坐下。刘婕妤只好也随大家灰溜溜地坐了下来,可是哪里料到那个调皮的小宫女早已将金饰椅子撤了去,刘婕妤一屁股坐在了地上。嫔妃们见状,都哈哈大笑了起来,刘婕妤生气极了,再加上摔得疼痛难忍,她连太后的影子也没见到,就跑去向哲宗诉苦去了。这件事让哲宗对孟皇后起了疑心,当晚上就到坤宁宫向孟皇后问罪,孟皇后一见皇上脸色不对,马上就跪在地上将白天的事情一五一十地说了出来,把责任归到自己的身上,说是自己平时管教宫女不严所致。其实这件事本来就不关她的事,是那个刘婕妤自讨苦吃。可是孟皇后不懂得自我卫护,在与刘婕妤的次次交手中屡屡居于下风,这没有平息刘婕妤已经点燃的嫉妒的火苗,反而更助长了刘婕妤扳倒孟皇后的气焰。

从此刘婕妤寻找一切机会来搞垮孟皇后,她派了亲信耳目监视孟皇后的一举一动,她买通皇帝身边的亲从郝随为她效力。时日长久,果真让她逮住了机会,孟皇后的养母宣夫人燕氏看孟皇后一直没有为皇帝生下皇子,内心十分着急,于是便私下里请了尼姑法瑞设祭坛,祈求观音菩萨赐福给孟皇后,让她早生龙子。却哪里料到福没赐到,却被宫里的人传了出去。刘婕妤的耳目郝随得知这个消息,乐得简直发狂,忙不迭地告诉刘婕妤。刘婕妤高兴地直拍巴掌,马上让郝随写好奏章呈给皇上,说孟皇后指使人暗里诅咒皇帝,哲宗看完郝随的奏折,虽然心里不相信,但还是有些将信将疑,派了梁从政等几位大臣负责审讯这件案子。

刘婕妤听说之后,赶紧叫来梁从政等人,吩咐他们务必要拿到口供,说是孟皇后指使干的。梁从政几人抓来三十多位太监和宫女,严刑拷打,逼问口供。可是孟皇后平日里对这些宫女太监十分照顾关心,这些太监、宫女不忍心诬陷这么好的皇后,没有一个人诬陷皇后,甚至有的太监被打断了肋骨,有的宫女被割掉了舌头,也毫不昧着良心说话。最后,梁从政没辙了,只有按着气息奄奄的太监和宫女们的手在早已写好的供词上按下手印,拿给皇上看了。宋哲宗接过供词一看,是孟皇后指使人来诅咒他的,大吃一惊,他不能相信贤惠的孟皇后会害他,于是就让御使董敦逸重审这件案子,务必要查个水落石出。哪里知道这个董御史却辜负了皇帝对他的期望,在郝随的旁敲侧击下,竟又将原判原封不动地退回给哲宗。哲宗这次没辙了,但他也生气孟皇后没生下儿子,所以下旨废掉孟皇后,收回皇后册宝;孟皇后即刻搬出坤宁宫,贬送瑶华宫,赐号华阳教主,玉清妙静仙师,法号冲真。

孟皇后也不知道自己犯了什么罪,就被废掉皇后。直到她进到瑶华宫,才得知是养母宣夫人为她祈求早生皇子,而这件事又被刘婕好利用才使自己遭受灾难的。孟皇后虽然心里十分难过,但她不怪罪任何人,只怪自己不能给皇帝生下皇子。她为人太善良,直到住进瑶华池还真诚地希望别的妃子,特别是刘婕好早日为哲宗生下龙子传宗接代。

杨皇后垂帘听政之谜

南宋宁宗杨皇后早年由于姿容美丽被选入宫,庆元元年(公元1195年)被封为乐郡夫人;庆元三年(公元1197年)四月,晋封为姨好;庆元五年(公元1199年)晋封为婉仪;次年,晋封为贵妃。从杨皇后在皇宫中一步步升迁的过程,就可以看出宁宗皇帝对她恩宠有加,后来,宁宗的恭淑皇后去世,宁宗因为十分宠爱杨贵妃,再加上杨贵妃好读经史,又生性机敏,讨人喜欢,宁宗就打算立杨贵妃为后。当时宁宗朝的宰相韩胄听说皇上要立杨贵妃为后,就进谏劝阻宁宗不要立杨贵妃,还说杨贵妃好弄权术,请陛下三思之类的话,没过多久,这话就传到了杨贵妃耳中,虽然后来宁宗还是立杨贵妃为后,但杨皇后与韩胄却结下了梁子,杨皇后发誓要找机会除掉这个当朝宰相。

当时杨皇后在朝内有个远房的亲戚,名叫杨次山,杨皇后起先是依靠杨次山来实施她的阴谋诡计的。韩胄当政数十年,矢志抗金,他一直希望能够亲率大军北伐,收复失地,因此很受宁宗的信任,杨皇后通过杨次山了解到韩胄向皇上请求出兵北伐,收复金兵控制薄弱的中原,于是认为机会来了,她指使皇子向皇上建议让韩胄出兵攻打金国。宁宗皇帝说:"韩胄要对中原用兵,岂不是鸡蛋碰石头,不自量力吗?这对国家社稷有百害而无一利啊!"后来,皇子又说:"韩胄受到朝野上下的尊敬与爱戴,现在世人独知韩胄,而不知父皇您啊!"宁宗皇帝仍旧不说话,杨皇后看到宁宗皇帝对韩胄是极为信任,单凭她的力量不足以扳倒这个人。

于是,杨皇后就让杨次山在朝廷中选择可以信任的人与他们一起除掉韩胄。韩胄是朝廷的主战派,由于政见不和,在朝中树敌很多,像礼部尚书史弥远就与韩胄积怨很深。杨皇后召见史弥远，经过密谋，答应诛杀韩胄。史弥远还把礼部尚书卫泾，著作郎王居安，前右司郎锱等韩胄的敌对势力都拉拢参与密谋。史弥远还将密谋告诉了曾经由于反对用兵而被贬信州（今江西贵溪）的前参知政事钱象祖，一时间，朝廷内外反对韩胄的势力壮大起来。开禧三年（公元1207年）十一月三日，韩胄正去早朝，史弥远设下埋伏，派人杀死了他，接着杨皇后命令史弥远、钱象祖等人一起赶赴延和殿，告诉宁宗韩胄被杀的消息。宁宗皇帝一直都不相信，过了三天还说韩胄没死，其实皇帝并不知道这完全是杨皇后及杨次山等人的阴谋。

诛杀韩胄后，杨皇后就在宁宗耳边说史弥远的好话，宁宗就开始宠信史弥远，让他专断国事。嘉定十四年（公元1221年）宁宗皇帝因为皇太子病逝，重新确立了皇储，培养宗室之子贵和，把他立为太子，赐名赵闳。身为丞相的史弥远因为担心日后自己的身家性命，也是为了保证权势，就对赵闳加以防范。赵闳好弹琴，史弥远便买了个弹琴的美人送给赵闳，让她做内应窥伺皇太子的动静，太子开始时，还对这个女子有戒心，可是时间长了，赵闳竟然放松警惕，还把那美女引为自己的红颜知己，把自己的心里话全告诉了她。原来，赵闳对于史弥远与杨皇后互相勾结、狼狈为奸、诛杀大臣的事情早已经心存不满，他厌恶史弥远独权擅政的奸臣伎俩，曾经暗自记下了史弥远的数条罪状，并且还在旁边写批语："（史）弥远当决配八千里。"他还指着地图对着那位美女发誓："如果我日后要是做了皇上，一定要把史弥远贬到最南边。这些话全都一字不漏地传到了史弥远的耳朵里。史弥远十分吃惊，他知道赵闳对他不满，可是他不知道赵闳竟然如此怨恨他。史弥远十分害怕，于是就背地里与另一位皇嗣子贵诚联系，准备劝说宁宗另立他为太子。可是，宁宗始终昏昏沉沉，没有改立太子，直到嘉定十七年（公元1224年）闰八月，宁宗皇帝驾崩，史弥远假立遗嘱，深夜宣召贵诚进宫，定为理宗皇帝。

杨皇后事先什么都不知道，于是史弥远就派皇后的侄子杨谷和杨石把废立皇子的事告诉杨皇后，杨皇后不同意废立太子，让两个侄子传话给史弥远说："皇太子是先帝立的，怎么能随便改变？"那天晚上，杨谷和杨石来回跑了七次前去劝说皇后,可是杨皇后都不答应,直到最后,她的侄子杨谷等就跪下来哭着说:"朝廷内外都是史弥远大人的耳目,内外君民也都归心贵诚,如果不立他,恐怕马上就要发生祸变,我们杨家就死无葬身了。"杨皇后叹了口气,问:"那个孩子在哪里?"于是史弥远就把贵诚召进来,皇后抚摸着他的头说:"你从今之后就是我的儿子啊!"赐贵诚名字赵昀,接着假传宁宗圣旨废黜赵闳为济王,立赵昀为皇太子,即皇帝位,尊称杨太后为皇太后,可以垂帘听政。

政坛内幕

宋朝为什么刚建立就发生了农民起义

　　封建王朝都是在王朝的末期容易发生农民起义,农民的力量壮大以后就会推翻旧王朝,建立新的封建王朝。这就是历史发展的螺旋式上升。但是在中国的漫长历史中,却也有着例外,宋朝就是在王朝刚刚建立不久,就发生了大规模的农民起义,险些早早地断送了宋朝的几百年基业。这就是王小波领导的川蜀农民大起义。

　　川蜀地区在五代时期,曾经先后建立过前蜀、后蜀两个政权,因为远离中原,地处偏僻,反而幸运地避免了各政权之间的争斗,长期没有遭到战争的破坏。因此,到了后蜀时期,国家的粮库积贮得满满的,人民十分富足。但是宋太祖灭了后蜀以后,有一段时间纵容将士在成都四处抢掠,还把后蜀贮积的财富运往东京,激起了当地百姓们的愤恨。到了宋太宗的时候,朝廷变本加厉,又在那里设立衙门,垄断买卖。曾经是当地主要经济来源的蜀地出产的茶叶、丝帛,先后都被官府垄断了。一些地主和大商人也都趁机囤积居奇,贱买贵卖。这样一来,蜀地百姓的日子就更难过了。

　　当时,四川的青城县(今四川灌县西南)有个农民叫王小波,他和他妻子的弟弟李顺,都是靠贩卖茶叶谋生的。官府禁止私卖茶叶后,王小波被断了生路,实在没有办法讨生活了,于是就决心铤而走险,发动起义。

公元 993 年,王小波聚集了一百多个茶农和贫民,跟他们说:"如今这个世道,穷人越来越穷,富人越来越富,实在太不公平了。现在,我们一起来消灭这种不平均的现象,你们说怎么样?"

这些茶农和贫民平时受够了官府、富人的剥削,听了王小波的话,都表示热烈拥护,还推举王小波作了起义军的领袖。消息一传开,临近各地的贫民都纷纷来投奔王小波的起义军,不出十天,就集中了几万人马。这些人平日里饱受欺凌,现在一个个摩拳擦掌,都准备和朝廷大干一场。

王小波有了人马,先打下了青城县。接着,又乘胜攻打彭山(今四川彭山)。彭山的县官齐元振是个刁钻狠毒的贪官。宋太宗为了禁止地方官员贪污,有一次,派钦差到蜀地调查。齐元振提前听说了钦差要来,就把贪污得来的财物分散藏在富商家里。钦差到了彭山县,查不出那里的官员有贪污行为,就糊里糊涂地回去向朝廷回报,朝廷于是下令嘉奖齐元振清白能干。从此以后,齐元振变得更加贪婪无度了,对百姓搜刮得更厉害。王小波知道彭山的百姓对齐元振怨恨最深,就带起义军攻打彭山。在彭山百姓的里应外合之下,起义军很快占领了县城,杀死了大贪官齐元振,把他平日从百姓那里搜刮得来的钱财,全都分给那里的贫苦百姓。然后,王小波又带兵北上,向江原(今四川崇庆东南)进攻。驻守江原的宋将发兵反击,双方在江原城外展开了一场大战。

王小波的起义军虽然不是什么正规的军队,也没有得手的武器,但是大家的士气十分高昂,打得十分英勇顽强。到了最后,宋将实在招架不了,眼看朝廷的军队就要崩溃了。但不幸的是,在一片混战中,王小波没有防备,被一支冷箭射中了前额。他不顾满脸鲜血,继续进攻,终于打败宋军,把宋将杀了。起义军的队伍胜利的进占了江原,王小波却因为伤势太重死去了。

王小波一死,起义将士又推举他的妻弟、起义早期的领导人的李顺做了首领,继续带领大家反抗官军。

在李顺的指挥下,起义军越聚越多,连续攻下许多城池,杀死了一大批贪官污吏,最后终于攻取了蜀地的中心成都。成都的文武官员抵挡不住,全都逃跑了。

公元994年正月,李顺在军民的拥护下,建立了大蜀政权,李顺当了大蜀王。他一面整顿人马,一面继续派兵攻占州县,四川境内到处都是起义军的势力。

四川农民叛乱的消息传到了东京,宋太宗大吃一惊,赶快召集宰相商量镇压农民起义,下令一定要在最短的时间里消灭起义军。

宋太宗派了宦官王继恩为剑南西川治安使,前往镇压。王继恩分兵两路,派人从东面堵住巫峡的起义军,自己率领大军向剑门进发。

剑门关正是四川通向关中的要道。李顺占领成都之后,也派将领进攻剑门,但是剑门的地势易守难攻,驻守的官兵也都是精兵强将,李顺派去的军队不幸遭到官军阻击,打了败仗。因为剑门仍然握在朝廷的手里,王继恩就得以顺利地通过了剑门,集合各地宋军,形成了对四川一省的合围之势,并且开始派兵进攻成都。那时候,驻守成都的起义军还有十几万,但是在敌人的重兵包围之下,经过英勇激战,许多人都战死了,成都城也终于被攻破,李顺也在战斗中牺牲了。宋朝出动了几十万的兵马,终于镇压了这次王小波和李顺领导的农民起义。

后来,有人传说在成都陷落的时候,李顺其实并没有死,他化装成一个和尚,秘密逃出了成都,继续率领农民军战斗。听说宋军在进城时,曾经抓到一个胡子很长、外貌很像李顺的人,就把他当李顺杀了。又过了四十年,广州的街上出现了一个老翁,有人认出他就是当年的起义领袖李顺。官府听说了,不分青红皂白地把他抓起来,在监狱里秘密杀死了。关于李顺的下落还有很多的说法,人们心里都希望这位勇敢反抗朝廷暴政的民间英雄没有死。

赵普为何被太祖罢相

赵普,字则平,幽州蓟(今属天津)人。太祖赵匡胤攻下南唐军事重镇滁州后结识了他,并深为赵普的为人和学识所打动,就把他招入幕府,成了自己的第一谋士。赵普是赵匡胤的得力助手,他对宋初的政局影响很大,太祖对这位臣子也是视之亲若家相,让赵普居相位长达数十年。君臣两人的关系可以说是非同寻常,可是后来太祖为何突然间罢了赵普的相呢?

其实这其中是有原因的。自古帝王大多善猜疑,好独断,宋太祖赵匡胤自然也不例外。虽然太祖明白自己是怎样当上皇帝的,也知道赵普明着暗着出力不少,但是太祖即位后还是将君臣关系分得清清楚楚,他希望自己的臣子绝对忠诚,有时甚至希望他们愚忠。赵普身为宰相虽然处处小心,但也难免犯错,太祖本来已经对赵普的位高权重有些担心,正好抓住赵普的一朝之错,罢了他的宰相之职。

宋初太祖喜欢微服出行,驾临臣子家中,表面上是亲密的君臣关系的表现,实则为了监视臣子。赵普作为朝廷重臣当然也不例外地受到这种特殊待遇。一日晚上,太祖又一次亲临赵普的府第,当时恰好遇到吴越王钱俶送书信给赵普,并且还赠送了赵普十瓶海产品,就放在外面的廊屋檐下。这时太祖突然驾到,仓促之间,赵普根本来不及把东西隐藏起来,只有诚惶诚恐地迎接皇帝的到来。太祖进门一眼就看见了那些大瓶,于是就问赵普里面是些什玩意,赵普如实对太祖说:"是吴越王钱俶送来的海产品。""东南的海产品一定很不错的",太祖一边说着一边命人把一瓶海产品打开,等到启封一看,瓶子里哪里是什么海产品,都是黄灿灿的金瓜子。赵普吓坏了,急忙跪下来磕头谢罪,解释说自己并没有拆开书信,不知道这瓶里装的是什么。太祖听了他的解释,叹了口气说道:"你不妨收下这些东西,他们以为国家大事全是由你这个书生决定的呢!"说完就走了。赵普非常懊恼,几天都闷闷不乐,后来看到太祖仍像以前一样待他,这才放下心来。其实太祖此时已经对赵普产生了不太信任的感觉,但是看在他往日功劳的份上没有怎么样,这是太祖和赵普关系的首次裂痕。

不料这件事没过多久,赵普便又被别人抓住了小辫子。赵普准备修建住宅,这本是一件很平常的事,可是他错就错在派亲吏到陕西、甘肃一带采购大号木料,扎成巨大的木筏运到京城来建造府第。当时太祖已经下了严禁私人贩运秦陇一带的大号木料的诏令,赵普自己采购不说,赵普那个亲信小吏还冒用赵普的名义趁机偷运木料到京城贩卖。这件事很快就被三司使赵比查到上奏给了太祖,太祖大怒,又联系上次钱俶送金瓜子一事,就认定了赵普现在是恃功自傲,专门与他为难。当下太祖就拟定草诏,即日罢免赵普。多亏了前丞相王薄极力劝解,太祖这才留诏未发,让赵普继续为相。可是对赵普的态度已经和以前大不一样了。

在贩木头的事情没过多久时,太祖又听说赵普的儿子娶了枢密使李崇矩的女儿,当时朝廷有不准宰辅大臣间通婚的禁令,目的是为了防止形成朋党,对皇权不利。赵普与李崇矩结成姻亲,再次违背了太祖的禁令,惹得太祖大动肝火,即刻下令让赵普与李崇矩二人在两个不同地方等候太祖召见。原本按惯例,宰相与枢密使每次在长春殿等候皇帝召见问话时,是在同一间房子休息的。太祖看到赵普一次次违背自己的旨意,分明是把自己不放在眼里,便暗自忖度赵普居心何在,渐渐对赵普心生厌恶。

当时有一位叫卢多逊的翰林学士为了能迅速升官,听说了赵普的一些事情,暗自揣度圣意,便经常趁皇帝召见之机攻击赵普的短处。有一天,正巧有个叫雷有邹的人到登闻院击鼓,告发堂后官胡赞和李可度的受贿案,刘伟伪造代理官职的公文,以及赵孚假装生病不去西川上任之类的事情,还说其中最要紧的是这些人都得到了赵普的庇护。这些事本来都是那些小官的事情,可是偏偏卢多逊在太祖召见时,乘机诽谤赵普,将这些事情加油添醋地告诉了皇上,还说赵普学问不高,嫉贤妒能等等。太祖极为生气,把这些事情全交由御史台审问,按法律严惩胡赞等,而让雷有邹到秘书省任职,对赵普也完全失去了信任。不过太祖此时还不愿伤害这位老臣的面子,他只是疏远赵普,并且不动声色地扩大了参知政事的职责范围,下诏让参知政事与赵普轮流执掌宰相的印信,上朝可以领班、可以和宰相一起奏事,借此分割赵普相权。赵普见事情都到了这种地步,只得上表请求太祖罢免自己。太祖立即下诏,调赵普外出为河阳三城节度使,卢多逊则被提升为参知政事。

狄青出身寒门为何却受重用

狄青，字汉臣，汾州（今山西汾阳）人，是北宋仁宗时期著名的将领。他出生于一个贫苦的农民家庭，从小就苦练武功，年纪轻轻便练就了一身超人的武

狄青

艺，加入军籍。狄青虽然出身寒门，可是在军营中却老是看不起周围的士兵，引用当年秦末农民起义军首领陈胜的话："燕雀安知鸿鹄之志？"他的言下之意是发誓要凭自己的才能做一名真正的大将军，立志为国效力。在当时一伙地位低下的士兵当中，狄青天天以这样的言谈举止自处，受到周围士兵们的挖苦讽刺："麻雀怎么能成了金凤凰？你别做美梦了。"在古代那种等级森严的社会里，狄青出身寒门，是没有可能走到上层阶层中的。

可是尽管狄青受到多次打击，但他的信念依然丝毫未变，他对人们的讽刺不以为然，还勉励自己要多多努力，以实际行动让人信服，最终成为一名大将军。

建功立业的机会终于来了。宋仁宗时，宋朝和西夏之间不断地发生战争。在西北战场上，狄青作战勇猛，他常常披头散发，戴着铜面具，冲在最前面和敌人拼杀，多次打退了敌人的进攻。士兵们被狄青这种顽强战斗的精神所感动，而那些蛮横的西夏兵一听到狄青的名字，总是胆战心惊，退避几分，还没有交战就先在勇气上输了一截。

狄青的智谋超人，作战勇敢，在宋军中名声大振，得到了一些名将的赏识。当时，被贬官任陕西经略使的范仲淹就连连赞叹狄青说："狄青真是国家的良将之材，应该受到培养和重用，使他能有一个更好的用武之地。"并专门送给狄青一部《左氏春秋》，语重心长地对他说："作为一个年长的人，我希望你能成材，所以想劝你把这本书认真地读一读。因为领兵作战，如果不懂得古今的用兵方法，不过是匹夫之勇罢了，是难以担当军事重任的。"

狄青听从了范仲淹的劝告，就抓紧一切闲余时间来阅读兵书。但是，由于狄青出生在贫苦农家，从小没有受过正规的教育，文化水平很低，读起书来十分费劲。再加上他十几岁就参军作战，东奔西跑，根本没有养成读书的习惯。所以刚开始阅读这部兵书，总是静不下心来。但是狄青并不自暴自弃，而是尽力约束自己坐下来读书，并且不耻下问。经过不懈的努力，终于把秦汉以来的将帅兵法通读了几遍，成为一个既满腹韬略，又勇猛善战的一代名将。

公元1052年，位于宋朝西南地区的依智高发动了叛乱，宣布脱离宋朝控制，建立大南国。宋仁宗先后派张忠、蒋偕二将前往讨伐叛军，可是两位大将却由于指挥不当大败而归，损失了不少士兵。仁宗皇帝忧愤交加，几天几夜茶饭不思。就在仁宗皇帝苦苦找寻合适平叛人选时，狄青毛遂自荐，恳请仁宗给自己一次为国效力的机会，他甚至向皇上立下一份军令状："狄青本来就是行伍出身，我义不容辞担负着保家卫国的职责，我愿意带兵前去平定叛乱，不杀叛贼誓不回，甘愿军营受斩。"仁宗听了狄青的一番肺腑之言，十分感动，立刻命令狄青挂帅出征。仁宗为自己手下能有狄青这样忠心耿耿的大将而高兴。狄青果然不负仁宗所托，到阵前首先惩治了战斗不力的将领，整顿了军纪，使得宋军士气为之大振。后来又经过和依智高叛乱军队的一番苦战，终于取得了胜利，收复了失地，依智高也被迫在大理自杀。

这次平叛战役中，狄青战功卓著，解除了仁宗的顾虑，得到了仁宗的赏识，被仁宗破格提拔为枢密使，成为朝廷中掌握军权的最高长官。按照宋朝兵制，士卒地位十分低贱，甚至连普通囚犯都不如，要像被处黥刑的罪犯一样在脸上刺字，用来防止士兵逃跑。狄青十几岁就来到军营，脸上自然也有刺字，这说明了他的出身低贱，可就是这样一位士兵，最后却升为枢密使，的确十分不易。在狄青升为枢密使后，宋仁宗觉得将军脸上有刺字可能会被人笑话，有损于狄青的威严，所以就劝狄青用药水把脸上的刺字去掉。可是狄青执意不肯，并指着自己脸上的刺字对仁宗说："多亏了陛下不问出身和门第高低，论功行赏，我一个普通士兵才有了今天，我之所以要保留脸的刺字，一是为了表示陛下的英明，二是为了时刻让自己戒骄戒躁，三是为了激励后人建功立业。"仁宗听了十分高兴，就不再提让狄青除去刺字的事。狄青将军直到去世时，脸上的刺字仍然清晰可见。

仁宗曾多次对着大臣们说，自己为大宋能有狄青这样一位出自寒门的大将军而自豪。

富弼使辽内幕

澶渊之盟签订以后，宋辽之间维持了暂时的和平局面。宋辽之间的贸易往来兴盛起来，同时，宋辽官方之间的外交礼仪活动也恢复正常。宋朝廷还特别设立了由内侍执掌的国信司，专门处理宋辽外交往来。

富弼使辽

仁宗庆历二年时，宋与西夏之间发生战争，宋朝正在应顾不暇时，辽国忽然派使者来宋，再次提出索要关南之地，同时要求宋对西夏出兵以及在北方边境疏通河道、增加兵力等事情做出解释。口气强硬，大有兴师问罪之意。朝廷令当时还是知制法的富弼为伴使，同中使一起到京城外迎接辽使。

辽使刘六符到达后，下马与宋朝官员见面，按照礼仪，该由中使转达仁宗的慰问，辽使拜谢，可辽使态度强横，根本不行宋朝的礼仪。富弼见状，厉声质问："南北两主，称为兄弟，我主与你主地位相当，现传旨慰劳你，你为何不行拜见之礼?"辽使托言有病，不能行礼。富弼说："我也曾出使到北方，途中卧病难起听到你主的旨令，马上撑起病体而行礼，你怎能因病而置礼仪于不顾呢?"一番话说得辽使无言以对，只好起身行礼，而后随富弼进了京城。

富弼热情友好地安顿了辽使，他有理有节、大度宽容的作风深深感动了辽使。辽使非但不好意思寻衅生事，还将辽主此次派他前来的真实意图和盘托出。对于辽主提出的无理责难和非分要求，富弼一一据理辩驳。辽使最后悄悄告诉富弼，对契丹的要求，宋方可从则从;不从的，可以用增加岁币，或和亲的办法解决。辽使的话使仁宗思量再三，他召吕夷简前来商议。商议的结果是派富弼出使谈判。仁宗的诏令引起朝中的议论，很多人为富弼此行捏了一把汗。

在富弼与辽使返回辽国的途中，辽军已经向河北等地聚集，摆出了一副决战的架势，企图为谈判施加压力。宋朝在吕夷简的布置下，将大名府(今河北大名)命名为北京，在河北一带加紧备战，毫不示弱，令辽兴宗和手下那些跃跃欲试的将领们大为扫兴。

富弼见到辽兴宗，开口便问："两朝圣上父传子继，和平相处了近四十年，而今无缘无故要求割地，究竟为何?"辽兴宗反问："南朝违约，阻塞雁门，增灌塘水，修筑城墙，扩招民兵，又是出于什么目的? 为此我朝大臣纷纷请求举兵南下，我的意思是先礼后兵。""难道陛下忘记了我朝先帝的大恩大德吗?"富弼毫不客气地质问兴宗:"澶渊之战时，我朝将士人人要一战到底，若是先帝顺从将士之意，恐慌怕北兵没有一个能够活着回去的。我朝先帝顾全大局，立下了和约。今天北朝要再挑事端，再动干戈，一定是朝中的奸臣，只为自己，不为朝廷祸福而想出的奸计。"话到此处，兴宗不解。富弼直言不讳:"北朝进克中原之后，所得一切财富，是不是都归于公家之手? 北朝花费了无数的军、兵械，结果是富了私家穷了公家。而今中原幅员万里，拥有精兵强将数以百万，法令严明，上下一心，此时北朝用兵，能保全胜吗？就是得胜，劳师伤财，是群臣受害，还是人主受害呢？如果两朝通好不断，岁币尽归陛下，群臣受害，还是人主受害呢？如果两朝通好不断，岁币尽归陛下，群臣又能得到什么呢？所以为群臣着想，宜战不宜和；为陛下着想，宜和不宜战。"富弼的话，一针见血，利弊得失尽在其中，说得兴宗连连点头称是。

富弼见兴宗已经被自己的话打动，才对兴宗最初的质问做出回答。他说："我朝阻塞雁门，是为防备西夏；疏浚塘水，是南北通好以前的事；修筑城墙，不过是因其已破旧不堪；扩招民兵，也只是为了填补缺额；怎能说是违约呢？事实果然如此，就是我错怪了南朝。但我祖宗的故地，还乞望返还。"兴宗的口气逐渐地缓和下来了。富弼说："关南之地是周代的事。若各自都翻旧账的话，幽、蓟曾隶属中阻，难道是北朝的故地吗？"兴宗一时无言以对，便不再理论，令辽使刘六符设宴招待富弼一行。

席间，刘六符委婉地说明了辽主以接受岁币为耻，还是希望南朝稍做让步，将关南之地尽早退回。虽然在酒宴上富弼一直和颜悦色，但提到这个问题，富弼义正词严，"我朝皇帝为祖宗守土保国，寸尺之地不敢予人。北朝所要的不过是租赋财富，我圣上为妨两朝百姓再遭兵戈之乱，所以委屈自己，以增加岁币来代替。如果北朝一定要得到关南十县，是有意撕毁盟约，而以此作为借口罢了。澶渊之盟，有天地鬼神作证，若北朝首先挑起事端，伤害的并非只我一方，实为天地鬼神所不容。"

第二天，辽兴宗召富弼同去狩猎。途中，兴宗拨马靠近富弼，委婉地说："南朝如果许我以关南之地，我当永远感激不尽，誓与南朝通好。""北朝以得地为荣，南朝以失地为辱，两朝既以兄弟相称，怎可一荣一辱呢？"这次富弼一改前日据理力争的策略，将心比心，以情动人，使得兴宗再也不好意思坚持索地的要求，同意增加岁币。

心有不甘的辽兴宗坚持把增岁币称为"献"。富弼驳道："南朝为兄，岂有为兄献弟的道理？""献字不用，改一纳字。"兴宗兜了一个圈子。富弼寸步不让,兴宗悻悻地说:"岁币肯定是要增加的,又何必在乎这区区一字呢?倘若我拥兵南下,难道你朝就不后悔吗?"面对辽主的威逼,富弼还是毫无惧色:"我朝兼爱南北的百姓,所以委曲求全,增加岁币,这并非是害怕你朝。若不得已改和为战,也要以道理曲直作为判断胜负的标准,那时谁胜谁负,使臣就不敢预料了。""卿勿固执己见,古时也有这样的先例嘛!"兴宗变着法儿地想要富弼妥协。富弼再也不能让辽主的得寸进尺,他勃然怒起:"古时只有唐高祖向突厥借兵时,将馈赠称为南纳,但后来太宗首领之时,难道此例尚存吗?"富弼一脸怒气,一字一句如锤落地。兴宗知道再下去,富弼也不会退让,便换了口气,缓缓地说:"我会派人前去再议。"

兴宗果真派使臣专为"献""纳"两字与富弼回宋都再作商议。富弼向仁宗汇报了谈判的过程,特别提请朝廷千万不要应允辽的无理要求。仁宗当面答应下来,可谁知后来竟在晏残的建议下,许用了"纳"字。葬送了一个国家的尊严。

宁宗以宋岁增银十万两、绢十万匹的条件,最终达成了和议。在双方谈判过程中,富弼以"不卑不亢、有理有节"为谋略,既维护了国家尊严和利益,又不伤两国间的感情;既以理服人,又以情动人,使辽主乘人之危、坐收渔利的企图屡屡受挫。

钟相、杨么为什么要反抗宋朝廷

南宋末年,社会上的局势已经乱成一片,各个政权相互交战,都想取得在中国的统治地位。这其中只有南宋王朝是一个例外,南宋的皇帝一向以偏安一隅为幸,丝毫也没有逐鹿中国的野心。这个朝廷最关心的就是如何从百姓身上多榨取一分钱财。在别的政权都厉兵秣马、磨刀霍霍的时候,南宋朝廷却是一面对金朝屈辱求和,一面加紧对人民剥削,加重税捐,给南宋统治下的人民带来了无尽的苦难。这样,南宋政权虽然号称是正统王朝,人们却都已经对它彻底失去了信心。

钟相、杨么

公元1130年,金兵攻占了潭州,在当地烧杀抢掠了一阵走了。正在这种当地百姓无以为生的情况下,那些恶劣的官兵又来雪上加霜。他们有时候简直比金兵还要凶狠。其中,有一个被金兵打败的宋朝团练使孔彦舟,就带着一批败兵残卒在那里趁火打劫,催粮逼租。当地的百姓实在忍无可忍了,就在钟相带领下举行了起义。钟相是鼎州武陵(今湖南常德)人,在金兵南下的时候,他曾经组织过抗金民兵,因为没得到朝廷的支持,就回家乡组织农民自卫。他用宗教的形式在农民中宣传,自称"天大圣",能够解救人民疾苦。他说:"现在朝廷的法把人分成贵贱贫富,这不是好法。我行的法,就是要不分贫富贵贱,人人平等。"一些受尽官府、地主压迫的农民,听到这些话,非常高兴。大家把钟相称做"老爷",要求人"法"的人就越来越多。

当孔彦舟的骚乱激起民愤的时候,钟相觉得时机已经成熟了,就马上宣布起义。他自称楚王,建立了政权。附近各县的农民纷纷参加起义军,义军的队伍很快壮大起来。钟相分派起义军攻占城池,焚烧官府,打击豪强大户,不出一个月,起义军就占领了洞庭湖周围十九个县的大片地方。

南宋朝廷虽然对待金兵的入侵一向拖拖拉拉,但面对农民起义的打击却表现的十分恐慌,反应迅速。起义刚一爆发,朝廷就得到了消息,行动迅速的命令了孔彦舟专门率领一支军队,负责镇压起义军。孔彦舟知道正面攻打敌不过钟相,就先派一批奸细,假扮成贫民,混进钟相起义军队伍。公元1130年3月,孔彦舟发起进攻,埋伏在内部的奸细里应外合,起义军措手不及,打了败仗,钟相和他的儿子钟子昂被捕,遭到杀害。

钟相被害以后,起义军又推选杨么当了首领,继续和官军作战。杨么原来名叫杨太,因为他年纪轻,当地群众亲密地称他叫杨么。起义军在杨么领导下,在洞庭湖沿岸建立营寨,又在湖里和各个港汊上集中了大批船只,平时生产,战时打仗,队伍越来越壮大。

南宋王朝眼看孔彦舟镇压起义不见成效,又派出程昌寓担任镇抚使,镇压起义。程昌寓到了鼎州,不惜工本制造了大批车船,每船可装载水军一千人。由人踏车就可以使船进退。有一次,程昌寓指挥水军使用车船攻打起义军水寨,水寨滩头水浅,车船开进港汊,搁在浅滩里动弹不得。起义军趁势发起攻击,官军兵士丢了车船逃走,车船全部落在起义军手里。

杨么起义军在洞庭湖建立了据点,队伍发展到二十万人,占领的地区也越来越广。公元1133年四月,杨么拥立钟相的儿子钟子仪做太子,杨么自称大圣天王,在起义军占领的地方,宣布免除百姓的一切劳役和赋税,人民生活出现了兴旺气象。

南宋王朝把杨么起义军看作心腹大患,不把他们镇压下去不肯罢休。宋高宗又派出大批军队进攻起义军的大本营。这一次,宋军接受了教训,不敢再用大船,而是改用小船进攻。起义军用车船迎战,车船高的有几丈,来往如飞。他们又在船身前后左右都装上了拍竿,拍竿上缚着一块块大石。官军的小船一接近,他们就摇动拍竿,发出大石,把敌船打沉。车船上还发出用硬木削尖的"木老鸦",和弓箭一起发射,打得官军叫苦连天。

有一天,洞庭湖边的江上,忽然出现了几只大车船,船上既不见旗帜枪械,也不见一个兵士。宋朝的水军将士见了,以为起义军在上游被官军打败,这几条船是顺流漂下来的,就指挥船只靠近空船。兵士们争先恐后地撑篙拉纤,把空船带着往上游驶去。哪料到到了湖面宽广的地方，几只大船里突然发出一阵擂鼓声、呐喊声，船舱里钻出来的起义兵士踏动车船，横冲直撞，把官军的几百只小船全部撞碎沉没在水里，两名将领落水丢了性命。其余留在沙滩上的官军步兵也遭到起义军攻杀。这一天，义军一战就消灭了官军一万人，缴获了大批武器盔甲。

最可笑的是，义军想出一个嘲笑宋军失利的办法。正当宋军的主帅坐在大营里等待消息时，忽然来了一百多个穿新衣的农民军，一面走，一面打着鼓板，吹着笛子，拍着气球，后面还有人用竹竿挑着一卷文书。宋军以为一定是起义军接受招安，送投降书来了，忙命令兵士不要放箭，派人把文书接过来。宋将把文书打开一看，里面却是被起义军缴获的官府告示和印章。穿着新衣的起义兵士看他们上了当，哈哈大笑说："你们的一万水军，前天晚上已经被我们杀得精光，衣甲、刀枪、旗号、钱粮，都是咱们的啦！"说着，都乐呵呵地又吹笛打鼓走了。

后来，因为起义军的队伍日渐壮大，没那么容易就被镇压，宋朝朝廷也明白了当下的这种局面，于是改剿为抚，不断地派人去招安杨么的队伍。建立了伪齐政权的刘豫也想拉拢利用义军的强大力量，派了在襄阳的官员李成负责，带着金帛文书，到扬么大寨游说，要起义军联合进攻宋朝，说只要攻占州县，就封他们做知州知县。这些向敌人投降的要求都被起义军严词拒绝了。李成还不死心，又派了三十五个人带了官诰、金带、锦袍来诱降，起义军这次不再饶恕，把三十五名伪齐使者全部杀死了。

南宋王朝和伪齐政权的"围剿"诱降，都没有使杨么屈服，到了公元1135年，也就是起义的第六个年头，宋高宗派宰相张浚亲自督战，又从抗金前线抽回了岳飞军队。由于起义军将领有人动摇叛变，杨么大寨被官军攻破，杨么被俘后遭到杀害，坚持六年的起义终于失败了。虽然这次起义失败了，但是这时距离宋朝的最终覆灭，也已经为时不远了。

为什么说"太宗伐边"是另有用意

宋太祖在建国之初，为了加强中央集权，改变五代时期武官专政的传统，实行了重文轻武政策,提倡文治。到宋太宗时候,太宗把太祖皇帝的重文轻武政策进一步极端化,不仅一般边地州府的军官用文臣不用武将,甚至连那些军事重镇的守将也是只用文臣不用武将,并且不论文武边帅一律不准设置亲兵,还派人多加监视。另外,太宗还说国家稳定首要是内患要平,外忧只是边事,可以预防,但内患如果到了奸邪齐上的地步,那国家可就真正危险了。不过太宗虽说要守内虚外,要文治,要弱用武将,可是为什么又要发动两次对辽战争呢?按理说"守内虚外"的国策应当极力保持边境和睦才对,这里面到底有什么蹊跷呢?

在太宗出兵伐辽的两次战争中,第一次是太宗继位后四年宋辽高粱河之战。太宗率领宋兵收复北辽后,准备乘胜夺取辽国占领的燕云之地,可结果却是宋军大败,太宗差一点送命,匆忙间钻进驴车里才又逃回宋地。高粱河战役后,太宗本应吸取教训,不再轻举妄动,可是太宗却并未接受这次战争的教训,仍旧好大喜功,对情报不分真假,再次做出了盲目的战略决策,招致宋军在雍熙三年的北伐中再次失败。

高粱河战役三年后,辽景宗去世,继位的是他12岁的儿子辽圣宗耶律隆绪,由萧太后执掌国事。宋朝的雄州长官贺令图妄加猜测,向宋太宗上报说辽国主幼国衰,主政的萧太后品行不端,与大臣韩德让私通,辽朝上下民心已反,可乘机收回燕云之地,这是天助宋朝啊!其实贺令图完全不了解辽国的情况,辽国此时是政令昌明,国家上下齐心;也不知道执掌国事的萧太后是个文武全才的奇女子,她不仅会带兵打仗,而且还有知人善任的执政才能;更不了解辽国有两员虎将,都是战场奇才,一是契丹贵族耶律斜轸,一位是幽云汉人大地主集团代表韩德让。两人都是辽景宗精挑细选出来的辅弼幼主的得力助手。萧太后在两位虎将的拥戴之下实行了改革,已经迅速地将新政权巩固和稳定了下来。宋太宗当然无从知道这些情况,他对雄州长官贺令图的猜测之语完全信以为真,还一派胸有成竹地对众将士说要乘着辽国主幼母寡之时一举收复燕云之地。

宋军于雍熙三年开始北伐,不过太宗此次没有亲征,而是任命天平节度使曹彬为幽州行营前军马步水路都部署,率河阳节度使崔彦进等三十余将领兵分三路前去北伐。此次北伐以太行山为界划分为东、西两战场。东战场是主战场,太宗认为先以曹军主力吸引住辽国兵力,而潘美、杨业则率领西路军攻占太行山西北部各州,切断辽国腹地与幽州的联系,完成东西两战场计划后,潘美的西路军与田重进的中路军会合共同夹击幽州。这一战略设计确实十分完美,如果运用得当可以一举消灭敌人。可是战争的进程却远没有宋朝军臣计划得那样顺利,东线曹彬率领的军队很快陷入了被动挨打的局面,中路军田重进在辽军的反击下节节败退,西路军一下子陷入孤立无援的困难局面,只好撤退。宋太宗太小瞧辽国的幼主寡母了,其实辽国对这场战争早有精密部署:首先辽国火速召回东征高丽的大量兵力回救幽州;接着派重兵防守平州海岸,严防宋军水上进攻;调动耶律休哥、耶律斜轸大军全力出击宋军,给宋军主力以重创;萧太后和辽圣宗则亲赴战场,统筹调度。宋太宗的武断与萧太后的群策群力相比,显然辽国占了上风。这种战略战术也决定了这次战争的最后胜方是辽国。雍熙北伐是北宋历史上对辽发动的规模最大、影响最深远的一次战争。这次战争的失败使宋朝元气大伤,长期无法恢复军事上的强大实力,君臣因此丧失了收复幽云的决心和信心。

其实北伐可以实现宋朝人自太祖以来的政治报复,即收回幽云汉地,宋太宗也可借着北伐收复燕云,为自己捞足政治资本,可是没想到两次北伐都以惨败告终。不过这两次伐边明摆着准备不充分,有疑问的是太宗为什么在作战条件不成熟并且太祖告诫说不可轻易动武的情况下多次出兵呢?另有一种原因,那就是宋太宗的皇位是篡位得到的,在他即位之初,人们对太宗就存在着种种非议。太宗在这种情况下,为了保住皇位就需要出兵防御外敌以求转移朝野注意力,让朝廷上下齐心抗敌。另外,太宗还借着北伐,推行了"将从中御"的政策,即在战场上将领要完全听命于皇帝,无条件服从皇帝的部署,这个政策虽然使兵权高度集中在皇帝的手中,可是却造成了军事上的独断专行。后人认为太宗在位期间的两次大规模伐边是别有用心,他是为了分散朝臣、百姓对他是否篡位登基的注意力,为了实行一些治国伎俩,用来治理臣子,所以才在准备并不充分的条件下发动战争的。

可见,太宗伐边并非是为了收复幽云汉地,而是为了转移满朝官员对他继承皇位合法性的质疑,是有着叵测的居心的。

杨无敌为何兵败陈家谷

杨业,又名杨继业,并州太原人,是杨家将中最显赫的人物,也就是民间戏曲小说中的"老令公"。其父亲杨信,在后汉担任麟州刺史,是五代初年河曲县(今属山西省)的一个大户,曾"自为堡寨"组织武装,称雄一方。民间称为"灿

杨继业塑像

王"的杨业,在后唐兴业三年出生在老家河曲,幼名崇贵,随父在军中长大。少年英武豪爽,行侠仗义,善于骑马射箭,喜好打猎,捕获的猎物数倍于常人。杨业曾向他的同伴说:"我日后当将军打仗,不过就像老鹰和猎犬去追逐野鸡和兔子罢了。"杨业早年在北汉主刘崇手下做官,以骁勇闻名,他经多次提升,官至建雄军节度使,并被赐名"刘继业"。他每次打仗都能克敌奏捷,因此北汉百姓称他为"杨无敌"。

宋太宗征伐太原,听说杨业的威名,想要出重金收服这位将领。经过几次

大战,北汉逐渐衰弱,宋军逼近太原,太原成为一座孤城。杨业说服北汉王一同归宋,以此保全北汉百姓。太宗召见杨业,高兴异常,命杨业恢复"杨"姓,单名"业",又加封他为右领军卫大将军。杨业归宋之后,宋太宗因为杨业是北汉守边老将,熟悉边务,就命他率军驻守雁门关一带。杨业以其罕见的勇敢和杰出的军事才智,带领部属屡屡打败南侵的契丹军队。宋王朝北部边境出现了五代百年以来少有的安宁,杨业及其部属威名大震,契丹军队望见杨业的大旗就会不战而退。自古贤能,人多忌之。杨业也不例外,他的英勇善战受到了很多边将的妒忌。甚至有些人暗自上书太宗对杨业进行诽谤,太宗对这些奏疏全都置之不理,太宗信得过这位北汉降将。

宋太宗雍熙三年正月,辽圣宗年幼继位,萧太后临朝听政,宋廷决定对辽用兵,太宗亲自挂帅,兵分三路大举进攻辽。东路以曹彬为主将,率十万军自雄州直攻燕京,中路由田重进指挥,由定州夺飞孤,目的是夺取蔚州;西路以潘美为主将,杨业为副将出雁门关,攻取山后诸州。三路大军会合于幽州,将与辽军展开决战。

不料曹彬为首的东路军首先被辽军击溃,无奈之余,各路兵马只好班师,潘美、杨业也率军回到代州暂时做休整。太宗考虑到雁门孤立,急命潘美掩护百姓向南迁徙。不料,契丹萧太后却率军十几万重新攻陷寰州。杨业主动提出假装攻击应州来吸引寰州辽军,这样既可保全代、应、寰三州的百姓,还能避免北宋的部队受损。但是,监军王侁却反对这一方案,并且恶语相讽,说:"杨业你一向被称为杨无敌,为何却不敢应战,难道是有异心,想投降辽军不成吗?"杨业因为自己是降将,明知出师迎战,会不利于自己但是却不敢抗命,只得应答说:"我并非怕死,只是看到时机不利,担心白白牺牲士兵。现在你既然说我怕死,那么就让我出战吧!"

临行前,杨业流着眼泪对潘美说:"这次出兵必定失败。请各位大人在陈家谷口埋伏下步兵和强弩,分成左右两翼接应我,等我率军转战至此,就用左右夹击敌军来援救我,不然的话,手下的兵将就没有一个人能活着回来了。"

杨业出击后,潘美在陈家谷口设下伏兵,从寅时一直守到巳时,坚持了三个时辰,王侁派人眺望前方战场,以为契丹军队被打败逃走,就擅自率军撤离了陈家谷。潘美无力制止,又怕自己吃亏,便也匆忙离去。在与辽军激战一番后,杨业终于由于寡不敌众,受伤后退至陈家谷口,这时却发现没有一人救助,立即捶胸大哭,他再次率领部下杀入辽军阵中,身受几十处伤,士兵几乎全部战死,最后杨业的坐骑受了重伤不能行进,契丹兵四面围上,俘虏了杨业。杨业的儿子杨延玉及部将王贵,岳州刺史贺怀浦等也在这次战斗中牺牲。

杨业被俘之后,辽将军耶律斜轸爱其将才,想招降杨业,杨业却仰天长叹道:"皇上对我有厚恩,原以为可以伐敌卫边报答皇上,谁料反被奸臣所害,致使皇帝的大军战败,我有什么脸面苟活呢?"于是,绝食三天而死。

太宗听到杨业的死讯后很痛惜,随即下诏书说:"竭尽全力战死沙场,树立名节超过同辈,如不加以追念推崇,何以表彰忠义英烈!已故云州观察使杨业的忠诚坚如金石,浩然之气激荡风云。他是挺拔于陇上的雄武大才,本出身于山西大族。自从投身军旅,便借战功升职。正率领勇猛的军队效力于边境之时,而众位将帅破坏约定,援兵不去接应。只得以孤军作战,陷于沙漠之中,刚强果敢急速赴险,虽死不回。比之古人,向人能超越啊!现在特意列举完善的品德,表彰去世的忠臣,忠魂有灵,知我深意。"大将军潘美连降三级,监军王侁在官籍上除名,配隶金州;刘文裕在官籍上除名,配隶登州。

一代名将"杨无敌"因为其他将领的忌妒,被陷害而兵败陈家谷,这实在是令人惋惜的事啊!

宋真宗为何重用李沆

李沆,字太初,北宋年州(治所在今河北广年)肥乡人。李沆幼年时期十分好学,器宇风度超过常人,他的父亲就曾对人说过:"我的这个儿子以后必定会做到宰辅官职的。"太平兴国五年(公元972年),李沆中进士,踏入官宦之路。淳化二年(公元991年),李沆升任掌铨判吏部主管。一次,宫中宴会时李沆曾经侍坐在太宗皇帝身边,散席后宋太宗目送他回家,说:"李沆气度凝重,可真是个贵人啊。"淳化三年(公元992年),便拜他为给事中、参知政事,也就是宰相之位。太宗去世,真宗即位后,他又迁任户部侍郎、参加政事。那么李沆有什么才干呢,为什么能够一直受到朝廷的重用?

那年,契丹军队侵犯宋朝的北方边境,兵临开封附近的澶州城下,于是宋真宗御驾亲征,临行前命令由李沆来留守京都。李沆将城内治理地安然有序,受到众人好评,都说他可比贤良有才干的汉初丞相萧何。宋真宗退金

李沆

兵以后还师开封时,李沆率军队到京城外迎接,下令设座置酒,为皇帝和宋朝军队接风洗尘,对他们的功绩加以慰劳。真宗对李沆的所为十分满意,于是给李沆再加官职一级,让他兼门下侍郎和尚右仆射。

一次,宋真宗问他,治理国家应当以什么事为首先的要务。李沆回答说:"以用人为首要之务,而用人最为紧要的是不要用浮薄好事之人。这类人上不足以服务君王,夸夸其谈,不干实事;下不足以体恤百姓,好事对搜刮百姓不以为然。可是他们很容易迷惑君王,所以皇帝您千万要注意识别。如果用人上皇帝能够做好,那国家就会政事昌明,安然有序了。"皇帝问他当今朝中哪些人是浮薄好事的人,他说:"像梅询、曾致尧等人就是这种人。"后来曾致尧做了温仲舒的副官去巡抚陕西,到任没过多久就向朝廷上疏称温仲舒不足以共事。因为温仲舒一向刚直容易得罪人,所以当时的轻薄之人无不称快,可是宰相李沆却不高兴,他认为温仲舒是个踏实干事的人,于是就罢免了曾致尧,改用其他人来辅助温仲舒办事。

真宗曾经与他谈到唐朝群臣牛李两党树立党羽,在政坛上互相争斗长达四十多年,皇上难以控制,终于导致王室衰弱。真宗认为这实在是由于奸邪难以

辨别造成的。李沆同意真宗见解，说："奸佞的话语听起来十分忠诚，可信，好像是处处在为皇帝着想，其实是心怀异端，在为自己的私利打主意。像唐朝的卢杞总是蒙蔽唐德宗，后人看来是个小人，而在唐德宗当朝却是个大忠臣，还有唐德宗朝的李勉勤勤恳恳为皇上办事，反而却被当作奸臣，被唐德宗一再贬官，历史上好像忠奸臣子就是这样的。"宋真宗说："李沆分析得十分在理，不过朕相信奸邪的表象虽然难以辨别，但时间长了自然会败露出来。"

一天晚上，皇帝派使者拿着亲手诏书前来告诉李沆，说要立刘氏为贵妃，李沆却让使者用烛火烧了诏书，附上奏书称："陛下您只管说，臣李沆认为这个不行。"皇上立贵妃的这个提议也就此罢了。又有一次当时的驸马都尉官石保吉请求做使一级的相官，皇帝又与李沆商议，李沆说："每次赏典官员的举动，朝廷都应当要有所缘由，石保吉并没有攻战的勋劳，仅仅是个皇帝国戚，如果就这样能够拜位台相，恐怕会引起朝臣非议。"过了几天，皇帝又再三地问李沆该怎样办，李沆还是坚持己见，一点都不松口，后来这件事就没有再议，终于不了了之了。当时朝臣们十分喜欢用密奏，真宗皇帝问李沆："其他人都有密奏，而独独公卿你却没有，这其中有什么理由吗？"李沆回答说："臣身为宰相，公事就在公堂直接言说，密奏正是臣常常厌恶的，怎么能够去效仿他们呢？"真宗听了十分高兴，更加器重李沆了。

李沆很能察人，奸佞的人从不重用。后来官至参知政事的丁谓原来出自寇准门下，是寇准的学生，这个人有才干，但是为人却喜欢谄媚上级，是个小人。当年丁谓还是小官的时候，他侍奉寇准十分谨慎。有一次在中书省会餐，寇准的胡须被汤弄脏了，丁谓赶紧站起身为他慢慢地揩干净。寇准被他迷惑住了，多次向李沆推荐丁谓，可是李沆却并不重用他。寇准问他，李沆回答说："看他这样的为人，能够让他位居人上吗？"寇准说："像丁谓这样的人，相公又怎么可以永远压制呢？"李沆笑道："你以后后悔时，一定会想起我的话。"丁谓后来得势，果然与其他小人相互勾结，将寇准排挤出阁，还向皇帝屡次进谗言，将寇准一贬再贬，最后死于谪地，可是这时寇准后悔都来不及了。

李沆这样的人在朝让奸佞无法存身，他不虚媚献谄皇帝，而是实实在在地辅助皇帝,实在是皇帝的好帮手,所以真宗重用他。

宋徽宗真的收复了燕云十六州吗

　　燕云十六州是中国北方的军事重镇,是整个华北平原的中枢。它原本属于汉族人居住的地区,可是在后唐时,却被后晋高祖石敬瑭用来改朝换代送给了辽国,直到宋朝建国,燕云十六州也没有回到汉族人手中。北宋初年,宋太宗曾经对辽发动了高梁河战役和雍熙战役,意图用武力的夺回燕云十六州,但由于宋朝刚刚建国,国力不强,再加上将领指挥的失误,所以大败而回。这两次战役的惨败使宋朝放弃了用武力收复燕云十六州的打算,而对辽国采取防守的策略,与之相对抗。

　　到了北宋徽宗皇帝时,辽国统治区边境的女真族逐渐强大起来,女真族早年深受辽国的欺负与压迫,所以强大了的女真族在公元1115年建立了金国,并且开始攻打辽国。辽国这时国力已经衰退,根本招架不住女真族的进攻,眼看就要亡国。在这样的情况下,宋徽宗决定乘虚而入,联合金国攻打辽国,然后收复燕云十六州。

　　于是宋徽宗借为辽天子祝寿之机,派奸臣童贯率人前往辽国拜贺,其实是乘机去探听辽国的真实情况。

　　当时,辽国有个叫马植的人,此人一向不学无术,专爱钻营,以赚些小利为生。这次他听说童贯来到辽国,立刻眉头一皱,计上心来,他拜见了童贯并且献上了一条"锦囊妙计"——"联金灭辽"。童贯一看此人的观点正合徽宗之意,于是欣喜万分,就十分器重这个马植,还为他起了个新名字"李良嗣"。童贯给辽天子拜完寿,马上就领了马植回去面见圣了。

　　"李良嗣"面见徽宗时,滔滔不绝,献了一大堆计策,不过说得概括些,就是让徽宗下令官兵从登、莱州渡海至契丹后方,然后联合金兵一定能一举将辽国灭掉,然后乘忙乱之机收复燕云十六州。

　　徽宗听了"李良嗣"的意见,也不和大臣们商量,马上就派大臣马政出使金国,与金国取得联系。宋金联盟虽然短时间内对辽构成了威胁,但有大臣进谏,极力劝说徽宗不要联金,他们说:"一旦辽灭亡,金兵万一掉过头来攻打宋朝,那么就后悔也来不及了"。

可是徽宗已经"鬼迷心窍",他一心想与金国结盟,而后收复燕云十六州,做件光耀史册的事。公元1120年,宋金终于达成协议:宋金联合攻辽,金兵负责攻取辽中京大定府,宋朝攻取燕京折津府;宋金灭辽之后,宋朝将原本进贡辽国的"岁币"转交金国。这项协议本身就建立在不平等的基础之上,所以结局也就注定了是不平等的。

公元1122年,金兵先后攻陷了辽国的中京、西京、逼迫辽国天祚帝仓皇西逃,辽国一时朝中无人,面临亡国的危险。这时,一些辽国贵族就拥立幽州留守耶律淳为皇帝。宋徽宗匆忙之间,派童贯与蔡攸(蔡京的儿子)做正副统帅,带兵进攻辽军。童贯只是个宦官,虽然对于溜须拍马、搜刮百姓很在行,但是对于打仗却是一窍不通;而蔡攸只是一味听从童贯,根本提不出什么好的建议,所以宋军士气低落。而辽国耶律淳一边则团结一致,誓死将敌人赶出国,士气空前高涨。宋辽两军刚一碰面,宋军就被打得落花流水,童贯与蔡攸立刻率军南逃,辽军紧追不舍,宋徽宋吓得急命班师回京,宋朝与辽军的第一战就这样以失败告终。

不过,这一战之后,耶律淳就病倒了,没多久,竟然去世了。宋徽宗得知耶律淳病死的消息,立刻又让童贯、蔡攸率领数十万大军出兵幽州。宋军仗着人多势众,一路上趾高气扬,以为必胜无疑,十分看不起辽兵。可是,在前往幽州的路上,宋军遇到了辽军大将萧干的部队,一下子就被打得落花流水。此后,宋军将领收兵,再也不敢出战了。

辽军大将萧干十分了解宋军贪生怕死的心理,所以就计划用宋军俘虏来"不战而胜"。萧干命令将宋军的几个俘虏松松地关在军营里,然后半夜时,他故意在辽军大营里大声与其他将领说话:"我们的援军马上就到了,总共有30万人,明天各队人马要准备好,我们点火起兵,一定要将宋军杀个片甲不留"。这几个俘虏心里害怕极了,哪里还能分辨其中真假,赶忙挣脱绳子,偷悄悄跑回宋营。

宋徽宗所派大将个个贪生怕死,听完几个俘虏的报告,早已吓提两腿发软,即刻就想撤兵。次日早上看到辽营真的点起了一片大火,他们一想:"这下子算是完了,快些逃跑吧!"于是宋将下令烧毁营帐,往南逃跑,萧干率领部将一路狂追猛杀,宋兵惶不择路,自相践踏,兵马死伤不计其数,宋军再次大败。

童贯压住战败的消息不发回朝廷,而是秘密派人到金营请求出兵攻打幽州。金兵出战攻下幽州后,宋徽宗就派人向金国索要燕云十六州。金太祖看到宋朝没有一点战功,国家衰弱,于是打心眼里瞧不起宋徽宗,准备南下攻宋。只是由于攻辽战争耗时日久,金国损伤也很大,所以暂时将燕云数州还给宋朝,但是向宋朝收取幽云每年的租税100万贯,宋徽宗竟然不顾羞耻地同意了。从此,金国得到宋朝每年进贡的大量钱财,更加强大起来。

宋徽宗就是在每年向金朝大量纳贡交租的情况下,终于"收复"了燕云地区的七座城池,可是这样的"收复"是建立在对金国屈膝让步的基础上的。金国看到北宋政治如此腐朽,所以在灭辽后,没过多久就对北宋发动了声势浩大的侵略战争。

才子苏东坡为何仕途受挫

苏东坡是我国宋代豪放词派的代表人物,他诗词工夫堪称宋人之首。不过虽然他在文学上成就很高,但是在政治上却一直郁郁不得志,这究竟是为什么呢?

苏东坡出身于书香门第,他的父亲苏洵,弟弟苏辙都是当时的文坛名人。二十一岁时,苏东坡参加了科举考试,主考官欧阳修读过苏东坡的文章后,禁不住对其他参评官说:读完苏东坡的文章,老夫汗都出来了。又在他的进士试卷上批上:"老夫当避路,放他出一头地。"欧阳修是当时的文坛盟主,尚且这样说,苏轼很快就扬名天下了。在殿试中,苏东坡在他的《进策》《礼以养人为本论》中系统、全面地提出了改革的主张。他的弟弟苏辙也参加了这次考试,也对

苏东坡塑像

朝廷提出了改革的建议。宋仁宗读过他们兄弟二人的文章后高兴地说:朕今日为子孙得两宰相矣。此后,苏东坡步入仕途,但是却始终没有坐到宰相的位置。

苏东坡刚做官时,有一次,为了庆祝宋军在北方边疆取得胜利,宋仁宗下令,宫中要多悬红灯以示庆贺。宫中一时没有那么多红灯,就只好到民间去买,负责买灯的官吏们强行要求老百姓低价卖灯,弄得京城内外怨声载道。苏东坡了解到这件事情后,在朝堂上当面批评仁宗说:战争胜利固然可喜可贺,但是庆贺的形式可以是多种多样。如果像现在这种做法,就会把好事办成坏事,失去民心。请陛下收回成命,减少悬挂红灯的数目,给老百姓一个安宁的生活环境。苏东坡的话虽然很尖锐,直接驳回了皇帝的面子,但仁宗仔细相想还是有道理的,于是,就下令禁止低价从民间购买红灯,在小范围内搞个庆祝活动就行了。

宋神宗在位时期,特别宠信王安石,准备任用王安石进行改革。王安石也为遇到这样一位明君高兴,言谈之间难免流露出赞扬神宗独断专行的话,苏东坡听到后,马上予以反击,他说:晋武帝因独断而战胜吴国,而苻坚因独断伐楚却战死,齐桓公任管仲而称霸,而燕哙专任之子却失败。王安石一听点到自己的痛处,就再不提这些话了。在王安石变法之前,苏东坡就向神宗表示反对让王安石主持大政,他认为,王安石就像战国时代的李悝、商鞅等人一样,是急功近利之人,他是抱着一种侥幸的心理拿国家大事进行赌博。希望皇帝能团结文官员的人心,注重千百年来形成的风俗习惯,保持固定的政治体系,否则的话就会失去人心。

从当时的情况来看,苏东坡的话也是有一定道理的,但是,神宗没有听进苏东坡的话,坚持任用王安石对北宋的政治、经济、军事、教育等进行全面改革。虽然说这场改革对北宋有极大的积极意义,但是,在当时它就受到了以司马光为首的顽固派的反对。改革派和顽固派之间展开了一场激烈的争斗。最后,由于神宗皇帝支持的改革派占了上风,而以司马光为首的顽固派被调出京城,贬到地方上去做官。苏东坡对王安石变法本来就不满意,这会儿又看到他们利用手中的权力把顽固派官员都排挤出朝廷,不满的情绪更为强烈。同时,他通过仔细的调查研究,发现新法在执行中确实有许多弊病。于是就不顾自己人单势孤,直接给王安石提意见。由于王安石根本就没有把他这个人微言轻的年轻小官放在眼里,所以对他提出的意见也不予理睬。苏东坡倔脾气一上来,干脆就写诗攻击新法。结果改革派内有人说他是诽谤朝廷,险些被神宗下令处死。最后还是王安石替他讲情,才被免除一死,下放到黄州做小地方官。

元丰八年,宋神宗死去,王安石的改革派失去了有力的支持者,新上台的哲宗把司马光重新召进京城主持朝政,于是原来被贬到地方上的顽固派官员陆续回京担任了主要职务,而原来的改革派则遭到贬官的处置,下放到地方做官。按理说,苏东坡当时反对王安石,为此还差点丢了性命,这会儿应该高升了,但是,苏东坡看到司马光做法太偏激,仅仅是为了与王安石个人的恩怨,竟然不分好坏把新法全部废止了。苏东坡向司马光建议,认为事成在于"法相因",民安在于"事有渐",这种全盘否定的做法是不对的。他坚决主张新法中可行的部分应予以保留。这样,他又成了和王安石站在一起的人物。司马光对此非常恼火,对他的意见一点也不采纳。苏东坡当着司马光的面就说:过去您在韩魏公韩琦身边当谏官,也曾极力相谏,韩公不高兴,你也不顾,怎么现在当了宰相,就不听我说完心里话呢?司马光只是笑笑,不置可否。苏东坡看到自己在朝中还是少数派,干脆向哲宗提出,要到地方上做官。于是他被司马光调到了离京城更远的琼州做官。

离开京城的苏东坡还念念不忘朝廷大事，他听说司马光等人干的许多事越来越不像话，于是就径直找王安石商谈此事。他请求王安石想法过问一下朝政，不能让司马光一伙为所欲为。王安石却为当年苏东坡反对自己而耿耿于怀，就以自己已出京在外为官为由，推托不愿过问。苏东坡的火一下子就上来了，说："我们以前有矛盾，但那都是为了朝廷大事，并无什么个人私怨，朝中的事，你在朝就管，不在朝就不管，虽说这是事君的常理，但神宗皇帝对你却是另眼看待，你对待皇帝怎么可以用常理呢？"王安石其实也正为司马光的许多做法生气，一听苏东坡在讽刺自己，火一下子就上来了，他怒冲冲地反问苏东坡："我什么时候说过不管朝廷大事？"苏东坡也不示弱："明明是刚从你口中说出，转眼间你就又想抵赖，你还像个做宰相的样子吗？"王安石自知理亏，再也不吭一声了。

苏东坡就是这样一人，他在考虑问题时，总要考虑事物的危险方面，主张因人、因事、因时、因地而断定事情的是非曲直，从不附庸任何人，因此得罪了朝中很多高官，这也是他为什么仕途不得志的原因。

苏轼是怎样从"乌台诗案"中解脱的

苏轼，字子瞻，号东坡，四川眉山人。他出身于书香门第，学问十分了得，与父亲苏洵、弟弟苏辙都在"唐宋八大家"之列，合称"三苏"。苏轼曾在二十一岁那年，与弟弟苏辙一起参加殿试，并且都中了进士。当朝皇帝宋仁宗赞叹说朝中得了两个奇才。主考官欧阳修是当时的文坛领袖，他也预见说："三十年后，苏轼的文章将会超过他。"苏轼具有多方面的才能，诗、词、散文、书画都有卓越成就。他一生留下四千多首诗，感情充沛、清新流畅、热烈豪放。长久以来，一直为人们传诵。就连当时的许多文人学士都很佩服、景仰他，都以能够同他结交为荣，以能够得到他的指教为幸。

可是，苏轼却是个时运不济的才子。他生前多次受到同僚的排斥打击，还被皇帝几次贬官。有一次，甚至被抓了起来，押到首都汴京治他的罪。晚年的苏轼遭到了皇帝的放逐，被皇帝贬官到遥远的两广地区当小吏，直到死前半年才被赦回。还有一次，与他有隔阂的官员为了打击他，竟然告发他的诗中隐射了某种特别的意思，皇帝差点为此砍了他的脑袋，这就是历史上有名的"乌台诗案"。

北宋神宗皇帝任用王安石实行变法，以司马光为首的旧党坚决反对，总是阻挠新政实施。所以，当时在朝野内外以王安石为首的新党和以司马光为首的旧党，是势不两立的。可是，苏轼一向是个不会见风使舵的人，他总是实话实说，所以遭到了新旧两党的厌恶。起先苏轼反对变法，受到了新党的排斥；后来，旧党上台，苏轼出于实际情况的考虑又不同意全盘否定新法，遭到了旧党的戒备。再以后，新党又把旧党打了下去，为了争权夺利，又把苏轼归于旧党。

元丰三年，他被调任为湖州太守，当时依照惯例，调职官员要写一份"谢恩表"，然后刊行在"邸报"（当时北宋官方的报纸）上。他在表上写的一些话又让新旧两党产生了愤恨。表中有这样几句话，意思是这样的："皇上您知道我愚昧，难以追随那些新进的权贵，又不能适应形势；可是您看在我虽然已经年老，却不爱生事，就派我去管管小民……"在他的这份"谢恩表"里，"新进""生事"这两个词让人听出了弦外之音。谁是"新进"？谁又爱"生事"？人们对新党一阵嘲笑，当然还有那些自愿"对号入座"的人对苏轼就更为不满了。

当时，一位姓舒的御史大夫趁机向皇上奏了一本。说："苏轼的谢恩表讥讽时事，包藏祸心，怨恨皇上，讥谤讪上，渎职谩骂而没有人臣之节，现在人们已经在争相传诵，他这一举实在是搞得朝野轰动，万死也不足以谢皇上。"另外，这位舒御史还从苏轼写的诗文中摘出了六十多条词句作为证实苏轼不满朝廷的材料，他诋毁苏轼"讪上骂下"，还举出具体的例子："陛下教群吏学法令，他却说'读书万卷不读律，致君尧舜知无术'，陛下发青苗钱，本来是接济贫民，他却说'赢得儿童语音好，一年强半在城中'，陛下推行盐法，他却说，'岂是闻韶解忘味，迩来三月食无盐'……"接着，御史中丞李定也跟着上表，还列举了四点苏轼该杀的理由。一时间，苏轼因为一份"谢恩表"竟然惹祸上身。皇帝将这件案子发到御史台处理。

不久,苏轼就从湖州被抓回京城,过了一个月,又被关进御史台监狱。苏轼获辊的这件案子之所以被称为"乌台诗案",是因为苏轼因诗获罪是由御史台一手操办的,而御史台常植柏树,柏树上又常常栖着乌鸦,人们常称御史台为"乌台"。

起初,苏轼并不承认自己有怨谤之心,只是说其中的一些诗句的确反映了民间疾苦。可是后来,在御史台官员吩咐下,手下对苏轼进行了轮番的审讯和折磨,苏轼一个儒生,实在忍受不了这种心理上的屈辱和肉体上的疼痛,所以就承认自己有罪,还写了"供词"。一首描写普通农村人家生活的诗"杖藜裹饭去匆匆,过眼青钱转手蚕。赢得儿童语音好,一年强半在城避。"中,苏轼自己说是讥讽了朝廷的青苗立法,他的供词是:"此诗意言百姓请香青苗钱立便于城中浮便使却……庄家小子弟多在城市不看次第,但学得城中人语音而已,以讥新法青苗助役不便也。"可是这番话是多么牵强附会!苏轼还说,在《山村绝句》"老翁七十自腰镰,惭愧春山笋蕨甜,岂是闻韶解忘味,迩来三月食无盐。"中是讥讽了新法实施中的"盐法"太急,使得山中之人饥贫无食,动经数月。其实这首诗与盐法哪里有半点瓜葛,苏轼当时已经完全绝望了,就等着御史台把罪状和供词编织就绪,待皇帝批准后杀头了。可是,苏轼竟躲过了这场大难,神宗皇帝下令只是对苏轼贬官了事。在这场来势汹汹的"乌台诗案"里,苏轼究竟是怎样解脱出来的呢?据说,当时太皇太后曹氏的一条遗嘱,救了他一命。据说,曹氏病危,神宗皇帝去看她,她说:"当年仁宗皇帝策试制举人回来,见到苏轼两兄弟的文章,很高兴地对我说:'我为子孙得了两个相才。'如今不但没有重用他,反而要把他下狱论死。苏轼无非是作了几首小诗,发了一点牢骚罢了,这是文人的习性,若是抓到了一点小小的不慎之言,就罗织成罪,何以对得起仁宗皇帝?何以对得起太祖皇帝非叛逆不杀士人的祖训?"于是,神宗决心放了他。

另外,也有人猜测神宗本来就不打算杀他,当时的宰相看到神宗要宽恕苏轼时,就进谗言说:"苏轼讥讽臣下的罪可恕,但藐视皇上的罪不可恕。"还举出了苏轼的一句诗"世间唯有蛰龙知"说:"苏轼不认为陛下是飞龙,竟求知于地下的蛰龙,就是藐视皇上。"神宗却说:"文人的诗句,怎么能这样来推论呢?他咏自己的诗,与我有什么关系?"旁边的一位大臣和苏轼关系要好,就又加了一句:"龙未必专指天子,人臣也可以称龙。"神宗说:"是呀,孔明被称作'卧龙',东汉还有'荀氏八龙',难道都是人君?"说得那个宰相哑口无言

后来,神宗又看到苏轼在狱中写的诗,更是动了慈悲之心,所以就赦免了他。这首诗是这样写的:

圣主如天万物春,小臣愚昧自忘身。

百年未了须还债,十口无家更累人。

是处青山可埋骨,他时夜雨独伤神。

与君今世为兄弟,更结来生未了因。

另外,苏轼确实是个人才,那些正直的人们都不愿他落难,所以纷纷解救。据说,从苏轼被捕起,救援的奏章、信函就如雪片般飞到京师。王安石的女婿上书,扬言在皇帝实录上记下神宗不能"容才";南京张安道在南京上疏,府官不敢接,他派儿子持至登闻鼓院投进;苏轼的弟弟苏辙愿意用自己的官职和薪水为哥哥抵罪。所以,神宗最终决定不杀苏轼。

不久,苏轼被贬,"乌台诗案"就这样结束了。

范仲淹被罢黜之谜

范仲淹是北宋仁宗时候的名臣,江苏苏州人。出身贫穷家庭,幼年时父亲早逝,只得随着寡母改嫁,从小受尽了艰苦磨难。年轻时,他曾经住在一个庙宇中读书,每天吃不饱,冬天还异常寒冷。但他丝毫不为外界艰苦的环境所屈服,每天仍旧努力攻读,从早上直到深夜;不论寒冬酷暑,数十年如一日地努力。后来终于学有所成,考中了进士,做了朝廷的谏官。

范仲淹学识渊博,才能出众,对治国安邦也有自己一套独特的见解,很得皇帝赏识,也受到其他人的敬佩,元好问就曾经在自己的《遗山先生文集》书中提到他:"范公在布衣时为名士,在州县为能吏,在边境为名将,在朝廷则又为孔子

所谓大臣者,纵观历史前百年,这样的人都不见有一两人啊!"人们对他的评价可谓极高,可见范仲淹在人们心目的地位。可是,令人奇怪的是,这样一位能干的人才,在他的做官生涯中,却是屡屡遭贬,以至于他那些治国安邦的大计都没有实现,遗憾终生。那么,究竟是什么原因使得这位一生以"先天下之忧,后天下之乐而乐"为做人准则的官吏屡屡被黜呢?

范仲淹在做谏官时,秉着直言刚正的古训,毫不畏惧权贵。他事事从

范仲淹

实际出发,尊重事实,性格刚正不阿,得罪了朝廷上下的许多官僚,有时甚至触怒了刘太后、仁宗皇帝,所以范仲淹也就屡次被贬黜。但是可贵的是范仲淹并不放弃为人为官的准则,他依然正气不改,仍旧是直谏不讳,这也是他怀才不遇的原因所在。

天圣七年,时任秘阁校理的范仲淹,多次上书请求刘太后撤帘,归政给已经长大成人的仁宗皇帝,提意见本来是臣子的一项职责,可是范仲淹提的意见实在是有些过火,触及了太后的忌讳,于是范仲淹被贬官,出任河中府判官。明道二年时,仁宗皇帝赵祯借口郭皇后无子,想把郭皇后废掉,让她幽居在长宁宫了此残生。当时的宰相吕夷简因为曾经与郭皇后有过节,所以非常赞同皇帝的意见,力主废后。这时,任右司谏的范仲淹却认为郭皇后无大过,不应废掉,还一再上书违逆皇帝的旨意,同时也抵触了当朝宰相的意见。仁宗和宰相吕夷简都很生气范仲淹的做法,又将他贬放到外地去了。

仁宗皇帝虽然多次将范仲淹贬官,不过还是很欣赏范仲淹的为官做人风格,于是又升迁他为天章阁待制,权知开封府。范仲淹在职期间尽职尽责,处理了很多事情。景佑三年,范仲淹因为不满宰相吕夷简滥用职权,网罗亲信的做

法,便上书给皇帝,洋洋洒洒几万言谈论用人之道,不料却遭到吕夷简的嫉恨,向皇上反告一状说范仲淹结交朋党,挑拨君臣关系。仁宗一向信任吕夷简,就听信吕夷简的谗言,将范仲淹再贬出京到江西饶州上任。西夏战争发生后,仁宗又派范仲淹前往陕西。范仲淹在对西夏的战争中立了功,仁宗很高兴,从此认为范仲淹是个人才,很倚重他,还调范仲淹回京任宰相,希望范仲淹能提出治国方案。

范仲淹经过数十年的官场经历,他深知朝廷的弊端之大,必须稳妥地一步步改革。他曾向仁宗进《答手诏条陈十事》,提出了十项改革意见,都为皇帝所采纳,颁行天下,这就是历史有名的"庆历新政"。新政的内容是:一、对官吏定期考核,按其政绩好坏给予提拔或处分;二、严格限制大臣子弟靠父亲的关系得官,裁汰冗员;三、改变专以诗赋墨义取士的科举旧制,着重策论和经学;四、慎用地方长官,依才任用;五、提倡农桑,行劝课之法发展农桑;六、并合县邑,减轻徭役;七、加强军备,增强军事实力;八、严格法令,违背朝廷制度法令的行重法;九、为减少官吏腐败和违法害民,分给官员公田,使他们丰足守节;十、宣布恩泽的事必须施行。这十条关键在于打破资历的限制,选拔有能力的官员,依照法度治国。范仲淹在做宰相推行新法时期,特别注重推荐良才,他在《得地千里不如一贤赋》一文里,曾说贤者的价值是一百个城也比不上。仁宗朝时,许多大臣如后来的宰相文彦博、富弼等都曾得到他的推荐。范仲淹对于贤良的官员极力推荐,可是对于那些无能之辈,却狠心地罢黜,他的原则就是为国选良才。一次,他在检查全国监司的名单时,把不称职的转运使、提点刑狱一一勾掉,那时任枢密使的富弼对他说:"你勾得容易,可是被勾去的一家人都要哭了。"他却说:"一家哭,总比一路哭要好吧!"所以当时范仲淹得罪的官员是很多的。

由于仁宗急着要看新法成效,推行新法的官员有时不免急功近利,可是凡事都是心急吃不了热豆腐,所以那时新政的推行十分不力。一些皇亲国戚、权贵大臣也纷纷站出来诋毁新政,而原本就对范仲淹心存不满的大臣则纷纷向皇帝造谣说范仲淹交结朋党,滥用职权。仁宗见这么多人阻挠新政,碰巧这时京东地区发生了兵变,陕西地区发生了农民起义,不少地区还有蝗灾旱灾,这些都使得国家有些动荡。仁宗皇帝也顾不得施行新政了，他对范仲淹和新政的措施也失去了原有的耐心，再次废黜范仲淹为河东宣抚使，新政大都被废除，庆历新政以失败告终。范仲淹这一次没有承受住这个沉重的打击，不久就卧病不起，没过多久就结束了他不凡的一生。

岳飞请立资宗是怎么回事

靖康二年，金军南侵，掳走了宋徽宗、宋钦宗及赵氏宗室成员、大臣，北宋王朝灭亡。金国开始策划新政权的建立，他们首先册立北宋投降过来的宰相张邦昌为皇帝，不过时日不久，张邦昌就被推下了台。同时，宋徽宗第九个儿子康王赵构在北宋旧臣宗泽、李纲等主战派臣子的支持下重建南宋王朝，形成宋金对峙的局面。后来，金国又建立了以刘豫为帝的伪齐政权，统治黄河以南地区，镇压抗金活动。可是没过几年，金国就与伪齐产生了矛盾，并且矛盾日益加剧，黄河地区的抗金斗争也此起彼伏，让金国忐忑不安，于是金国威胁说，要把宋钦宗的儿子赵湛送回宋都汴京，建立金国控制下的新王朝。其实金国之所以这样做，一方面是在威胁宋高宗赵构，如果听任抗金形势发展，那么金国一定不会客气，用钦宗的长子来取代他。另一方面也是威胁伪齐主刘豫，给他传达一个信息：金国随时都可能将他废去，所以最好合作。岳飞针对金国这种一石二鸟的做法，就向宋高宗提出了请立资宗的事，却不料遭到了高宗的一顿呵斥。但是，关于岳飞请立资宗的事，后世却存在着许多的争论。

在宋朝文人张戒所写的《默记》中曾经记载了岳飞请立资宗的事情，据说绍兴五年正月的一天，岳飞入朝觐见高宗时，面奏请正资宗的名分，受到高宗呵斥，岳飞吓得面如死灰，退了出来，从此再没有向高宗提过这件事。

首先关于资宗的说法含义，本身就存在争议。后代的学者有多种解释。一种说法认为，资宗本来是资善堂宗室的简称。建炎三年（公元 1129 年），南宋朝廷发生了苗刘之变，高宗唯一的儿子在这次兵变中丧生，高宗本人因为常年颠沛流离又受到惊吓而丧失了生育能力，太宗一支的嫡系子孙又都被掳往金国，所以高宗迫不得已,只好在太祖后裔中选了一个孩子养在宫中,并且为他设立了单独的书院——资善堂。虽然这个孩子被封为建国公,但是高宗并没有明确立为皇嗣子,因此岳飞在金国刁难的情况下,乞求正其名分,确立资宗皇子的地位,向金国人表明嗣君已立,挫败金国再送嗣君、威胁高宗的阴谋。也有学者不同意这种说法,他们认为资宗在古代汉语中,也就是"跻宗","跻"是"升"的意思。在嫡长子继承的宗法制度下,钦宗被掠往金国,他的后代理应是皇位的合法继承人。可是高宗却是徽宗第九子,在名义上是不符合嫡长子继承制度的,因此受到了金国的威胁。他们还认为,岳飞乞立资宗的意思,就是建议把高宗养子建国公,从第九房升到长房,也就是说立为钦宗之子。这样,金国就没有再送个钦宗的后代回来继承皇位的理由了。还有第三种说法认为,"资"字在古代,有发祥或源泉的意思,资宗也就是宗族中资始之宗的意思。赵氏的资始之宗是指太祖的子孙。因此,金国想搞阴谋,立钦宗之子为傀儡皇帝,而让徽宗的第九子高宗不自安,所以岳飞乞立资宗是建议立更为正宗的太祖的子孙,以此来粉碎金国的阴谋。从以上的说法来看,所谓资宗就是指高宗的养子建国公,可是究竟这个资宗的含义应该怎么解释,却关系到高宗后来对岳飞的态度,虽然岳飞是出于破除金国阴谋的目的,但是对于"名不正,言不顺"即位的高宗来说,请立资宗本身就是极为敏感的问题。

虽然很多人对岳飞请立资宗这件事已经默认了,但还是有些学者围绕《默记》中的说法,提出了异议。首先,他们认为岳飞根本没有"面奏",也没有受到高宗的斥责。他们指出,在岳飞的孙子岳珂所编《鄂王行实编年》中提到建储的提议是岳飞在鄂州军营写成后密奏给高宗的,并没有受到高宗当面奏明高宗,当然也就没有受到高宗当面训诫的说法,至于"面奏"的说法只是张戒捏造的。可是很多人不同意这种说法,因为对于张戒的《默记》,宋朝人熊克在他的《中兴小纪》、李心传在他的《建炎以来系年要录》中都引用过这段记载,说明宋朝人也以为这一记载是可靠的。还有在秦桧的政敌,前宰相赵鼎的《辨诬笔录》一书中也记载了这件事,而赵鼎与岳飞一向关系很好,那么岳珂的书中没有记"面奏"之事,可能不过是为尊者讳罢了。

人们还对岳飞提议的本意也提出了异议。一种意见认为,岳飞是高宗一手提拔的,对高宗感恩戴德。高宗没有子嗣,而金人要立钦宗之子,是对高宗的威胁。岳飞抬出太祖的子孙与之对抗,既可以挫败金人的阴谋,对国家有利,也可以使高宗稳坐帝位。因此,岳飞此举不仅以国事为重,也是体贴高宗的表现。还有一种说法,高宗是宋太宗的后裔,岳飞一心想对付金人阴谋,大胆建议高宗不承认自己父兄的后人(即金国欲送回的赵湛),而改立太祖之后,实在是只为国家着想,而没有顾及高宗的尊严,所以犯了高宗的忌讳。再加上岳飞一再提出迎回二圣(徽、钦二帝),也触及高宗心病,所以促使高宗日后诛杀岳飞。可是也有学者认为岳飞请立资宗主要是对抗金人的阴谋,根本不会特别触怒高宗。高宗虽然呵斥了他,但是事后马上就派人去安慰他,又将他连升三级。岳飞请立资宗并不是造成他的杀身之祸的原因。

随着岁月的流逝,岳飞请立资宗这件事也成了一个历史之谜,等待后人去破解。

宋钦宗为何要罢免李纲

宋钦宗时有一位著名的政治家李纲,他把民族利益看得高于一切,在金兵南下进攻宋朝的危急时刻,挺身而出,领导了著名的东京保卫战,并且取得了胜利,可是就是这样一位爱国忠君的臣子,钦宗却罢免了他的职位,这究竟是为什么呢?

靖康元年(公元1126年),金国将领率领强大的骑兵部队渡过黄河,大举进犯北宋,一直攻到北宋都城汴京城下。当时宋朝的钦宗皇帝刚刚即位,没有执政经验,所以手忙脚乱,急忙召集文武大臣商量对策。当时朝廷中,宰相李邦彦和权臣白时中为首的投降派占了官员的绝大多数,他们主张放弃京城外逃,钦宗皇帝也准备听从他们的意见,避开敌人的锋芒以后再作打算。李纲对于这些投降派的出逃计划表示坚决反对,他问钦宗:"陛下既然继承了先祖的基业,难道就这样心甘情愿地还没有打仗,先抛弃宗庙社稷逃跑吗?这样怎么能对得起

李纲塑像

列祖列宗呢?"李纲的话说得钦宗很不好意思,急忙改口说不外逃了,然后默默无语地听其他大臣理论。

身为宰相的李邦彦一看钦宗在犹豫,就赶紧劝钦宗说:"本来,社稷宗庙应当坚守,不应该抛弃,可是现在情况十分不妙,金兵那样凶猛,京城最终还是守不住的。"李纲一听,立刻反驳他说:"都城本来就是立国之本,建造十分牢固,还没打仗,宰相为什么就说东京(开封)守不住呢?再说依宰相之见,国内所有的城池,有哪一座还能比京城稳固的呢?哪一座城池又能守得住呢?"李纲的话咄咄逼人,但是又处处占理,所以宰相李邦彦也没有话说了。

接着钦宗说话了,他问李纲:"那么,又如何去抵挡住金兵的进犯,保卫京城呢?"李纲上前一步说:"臣以为,现在必须首先整顿好禁军,并且争取民心,军民共同守城,各司其职,如果我们能够坚持到各地的勤王之师到来,到时候,金人看到我们阵容强大,一定会不战自退的。"钦宗又问:"李爱卿,可是我朝自太祖杯酒释兵权以来,朝中大都是些不能带兵的文臣,现在谁有统兵作战的才能呢?"李纲语气十分激昂地回答说:"养兵千日,用兵一时。现在朝中不是无人守城,而是陛下不用。一切臣子平日享受国家的俸禄,在此国家危难之际,都有责任为国出力,像李邦彦、白时中等大臣,他们虽然是文臣,未必懂得兵法,但是如果带兵打仗,单凭他们的地位和声望,就一定能唤起士兵们的爱国热情,我军士气高涨,到那时京师又怎么会不保呢?"

宰相李邦彦、权臣白时中本来听到李纲反对他们南迁就十分生气,现在又听到李纲说让他们挂帅保卫东京,这不是把他们往死路上推吗?白时中没有等到李纲把话说完,就也忍不住了,高声地叫道:"李纲你是何居心啊,你不但不让陛下南迁,还要让我们去带兵打仗。这些冲锋陷阵的事都我们干了,你自己倒是清闲,你反对南迁,为什么不自己请求领兵打仗呢?你是个胆小鬼啊!"李纲十分轻蔑,他笑笑说:"我李纲地位太低,如果陛下要不嫌弃我平庸无能的话,我情愿以死来报效国家。"钦宗听到李纲的请求,考虑了一下李纲平日的所作所为,就当即下旨任命他为东京留守(东京的最高指挥官),死守东京城。

散了朝会后,钦宗私下里告诉李纲:其实他还是想离开东京到外地去避避金人的锋芒。李纲耐心地劝说钦宗千万不要再有这种想法,他说:"陛下千万不能重蹈当年唐明皇的覆辙啊!唐朝时,安史之乱刚开始时,其实局势很容易控制。如果他当时下决心坚守京城,只要各地增援军队一到,一定会很快平定乱军。可是唐明皇一听到潼关失守的消息,就立即出走四川,结果京城很快就毁于叛军手中,他自己也失去了宠妃和江山。"李纲心里十分清楚,如果钦宗迈出东京城一步,东京的守军就会军心大乱,局势将无法收拾,可能东京城真的就守不住了。于是,他又劝钦宗:"将士们的父母妻小大都留在京师,他们情愿以死守城,保家卫国,如果离开京城,将士们的士气至少会减少一半,金人的骑兵速度奇快无比,也许陛下走不了多远,就会被他们追上,到那时,陛下又怎么办呢?"钦宗一听李纲说出逃的危险性比留在京城还要大,就彻底打消了这个念头。李纲就一心一意开始布置守城的事宜了。

守城的宋军看到钦宗还留在城中,所以士气也十分高涨,军民积极安置守城的器械。到金军开始攻城时,李纲亲自在城头上督战,宋军积极防御。金军不仅迟迟攻不下东京城,反而死伤了几千士兵。后来金兵的探子又报说各地的宋军都在陆续向东京周围集结。金军也担心万一东京攻不下来,自己将腹背受敌,于是就主动提出和宋朝讲和。钦宗十分高兴,他接受了金朝请和的要求,就要迫不及待地派使者出城。李纲坚决反对议和,可是钦宗这次却没有听从他的意见,派了性格懦弱的大臣去和金人谈判,最后,达成协议,金兵撤退,条件是宋朝割地赔款,并且以亲王赵构和少宰张邦昌为人质,还要罢免李纲的职务。钦宗接受了这些屈辱的条件,李纲虽然成功领导了东京保卫战,可是还是被罢官了。

胆小怕死的高宗为何会御驾亲征

南宋高宗一向是个胆小怕死的求和派,可是为什么在绍兴四年,金兵入侵时会御驾亲征呢？高宗在宗泽、李纲等主战派的辅佐下即位后,统治初期任用李纲为相,尚能励精图治,积极准备抗金。可是他的皇位坐稳了之后,高宗就撤换了李纲,换用主和派主持朝政。朝中的主和大臣完全无视广大军民希望政府出兵抗金、收复失地的迫切要求,一再建议高宗率兵连连退缩,企图以割让土地来换取苟安。可是南宋的退让并没有获取金兵的同情,金兵反而得寸进尺,南下掠取了宋朝的大半个江山。宋朝的将领在这大敌当前的时刻为了保全自己的性命,很多都变节投降了金军。建炎四年(公元1130年),宋朝济南(今属山东)府的知府刘豫就投降了金军,还在金国的扶植下,建立了以北京(今河北大名)为都城的伪齐政权,替金国管辖着黄河以南和陕西地区。伪齐政权为虎作伥,到处镇压抗金活动,招降纳叛,给南宋造成了很大的威胁。

绍兴四年(公元1134年),因为岳飞收复了被伪齐占领的襄阳等地,刘豫就请求和金人一起联兵南侵。金人同意,于是金齐大军分兵南下,南宋政权又一次陷入危机之中。这时朝中的主和派急忙劝高宗暂时逃避。高宗本来只想偏安在东南一隅,不想和金兵有什么冲突,可是现在是敌人打到家门口,想逃已经来不及了。高宗眼看着金军就要临近都城,焦急万分。这时,被任命为都督川、陕西路军事的赵鼎入朝辞行。高宗顿时眼前一亮,连声说:"如今敌兵大举压境,朝廷正是用人的时候,你怎么可以离我远走呢？"高宗执意要赵鼎担任宰相。

图文珍藏版

赵鼎却不同意,高宗责怪道:"你不是前几天还向朕提出了战、守、避三策和那些用兵的大计吗?怎么这会金人真的攻来,你却不敢应对了呢?"原来赵鼎也是举朝闻名的主战派。靖康年间,当金提出索要宋北方三镇时,赵鼎力主祖宗留下的土地不能轻易割与他人,此事根本没有讨价还价的余地。对于南宋目前的形势,赵鼎认为关键在于朝廷的态度。如果朝廷始终坚持抵抗,人心所向,众志成城,金兵定会遭到挫败。然而恰恰是因为朝廷犹疑不定,朝令夕改,才使得人心涣散,屡战屡败。实际上,赵鼎不愿担任宰相的职位,是担心高宗抗敌意志不坚,有始无终,他不是那种临阵脱逃的胆怯懦夫。现在,形势危急,再加上高宗确实态度诚恳,赵鼎只好听从了高宗的任命,出任尚书右仆射兼知枢密院事。消息传出,众人如释重负。

可是随着金军的侵略攻势越来越强,宋军的士气却越来越低落,原有的战斗力根本发挥不出来。赵鼎把这些情况都禀告了高宗,他建议高宗必须"御驾亲征",才能使全国军民看清朝廷坚决抗金的态度,他还说这是鼓舞全国军民的士气的最好办法。他对高宗说:"长期以来,我朝将士都是一直退缩挨打,敌兵气势十分骄横,而我朝官兵的士气却是极其低落。如果皇上能亲临前线,将士们必定会情绪高昂,奋勇杀敌。如此一来,我朝军队一定会将金兵打回去的。"赵鼎又对敌我双方的情况进行了分析,他说:"虽然这次金兵与伪齐联合入侵,人数众多,但都是些乌合之众,并不可怕。还有,这次是刘豫利诱金人来犯,并非金自愿出兵,双方貌合神离,只要稍受我军顿挫,便会溃败而散。"赵鼎的分析和谋策入情入理,再加上这时又传来韩世忠在扬州大破金兵的捷报,高宗也就没什么害怕了,决定下诏亲征。

前线将士听说高宗要御驾亲征,精神振奋,士气大作。可是御驾亲征,在当时的情况下毕竟是孤注一掷。赵鼎虽然说成败由天,但他心里却特别担心高宗中途变卦,又担心前线战事变化莫测。于是就建议高宗起用张浚宣抚江、淮、荆、浙、福建,由张浚募集各地的兵马,前往杭州充实兵力,确保高宗亲征万无一失。同时,还鼓励高宗说:"现在国难当头,各路官兵正应一鼓作气挥兵杀敌,否则纵有长江天堑,也无法阻挡敌人的进攻。"经过赵鼎的周密安排,高宗亲率大军到达平江(今江苏苏州)。

高宗下诏命令各路官军和起义军声讨刘豫,并且还说要亲自渡江指挥作战。听闻皇帝的命令,前线将士群情激昂,纷纷表示要把侵略者驱逐出去。赵鼎见目的已经达到,就上书给高宗说:"因为敌兵远道而来,不要马上开战,而是坚守阵地,耗尽敌人的力量,还有刘豫只是派其子出征,无需由皇上与之对阵,所以高宗也不必亲自渡江了。"这时,高宗已经十分担心自己的安全了,正盼望着有一个解脱自己的理由,听了赵鼎的话,就赶紧指示官兵伺机出击,自己赶紧打道回府。金兵见这次宋军防备甚严,就准备后撤,赵鼎下令各路兵马一齐出击。金军措手不及,仓皇败走,宋军乘胜追击,收复了大片失地。

宋高宗生性胆小怕死,在毫无退路的情况下,勉强同意了"御驾亲征",这也是不得已而为之。但就是这个"不得已"某种程度上也起到了鼓舞士气的作用。

宋高宗"出海避敌"之谜

南宋高宗时候,国力经过金国的洗劫,早已一落千丈,高宗又对金国奴颜屈膝,所以当时金人气焰十分嚣张,屡次进犯南宋,有一次甚至将高宗逼到了海上,皇帝将朝廷搬到海上,这可是亘古未有的奇事。

高宗"出海避敌"其实是当时宰相吕颐浩的主意。吕颐浩(1071~1139年)字元直,齐州(今山东济南)人,进士出身,宋高宗即位后,知扬州事。建炎三年(公元1129年),当时的宰相朱胜非在平定苗傅、刘正彦的杭州兵变之后,就自动辞相,同时还推荐吕颐浩、张浚继任。吕颐浩和张浚都是有才之人,高宗特别信任他们。吕颐浩后来迁任户部尚书,高宗因为张浚年少,于是就任命吕颐浩为尚书右仆射(右相)兼御营使。后来张浚主动请缨,前去西北带领军队抗金,这样南宋朝廷内的大小事务就都由吕颐浩一人主持。

就在这一年十二月,金兵突然南侵,当时的东京(今河南开封)留守杜充迎战失败,逃回都城,这时其余各路兵马也都抵抗不力,或者不战而逃,或者全军覆没。金兵快马加鞭，连破数城，直逼南宋都城。高宗面临着生命的危险，他吓坏了，赶紧从扬州逃到了江宁（今江苏南京）。可是还没有在江宁站稳脚跟，金兵又尾随到了江宁。高宗为了虎口求生，接连几次遣使向金军主帅求和，语气卑下，甚至主动提出：只要金军撤回，南宋愿意除去尊号、改用金的年号，并且可以降格为金的藩臣。对于这样耻辱的求和条件，那些准备渡江南下的金人却不屑一顾，他们只管南下，争夺战功。

形势十分紧急，南宋面临着亡国的危险，高宗这时却不是和吕颐浩等人积极准备怎样抵御敌兵，而是天天商量着向哪里逃跑，才能摆脱金兵。有人提出可以迁都到湖南一带，可是韩世忠等主战派认为，湖南无险可守，金兵很容易攻破。朝廷已经丧失河北、山东，如今再要放弃江、淮，根本就没有可逃的地方了，还不如守住江、淮，背水一战呢！就在大家主意不定的时候，吕颐浩站出来说："事情已经到了如此急迫的时候，大家还是这样，再争论下去也是有弊无利。"高宗看到一直沉默寡言的吕颐浩站出来说话了，慌忙问他有何高见，吕颐浩说："近年来，金人的行动专门指向皇上，皇上停留之处，必是金人争夺之地。臣认为当今之计，应边战边退，把皇上护送到绝对安全的地方去，臣情愿留在前线对抗金军。"高宗看到有人给自己拿了主意，很是欣慰，忙说："朕身边没有宰相可不行，吕相应该跟着我一道同行。"然后，高宗让将领杜充布置江、淮一带的防务，自己带着吕颐浩等人向南撤退，先到了临安（今浙江杭州），后来金兵追来，就向越州（今浙江绍兴）方向退走。

谁知就在高宗率军撤退的时候，驻守建康（今江苏南京）的杜充开城投降了金兵。此时，金兵已经渡江，直追高宗而来。高宗和吕颐浩商议，又向明州（今浙江宁波）方向逃窜，可是金兵骑兵一向厉害，再走陆路，高宗一行很快就会被追上，吕颐浩没有办法，他只好对高宗说："宋金战争以来，金人以善于骑马打仗闻名。现在皇室百官家眷太多，队伍庞大，如果继续在陆地上跋山涉水，一旦断了补给，情况难以预测。即使金兵不消灭我们，我们自己也会发生内乱，现今不如将朝廷搬到海上，这样金军的骑兵就没有用武之地。再加上金人不习惯江浙地区温暖湿润的气候，所以一定不会长期停留。我们只要等到金兵走了，然后登陆，就可以安枕无忧了。敌进我退，敌退我进，兵家到万不得已，一向用这种计策。"可是高宗还没有说话，就立刻有大臣站出来表示反对，他们说："自古帝王中兴，从来没有乘坐海船成功的。"高宗心中也不知道该怎么办，就让群臣再作讨论，看到底该怎么办。可是这时，金兵已经占领临安，马上就会追过来。吕颐浩力劝高宗出海躲避，高宗害怕落个钦宗和徽宗的下场，于是就命令侍从迅速准备海船，告知文武百官、皇亲宗族，朝廷要出海避敌。平常里安稳惯了的各类官员、皇室人员都带着自己的箱子细软，争相挤上船，吕颐浩看到这种情况，就告诉高宗如果带这么多人下海，目标太大，容易被金兵发现，如果追赶上来，情况一定不妙。他请求高宗下令只带少量的人，其余的人员解散，高宗当即反驳道："朕为什么要解散朝廷，如果带着几个人出去，那和流寇土匪又有什么两样？"于是，高宗此次出海，郎官以下，多半随行。可是吕颐浩认为人数还是太多，便又奏请每一条船上只留六十名卫士，每名卫士只能带家小两人。高宗同意了，可是吕颐浩的规定引起了将士们的强烈不满，他们拦住吕颐浩，责问朝廷为什么要逃跑，他们表示愿意与金兵一决胜负，不愿这样东藏西躲的成天逃窜。吕颐浩也不顾众将士的反对，他将那些聚众抗议的将士和反对航海避难的人全部捕杀、关押，稳定了局面后就和高宗匆忙出海了。建炎三年（公元1129年）春节，本来这是个合家欢乐的高兴日子，可是南宋的君臣们却狼狈地坐船出海，在海上过了一个凄惨的春节。高宗很生气，众大臣也有很多抱怨。好不容易等金人后撤了，君臣这才上岸到了越州（今浙江绍兴），高宗这时立即罢免了吕颐浩的右相职务。

宋高宗爱将杜充为何降金

杜充，字公美，相州（今河南安阳）人，是徽宗时的进士，曾任沧州的知府。南宋初年，高宗以为杜充是徽宗朝的老臣，一向富有威望，应当能够担当重任，又加上高宗当时的得力臣子吕颐浩与张浚的推荐，所以十分重视杜充，将他一升再升。可是后来，杜充竟然投降了金人，古人云"士为知己者死"，这样一位受到重用的将领,为何要背叛高宗呢?

建炎初年,南宋著名将领宗泽死后,原任北京留守的官员杜充接替了宗泽的职位担任东京开封的留守。杜充为人十分歹毒苛刻,靖康年间,他任沧州知州时,从北方来的一些难民流落到沧州地。因为当时金人正在南下,所以杜充怀疑其中有金人的奸细,便将这些人全部杀死。杜充还十分好大喜功,熟悉他的人们都说他是有志而无才,好名而无实。本来此次杜充来东京上任,人们对他抱有很大的希望,可是不久之后,杜充的表现就令军

杜充

民感到很失望。宗泽一手集结起来的抗金部队纷纷离开了东京开封,杜充几乎成为光杆司令,抗金事业受到了严重影响。建炎三年(公元1129年)八月,杜充担心金人入侵会危及自己的性命,于是就借口东京城内粮食已经吃完,准备逃回扬州。岳飞当时是他的部将,就劝阻他说:"中原土地不能弃置,现在如果稍一松懈,敌人就可能乘机占领,以后再要夺回,可就不容易了。"杜充听后,不以为然,不加理会离开所部,回到了扬州。高宗召见杜充时,以为他是老将,所以不但不加斥责,反而任命他为枢密院长官。后来又多次提升他,甚至最后任命他为宰相。

事隔不久,金兵又南下侵扰,这次高宗离开建康城,前往临安逃命。临走时,命杜充为江、淮宣抚使,留守建康,并命令江东宣抚使刘光世和浙西制置使韩世忠接受杜充的指挥。可是刘光世和韩世忠一向对杜充的刚愎自用很不满,就离开原驻地不听他调遣,杜充又咸了光杆司令。在这种情况下,杜充根本就没有打算和金人作战,他不但不操练兵马,修固城墙,做好防御准备,反而天天纵酒狂欢,还肆意辱骂部下将领,滥杀无辜,弄得部队人心浮动,有如一盘散沙。原本江、浙一带的百姓对杜充寄予莫大的希望,希望他能担负起打击金兵入侵,保卫江、浙的重任。可是现在看到他全然不顾军国大事,于是百姓们都开始收

拾家里的金银细软，准备随时逃难。果然没过多长时间，金兵就攻破长江防线，渡江南下了。杜充这时仍旧按兵不动。当时，仍是他的部将的岳飞多次请求他出兵增援，可是都没有音信。直到金兵打到建康城附近，杜充这才慌了，急速命令陈淬与岳飞领兵两万抵御金兵，王燮为后应。宋军收到命令，仓促应战，王燮临阵脱逃，陈淬英勇捐躯，岳飞孤军也遭到了惨败。

金兵扑向建康城的消息让杜充更是吓破了胆，他急命部下准备战船，就想逃走。可是刚把水门打开，所有的士兵、百姓都涌过来了，大家争着要夺门而出，反倒把杜充的船塞在中间，进退不得。杜充欺骗众人说他要出去迎击金人，谁知没人理会他，还高声喊着说："我们才是去迎击敌人呢！"杜充没有办法，只好带领亲兵三千人改道从别的城门逃出。杜充不敢与金兵交战，又不知该逃往何处，征询诸将的意见，他的将领们都不知道该怎么办。杜充就命令将士们渡江北上，还十分得意地说："金人是要到建康，我们离建康越远就越平安无事。"于是，杜充领军渡江北上到了真州。高宗派使者送信慰劳杜充，激励他重振雄风。杜充谎称自己正在敌后招集散军，准备联合泗省（安徽泗县）、徐州（今江苏徐州）守将出兵截断金兵的归路。这时，真州的守臣向子志劝杜充从通、泰进入浙江，与宋军大部队会师，还说愿意与他一道抗金。可是，杜充不答应。其实他是在观望形势呢，准备伺机降金。

不久，杜充的老朋友凌唐佐派人送信，里面写着劝他降金的字句。原来，凌唐佐已投降金人，这次是来做说客。杜充想降金，但是又担心自己身败名裂，正在犹豫不决的时候，金领军大将兀术派人告诉杜充：如果降金，可以像当年立张邦昌一样，把中原之地交给杜充。杜充看到金人许下如此优厚的条件，就毫不犹豫地投降了金国。他慌忙跑回建康，等到金军一到，他马上打开城门前去迎接。大敌当前，杜充不主动迎战，反而按兵不动，待价而沽，开门投降，真是枉费了高宗对他的信任。

这时，南宋君臣也听说了杜充投降的事情，高宗起先还不肯相信这件事，等到杜充的手下将士陆续逃回，将亲眼所见的杜充打开城门迎接金军的事情禀告高宗时，高宗还是特别不理解，说："朕并不曾亏待过杜充，他为何要这样做呢?"后来高宗下令削掉杜充的官职和爵号,将他的亲属发配边疆。杜充在金营也受到鄙视,金将粘罕曾经故意奚落他是否要重返南朝,杜充慌忙说:"就是元帅敢回,充也不敢。"

李纲是怎样重拾残局的

北宋灭亡后,高宗建立南宋,摆在他的面前的是一个国破家亡的残局。在这种情况下,宋高宗为了适应抗金战争的需要,重新起用了抗战派将领李纲担任宰相兼御营使,也就是宰相兼任最高军事长官。李纲十分感激高宗的信任,决心一定要辅助高宗重整山河。当时,朝中的主和派大臣占了绝大多数,他们夸大金国的力量,对自己的实力估计不足,这使得高宗和朝廷中的很多大臣缺乏胜利的信心和把握。为此,李纲向高宗提出了一系列针对现状的施政措施,如坚持抗金,改革官吏的陈规陋习,裁减冗员,统一号令,减轻民众负担,充实国家物力、财力,取信于民等等。其中对高宗最有说服力的,也是最现实的就是李纲对于抗金形势对症下药的分析。

李纲首先指出河东、河北是目前形势的关键。他分析河东、河北这两个地区是南宋政府的屏障,如果能把这两块地盘巩固起来,就可以确保中原地区和东南地区安全。当时,河东路所辖为今山西和陕西的部分地区;河北路的辖境为现在的河北阜平以北和天津以及山东、河南两省黄河以北的大部分地区。李纲向宋高宗指出,金国只是占领了河东地区的忻(今山西忻县)、代(今山西代县)、太原(今山西太原)、泽(今山西晋城)、潞(今山西长治)、汾(今山西隰县)、晋(今山西临汾)等几个地方,以及河北地区的真定(今河北正定)、卫(今河南汲县)等四州而已,河东、河西的大部分州郡还在宋朝官员的统领之下。另外,河东、河西这两地的军民一心抗金,地方上民众自发组织起来,推举出一些豪杰作为领袖,组织起义军抵抗金兵入侵。抗金队伍多达数万人,少的也不下万人。李纲建议现在最紧要的事情莫过于在河北地区设置招抚司,在河东地区设经制司,选择有胆识、懂谋略的将才负责,把朝廷对抗金力量的支持态度传达到各地,并建立藩镇制度,请保全或收复过州郡的功臣负责那些地方的抗金事务。这样,朝廷就可以及时给这些地方的抗金力量以应有的支持和援助,保证他们的忠义爱国之心为朝廷所用。为了强调设置官员、派遣使者的重要性,李纲进一步指出,如果朝廷不及时给抗金义军以应有支持,一旦这些队伍粮尽力疲、后继无援,陷入走投无路的境地,就会对朝廷产生不满的情绪,转而为金人效力,成为朝廷的敌人,如此一来,朝廷的情况就会很不妙。高宗听罢李纲的一番论述后,对抗金的信心增加了不少。他按照李纲的方案,将抗战派将领张所、傅亮分别派往河东、河北两地建立招抚司和经制司,同时调宗泽为开封府知府。河北、河东两地的军民得知朝廷派人前来的消息,都高兴地纷纷从军,立志赶走金兵,军民斗志空前高涨。

李纲在稳定河东、河北局势的同时,还对南宋的军队进行整治。李纲在军队中实行奖惩分明的治军谋略,他在中央主管军事的机关里设置赏功司,以军法处置贪官。他还组织修订了军法,将那些在前线不战而逃、充当土匪强盗的士兵和那些以权谋私的军队官员一律处以斩刑,优厚地奖励有功的将士,这使宋朝军队的士兵在作战时个个奋勇争先,宋军战斗力也日益增强。

经过李纲对宋朝国势的努力挽救,前线士兵们的抗金战争频频传来捷报,围攻各地的金兵也开始撤退,宋朝的危险局面开始缓解。这时,宗泽对开封的整顿也有了成效,他请高宗赶快回到开封,主持抗金大局,可是,高宗不同意。

恰巧,这时金兵再次进攻河东,在主和派黄潜善和汪伯彦的鼓动下,高宗决定向东南逃跑。李纲坚决阻止了高宗的逃跑行为,可是高宗仍旧将孟太后等送过了江。主和派黄潜善和汪伯彦仍不罢休,他们见黄、汪计划没有得逞,就怂恿高宗撤除了河北和河东新置的招使司和经制使司,攻击张所和傅亮抵抗不力。张所和傅亮是北宋末年有名的抗金功臣,是由李纲一手提拔起来的,对南宋初的抗金起了很大的作用。李纲十分看不惯黄潜善和汪伯彦这两人,现在又看到这两人引着高宗往投降妥协的路上走,就愤然向高宗揭露了黄潜善和汪伯彦的险恶用心,还以辞相的举动来表示自己与主和派势不两立。可是,李纲没有想到高宗已经不想抗战了,他留在中原只是李纲据理力争的结果。所以这时,当李纲提出辞相，高宗就干脆罢了李纲的相职，逃到江南去了。

李纲从上任到罢相，只经过了短短的七十五天，然而就在这段时间里，李纲采取了得当的抗金策略，重拾国家的残局，带领全国军民从丧国丧君的耻辱中振奋起来，重整旗鼓。可惜的是高宗从个人私利出发，一心只想保住自己的脑袋和皇位，没有大力支持李纲抗金，从而使南宋王朝只能偏安东南一隅，没能洗雪靖康耻辱。

南宋末年群臣是如何死守崖山的

南宋末年，凶悍的元军铁蹄南下，一路上横冲直撞，很快兵临临安城下，谢太皇太后、全太后与年仅三岁的恭帝孤儿寡母无力抗元，所以拱手投降。全太后与宋恭帝被押解到元大都，软禁了起来；谢太皇太后虽已年迈，体弱多病，但是仍被元军拉来拉去，到各处劝降那些为数不多的还未投降的南宋臣子。在国主投降的情况下，南宋末年那些有骨气的大臣们仍然不愿投降，他们率领着部下做着顽强的抗争。

元军攻打扬州城，攻了很久都没有攻下来，那时镇守扬州的大将是李庭芝、姜才，元军就拿来谢太皇太后的诏书，命令他们向元朝投降。李庭芝回答说："我只知道奉诏守城，从来没听说过要奉诏投降。"后来，全太后北上经过扬州时，元军又让全太后命令李庭芝和姜才投降。全太后无奈，只得下诏说："现在我皇帝都已经投降了元军，你还为谁守城呢？"使者要李庭芝和姜才接全太后的谕旨，他们也不答话，命令士兵放箭，当场射死了招降而来的使者，其他人都狼狈逃走了。随后，他们又带4万人出城袭击元军，想夺回全太后和皇帝恭宗。但是敌强我弱，经过激烈的战斗，没有获得成功，只好回到扬州城里。元军主帅阿术亲自派姜才原来的好友前去劝姜才投降，姜才对这个好友说道："你怎么做我不管你，可是我宁可死掉，也不做投降的将军。"后来，元世祖忽必烈又派人招降李庭芝，李庭芝大怒，他不仅把使者杀死，而且烧掉了元世祖的招降诏书。元军看到李庭芝和姜才都不肯投降，还对元军如此无礼，就派大军将扬州团团围住,连着几十天攻城。由于扬州被围了很长时间,城里的粮食都吃光了,李庭芝和姜才就跟士兵一起煮牛皮等东西充饥,有的士兵杀死自己的儿子充饥。但是,扬州军民仍然不肯投降,继续抵抗元军的进攻。直到后来,陆秀夫和张世杰拥立端宗在福州即位后,端宗急令李庭芝和姜才带兵前去保卫福州,李庭芝和姜才这才离开扬州,前往福州,却不料走到泰州的时候,被元军包围了,双方经过激烈战斗,李庭芝、姜才被元军俘虏了,最后为国捐躯。

当时,南宋有一个名叫夏贵的将领投降了元朝。他家从前有个名叫洪福的家童,后来经夏贵提携做了官,守卫镇巢县(现在的安徽省巢县)。在夏贵投降后,洪福仍然在继续抗元。夏贵就派人去劝洪福投降,洪福拒绝投降,还把来劝的人也杀了。后来元兵攻破镇巢县城,洪福被元军俘虏后,夏贵来看他,他却痛骂夏贵不忠,最后要求面南而死,表明自己没有背叛宋朝。

还有将领李芾,在湖南潭州(现在的湖南省长沙市)率领军民坚持抗战三个多月。可是潭州城还是被攻破了。那天,他叫来部下沈忠,对他说:"我已经尽到了最大的努力,今天决心一死,但是我的家人决不能当俘虏。我实在不忍杀他们,你帮忙先杀尽我的家人,再杀死我。"沈忠说什么也不愿意,可是李芾坚决要他照办,沈忠只好哭着答应。于是李芾让家人全部喝醉,让沈忠一一把他们杀死,然后,放火烧掉李芾的住所。沈忠看着熊熊的烈火,悲痛欲绝,就回家杀了妻子,然后又自杀而死。潭州城的许多百姓听说后,也都让全家自杀而死,坚决不投降元朝。

元朝军队势如破竹般向福州方向逼近,没有多长时间,元军就开始进攻福州。陆秀夫、张世杰见福州守卫不住,就护卫着端宗和他的弟弟,乘上海船沿着海岸往南逃到了广东。宋端宗身体很虚弱,受不了这种艰苦的生活,不久就病死在广东砜州(现在的广东省雷州湾中的一个小岛)。当时,福建和广东的军民都在坚决抵抗元军的进攻,而那些作了叛徒的人则受到人们的唾弃。当元军打到兴化(今福建省莆田市)时,元朝人劝守卫兴化的宋将陈文龙投降,可是陈文龙却两次杀死元军派来招降的人。部下有人贪生怕死,劝他投降,他说:"人生本来都有一死的,与其屈辱地死,还不如英勇抗敌而死。"人们都很敬佩他。

可是,后来叛徒出卖了陈文龙,他被俘仍然没有投降,后来就在福州绝食死去了。他的母亲当时也被押到福州,她为儿子为国牺牲而自豪,在临死前说:"我和我的儿子一块儿死去,又有什么怨恨呢!"

端宗病死后,陆秀夫和张世杰又拥立端宗的弟弟做皇帝,即卫王,他们继续进行抗元斗争。卫王任命陆秀夫为左丞相,专门掌管文事;张世杰为枢密副使,专门掌管军事。可是,元军又跟着打到了广东。当时,张世杰和陆秀夫认为砜州是个小岛,就护卫着卫王来到新会的崖山,他们要在那里建立根据地,收复失地,恢复宋朝。他们首先进行了一系列准备长期战斗的工作:征集粮食,修筑工事,建造兵船,还招兵买马,训练军队。可是,元将张弘范很快就率军攻打到了崖山附近。张弘范到达崖山之后,立刻就派兵封锁海口,切断了宋军砍柴、打水的道路,由于崖山是一个小岛,岛上的一切都得靠大陆和海南岛运送,现在元兵切断了大陆的供应线,宋军没有淡水喝,只能吃干粮,实在没有办法,就只有舀海水解渴。海水又咸又苦,根本不能喝,喝了就得病,为此,许多人都病倒了。张世杰又带兵去攻打新会,想夺回海口,但大战几天都没有取胜。

公元1279年2月,张弘范率元军攻打崖山,张世杰的军队由于士兵大都生病了,所以很快就战败了。元军登上了崖山,张世杰只有和陆秀夫等保护着卫王和他的母亲杨太妃,乘上早已准备好的船撤退。元军紧追不舍,把宋军的船队冲散了。陆秀夫看到元军近在眼前,不愿意被元军活捉,就含泪背起小皇帝,跳进了茫茫的大海。而张世杰和杨太妃坐的船,也由于遇上了飓风翻了船,张世杰和杨太妃都被淹死了。南宋王朝彻底灭亡了。

宋江起义原本是一场小起义吗

我国四大名著之一的《水浒传》,描写了宋徽宗统治末期的一场轰轰烈烈、声势浩大的农民起义,梁山好汉们"风风火火闯九州"的英雄气概,千百年来受到了后人们的称赞和敬仰。可是,据历史资料记载,宋江起义竟然是场规模很小的起义,甚至轻而易举就被宋朝廷镇压下去了,果真的是这样吗?

宋江起义

　　宋徽宗在他统治的二十多年时间里,天天吃喝玩乐,过着骄奢淫逸、腐朽糜烂的生活,而把朝廷的大权都交给了以蔡京、童贯为首的"六贼"的手中。俗话说得好:"上梁不正,下梁歪。"朝廷内外的各级官吏贪污腐化成风,对平民老百姓极尽残酷剥削和压迫之能事。各地百姓忍无可忍,纷纷起来反抗宋朝的腐朽统治。史书中说,当时全国各地都在不断地爆发农民起义,这些起义规模都比较小,其中,宋江起义就是一次。

　　宋江起义是以梁山泊为根据地的一场农民起义。因为梁山地处黄河之北,所以宋江等人也被称为河北剧盗。梁山泊是郓州(今山东东平)西南方那个环绕在梁山(今梁山县南)周围的一个大湖泊。这个大湖泊是由于北宋时期黄河的两次决口形成。那时,黄河决口,河水泛滥,注入了这个本来就有的浅水滩,从而在梁山周围形成了一个方圆800里的大湖泊。那时,在梁山周围生活的都是些主要以捕鱼、采藕和割蒲为生的贫苦农民,他们生活得十分艰苦。可是就是在梁山这样的生活条件下,北宋政府为了维持庞大的军费开支和向辽、西夏交纳"岁币"银帛,还要对这里的老百姓加重剥削,除了原来交纳的赋税之外,又一下子增加十万余贯,人们交了朝廷的赋税后,连生活都不能保证。而地方政府为了增加收入,又在梁山泊周围设卡征税,梁山的老百姓无论是捕鱼还是采藕都要按人头数交税,否则就要按照漏税的法令来施以重罚,就是遇上水旱灾害,百姓颗粒无收也不减免征税。梁山附近的老百姓实在忍受不了官府的残酷剥削和压迫,就以梁山泊为基地进行反抗。宋江就是梁山泊农民起义的领导人物,宋江所带领的起义军人数不多,作战规模也不大,但是这些起义军的战士作战很勇敢,还常常避实击虚,屡次以少胜多,大败官军。

起义军出没在青州(今山东益都)、齐州(今济南)、濮州(今山东濮县)、单州(山东单县)一带,统治者称他们为京东贼。公元1119年12月,北宋政府曾经企图招安这支农民军,但是却被宋江等人拒绝了。公元1120年冬天,北宋政府又派曾孝蕴为青州知州,负责镇压宋江起义。在曾孝蕴所帅军队的围追堵截下,宋江起义军离开了梁山泊,向南发展。起义军在途中经过沂州时,与沂州知州蒋圆所带领的军队发生激烈战争。起义军不幸战败,就继续南逃,在公元1123年到达了淮阳县(今江苏邳州市北),在那里再次发展壮大,所以宋江起义军又被称为淮南盗。再次建立了革命根据地后,起义军向东北挺进,在沭阳县(今江苏沭阳县)时与县尉王师心的官军部队发生了战争,由于寡不敌众,就仓皇逃走了。后来,在《宋史》等书中记载,当起义军从沭阳到海州(今连云港西南)逃难时,不幸中了知州张叔夜在途中设下的埋伏,部队损失极为惨重。宋江就在这次战争后,向张叔夜投降了,起义宣告失败。

不过,也有根据现存的北宋大将折可存的《墓志铭》上面记载,折可存参与过镇压方腊起义的战争,班师回朝后,因为战功卓著,受到嘉赏,后来就又被派到山东去镇压宋江起义,墓碑上说宋江是被他所捕获。

当然,现在已经说不清楚宋江是向张叔夜投降还是被折可存所镇压,但是不管怎么样,宋江所领导的这次起义规模不大,对宋朝廷也没有构成多大的威胁,后来失败也是在所难免的。但是,由于宋江起义军活跃在离京都汴京不远的地区,所以对北宋的统治造成了一定的威胁。再加上后来如施耐庵的《水浒传》等戏剧、小说的艺术加工和渲染,所以宋江起义军108单将的英雄形象就在中国民间扎下了根,并且经久不衰。

宋辽为何老是动手

宋辽之间的恩怨是在燕云十六州的所有权问题上。燕云十六州本来是汉人的领土，可是却在五代时被割给了辽国。当时，后唐的节度使石敬瑭为了改朝换代，就请求辽国皇帝帮忙出兵推翻后唐的统治；辽主同意了石敬瑭的请求，出兵灭后唐，建立了后晋王朝，还封石敬瑭为后晋的皇帝。为了"报答"辽主，石敬瑭就把燕云十六州割给了辽国，从此，这片汉族人世代居住的富庶土地就归在了契丹人的统治之下。后周世宗时曾经准备将燕云十六州夺回，但是没有成功就去世了。

宋太祖在被部下"黄袍加身"，夺取了后周的政权之后，就继承了周世宗的统一全国的大业。先后收复南方的几个割据政权，对于北方的领土，则在瀛洲（今河间）、常山（今正定）、易州（今易县）、棣州（今山东惠民）等重要军事据点配置重兵，实行防御工作，但并不打算轻易与辽国发生冲突。对于燕云十六州的问题，宋太祖特地设置了一个"封桩库"，里面贮积金帛，告知子孙后代关于幽云十六州最好是用和平方式赎取，如果辽国不允许赎取，再把这些金帛用作与辽作战收回幽云地区的兵费。可是，宋太祖还没有完成此举，就去世了，将幽云地区的难题留给了继任者。当时辽国的皇帝是辽穆宗（公元951年~963年在位），他是一个昏庸残暴的皇帝，每天只喜欢狩猎杀生，一点都不考虑国家的军政大事。他在位时，辽国国境内的室韦和乌古等部族不断发生反抗辽国统治的事情，契丹的贵族社会内部也多次发生纠纷，所以，在宋太祖统治时期，北宋王朝对辽采取守势，辽国除曾经有几次出兵援助北汉外，对北宋也没有发动过什么军事攻势。

可是这种"相安无事"的情况，在宋太宗和辽景宗时发生了变化。辽景宗（公元969年~982年在位）是辽国历史上有作为的皇帝。他在位期间，北宋正是宋太宗执政时，宋辽两国之间发生了几次大规模的战争。公元979年，宋朝灭北汉后，十国割据局面结束，宋太宗乘胜进攻河北，准备收回燕云十六州。幽州城附近的易、啄、顺、蓟等诸州都纷纷投降了宋朝。到六月下旬,宋太宗亲自指挥围攻幽州城的战役,接连攻城十五天都没有成功。后来,辽国的援兵到了,将宋朝军队击败在高粱河上。于是,宋太宗在辽景宗在位期间始终没有再发动大规模的战争。

公元982年,辽景宗去世,年幼的辽圣宗继位,由太后萧氏当政。宋太宗错误地判断辽国现在是"主幼国疑",所以准备出兵收复燕云十六州。公元986年,宋太宗下令兵分三路出击辽国:以曹彬、米信一路为主力部队,率军从雄州出兵;田重进率东路部队由定州出飞狐城;潘美和杨业则率西路部队出雁门关。作战时,先以曹军主力吸引住辽国兵力,而潘美、杨业则率领西路军攻占太行山西北部各州,切断辽国腹地与幽州的联系,完成东西两战场计划后,潘美的西路军与出重进的中路军会合共同夹击幽州。这一计划设计得十分精妙,但是可惜的是辽方在刚刚开始应战时,就已经改变了战争的局面,争取了战争的主动权。萧太后和辽圣宗十分重视这次宋军的侵犯,亲驾幽州城,把辽军主力也集中在这一路,最后在涿州西南的岐沟关大破曹彬军,田重进的东路军迅速战败。后来辽军集中力量全力攻打潘美和杨业领导下的西路军队。太宗皇帝急诏西路军队撤退,并且命令杨业负责将云、朔、寰、应四州人民迁徙到内地。可是,潘美和监军王侁却嫉妒杨业受皇帝重视,逼迫杨业去进攻朔州,杨业明知不可行,可是"人在屋檐下,怎能不低头",自己毕竟是北汉的降将,受到太宗的重用,已经属于万幸,所以就出击朔州城,遭到契丹兵的猛烈攻击,不幸被俘,最后绝食而死。

这样,宋太宗朝发动的两次攻辽战争都宣告失败,于是北宋从此就彻底放弃了以武力收复燕云十六州的打算。宋朝人把河北中部的一些河道加以疏浚、沟通,使西起保州(今保定)西北、东达泥姑海口(今塘沽附近)的九百里地,都筑堤储水,用河沟来预防辽国的进攻。可是,在宋朝采取守势之后,辽国在萧太后和辽圣宗的带领下却对宋朝采取了攻势。

公元1004年,萧太后、辽圣宗亲自率领军队大举南侵,已经到达离汴京都城不远的澶州城下,宋朝一时情况危急。当时,宋朝的大臣大多是妥协派,他们主张迁都金陵或成都,躲避金兵的凶猛进攻,可是寇准等少数人则竭力反对,他们力主抵抗,并且要求宋真宗亲往澶州城前线督师,来振奋官军士气,赢得战争胜利。宋真宗听从了寇准抗辽的建议,让寇准全面负责抗辽战争的军事部署,并且还与寇准等人同到澶州(今河南省濮阳县)抗辽前线,极大地鼓舞宋朝军队的士气,使澶州保卫战取得了胜利。当时,辽军刚刚走到澶州的境内,辽国的大将萧挞览就被宋军射死了,辽军士气受到挫败,所以就提出和宋朝议和的请求,宋真宗希望辽军能尽快撤退,就和辽朝订立了澶渊之盟,应允每年向辽方输纳银十万两、绢二十万匹,双方还约定成为互称兄弟。从此,宋辽两国维持了长时间的和平局面。

宋夏之战是怎样结束的

北宋太宗时期,西北少数民族党项族开始崛起,他们在首领李继迁的率领下,经常出入北宋西北边陲的几个州,侵扰当地汉族百姓,掠夺汉族百姓的财产。当宋太宗派使者前去劝说时,他们不仅不理不睬,而且还公开与北宋朝廷为敌,蔑视太宗皇帝。于是,宋太宗派了得力大将,屡次调兵遣将,想用武力把他制服,可是因为李继迁率领部队在山路险狭的地方出入,那些山路不仅难走,而且其中还杂有沙碛,造成了北宋行军的困难加剧,所以北宋太宗时期,在打击李继迁时,经常招致失利。

至道二年(公元996年)春,北宋政府派军队护送共四十万粮草赶赴灵州急救灾情,可是这些粮草却在灵州南的浦洛河上遭到了李继迁的伏兵的截击,四十万粮草全部被夺走。这件事传到汴京城,宋太宗大怒,发誓要狠狠教训一下这些少数民族的人。当年八月,在宋太宗的亲自部署下,由大将李继隆统帅五路兵前去解灵州之围。可是,宋军的五路兵进程参差不齐,有的还误了期限,没有到达指定地点。双方接战之后,互有胜负,最后一战是在乌白池进行,李继迁这次被北宋军队打败了,所以后来才撤离了灵州。

到了仁宗时候,宋廷还采取了经济封锁的办法。当时,李继迁已经去世,李德明继位为夏国王,宋夏兵战也已经持续将近二十年了。淳化四年(公元993年),宋仁宗下令宋朝军民禁止把党项族的青白盐输入关陕地区销售,控制宋夏贸易。可是这一办法不仅没有收到宋廷所希望的效果,反而使沿边那些靠贩卖青白盐为生的大量汉族熟户失去了谋生的手段,被迫投到李继迁的军队中去了。北宋觉得经济封锁的办法不太可行。而这时,西夏方面因为要集中全力攻取河西州郡,所以也想与北宋修好,就改变了策略,要求宋廷承认西夏在西北诸州郡的统治权,并且按年给予西夏一定数量的物资,还要求北宋取消青白盐的禁令,开设宋夏交易的榷场。宋廷对这些要求都一一应允了。于是,宋朝在景德三年(公元1006年)册封李德明为西平王,每年给予银万两、绢万匹、钱二防贯,还在陕西的保安郡(今延安境内)设置榷场,到宋仁宗即位后,又在宋夏交界处增设了三个榷场。除了榷场以外,宋夏民间贸易也很频繁地展开了。

后来李德明的儿子元昊继位为西夏的国王。正史中记载说,元昊性格刚雄坚毅,谋略比常人要广,并且他野心勃勃得四处攻城掠地,扩大西夏的版图。到元昊继位时,西夏国已经占领了河西地区的所有土地,西夏的军事方面和经济方面的实力都已经十分雄厚。当时,宋夏和约虽然已经维持了将近三十年,和约双方也都互惠互利,相安无事。可是在西夏国国力发展的情况下,元昊就撕毁了宋夏之间的和约,积极谋划对北宋进行军事侵犯。宋代朝廷停止了沿边榷场的互市,停止了按年给予西夏的银绢和钱币,双方民间的商贩往来也从此中断。

康定元年、庆历元年、庆历二年这三年间,西夏几乎每年都要对北宋发动一两次的军事侵犯。西夏人占有地理条件的优势,常常把宋军打得大败。宋军的主将葛怀敏死在阵上;刘平、石元孙则为夏人所俘。每次死在战场上的或被夏人所俘的士卒都在万人以上。西夏还对宋朝边境城镇破坏严重,人民和牲畜被西夏军队屠掠的不计其数,官庐私舍也有很多被西夏军队焚毁,宋朝西夏边境的人民生活受到了极大的威胁。所以在这段时间里,北宋调集了大量的军队到西北边境,总共大约有二十万人,而西北各州郡的乡兵和厢兵总数也有十多万人。

当时的形势时西夏并非十分有利,虽然宋军在几次战役中都吃了败仗,但北宋的将领、士兵打得相当顽强,所以每一次都没有让西夏军队进攻内地的愿望得逞。西夏军队也得不到太多的胜利果实,甚至比过去依照和约和通过榷场互市从北宋方面所取得的物资相比较还要少得多;并且,这时西夏的人民开始起来反抗政府,因为西夏人民生活所必需的茶和布都是从宋夏贸易中购买来的,现在贸易中断了,所以西夏人民的生活也受到了影响,他们厌恶战争,希望恢复和平互市。另外,此时辽国在辽夏接境处修治城堡,调集军队,有进攻西夏的模样。而宋仁宗后来派了范仲淹在西北治兵也卓有成效,一切形势都对西夏不利。

庆历四年,西夏王元昊在这种不太有利的情况下,表示愿与北宋重订和议。宋仁宗同意了,于是双方订立协议:西夏取消帝号,仍由宋册封为夏国王;宋廷每年在各种名义下给予西夏银七万两,绢十五万匹,茶三万斤;重开沿边榷场市易,恢复民间商贩的往来。至此为止,持续了七年之久的宋夏战争宣告结束,宋夏边境再度恢复平静。

好水川之役宋军为何大败

在北宋西边的党项民族,长久以来就一直雄心勃勃、不甘心臣服于宋朝。公元1038年,党项族首领元昊称帝,建立了西夏王国。随着国势的强盛,元昊不断率军侵扰宋朝边境,使宋朝的西北地区不得安宁。宋仁宗年间,为了抵抗西夏向内地的侵扰,皇上命韩琦、范仲淹为陕西经略安抚招讨副使,进军西北,共同负责防御西夏。

范仲淹来到西北以后,对边疆军事制度进行了一些改革。以前,西北边疆的宋军和西夏党项族作战时,不是根据敌人的兵力多少出兵,而是根据统兵的西夏将领的官位高低来相应排兵布阵,这样的结果是宋朝打仗十分机械,很容易陷入对方的计策里。所以在范仲淹以前,宋朝对西夏的战争是胜少负多,以守为主。范仲淹的改革,首先是巩固边防设施,注重团结当地的少数民族。其

好水川之役

次,加强宋军的练兵、备战,并且根据来侵扰边界的敌人的兵力情况轮番出战,灵活机动性较强。由于范仲淹所采取的这些措施有力得当,再加上领导指挥有方,所以宋军暂时取得了不少的胜利,宋夏边疆形势也有了明显的好转。在这种情况下,宋仁宗被这些小的胜利冲昏了头脑,以至在西北边疆上意图改变了以往守的方针,想要对西夏大规模进兵,可是又担心宋朝的兵力财力不足,所以一直在战与和的问题上举棋不定,仁宗的犹豫不决让镇守边疆的将领们很为难,他们难以形成一致的抗敌意见。

元昊正是趁宋朝军队战和思想不统一这个绝佳的机会,开始对宋朝边界地带大规模地用兵。公元1041年,元昊亲自率领大军进攻渭州,直逼宋军驻地怀远城。当时,驻守渭州的是大将韩琦,他一直都主张对西夏用兵,并且他的对敌策略是重在进攻,以攻为守。所以韩琦一见西夏军队又来侵扰,立即就命大将任福统领一万人马迎战。

元昊这次采取了奇特的"鸽子战术",他首先让十万大军埋伏在渭州北边的好水川(今宁夏回族自治区隆德县北)两侧,然后又将一百多只鸽子装在几个大盒子里,外面用泥巴封起来,放在了大路的两边。他将任福的军队引出来之后,自己带领为数不多的兵马就西向而去了,好像没有丝毫的战斗力,沿途还故意丢弃了不少武器、马匹等物资,装作不胜体力的样子,来引诱任福追击。任福求功心切,没有想到是元昊设计,于是就率领着万余人大意地追了上去,想要活捉元昊。

可是,当任福的军队到达好水川口时,忽然,先行部队发现大路两旁有几个密封的泥盒子,里面不断发出扑棱愣的响声。士兵们十分好奇,但谁也不敢轻易打开看个究竟。等任福飞马赶到时,立刻下令让士兵打开看看是什么东西。结果一百多只鸽子像离弦之箭一样冲出盒子,飞上了天空,在宋军上空盘旋。任福一看不好,中了西夏人的奸计,马上就要命令部队回撤,可是已经来不及了,原来这些鸣叫的鸽子正是西夏军队的出击信号。西夏军看到进攻的信号后,立即从四面八方合围过来,没过几分钟,就把宋军团团围住,任福所带领的宋朝军队仓促应战,被元昊打得难以招架。

任福一看形势不好,十分着急,立刻命令全军向山谷的两面进攻,夺取制高点,以扭转战场上的被动局面。没想到,当宋军往山坡上冲时,却只看到在西夏军上空猛地飘起了一面长两丈多的大旗,宋军十分诧异,都莫名其妙地望着这面大旗。惊疑之间,只见西夏兵异常得意,将大旗摆向左方,埋伏在左山后的西夏兵就出来,大旗摆向右方,右山后的伏兵也出来。这两边的伏兵好似悬河决堤一般气势汹汹地向宋军冲杀过来,直战得惊天动地。

任福当时已经身中十余箭,仍然在不停地奋力拼杀。旁边保护他的卫士们都劝他不要再管部队了,赶快冲出重围,可是任福却说:"我身为大将,不慎中了敌人的诡计,败军之将还有什么脸面再在世间苟且偷生,如今只有以死报国了!"说完,就奋力冲入敌阵,再次中了毒箭,终于以身殉国。任福手下的几十位将校中也只有一人侥幸生还,其他人全部战死。好水川战役,宋军伤亡惨重,兵败的消息很快传到了京城,朝野上下都十分生气,仁宗皇帝也将这次战争的统军大将韩琦革去官职以泄民愤。

西夏的国主元昊在战争胜利后,特别高兴,他命手下文人作诗为自己歌功颂德,讽刺宋朝军队的惨败,还把这首诗绑在箭上射到宋军的阵地,诗中说:夏竦(宋朝将领)何曾耸?韩琦(宋朝大将)未足奇,满川龙虎辈(戏指宋军的尸体),犹自说兵机。之后,乘着胜利之机,西夏军队又跑到宋朝边境地带大肆抢掠了一番后,才满意而去。宋军对西夏侵略的抵制不利,给当地人民造成了极大灾难。

黄天荡一战宋军是怎样取胜的

黄天荡大捷是南宋建立多年来生较大战场上的一次重大胜利,南宋大将韩世忠用八千多人打败了兀术的 10 万大军,这在军事史上也是一个奇迹。虽然南宋军队未能将这 10 万大军全数消灭,但是也使金国长时间来没有力量大规模攻宋。黄天荡大捷,确实大大振作了宋军士气,鼓舞了南宋军队抗战的信心。那么,在黄天荡这一战中,韩世忠是怎样带领宋军取胜的呢?

黄天荡一战之前,南宋面临着极大的危机。宋高宗与奸臣黄潜善、王伯彦为了表明与金议和的决心,不仅遣散了李纲、宗泽好不容易才有规模地组织起来的南宋官军,而且还强行遣散了在黄河流域附近的各路起义军,甚至出动官军去攻打起义军,造成了宋朝官民混乱的情况。金军看到这种情况,十分高兴,其实他们并不是要与宋朝议和,只是要找借口削弱宋军实力罢了,因此当宋高宗将各路起义军遣散后,金军并没有履行诺言与宋议和。金兵在公元 1129 年 2 月初时,乘宋朝兵力空虚之时再次发动大军,渡过黄河,直向南宋都城攻打过来。宋高宗这时正在做着议和、安守的美梦,一听到金兵突然冲过黄河,攻打了过来,立刻吓得跳上了马,也不与大臣商量,带了一些随身侍卫就径自逃走了,先坐船渡长江到镇江,后来觉得镇江也不安全,再次逃跑直到杭州,后来安顿在建康城。金兵这次只是抢掠了一些东西就径自回去了,也没有再南下攻宋。不过没过多长时间,到 1129 年 9 月,金兵大将兀术再次率兵南侵,发誓要把宋高宗活捉,灭亡南宋。宋高宗害怕极了,急忙跑到杭州,又跑到越州,金兵在后面紧追不舍,于是高宗又从越州逃到明州,再从明州下海,逃到定海,再到温州。

金兵因为兵马众多,从海路上行走不便,这才放过宋高宗,在沿途州县抢掠一番才往北方撤军。

宋朝军民感到十分羞愧,南宋的一些爱国将领尤其为自己没能保护好君王而自责。于是这些将领在金兵撤回北方的途中,处处设阻,拦截金兵,使兀术率领的金兵蒙受了重大的损失。大将韩世忠和他的夫人梁红玉所指挥的黄天荡一战差点使金兵全军覆没。

韩世忠是宋朝一位著名将领。他和他的夫人梁红玉武艺都很高强,打仗也很勇敢。他们和南宋所有的爱国将领一样都十分气愤金国言而无信的小人伎俩,他们夫妻两人决定在镇江和正在北撤的金军打个痛快。

韩世忠首先派一小部分士兵守卫在青龙镇,另一部分士兵驻守在江湾,还在海口安排了一些士兵,都是一副严整以待的样子,看起来好像要伏击金军。其实不然,韩世忠是在施行声东击西的战术,他在青龙镇、江湾和海口设路障,其实都是些小兵小将,只不过为了骗过金兵,不让金军走这条路,而是乖乖地听他的话去走镇江这条路,以便他带领的主力部队在镇江把金军消灭。

金军的将领兀术果然被骗了。他们真的相信宋军是在青龙镇、江湾和海口设路障,所以兀术下令过镇江到建康,然后渡过长江回北方去了。可是他们没有料到,韩世忠和他的夫人正带领大军在镇江等着他们呢!

兀术带领金军来到了镇江附近,这时候才发现镇江城的四周都是南宋的军队,长江口也已经被宋朝军队封锁住了。兀术率领的金兵被包围在一个叫黄天荡的死港湾里面,已经没有办法渡江回北方去,也没有办法后退。兀术十分的着急,他亲自带领了四名将领,悄悄地骑马到长江边上的龙王庙,想偷看南宋军队的情况。兀术没有想到韩世忠早已派了200名精兵埋伏在庙里,又派了200名精兵埋伏在山下,准备一下子把他抓住。后来,因为庙里的伏兵和山下的伏兵没有配合好,才让兀术给跑了,匆忙之间只抓住了兀术的两员大将。兀术损兵折将,十分生气,再加上兀术的金军已经被围在黄天荡里几天了,可是还是找不到出路,金兵一个个都急得要寻死。兀术只好宣布要和宋军决战,觅得一条出路。决战的时候,韩世忠上阵率领将士和金兵决斗,并且身先士卒,冲在前面,韩世忠的夫人梁红玉也亲自敲响了战鼓。士兵们一看主帅夫妇都参加战斗,所以都竭尽全力,十分英勇,终于把金军打得大败,抢夺了很多武器和马匹。

金军既打不出去,就只好被围在黄天荡又待了四十多天,他们实在没有办法,兀术这回只好派人来向韩世忠求和。他请求韩世忠能放他回北方,交换条件是把掠夺走的财物都留下给韩世忠,还送给韩世忠一匹好马。虽然这些条件很优厚,却被韩世忠拒绝了。

不久,在长江北岸留守的金军听说兀术领军被围困在镇江,就派出了一支军队乘船过江来救他们。可是韩世忠又把这些北岸的金兵打败了,剩下来的金军只好跑回去,也没救得成兀术。兀术又去请求韩世忠放他们回去,这次韩世忠告诉兀术:"我们放你们回去是可以的,但是要有交换条件,首先,金朝先把宋徽宗和宋钦宗还给我们宋朝;其次,金军抢了宋朝的土地全都还给宋朝。如果你不能保证答应这两个条件,就决不放你们回去。"

兀术对这两个条件当然没有办法保证,所以只好到处打听怎样才能逃出去。问来问去,终于有个宋朝的奸细告诉他,说:"办法有一个,只是比较困难。"兀术一听有办法,特别高兴。原来在黄天荡的北面有一个老鹳河古道,现在虽然已经淤塞起来,但是只要派人在这古道上把淤泥挖掉,把黄天荡和秦淮河连接起来,就可以从秦淮河逃走了。兀术一听,立刻派士兵连夜去挖,这些士兵已经被困了很长的时间,原以为没命了,现在一看有了活命的希望,所以一个个挖得特别卖力,一个晚上就把黄天荡和秦淮河连接了起来。兀术的金军慌忙从这地方逃出去。这就是韩世忠和他的妻子梁红玉指挥的黄天荡大捷。

采石一战宋军是怎样以少胜多的

公元 1161 年春,金国海陵王完颜亮将都城从燕京(今北京附近)迁到汴京(今河南开封)后,9 月份,完颜亮就下令出动 40 万大军南下攻宋,企图一举灭宋,统一大江南北。可是在宋高宗的南宋小朝廷仍是奸臣当道,那些抗故派将领们早已被秦桧或者杀掉或者罢官。高宗一时无法任命将领出征。只得让老

采石一战

将刘锜在淮东坐镇,让王权去指挥淮西的战争。刘锜当时年岁已高,又在生病,根本无法担当抗金重任;王权虽然年轻,又有武功智谋,但是他却是个贪生怕死之辈,他还未出战时,就已丧失斗志,认定这次战争有败无回,所以赖在建康城的家里整天痛哭,不肯前去淮西打仗。后来,老将刘锜多次催促王权前往战场。王权这才勉强到达安徽的庐州,就在庐州驻扎下来。完颜亮率领金兵一路无阻渡过淮河,直向庐州方向逼来,把王权吓坏了,他马上就带领军队向南逃跑,直到长江边上的采石城。淮西战场一败涂地,临安城面临被侵入的危险。

这时,宋高宗慌忙派人告知淮东战场上抱病杀敌的老将刘锜退守长江,保卫临安;又派了官员叶义向到建康指挥战斗,另派副将虞允文为他出谋划策。叶义文也是个没有领兵打仗经验的人,他根本不懂该如何防御城池,就将守城要务全权交由虞允文负责,自己只管下令调遣。虞允文是个有胆略又懂军事的人,他在此国难当头之际没有退缩,勇敢地担当起了守卫故土的责任,带领士兵做好防卫准备,誓与金兵一决胜负。他激励士兵说:"大家都要使出自己最大的力气来保卫国家,朝廷一定会赏赐那些卓有战功的人的,我们一定要誓将金兵赶出去。"那些士兵早已痛恨金兵的嚣张跋扈,也看不惯那些懦弱将领的退缩软弱,于是大家都表示一定要勇敢杀敌,誓将金人赶出故土,所有的士兵都十分高兴有虞允文这个勇敢的将领站出来带领他们抗金。当时有一些人曾经劝说虞允文:"假如这次带兵打仗失败了,你不是要担很大责任吗?"虞允文听了这种话,特别生气:"国家养兵千日,用在一时。现在正是朝廷用将的时候,你不支持我奋勇杀敌,怎么可以说出这些让我逃避责任的话呢?"虞允文不计较个人得失,全身投入,带领士兵做好防卫工作,严阵以待。

当时,海陵王带领的金军驻扎在长江北岸的和州(现在的安徽省和县),他们已经拆下老百姓的房屋上的木料制造了几十艘大船,准备在十月里渡江南侵,大有破釜沉舟的决心。

可是这时,守卫在长江南岸的南宋军队只有 1.8 万人,面对人数比他们多了好几倍的金军,士兵们有些害怕了,虞允文给大家鼓气,还制定了周密的作战计划。他下令大营要固定,不能乱动。另外还把兵船分成 5 个小队,最厉害的一支船队驻扎长江中流,里面有勇猛善战的兵士;有两队在大营两旁,保护大营以免受到金军的进攻;还有两支船队就埋伏在附近的小港中,需要的时候就让他们出来打击金军。

刚刚到了十月份,完颜亮就指挥着金兵冲向了长江南岸。虞允文指挥宋军沉着地和金兵作战。他看见金兵气势汹汹地冲过来,就下令大将军时俊率领着一队士兵冲向金兵中间,还让宋军船队往后退了一些。时俊将军作战很勇敢,他手下的士兵看到主将这么卖力地和金兵作战,也都挥动着大刀,勇猛地杀敌,一会儿金兵就被杀死了很多。而驻扎在长江中流的那支最厉害的宋军船队又顺流冲向敌人的船队。这支船队的船是仿照脚踏车船制造的,非常快又非常坚固。而金兵那些用来应急的船却是用老百姓屋子上的陈年烂木做成的平底船,笨重不灵活,所以等这些宋军的船只一冲下来,金兵的船就被打翻了很多,金兵们都被淹死在水里,也有一些逃了命,游回江北去,不能参加战斗。金兵的战斗力大大下降。

这时,恰好有一支宋军正好到达采石,原来他们是从河南光州(现在的河南潢州县）撤退下来的。金军不知道内情,还以为宋军又来了后援的部队,金军将领来不及控制局势,金兵已经全都后撤了。兵败如山倒,金兵后撤的人自相踩踏,压伤不计其数。虞允文这时马上命令宋军用弓箭射击,金军又被射死了很多。完颜亮一看吃了败仗,非常生气,把那些逃回江北的金军都杀死了。采石一战,宋军大获全胜,杀死了金兵四千多人,抓回金兵五百多人,还杀死了完颜亮的七个大将军。第二天,完颜亮又率大军来进攻宋军。虞允文组织宋兵用火烧掉了金兵三千多艘大船,金兵只好败退回去。

这时,金国的内部也发生了内乱,金国的贵族完颜雍一向与海陵王不和,看到他吃了败仗,就利用国内怨愤海陵王发动战争的情绪,在东京辽阳府自己宣布即位,做了金国的皇帝,也就是金世宗。另外,这时候,金军在其他地方的战斗也失败了,所有这些事情都让海陵王特别生气。

海陵王迷途不知返,仍然坚持要攻宋,还把军队移到东部的瓜州,准备从那里进攻京口。不过,这次又被虞允文先行了一步,宋军早已经在瓜州做了充足的准备。海陵王气疯了,他命令金军要在三天之内打过长江去,要不就全部杀头。金军将领们明白海陵王说到做到的脾气,于是大家为了活命,就联合把海陵王给杀了。然后,他们和宋军议和,宣布不再攻打宋军了。

名人秘闻

包公是谁抚养大的

包公,也就是北宋时的名臣包拯,是历史上赫赫有名的清官,民间称为包青天。包拯,字希仁,庐州合肥人。生于宋真宗咸平二年,卒于宋仁宗嘉祐七年,享年六十三岁。他一生的主要职务有很多:天长县知县、端州知州、监察御史、转运使、工部员外郎、朝散大夫、天章阁待制、知谏院、龙图阁直学士、江宁府和

包公

开封府的知府、三司使、枢密副使等等。包公死后又被宋朝廷追赠为礼部尚书，谥号"孝肃"。这样一个受朝廷重用的人物，后人不免对他的身世感到好奇，然而有关包公幼年的记载在史料中很少，只是记述包公出生在一个并不富裕的农民家庭，但是他从小立志向学，曾经年少时就离开家，寄居在庐州城南的兴化寺里刻苦攻读，后来他在宋仁宗天圣五年的会试中，得中进士甲科，荣登皇榜，从此得以为国效力，为民做主，声名显赫天下。

因为史料记载不详细，所以人们对包拯小时候的经历进行了种种猜测，都说包拯是由他的嫂嫂抚养大的，可是事实果真是这样吗？相传包公的父亲包令仪在睡梦中看到一只凶猛的老虎闯入屋内，惊醒后包拯就出生了，包公的父亲于是认为包拯是猛虎转世，会给家庭带来晦气的。再加上这婴儿脸黑如铁，不哭不叫，更使得包令仪认为包拯是祸根子，慌忙之中就将他扔入了水塘，却凑巧被荷叶托住，顺水飘到在下游洗衣服的包拯的嫂嫂吴妙真手边，吴氏不忍小包拯被丢弃，所以就偷偷地抱回家抚养了起来，包拯长大后称她为"嫂娘"，这就是戏剧中常说的包公由"嫂娘"养大的事情。

在《包公赔情》等传统剧目中，则说包拯刚出生时，可能是由于生辰八字与父母犯冲，所以他不受父母喜欢，被扔到了牛圈内，遭到牛的践踏，小包拯大哭不已,这个情形恰好被包拯的嫂嫂看到,于是便将他从牛蹄下抢出来。包拯虽然拣回了一条性命,却不料还是被牛踢了一脚,就在脑门上永远留下了那个月牙形的疤痕。

还有人说包拯并没有被父母遗弃,只是他年幼时父母双亡,后来包拯被他的嫂嫂收留并且供他读书,抚养他成人,直到做官。

这几种说法中,包拯的嫂嫂都被提到,她像亲生母亲一样将包拯从小抚养长大,可是对于这样抚养他成人的嫂嫂,包公在后来的做官生涯中却只字未提。在正史包拯传记中记载说:包拯在考中进士,被受职大理评事,出知建昌县,可是由于这时包拯的父母年老,所以包拯就辞官不做;后来皇上任命包拯在和州监税,包拯的父母也不愿让他去任职,所以包拯再次推谢;直到几年后,包拯的父母去世,他才出外做官。正史中,包拯不仅不是由"嫂娘"抚养成人,而且包拯根本就与他的父母关系很好。如果包拯真有这样一位恩同老母的嫂子,为何正史中却没有丝毫提到她呢?这使后人怀疑到了这位抚养包拯成人的嫂嫂的真实存在。

历史学家分析,戏剧中人们常常为了艺术化的需要张冠李戴,或者根据一些史实做些夸张的处理。虽然没有包拯被"嫂娘"抚养长大的记载,但是很多史料里却记载着包公的小儿子包绶是被其寡嫂抚养成人的。包拯虽然是个清官,但是他和历史上所有的封建官僚一样有着纳妾的思想。包公的这个小儿子包绶,是包公与私下里纳的小妾所生的孩子,由于这位小妾不为包拯的正夫人董氏所容,虽然为包公添了香火,却仍旧被赶出了包家,忍羞回到娘家,不久小妾就死去了。包绶失去了母亲,董氏又不肯抚养他。在这种情况下,包公另外一个英年早逝的儿子包意的寡妻崔氏将包绶抚养了起来。事实上,这就是历史上包公被"嫂娘"抚养大的传闻,只是此包公非彼包公,很多人只知道历史上的包拯尊称为包公,不知他的儿子们有时也称为包公。后人考证,在包拯的墓碑上写着"宋枢密副使包孝肃公拯之墓";包拯长子包意、长媳崔氏合葬墓碑上写着"宋奉仪郎潭州通判包公意节妇节嘉郡君崔氏之墓";包拯次子包绶、次媳文氏合葬墓碑上书:"宋奉仪郎潭州通判包公蓬莱县君文氏之墓"。可见包氏父子的墓碑上都写着"公"字,人们很容易将老包公、大包公、小包公混同起来,所以长嫂抚育幼弟包公的事本来是说包公的小儿子,可是却加在了包公的身上。后来的文人墨客又正好据此大加渲染、改编,到后来就把本是包拯长媳的崔氏错当了包公的"嫂娘"。几百年来就这样传了下来,后人也就信以为真了。

包公是神奇的破案手吗

长久以来,由于小说《龙图公案》和各种各样的包公断案戏曲绘声绘色的描述,使得包公在人们心目中留下的印象是一位出色的侦探,了不起的破案专家。他成为"日断阳,夜断阴,三口铜铡泣鬼神"的破案高手。他"上抗君,下恤民",为民做主,断明了很多冤案错案,是人们心中的包青天。现存的元代公案戏有十八种,包拯一人就占了十一种;而明代北京永顺堂刊印的说唱词话有十三种,反映包拯破案的也有八种。戏曲小说的这般大肆渲染,正是使包拯从一个尽职尽责的封建清官变成了无所不能、神通广大的破案能手。然而历史上的包公,其实远非传说中的那样神奇,只是他也像中国古代许许多多的清官好官一样,为百姓办实事,所以受到了人们的爱戴与拥护。

的确,包拯确实破获过一起盗割牛舌案。当时包拯任天长县知县,严令规定屠杀耕牛属于犯法,要受到重责。一日,有百姓甲来告状,说有盗贼偷割了他们家耕牛的舌头,问包拯如何是好。包拯告诉他回去干脆把耕牛杀掉卖肉,不会治他的罪。百姓甲回去照做,杀了没舌头的牛到集市上卖钱。不一会,就有个地主过来告发百姓甲偷杀耕牛,包拯胸有成竹地指着告发人,说:"你为何偷割了百姓甲的耕牛舌头,又跑来告发人家呢?"那个地主起先还不承认,后来包拯说出他什么时候去偷的,又是怎么割了牛舌头的,好像亲眼见过一样,地方惊叹不已,只得认罪。在正史中曾经记载,在包拯断割牛舌案的三四十年后,华池县(治所在今甘肃省华池县东南东华池)县令穆衍和嘉兴县(今浙江嘉兴市)知县钱淑也仿效了包拯的手法破获过类似的案子。

只不过遗憾的是,宁朝史料中只记载了包公"断割牛舌"案这样几件小案,假如包拯真的是福尔摩斯似的破案高手,宋朝史料中为什么会没有记载呢? 至于后代耳熟能详的大案要案,大都是来自于晚明时期的《龙图公案》一书,正史中没有记载。《龙图公案》这本书中记录了包拯审理的百余起案子,其推断明了,察识细微,判决恰当,结案迅速,几百年来受到了人们的广泛好评。但是据著名学者孙凯第先生考证,在包拯审理的一百多起案子当中,很多是不可靠的,其中有二十二例是抄自《海公案》的,还有借用他书的二十例,不知出处的有三十七例,完全传说下来的八例。孙先生得出结论,包公是的破案高手完全是后人吹捧的。

孙先生的这种说法并不是没有根据的。包拯担当过多种官职,先后当过天长县知县、端州知州、监察御史、转运使(京东、河北、陕西)、工部员外郎、朝散大夫、天章阁待制、知谏院、龙图阁直学士、江宁府与开封府知府、三司使、枢密副使等各种各样的官。但他一生的主要精力并不在决狱断案,从史料记载来看,包拯的一生是谏官和财政官的一生。

包拯中进士后,是先从级别很低的法官干起的,但他还未来得及审理案件,吏部就要调他到建昌县(今属江西省)当知县,只是由于"父母在不远游"的古训,包拯才未到任,干脆弃官在家奉养父母。直到三十九岁,包拯才出任天长县知县,三年后又到端州任知州,都是兢兢业业,受到了百姓的称赞。宋仁宗庆历三年,包拯成为一名京官,初任监察官员,他先后向宋仁宗提出了《论取士》《论县令轻授》《请选广南知州》等建议,他还细心考察北面和西面的边防,写成了著名的《论契丹事宜》和《论边将》等奏折,希望朝廷重视军队训练,警备边防。庆历六年三月,包拯被任命为三司户部副使,很快又接连被派为京东路、陕西路和河北路转运使,后来又提升为三司户部副使。到庆历九年末,短短四年时间,包拯担任了四五个职位,干的都是盐务粮米漕运方面的工作。他实行钞盐改革制度,严厉打击不法商人,几年过去,物价稳定,使国家和百姓都得到了实惠。包拯的才干和敬业精神受到了当朝者的赏识。嘉祐元年八月,经过同僚朝臣的联袂推荐,包拯出知江宁,当年年底,皇帝又擢升他权知开封府。包拯在开封府只有一年半左右,可是却给人们留下很深的记忆。他惩治奸庸,为民做主,整治市容,任人唯贤,铁面老包享誉京师,人们都传诵着这样一句话:"关节不到,有阎罗老包",体现了人们对包拯的热爱。嘉祐三年六月,包拯升任御使中丞,具体任务是纠察官邪,肃正纲纪,最后他在枢密副使的职位上告终。

终其一生,包拯并没有多少时间去办案,他大部分精力是放在了进谏和财政方面,可是为什么民间却传说他是一位神判法官呢?其实这和当时百姓们希望有更多执法如山,清明如镜的大清官为他们主持公道,再加上包公确实也明断过多起案件,这样包公的破案高手形象就这样顺应民心树立起来了。

包公真的是完美无瑕吗

包拯一生在真宗、仁宗两朝做官长达二十六年之久。包拯做官期间,忠于君主、孝敬双亲、政事廉明、刚直勇谏,称得上是封建官场中的楷模。因此他无论是在为官期间,还是在去世之后,都受到了皇帝和同僚大臣的高度赞扬和百姓的爱戴,更是受到后人的尊敬,千百年来一直传颂着他的美名。

嘉祐六年,宋仁宗在《赐枢密副使包拯免恩命不允断来章批答》中曾经赞扬包拯忠君、刚谏。后来,又在《龙图阁直学士赵师民包拯刑部郎中》诰中称赞包拯有"岁寒之操",这些评价作为皇帝对臣子的评价是很不容易看到的。包拯死后,又被朝廷追赠为礼部尚书,官从二品,谥号"孝肃"。包拯与文坛领袖欧阳修一向不怎么谈得来,平时也几乎不来往,可是欧阳修却在至和末年所呈的奏章《再论水灾状》中极力推荐包拯,说包拯办事有能力,一定会不负众望完成任务。在包拯去世后,副宰相吴奎更是亲自为其撰写墓志铭,称赞他:"包拯一生志向高远,气节凌峻,为人刚直,不善谄媚,为官几十年,自始至终,言行一致,实在是让人敬佩。"直到英宗治平四年,大臣司马光还在《张方平第二扎子》中还在称赞着这位旧同僚,说:"仁宗朝时,包拯是最为公平正直的臣子,并且是位清官。"包拯的政绩与德行在仁宗时就受到举朝上下的齐声赞扬,他英名远播,连社会最底层的小民和边远地区的少数民族都知道包拯的事迹。

包拯为官数十年确实是实实在在为民办事,忠心耿耿地效力皇帝,他受到这样的称赞,是当之无愧的。可是后人为了奖善罚恶,硬是将包拯塑造成完美无瑕的神,这就有失偏颇了。毕竟,包拯只是封建社会的一名官吏,他各方面做得再好也不可能完全摆脱封建官场的种种陋习,他虽是位为民申冤、清正廉洁的大清官,也是位忠君刚谏的好臣子,但有时也会犯一些错,他并不是那么的完美无瑕。

包公一向以刚正廉洁著称。可是,包拯的刚正廉洁也是有分寸的,有时候在涉及自己切身利益,他的做法却是既不刚正,也不廉洁。包拯任陕西转运使时,推荐了一些的有失水准的人做官,后来这些人在任上发生差错,包拯受到牵连,被贬官到池州。在池州任时,包拯为了尽快复职,大肆搜罗当地名石上贡,很快打通了上级的关节,半年后就复职为江宁知府。还有,包拯在任三司使时,大权在握,也犯了错。那时,他手下的官吏屡屡克扣泾州(治所在今甘肃镇原县东南)驻军的"折支"赏钱,引起兵士们的反对,几乎要发动兵变。宋仁宗下令库务管胡宿办这件案子,但胡宿传讯包公手下的官吏,却多次被包拯拦住并且使这件案子的审理受到阻挠。后来这件事惊动了皇帝,包拯才匆匆把手下的那些犯罪的人送进了监狱。包拯一生虽然刚正不阿,但他有的时候也不是一味地刚直,包拯比那些刚直的谏官更为熟知官场技巧,他知道什么时候办什么事,一旦遇到危及个人前途地位的事,马上就会退避三舍,不和皇帝硬碰硬。有一次,宋仁宗宠妃张贵人的伯父张尧佐,通过侄女张贵人向皇上讨了个三司使副使的官职,包拯深知这个张尧佐贪欲太重,会在三司使副使这个官职上大大贪污国家的钱财,便同另外一个谏官两人前去劝谏仁宗收回成命。可是宋仁宗却龙颜大怒,包拯这时立刻就知趣地退到一边了,再没说一句话,可是另外一个谏官却在刚直地死谏,结果这个谏官被皇帝一贬再贬,原本得意的官宦生涯因为这一件事再没有受到皇帝的重用。从这件事看,包拯特别会揣摩皇帝的心思,该刚直的时候不会退缩,但是他并不是为了气节或者忠诚而牺牲个人利益的那种人。所以说,他不是那么完美的。

人们都称赞包拯是青天大老爷,称赞他"爱民如子,举贤任能,断案如神"。但实际上包拯也有失误的时候。包拯在任开封府知府时,一次东街小巷失火,有些人救火时开了句玩笑,说:"现在东街失火,下次不知哪里失火?"其实这几个人也没有什么想法,就是年轻人爱开玩笑,可是包拯听说后,马上将派人把这几个人杀掉了。另外,包拯对于闹事的民众和士兵,也并不体恤教化,而是毫不手软,狠狠诛灭。包公在用人时,大多用自己的故旧好友,例如:他推荐故友范祥的孙子范景做官,又提拔他的老师刘箔族的儿子刘景纯为主薄,还推荐门人张田做蕲州(治所在今湖北蕲县北)知州,可是这些人在任时都是无德无能,没有政绩。至于包公"断案如神",也不是毫无瑕疵可言,沈括在《梦溪笔谈<谬误>》中就专门说过包拯的过失。

包拯也是一个凡人,他不可能毫无缺点,毕竟是金无足赤、人无完人,可是纵观他的一生,仍旧是一位兢兢业业,为国为民,是不失为万人敬仰的清官。

花蕊夫人为何悲叹"更无一个是男儿"

四川自古为天府之国,秦国李冰父子修都江堰后,这里的经济更是发达。由于有优越的地理环境,一到分裂时期,这里就出现独立政权,五代十国时这里

花蕊夫人

先后建立了前蜀、后蜀,但青史留名广为传诵的不是皇帝,也不是文臣武将,而是花蕊夫人。

前蜀亡后，后唐庄宗以孟知祥为两川节度使，孟知祥到蜀后，后唐内乱，庄宗被杀，孟知祥野心膨胀，训练甲兵，到唐明宗死后，孟知祥就僭称帝号，但没过几个月就死了。孟知祥处心积虑，昼夜辛劳所创下的局面，传到孟昶的手上，由孟昶继承了皇帝的位子。

孟昶是个非常懂得享乐的人。据传宋太祖灭后蜀后，侍卫们领了宋太祖的旨意前去收拾东西，这些人居然连他的小便器也收来了。那溺器是最污秽的东西，侍卫们怎么还要取来呈给太祖呢？只因孟昶的溺器与众不同，乃是七宝装成，精美无比。侍卫们见了，十分诧异，不敢隐瞒，取回呈览。太祖见孟昶的溺器都是这样装饰，不觉叹道：溺器要用七宝装成，却用什么东西贮食呢？奢靡至此，安得不亡！命侍卫将它打得粉碎。

他还广征蜀地美女以充后宫，妃嫔之外另有十二等级。这其中，他最宠爱的就是"花蕊夫人"徐氏。也有人说她原本姓费，被封为慧妃。

花蕊夫人不仅是一位美女，还颇富才情。她是青城人士徐璋的女儿，因为貌美如花蕊，所以被封"花蕊夫人"，而且以才貌兼而得到专宠，被蜀主封为慧妃。

花蕊夫人最爱牡丹花和红栀子花，于是孟昶命官民人家大量种植牡丹，并说：洛阳牡丹甲天下，今后必使成都牡丹甲洛阳。他不惜派人前往各地花高价选购优良品种，在宫中开辟"牡丹苑"，孟昶除与花蕊夫人日夜到花园赏花，更召集群臣，开筵欣赏牡丹。那红栀子花据说是道士申天师所献，只有种子两粒，它开起花来，其色斑红，其瓣六出，清香袭人。由于难得，便有人模仿那花的样式画在团扇上，竞相习成风。每当芙蓉盛开，沿城四十里远近，都如铺了锦绣一般，时近中秋，后主命驾往游浣花溪，罗列水嬉，一片莺莺燕燕，口呼万岁，真个是风流天子，千古盛事。

后来，孟昶日日饮宴，实在觉得烦腻了，无论端上来什么东西都吃不下去。花蕊夫人便别出心裁，用净白羊头，以红姜煮之，紧紧卷起，用石头镇压，以酒淹之，使酒味入骨，然后切如纸薄，把来进御，风味无穷，号称"绯羊首"，又叫"酒骨糟"。孟昶遇着月旦，必用素食，因为他喜欢吃薯药，花蕊夫人就投其所好，将薯药切片,莲粉拌匀,加用五味,清香扑鼻,味酥而脆,又洁白如银,望之如月,宫中称为"月一盘"。这两样食品后来就成了孟昶最喜欢吃的东西。

孟昶最怕热,每遇炎暑天气,便觉喘息不定,难于就枕,于是在摩河池上,建筑水晶宫殿,作为避暑的地方,用楠木为柱,沉香作栋,珊瑚嵌窗,碧玉为户,四周墙壁,不用砖石,用数丈开阔的琉璃镶嵌。殿内罗帐锦被,奢华无比。从此,孟昶与花蕊夫人夜夜在此逍遥。

就在二人醉生梦死之时,宋太祖赵匡胤"黄袍加身",作了皇帝,取代后周而君临天下,国号宋。他命令忠武节度使王全斌率军六万向蜀地进攻。花蕊夫人屡次劝孟昶励精图治,孟昶总认为蜀地山川险阻,不足为虑。

结果,人数占下风的宋军人人奋勇,十四万守成都的蜀兵一溃千里,孟昶没有办法,只好自缚出城请降。投降之后,孟昶带着家眷前往汴梁朝见宋太祖。赵匡胤久闻花蕊夫人艳绝尘寰,为睹芳容,他封孟昶为秦国公,封检校太师、兼中书令,赏赐了孟昶及其家人许多东西,就是为了能在他们来宫中谢恩之时见到花蕊夫人。这一见,可就一发不可收拾,宋太祖当即迷上了千娇百媚的花蕊夫人。

七天以后,孟昶暴死,许多人认为是被赵匡胤毒杀的。太祖听到孟昶已死,辍朝五日,素服发丧,赠布帛千匹,葬费尽由官给,追封为楚王。孟昶已死,太祖再没有什么顾虑,在孟家再次进宫谢恩的时候,就把花蕊夫人留在宫中侍宴,花蕊夫人在这时候,身不由己,只得从命。太祖要她即席吟诗,花蕊夫人就吟出了一首绝唱千古的名句:

君王城上树降旗,妾在深宫哪得知。

十四万人齐解甲,更无一个是男儿。

宋太祖本也是个英雄人物,也深深明白成王败寇的道理。这时,他有感于花蕊夫人的故国之思,更加倾慕她,携花蕊夫人同入寝宫,不久封为贵妃。自此太祖每日退朝必到花蕊夫人那里,饮酒听曲,倍加宠爱。

但花蕊夫人并没有忘记与孟昶的夫妻之情,她本与孟昶相处十分恩爱,自从孟昶暴病身亡,她被太祖威逼入宫,虽然宠冠六宫,心里却总也抛不下孟昶昔日的恩情,于是就经常偷偷地朝拜他的画像。有一次正巧被宋太祖看见,问她画像上是谁,她只好说是俗传的送子仙。从此这以后,宫中各妃嫔也都供起了仙像。

花蕊夫人后来因政治纷争而触怒了太祖的弟弟赵光义,在一次打猎中被赵光义一箭射死。也有人说,她是忍辱负重,和宋太祖假意周旋,一直在找机会想刺杀宋太祖,最后终于因为图谋败露而被杀了。

潘美是个彻头彻尾的坏蛋吗

潘美,字仲询,后唐同光三年出生,祖籍荥阳(今河南郑州东),后迁至大名(今河北境内)。潘美从小喜好读书,长于诗文,而且重视交际。二十六岁那年,他到后汉当了一名典谒。典谒是专门负责接待宾客和联络事务的小官,级别不高,接触人却很多,消息也很是灵通。潘美时常对形势进行分析,后来他见后汉奸臣肆虐,气数将尽,于是跑到后周做事,在周世宗柴荣与北汉的高平之战中立功,很快升至西上阁门副使,并结识了赵匡胤,逐渐弃文转武。

潘美

在"陈桥兵变"中,潘美积极行动,受到了赵匡胤的赏识,逐渐被委以重任。宋朝建立后,一些地方割据势力不服赵匡胤的统治,企图倒宋。陕帅袁彦,妄自尊大,准备造反,赵匡胤深以为患,潘美得知,却单人独骑前去劝说,晓以利害,最终使袁彦认清形势,投降了赵匡胤。这件事,潘美干得很漂亮,使得赵匡胤很满意,更加器重潘美了。

建隆三年,潘美随赵匡胤前去湖南平乱,平定后任潭州(今湖南长沙市)防御使。不久,溪峒少数民族首领发动叛乱,潘美恩威并用,分化瓦解,很快将叛乱平定。赵匡胤听说,大加赞赏。

乾德二年,潘美与兵马都监丁德裕又一起攻克了军事重地郴州。之后几年,他又参加了征伐南汉小朝廷刘长的战役,最后使得刘长出降,南汉灭亡。朝廷大加褒奖,任命潘美做山南东道节度使兼岭南转运使,成为举足轻重的一路诸侯。

开宝七年九月,赵匡胤派李穆出使江南,希望以口舌之利劝说南唐后主李煜入朝晋见,臣服大宋,结查李煜称病不入朝。赵匡胤随即任命大将曹彬做主帅,潘美为副帅征伐南唐。这次潘美再次立功,李煜在金陵布兵十万,拼命抵抗,却被潘美以奇袭方式取得胜利。南唐破灭后,潘美被任命为宣徽北院使,之后,到宋太宗时,又将潘美任命为宣徽南院使。

宋太宗即位第四年头上,亲征太原,潘美时年五十五岁,以北路都招讨制置使之职从征。无论是战前布置作战方略,还是战争中积极御敌,潘美都发挥了重要作用,受到了宋太宗的赏识。

从潘美的经历我们可以看到,他从一名小小的文职官员一步步弃文从武,发展到宋初发挥重要作用的武将,在为官过程中,潘美都是尽职尽责,那么为何潘美却在历史上留下奸佞臣子的臭名呢?

这要从杨业与潘美的矛盾说起。

杨业归宋之前,是北汉的大将,潘美随军出征太原,攻打北汉,两军阵前,杨业武功高于潘美,曾枪挑潘美于马下并刺了他十多枪,而佘太君也曾将潘美射下马来,潘美重伤差点丢了性命。从此,杨业夫妇便得罪了潘美。杨业夫妻归顺宋朝后,更是被潘美视作眼中钉,肉中刺,潘美必欲除二人而后快。

在雍熙三年的北伐中,潘美被任命为出征三路的西路军主帅,杨业为副帅,在演义小说与传统戏剧中,潘美被刻画成一个夺权篡位,勾结契丹颠覆宋朝的大奸臣。为了扫除障碍,潘美借陈家谷战事的机会,害死了杨业,而杨业的儿子七郎跑出向潘美搬救兵,却被潘美用酒灌醉后乱箭射死;六郎再次求救,也差点被潘美捉住杀掉,六郎最终忍无可忍,向太宗状告潘美,杨业与七郎冤死这才真相大白。最后潘美兵权被夺,背负奸臣臭名,受到了后人的斥骂。

其实,历史上潘美在陈家谷之战中,是否把杨业置于死地,以求谋叛篡权,并无确凿证据,而从潘美一向的所作所为来看,凭其机敏的头脑,不可能愚蠢到与宋太宗这个精明的帝王为敌的地步,而潘美也无任何败行惹恼了宋太宗,相反,他的女儿还被太宗聘给太子,也就是后来的仁宗为妃。所以潘美谋反的可能性并不大,至于戏曲中的潘美欲谋反的说法也许是艺术加工的。那么潘美在杨业之死中又扮演了一个什么样的角色呢?陈家谷之战前夕,杨业提出佯攻应州吸引寰州辽军。而后避敌锋芒直入石碣谷,采取这样的迂回战术应该胜算较大。然而监军王侁仗着自己军事特派员身份,可与皇帝直接上报的特权很是嚣张,极力贬抑杨业,还讥笑杨业胆小惧敌,甚至责问杨业是否久怀异志。另一位监军刘文裕则由于曾因过失受到过杨业责骂而一直怀怨在心,他听到王侁的错误意见,不从事实出发,而从人情世故出发,一味地附和王侁,二人联合意欲逼迫杨业白白送死。潘美作为大将也坐视不管,在杨业陈家谷战斗时撤退军队,使杨业失去援助,兵败被俘。

潘美作为元帅,指挥不力,对陈家谷之战的失败特别是杨业的被俘而死应负主要责任,但是潘美毕竟是宋初的功臣,在朝野口碑也不坏,所以宋太宗只是对其进行责制,由原来的检校太师降成了检校太保。一年后,太宗又发出诏令恢复了潘美的检校太师职务,仍任并州都总管,显示了皇帝对这位老臣的充分信任。潘美死后,更是配享太庙,作为一名臣子来说,不能不说是极大的荣耀。

潘美以文官出身领兵,屡次建功,战功卓著,对宋王朝的贡献也是有史可载,但由于潘美陈家谷之战的败笔,以及人们对杨家将一门忠烈的敬仰,使得后人对这位历史人物一贬再贬,潘美的业绩与一世英名受到了不应有的歪曲。

杨门女将的真相如何

在杨家将中,不仅男子多是能征善战,冲锋陷阵的真英雄,而且女子也是巾帼不让须眉,也有不少英名垂世的女中豪杰。真可谓是虎父无犬子,将门无弱兵啊!

杨门女将

余老太君,原名佘赛花,是杨业之妻,杨府的老祖宗。后代在戏曲中演她百岁高龄,在面临辽兵入侵宋境,仍能挂帅领兵,赶走契丹兵,实在是让人敬佩。但是很多相关史料却不见记载有佘太君的事迹,这不禁让人们产生疑问:究竟佘太君有没有挂帅领兵? 甚至有人发出疑问:究竟历史上是否真有佘太君其人?

有学者经过考证,历史上确实存在佘太君其人,不过佘太君不姓佘,她本姓折,后人讹传,所以就改成了佘姓。杨业年轻时,在离石、临县一带的七星庙驻防,迎娶了府州折家的女儿。折家屡世居住在陕西府谷,从折氏曾祖以来,世袭军职,多次参加抗辽战争,而杨家也是世居此地,代代习武,两家正所谓是门当户对,天作之合。那么佘太君的称谓又是怎么来的呢? 按照宋制,凡是有功之臣的妻、母都要有所封赠,以示奖励。宋太祖赵匡胤当初建制之时,就下诏制定文武群臣母妻的封号,其中庶子、少卿、刺史等的母亲封为县太君,妻子封为县君。而折氏的儿子如杨延昭等,位居刺史之上,他母亲应受封为某县太君的,所以后来人们就叫她佘太君了。

折太君精通武艺,善骑射,训练以婢仆为主的家兵,上阵打仗,助夫立功,但是对于杨门这样的习武家庭而言,这本是平常的事情,所以没有折太君立传也不足为奇。

　　杨门女将中除佘老太君以外，还有另外一个受人瞩目的女将，就是穆桂英。戏曲中多次讲穆桂英领兵挂帅，充当大将，频频扭转战局，说的是玄之又玄，然而令人费解的是，像穆桂英这样一位颇有影响的历史人物，在正史中也未有记载，既然曾拜大将，又曾力挽狂澜，为何死后却默无声息？对此，后人十分不解。

　　既然正史没有记载，不少人就对穆桂英本人的存在提出了质疑，认为是戏曲中的虚构人物，那么事实究竟如何呢？传说穆桂英是杨延昭之子杨宗保的妻子，她敢作敢为，性格开朗，坚持女性独立，婚姻自由，当初杨宗保不同意与她结婚，穆桂英拿出刀来架在杨宗保脖子上逼其成婚，最终二人也是美满幸福。穆桂英生为巾帼，不让须眉，过门不久就领兵挂帅，年过半百还跨马领兵，她被塑造成一位内外有度，勇敢有为的巾帼英雄。但由于在史料上找不到记载，人们认为她是虚构的人物，甚至有人提出观点说不仅穆桂英是虚构的，而且杨宗保这人在历史上压根就不存在。也有人说穆桂英这个人是虚构的，但却可以从杨氏的眷属中找到原型。杨延昭的儿子杨文广有位堂兄叫杨琪，此人曾娶慕容氏为妻，而穆桂英的姓也许是"慕容"氏的转音，"桂英"也只是民间通俗的名字，戏曲小说本就允许改编，这样以慕容氏为原型的穆桂英这一形象就很快流传开来。况且，慕容氏是当时鲜卑大族，也是世代习武，与杨家通婚也是不无可能，不过终归猜测，没有真凭实据。

　　有些人则认为关于杨门女将的真相如何，并没有任何史料加以对证，而民间传说出于褒善抑恶的传统观念，逐渐塑造而创造出了像佘太君、穆桂英这样内涵丰富的艺术形象。但是艺术与史实并未完全脱节，对于这些艺术形象加以细察，还是可以找出一些史实影子的。就说传统戏曲中穆桂英大破天门阵那回，穆桂英率军大破敌兵，让宋朝子孙扬眉吐气。然而历史上却是南宋将领折可求在天门关与金兵激战，大败后许多人仓皇南逃，兵败如山倒，宋朝河山损失无数，许多人背井离乡，饱受战败的恐惧。为彻底抹掉战争阴影，话本小说的作者将此事巧妙移到穆桂英身上，由大败变为大胜，在心理上寻求了安慰和平衡。

　　众所周知，传说中的杨家将故事，多是以小说和戏曲演唱等艺术形式流传下来的,中间加上了无数人的艺术加工和改编,不过尽管有些情节与人物史书没有记载,也没有真凭实据,但杨家将的故事主体是事有源流的。杨门九代精彩而又悲壮的故事代代流传,经久不衰,受到了社会各层的广泛喜爱。

杨业到底有几个孩子

传统戏曲中,杨老令公与妻子佘老太君一共生有九个孩子,七儿二女。然而史书记载的却并非这样。《宋史》中的《杨业传》记载说杨业共有七子,而南宋李焘所著的《续资治通鉴长编》卷二十七中则说杨业仅五子。至于南宋王称的《东都事略》中却只指出杨延昭一个儿子,从诸种史料看来,到底杨业有几个孩子呢?以上的史料哪种更为可信呢?其实我们不妨暂以《宋史》为准,因为《宋史》基本上是宋朝人所修的国史实录,资料比较可靠。

也许杨业与折氏所生七子之外,还有几个女儿,但是史书中并不见到他们的名字,大部分学者分析可能是因为古代女子政治地位不高,所以省去不说。

杨业的孩子中留有盛名的一个是杨延昭,他本名延朗,为避宋皇室"圣祖"赵玄郎的讳,改名为延昭。北汉天会元年生于太原,宋大中祥符七年卒天高阳关戍所,终年五十七岁。杨延昭在元代罗烨《醉翁谈录》中称为五郎,在《保德府志》和《杨家府演义》中说是四郎,但清代康基《晋乘搜略》中却说是六郎,而民间戏曲中也都说是杨业的六子,传着传着,杨延昭就成了威震三关的"杨六郎",深受其部将边地人们的爱戴与契丹军的惧怕。

杨延昭从小随杨老令公在军中长大,爱好军事,喜欢打仗,杨业曾欣慰地指着杨延昭说延昭最像老令公自己。每次杨老令公出征,总带延昭去,到杨业陈家谷受难殉国那年,杨延昭二十九岁,已是独挡一年的勇将了。他继承老令公的遗业,在保州守边,勤恳尽责,美名远传,连宋真宗都赞扬他有"乃父"之风。杨延昭不仅勇气过人而且遇事有谋略。在澶州之役,萧太后率辽兵直取澶州,逼近宋统治中心时,他不仅上奏真宗,献上奇策未被采纳后又率不足万人的部队直闯辽境,收复了辽境内的古城,这使得辽兵无心恋战,提出和解。

澶州之役后,杨延昭被屡屡升职,受到真宗的赏识,而杨延昭在任上也是尽职尽责,很好地守护住了边关。

杨业的四子与五子也是颇受后人争议的人物。杨四郎在正史中记为延环,而在民间戏曲中则叫作延辉。元曲中曾说杨四郎在两狼山战役后即失踪了,而在明代《杨家府演义》中说杨四郎在战斗中并未失踪,而是被辽兵捉住,受到了萧太后的招降,但杨四郎宁死不屈,慷慨陈词:"大丈夫不怕死,要杀要剐,悉听尊便。"说罢,不再言语。原本萧太后很喜爱杨四郎的一身好武功,就不舍得杀掉这名武将,眼下又见得杨四郎生得一表人才,又有浩然正气,于是将琼娥公主许配给杨四郎,这样杨四朗就做了契丹人的驸马,在后人的眼中他变成了一个屈膝气降,叛君忘父的坏人。《宋史·杨业传》中却记载,杨业占殁后,杨四郎被朝廷封做了殿直官,并未有变节行为。

至于杨五郎,后人也将其传得纷纷扬扬。他本人的真实姓名已不得而知,可能是延玉,也可能是延德或延贵。但大多数戏曲,小说、杂记却不约而同地记载,杨五郎在两狼山之战后,看破了红尘,到五台山做了和尚。南宋的话本中,明代的传奇小说还有清代的《武台山》一类的剧目,都指出了杨五郎"为僧"的事情,而在正史中也对杨五郎没有过多的记载。或许五郎真的是饱尝战争煎熬与政治斗争的无情,而遁入空门去了。

杨业的其余几个儿子记叙得并不是很多,而在《宋史·杨业传》中也只是记录了他们的名字与朝廷赐的官职。戏曲中所说的杨老令公的两个女儿八姐、九妹并未入正史,而在传统戏曲中她们也能打能杀,忠贞报国。

寇准是否善终

寇准是宋朝有名的官吏,他在历史上留有美名,深受人们的爱戴与尊敬。他一生刚直不阿,疾恶如仇,遭到了反对他的人的仇恨和敌视,但他却能得以善终,这实在是他的优秀的品格受到了人们的爱戴之故。寇准从小喜爱读书,聪颖异常。八岁时,就写过一首《华山诗》。十几岁时,把《春秋》三传读得烂熟,且能说出其中异同。十九岁时，就考中了进士，当时科举取士，年纪轻的考生往往不被录取，曾经有人让他增报年龄，可是寇准却回答说："我刚要上仕途，怎能欺骗君主呢？"结果，寇准考中了进士，被授予大理评事，知大名府成安县。三十一岁时，他做到北宋的参知政事（副宰相）。他年轻有为，才能出众，既不玩弄权术，哗众取宠，也不阿谀奉承权贵，以保全自己的官位，这样年轻有为的副宰相在中国历史上并不多见，而且他为官清廉，处处为国为民，在历史上留下了美名。

端拱二年的一天，寇准上朝奏事，不知因为什么原因触犯了宋太宗，太宗大怒，拂衣而起准备退朝。文武大臣早吓得大气都不敢出，唯恐太宗怪罪到自己的头上。年轻气盛的寇准却一点也不害怕，不但没有跪下领罪，而且还拉住太宗的衣服，要他坐下来听自己把话说完。太宗无奈，只好生气地坐下来听寇准详细解释。最后太宗不得不承认寇准说得有理。事后，太宗也觉得寇准和那些阿谀奉承只讲好话的大臣们不同，国家的富强需要寇准这样刚直无私的人，所以心里还是十分喜欢这个敢于直言犯上的年轻人，并把他比作是唐朝的魏征。

有一年，中原地区大旱，一连几个月滴雨不下，宋太宗整日愁眉不展。一天，在朝堂上，许多喜欢溜须拍马的大臣引经据典地劝解太宗说："水旱灾害自古以来就是上天决定的，即使是古代的圣明君主在位时也都难免会发生这样的事。比如，著名的圣王商汤在位时，曾经大旱六年，庄稼颗粒无收。这难道能说是商汤不贤明吗？所以陛下不必为这件事过分自责。"太宗听完这些话后，心中才略感宽慰。不料正在这时，年轻的寇准出班奏道："陛下，臣以为旱灾之所以发生，是因为朝廷的刑罚有不公平的地方。古书上说，商汤在位时，六年大旱，圣王商汤为了救民于水火之中，自己甘愿斋戒三日，沐浴更衣，端坐在干草堆上，以自焚来向天地谢罪。上天为商汤的诚意所感动，立即降下大雨，大火被浇灭，圣王不但免于一死，六年的旱灾也一下子得到缓解。"同样的一件事，经寇准的口中一说出来竟变成了这种味，太宗的脸一下子又变阴了。"寇准！你今天给朕说个明白，朝廷的刑罚有什么不公平的地方。"太宗愤怒地喊了起来。只见寇准不慌不忙地回答道："不知陛下还记得不记得，去年，有两个州府的小吏因犯了贪污罪被处死。可是今年参加政事王沔的弟弟王准，贪污国家的财产达千万两白银以上，给他的刑罚却是在大理寺堂上轻描淡写地打了几十棍就完事了，不久他又官复原职。这样的刑罚难道说是公平的吗?"文武大臣都知道这件事，王沔也低头不语。太宗觉得寇准说得有理，于是下诏清查全国的冤狱，这样不少被冤枉的人重新获得了自由。寇准假借天命对仁宗进行了一次直言劝谏。

后来，寇准被真宗任命为宰相，丁谓充当他的副手，任职副宰相。丁谓是一个善于溜须拍马、阿谀奉承的小人。有一次，寇准和丁谓一块参加了朝廷的一个公宴。处处想讨好自己顶头上司的丁谓专门和寇准坐到了同一张桌上，不时起身为寇准倒茶水、倒酒、夹菜，卑躬屈膝的小人之样显露无遗。寇准虽然很恼火，但碍于众文武大臣的情面，不好发作。正在恼怒时，寇准一不小心在低头吃菜时，胡子也伸进了菜盘子里，还未等寇准反应过来，一直在紧盯着他的丁谓已经拿了一块干净的手绢走来，弯腰屈膝准备为寇准擦胡须。当着这么多大臣的面，胡须被菜汤弄脏已经使寇准很是难堪，丁谓的这一举动更是把所有人的目光都吸引到这张桌上来了。寇准的怒气再也压不住了，对丁谓说："你官居参加政事，是堂堂的国家大臣，怎能做出这种为自己的长官擦胡须的举动呢?"声音虽然不高，但却是那样的严厉，丁谓好不尴尬，红着脸退回到了自己的座位上。刚直的寇准并没有把这件事放在心上，和丁谓的合作仍然和从前一样自然、顺利。但是，丁谓是个小人，后来罗列了寇准的几条罪状，背后暗算曾经提拔自己的寇准。

寇准一生为官清正，他刚直无私，疾恶如仇，受到了人们永远的敬仰。寇准去世后，人们将他的尸体运回洛阳安葬。途中经过他曾为官多年的荆南公安县时，县里的人都聚集在路两旁，哭着祭奠他。当地老百姓还为他建了一座庙，每年都按时祭祀他。传说祭奠他的人折下竹子插在地上，在上面挂上纸钱，过了一个月再看时，那些枯竹已长出竹笋来。在寇准去世十一年后，朝廷恢复了他太子太傅的官衔，追赠他为中书令、莱国公、后来又赐谥号"忠愍"。

司马光是怎样写成《资治通鉴》的

司马光,字君实,陕州夏县(今山西夏县)人。他从小聪颖过人,勤奋好学,酷爱史书。五岁时就能熟练背诵《论语》《孟子》等古文篇章,七岁时,听人讲解

司马光

《左传》,就能理解它的基本思想,并且还能生动地讲给家里人听。除此之外,年少时,他就读了《史记》《汉书》等史书,对于这些书籍,稍能了解文章大意,就手不释卷,甚至忘记饥渴寒暑。他热爱读书,用他自己的话说是"自幼至老,嗜之不厌"。仁宗宝元初年,也就是司马光刚满二十岁那一年,他考中进士甲科,授奉礼郎。司马光的这些早年的经历对他以后治史产生了重要的影响。

司马光在长期阅读史书的过程中,他对于中国古代的史书有着深切的感受,他认为中国古代的史书虽然很多,可是由于没有一部书系统地记载从古到今的历史,所以造成了中国古代历史的纲目不清,给研究历史的人带来了一定的困难和不便。所以,他决定要集采众家史书的长处,着手编写一部以年为经,以国为纬,有鲜明时间和空间特色的史书,方便后人读史,也使中国古代的历史记载不再由于朝代的更迭而被分割得支离破碎。

而当时的皇帝宋英宗为了维护帝王的统治,也很想请那些学识渊博的大学士编写一部有关历代君臣事迹的书,供后世帝王借鉴和仿效。司马光把自己的

一些设想和英宗的想法揉合到一起,就承担了这项工作,开始着手编写新的史书。

司马光采用《左传》编年记史的方法,从战国开始写到秦二世时期,起草完成了《周纪》5卷,《秦纪》3卷,总共是8卷的编年史,合称为《通志》。到公元1066年,就把他作为样书呈送给英宗皇帝。结果,这部《通志》受到了英宗的肯定和支持。英宗鼓励司马光继续编写,并且还下令设置书局(在汴京城的崇文院),让司马光带领着一批历史学家如范祖禹、刘恕、刘颁等进行编写。这批历史学家根据各自的爱好和特长,进行了不同的分工,与司马光密切配合,正式开始编撰从古至今的一部通史。

宋英宗去世后,继位的宋神宗也十分重视这部史书的编写工作,他建议把书名定为《资治通鉴》,还亲自为书作序,命司马光每日进读。"资治"就是帮助皇帝治理好国家,"鉴"是镜子的意思。"资治通鉴"就是这部书能够使皇帝借助历史这面镜子来分清是非功过和利害得失,以求作为统治阶级巩固封建政权的借鉴。

司马光在编写过程中,态度特别认真,史料记载说他在每次编写一个内容之前,都要先广泛收集史料,包括正史、杂史等,然后本着实事求是的态度,考证史料的真伪,继而拟定总提纲和分目提纲,根据时间先后顺序排比史料,删繁就简,咬文嚼字进行编写。因为司马光是总纂官,所以他还要呕心沥血地修改稿子,手下的历史学家所写的每部书稿他都要亲自过目,据说当时经他修改过的书稿堆满了两间屋子,里面没有一个草字,写的都是楷书。司马光为编写《资治通鉴》付出了自己毕生的心血和精力。他从公元1065年开始,到公元1084年成书,前后共用了19年时间。他十九年如一日,废寝忘食、夜以继日地工作。为了不使自己因过度劳累睡过了头,耽误写书的时间,他曾经专门请人制造了一个圆木枕。睡觉时,只要圆木枕轻轻一动,头就会落枕,把自己从睡梦中惊醒,这样他就可以早点起来继续写书,司马光的那个圆木枕就被人们称为"警枕"。司马光的这种勤奋治学、一丝不苟的精神广为人们称道。

司马光所编写的《资治通鉴》一书中记述了从公元前403年至公元959年

总共1362年的历史，共294，卷。完整地介绍了各个朝代重大的历史事件的前因后果，各种政治、经济制度和文化成就；还记录了一些重要历史人物的事迹和思想。司马光编写《资治通鉴》的目的主要是为封建统治阶级服务的，可是客观上，《资治通鉴》一书也继承和完善了我国史书中的编年体记史的体例，对中国历史文化的传播做出了重大贡献。

李纲是如何守住京城的

两宋时代的中国虽然号称是统一的国家，实际上却一直处在分裂的状态中，而且几百年间一直战事不断，在宋、辽、金、元、西夏等国家之间常常发生战争。在这种种纷争中，也涌现出了无数的民族英雄、仁人志士，像名扬千古含冤而死的大将岳飞，甘愿拼却一死而青史留名的文天祥。还有一位不经常为人所知的民族英雄李纲，也同样在宋金的征战中立下了汗马功劳。

金太宗灭了辽朝之后，借口宋朝收留了一名辽朝逃亡的将领，分兵两路进攻北宋。西路由宗翰率领，攻打太原；东路由宗望率领，攻打燕京。两路大军约好在北宋的首都东京会师，一起攻打东京城。

北宋的军队简直不堪一击，在金朝大军的进逼下节节败退，前线的告急文书像雪片一样飞向北宋朝廷。金太宗又派使者到东京，明目张胆的胁迫北宋割地称臣，满朝文武大臣都吓得不知该怎么办，许多人主张弃城逃跑。正在这最危急的时候，只有正作太常少卿（掌管礼乐和祭祀的官）的李纲站出来独排众议，坚决主张抵抗金兵。

这时战场上的形势已经越来越不利于宋朝军队了，西路金兵攻下燕京后，宋将郭药师投降。宗望就让郭药师做向导，领兵南下，直取东京。

宋徽宗见形势危险，急得团团转，却又想不出什么退敌的办法，拉住大臣的手连连叹气说："唉，没想到金人会这样对待我。"话还没说完，一口气就塞住了喉咙，昏厥过去，倒在床上。大臣们手忙脚乱地把他扶起来，把太医请来急救，总算把他救醒过来。徽宗眼看没什么办法可想，自己又不想承担一个亡国之君的恶名,就把责任推给自己的儿子。他向左右侍从要来纸笔,写下了"传位东宫"的诏书,宣布退位,作了太上皇。不久,他就带着两万亲兵逃出东京,到亳州去(今安徽亳县)避难,而把京城的乱摊子留给了新皇帝。

太子赵桓即位,就是宋钦宗。宋钦宗把主战的李纲提升为兵部侍郎,并且下诏亲自讨伐金兵。其实,宋钦宗虽然如此做,但心里实在没有什么把握,七上八下的也没主意。

这时,宋军在前线接连打了几个败仗,东京的局势日渐危急。一些怕死的大臣开始纷纷劝宋钦宗逃跑,宋钦宗也动摇了。

李纲得知这个消息,立刻求见宋钦宗,说:"太上皇(指宋徽宗)传位给皇上,正是希望陛下能留守京城,陛下怎么能走呢?"

宋钦宗还没开口,宰相白时中先搭了腔,说:"敌军声势浩大,眼看就要攻进东京,哪里能守得住?"

李纲驳斥他说:"天下的城池,没有比京城更坚固的。再说,京城是国家的中心,文武百官集中在这里,只要皇上督率抗战,哪有守不住的道理?"

旁边有个宦官也嘟嘟囔囔说东京的城池不牢固,抵挡不住金兵进攻。宋钦宗叫李纲视察城池。李纲回来报告说:"我视察过了,城楼又高又坚固,护城河虽然浅狭一些,只要安下精兵强弩,不愁守不住。"他还提出了许多防守的措施,要求钦宗团结军民,共同坚守京城,一旦等到各地的援军到来,就可以开始组织反攻,到时形势就会大变。

宋钦宗听了还是有点犹豫,说:"那么,谁能担当守城的重任呢?"

李纲把目光向大臣们扫视了一下,说:"国家平时用高官厚禄供养官员,就是为了危急的时候要大家出力。白时中、李邦彦身为宰相,应当担当起守城的责任。"

白时中、李邦彦正是最主张迁都的人,这时在旁边听了李纲让他们防守京城,都急得直翻白眼。白时中气急败坏地嚷道:"李纲你说得好听!你能带兵打仗吗?"

李纲神色从容地说:"如果陛下不嫌我没有能耐,派臣带兵守城,臣甘愿用生命报答国家！"

宋钦宗看李纲态度这样坚决，就派他负责全线防守。

李纲受命督战以后，马上离开皇宫去部署防卫。可是，白时中等人并不死心，等李纲一走，又偷偷地劝钦宗逃跑。第二天一早，李纲上朝的时候，只见禁军列队在皇宫两边，车马仪仗都已经准备停当，只等钦宗上车出发了。

李纲大为恼火，厉声对禁军将士说："你们到底愿意守卫京城，还是想逃跑？"

将士们齐声回答说："愿意保卫京城！"

于是，李纲就和禁军将领一起进宫，对宋钦宗说："禁军将士的家属都在东京，不愿离开。如果强迫他们走，万一半路上逃散，敌人追来，谁来保护皇上？"宋钦宗一听逃跑也有风险，才不得不留下来。

李纲立刻出宫向大家宣布："皇上已经决定留守京城，以后谁再提逃跑，一律处斩。"兵士们听了，都高兴地欢呼起来，都说在这种国难当头的时候，愿意为国家誓死一战。

李纲稳住了宋钦宗后，就积极准备防守，在京城四面都布置了强大兵力，配备好各种防守的武器；还派出一支精兵到城外保护粮仓，防止敌人偷袭。

过了三天，宗望率领的金兵已经到了东京城下。他们用几十条火船，从上游顺流而下，准备火攻宣泽门。李纲招募敢死队兵士两千人，在城下列队防守。金军火船一到，兵士们就用挠钩钩住敌船，使它没法接近城墙。李纲又派兵士从城上用大石块向火船投掷，石块像冰雹一样泻了下来，把火船打沉了，金兵纷纷落水。

宗望眼看东京城防坚固，一下子攻不下来，也怕自己孤军深入，一旦宋朝的援军到来就会陷入包围之中，就派人通知北宋，答应讲和。宋钦宗和李邦彦一伙人早就想求和，一听到这个消息，立刻派出使者到金营谈判议和条件。

宗望一面向北宋提出苛刻条件，一面加紧攻城。李纲亲自登上城楼，指挥作战。因为将士们都齐心协力，坚决抵抗，金兵纷纷应弦倒下。李纲又派几百名勇士沿着绳索吊到城下，烧毁了金军的云梯，杀死几十名金将。金兵被杀死的、落水淹死的不计其数。战场上的形势一时发生了很大的逆转。李纲本来就打算等援兵到来，一起合围金兵的。现在看到战场形势好转，非常高兴，知道京师可以保住了。但是，正当李纲指挥将士拼死抵抗的时候，宋钦宗的使者却带来了金营的议和条件。

后来，宋朝就和金朝签订了丧权辱国的合约，甘心向金朝称臣纳贡，李纲的一番反攻的苦心计划没有用武之地了。

"苏黄米蔡"的"蔡"究竟是谁

在书法史上，说到宋代书法，一向都有"苏、黄、米、蔡"四大家的说法，这四人被认为是宋代书法风格的典型代表，他们在书法上都有很深的造诣。在"苏、黄、米、蔡"四大家中，前三家分别指苏轼(东坡)、黄庭坚(涪翁)和米芾(襄阳漫士)。从书法风格上看，苏轼的书法丰腴跌宕，天真烂漫；黄庭坚的书法纵横拗崛，昂藏郁拔；米芾的书法则是俊迈豪放，沉着痛快。他们总的特点都是不仅基础深厚，而且都富于创新精神，书风更是自成一格，各有千秋，因此后人对这三人多加推崇，将"苏、黄、米"三人列于四家，一向没有任何异议。可是唯独列于四家之末的"蔡"，他究竟指谁呢，对此人们却有很大的争议。

大多数人认为所谓"蔡"是指蔡襄(君谟)，他的书法的显著特点是讲究古意与取法晋唐，他所留世的正楷沉着端庄，行书淳清美妙，草书则参用飞白法，谓之为"散草"，蔡襄的书法在后人看来自成一体，非常精妙。当年宋仁宗就特别喜爱他的书法，曾经特地让蔡襄书写国舅陇西王的碑文，后来又让他书写温成后父的碑文。由此可见，蔡襄的书法艺术受到了仁宗皇帝的喜爱与褒奖。不仅如此，蔡襄的书法艺术还受到了当时文人的重视，书法四大家之一的黄庭坚就曾经说："苏轼和蔡襄都是翰墨的豪杰，让人敬佩。"当时的文坛领袖欧阳修也曾经说："蔡君谟的书法是天下无双。"可是蔡襄本人却十分谦让，始终不肯主盟书坛。苏轼还在《东坡题跋》中称赞蔡君谟的书法变幻有灵气，应该列为本朝第一。那么按蔡襄生活的同朝人的说法，既然是"本朝第一"，而其书法人们又认为可以"主盟书坛",那么蔡襄列于四家之中理应当之无愧。

可是到了明清时期,又产生了新的说法,这种说法认为从书风的时代特色以及四家的排列次序来说,"蔡"不是指蔡襄,而是指蔡京,可是后人恨透了这个败坏国家法度的人,才以蔡襄取代了他。明代著名的书画鉴赏家张丑就曾在《清河书画舫》中说,宋人一直所说的苏、黄、米、蔡四大书法家,其实蔡指的是蔡京。后人因为厌恶蔡京为人,才说为蔡君谟的。可是蔡襄所处年代本在苏、黄之前,不应列在最后,按前面三人的排列顺序来看,那蔡无疑一定是蔡京了。再说蔡京的笔法妖姿妩媚,书法也似乎更富有新意,也更能体现宋代"尚意"的书法美学情趣。因而在当时已享有盛誉,朝野上下学习他的书法的人也相当多。元朝陶家仪在《书史会要》中曾引用了当时评论者的话,是这样说的,蔡京的字严谨却不拘束,飘逸却不逾规矩,他的楷书像佩剑的武者屹立在庙堂之上;他的行书像贵公子一样,意气风发,光彩熠熠;至于草书更是冠盖绝世,鲜有匹敌。这体现了蔡京当时在书法艺术上是很有地位的。另外虽然蔡襄的书法在北宋前期被推为"本朝第一",但是自北宋中期宋代书法新风貌形成后,人们对蔡襄的书法就不再捧为至尊了。像苏东坡在《东坡题跋》中说蔡君谟书法在宋初被认为是当朝第一,可是到北宋中期文人谈论君谟书法时已经不认为是最好了。虽然苏轼始终坚持蔡襄为第一的看法,但至少在北宋中后期,人们对蔡襄的评价已经不那么一致了。还有,从排列次序看,苏、黄、米三家有明显的年代排列次序,可是蔡襄是仁宗时人,年辈最高,列于哲宗、徽宗时的米芾之后,的确是有疑问。

对于这种"蔡京说","蔡襄说"的支持者们提出了强有力的反驳,他们指出虽然"宋四家"的说法迄今为止未见于宋人文献,但是在南宋遗民王存的记载里明确地提出过"四家"之说。他曾在《跋蔡襄洮河石砚铭》墨迹中称蔡襄书法笔力疏纵有力,自成风格,当时就被列入"苏、黄、米、蔡"四大家之中。他认为苏东坡的浑浩流转,以神色为最,黄庭坚的字瘦硬通神,而米芾的字纵横变化,以放笔为佳。可是君谟的作品虽然十分遵循古法,也不免有时放纵,但总体而言还是中正不倚的。从南宋遗民王存的讲述中我们不仅知道了当时有四家之说,而且这四家明确无误是苏轼、黄庭坚、米芾、蔡襄。此外,"蔡襄说"的支持者们还指出,在书法史上,蔡襄的书法楷、行、草书独树一帜,而且又屏弃帖学,振兴书风,可说是位书法全才,因此,从总体上看,其成就显然是超过蔡京的。至于四大家的人物排列次序,持"蔡襄说"的近代人张伯驹曾在《宋四家书》一文中指出,按年代次序应是蔡、苏、米、黄,可是大家都读成苏、黄、米、蔡,其实是因为阴阳平仄顺口的关系,人们读习惯了就成这样了。这种说法说明排列只是读音上的顺口而已,与四大家的年代前后是没有关系的。

从以上两派的争辩看来,"蔡京说"和"蔡襄说"好像各有千秋。只是由于蔡京身为乱国"六贼"之一,人们从感情上实难接受他,所以人们多倾向于蔡襄说。但真正宋代书法四大家中的"蔡"指的是谁,还有待进一步考证。

岳飞说过"黄龙痛饮"这句话吗

关于南宋的抗金英雄岳飞,人们有种种传说,其中在《宋史·岳飞传》中曾经有这样一段记载。岳飞在出征前,经常勉励他的部下说:"直抵黄龙府,与诸君痛饮耳!"这句话极大地鼓舞了士气,岳家军从他们的统帅岳飞身上体会到了英雄的豪迈气概和必胜的决心。因此,在后代人们鼓舞士气、激励豪情的时候,就常常使用这句"直捣黄龙""黄龙痛饮"。说起这句话,就联想到了岳飞那大无畏的气概和精神。可是,现在人们却说这句话是"子虚乌有"的,岳飞根本就没有说过,这究竟是怎么回事呢?

部分学者经过考证,他们认为《宋史·岳飞传》中的这段记载,来源于南宋时岳飞的后代岳珂所编写的《金佗(禾卒)编》一书中所收入的岳飞的议论言辞里。其中有关"黄龙痛饮"的一部分记载是依据黄元振的杂记。杂记中的原文是:"将士们,你们都知道黄龙城吗?那座城就和这座山一样高……有一天我们打到黄龙城时,一定要奏乐饮酒,好好地慰藉我们今天的辛劳啊!"这也就是在正史中的关于"直捣黄龙"的记载。如果黄元振关于岳飞的这段记载是真实可靠的,那些学者们指出,根据这段话可以推断出:第一点,岳飞以前曾经见到过黄龙城,所以知道这座城的高度。第二点,岳飞确实曾经以直捣黄龙、黄龙痛饮作为自己的奋斗目标,并且用这个目标来激励他的部下。

但是,有些学者对岳飞是否到过黄龙城和岳飞是不是真的提出了"黄龙痛饮"这两个问题提出了疑问。持怀疑态度的人们认为:首先他们查阅了岳飞现存的许多文章、札记,并没有见过有关岳飞深入敌军腹地、搜索山川地理的文字,也没有见到岳飞有率军直捣黄龙的计划和请求。其次,黄龙府故城(在今吉林省农安县附近)是由辽代建置的,这座城池是金国都城会宁府附近的重要军事据点,它坐落在遥远的东北地区。后来金国将它称改为济州,不过世人仍然沿用"黄龙"这一辽代以来的旧称。从通常的情况来说,南宋的臣民如果不是出于外交的身份,奉命出使的话,是不可能到达这座军事重镇的。而岳飞常年领兵打仗,他没有出使金国的机会,在宋朝的文献中也从来没有发现岳飞到过女真旧境的蛛丝马迹,所以岳飞没有可能见到过黄龙城。还有如果能够客观地分析南宋初的兵力配置和财政支持,那时宋朝的军事实力确实十分的弱小,也许他们可以勉强收回中原失地,血清靖康之耻。可是如果要收复五代以来就已经落入外族之手的燕云之地,以南宋的国力实在无法达到。按照"黄龙痛饮"的说法,岳飞要率领军队统一大江南北,这做到就当时的南宋局势来说,很不切实际,容易让士兵沮丧,岳飞又是一个懂得鼓舞士气的将领,所以学者们认为岳飞没有提出"直捣黄龙""黄龙痛饮"的口号,只是后人附会罢了。

那么"黄龙痛饮"这句流传了数百年的豪言壮语,的确是"子虚乌有"的吗?有的学者提出了反对意见,他们说文献记载不全。学者们推测,虽然岳飞成年后一直忙于转战于大江南北的战场,可是岳飞年少时曾当过韩琦家的庄客,当时韩琦有个已经出仕当官的曾孙韩肖胄,韩肖胄曾经奉命出使辽国庆贺辽主生辰。那年岳飞十六岁,有学者说岳飞应该是作为韩肖胄的随从到过辽都燕山的,在那里岳飞听说了黄龙故城,不过他并不知道那是辽国最远的城池,只知道徽钦二帝的囚禁之地离那里不远,所以就提出了"黄龙痛饮"的口号,鼓舞军队的士气。这种说法只是猜测,史料中没有过多的记载。

随着岳飞被"莫须有"的罪名杀害,人们已经不能用历史来证实岳飞究竟有没有说过这句话？即使是说过这句话，那么他说话的背景又是什么，有没有别的含义，这些问题的答案都随着昔人已逝，石沉大海了。

《满江红》是岳飞的作品吗

"怒发冲冠，凭栏处，潇潇雨歇。

抬望眼，仰天长啸，壮怀激烈。

三十功名尘与土，八千里路云和月。

莫等闲，白了少年头，空悲切。

靖康耻，犹未雪，臣子恨，何时灭？

驾长车，踏破贺兰山缺。

壮志饥餐胡虏肉，笑谈渴饮匈奴血。

待从头，收拾旧山河，朝天阙。"

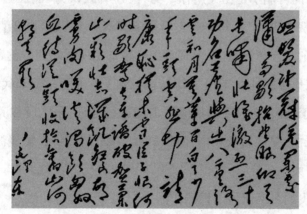

毛泽东手书《满江红》

这首千古绝唱《满江红》一直都被认为是南宋著名的抗金将领岳飞所作，岳飞在历史上是位文武双全，尽忠报国的好将领，他率领的岳家军声威远传，大败金国骁勇战将兀术。眼看着就要攻到黄河，率领百姓，重返中原故土，却被宋高宗与秦桧为首的主和派十二道金牌火速召回，以"莫须有"的罪名陷害，冤死在狱中。《满江红》一词慷慨激昂，豪气冲天，述说了一代名将岳飞誓将金兵赶出中原，洗雪靖康耻辱的豪情壮志，体现了岳飞收复失地的英雄气概和高尚气节。从古至今，每当国难当头，这首词不知激起了多少志士仁人前仆后继的奋勇斗争。

然而，却有人认为这首词并非岳飞所写，而是后人托岳飞的名字写的伪作，《满江红》也并非作于宋朝，而是写于明朝。因为它最早出现在明朝中叶徐阶所编著的《岳武穆遗文》里。首先对《满江红》的作者提出质疑的是近代著名的学者余嘉锡。他在《四库提要辩证》中的《岳武穆遗文》条下，提出了两条质疑的根据：第一，这首词最早见于明嘉靖十五年（1536 年）徐阶编的《岳武穆遗文》，这篇文章的根据是弘治年间浙江提学副使赵宽所书岳坟词碑。这首词不见于宋人、元人的书中，却突然出现在明中叶，来历不明，深为可疑。第二，岳飞的孙子岳珂所编《金陀粹编》中的《岳王家集》也没有收录这首词。岳珂平生富于收藏，精于鉴赏，他与父亲岳霖搜访岳飞遗稿不遗余力。但是，从嘉定三年他为《岳王家集》作序到端平元年重刊此书，共经历了三十一年，仍未收入这首词。因此，这首词可能不是岳飞所作。另外，还有人认为《满江红》一词中写有"驾长车，踏破贺兰山缺"一句让后人更是琢磨不透，岳飞伐金要直捣"黄龙府"指的是今天的东北吉林省境内，而贺兰山一带却是明代时北方鞑靼人常常侵犯之地，距离岳飞伐金之地数千里之外，《满江红》不可能写于宋代，而是作于明代。还有人对于《岳王家集》中其他岳飞词进行考证，岳飞所作其他词，像《小重山》等格调低沉，是婉约派风格，而《满江红》则洋洋洒洒，慷慨激昂是豪放派风格，前后风格大不一样，所以根据以上观点，断定《满江红》并非岳飞作品，而是后人假借岳飞的名字流传于世的作品。

当然，更多的人认为《满江红》是岳飞的作品。台湾学者李安就写了《潇潇雨未歇——岳飞的〈满江红〉读后疑问》，认为《满江红》是岳飞的杰作。她根据史实提出了三条根据：第一，从"三十功名尘与土"一句，可知这首词是岳飞在三十岁或三十岁前后有感而作。岳飞三十岁时（1133 年）受到朝廷的恩宠，开始掌握指挥大权，因为责任重大，身受殊荣，感受深切，所以才作成这一篇壮怀述志的《满江红》词。第二，岳飞自二十岁离开家乡转战南北，至三十岁由九江奉诏入朝，行程加起来足有八千里，所以词中又"八千里路云和月"一句。第三,岳飞三十岁置司江州时,正逢秋季,当地多雨,所以词中又有"潇潇雨歇"一句。综上三条得出结论:《满江红》词是岳飞表达他本人真实感受在1133年(宋绍兴三年)秋季九月下旬作于九江。其他学者也都认为由于岳飞以"莫须有"的罪名被冤杀后,他的家产、文稿均被朝廷查封,因此岳飞的孙子岳珂所收录的《岳王家集》中很可能并未将岳飞的全部作品收入,另外由于南宋时一直是主和派在朝中主政,主战派代表岳飞冤死,一直没有得到朝廷的平反,就连同情岳飞的人也是非杀即贬,而到了元朝由于统治者大肆压制汉人,蔑称为"南人",岳飞这首慷慨激昂的词作《满江红》的命运,自然更是受到压制,于是直到明朝,才出现人们广泛吟诵的局面。

至于其中那句"踏破贺兰山缺"也不能就字论字地说《满江红》写于明朝。持岳飞作《满江红》说法的人们认为古诗词的意境本就应当含蓄为妙,为此要运用多种写作手法,像比喻引典之类。辛弃疾就曾在诗作中将"长安"比作"汴京",陆游也曾将"天山"比作"中原",同样,岳飞在《满江红》中用"贺兰山"借指敌境,这是种写作手法,我们不能单就字面意义去理解文学作品。

另外,就岳飞本人来说,虽然说他大部分词作的风格低回婉转,只有这首《满江红》粗犷豪放,但是并不是说岳飞本人只可以写一种婉约风格,不可写豪放风格的诗词,这种认识并不全面。就宋朝历史上的大词人而言,他们虽然各成一家,也并不是个个都是只有一种风格,随着时代境况,个人生活背景的变迁,像苏轼、辛弃疾,他们的词作中都是既有豪放之篇,又有婉约之作的。

但无论如何,《满江红》这首词所体现的岳飞崇高精神,激励了后世无数的仁人志士为了民族的自由和国家的富强而努力奋斗。

陆游怎会郁郁而终

陆游,是我国历史上著名的爱国诗人。宋朝著名诗人杨万里曾经评价陆游的诗是"重寻子美行程旧,尽拾灵均怨句新",意思是从陆游的诗词看,他的经历和生于"安史之乱"的杜甫(字子美)一样,都是一生颠沛流离。他坚决主张

老年陆游

抗击金兵,收复河山,却遭到了南宋朝廷内部投降派的压制打击,这又和屈原生的郁郁不得志相似。

陆游出身于仕宦家庭,他出生的第二年,金兵强渡黄河,开封沦陷,次年,徽、钦二宗被掠往金国,北宋灭亡,年少的陆游跟随着原本锦衣玉食的父母从中原渡黄河、淮水、长江,一路颠簸,逃归山阴故里。陆游青年时所生活的时代正是"靖康之耻"还在人们心头徘徊的时代,金兵的铁蹄不时叩打着南宋的大门,那个时代有点良知的人们全都致力于救亡图存。陆游的父亲同样也是一位爱国志士,他常常与那些志同道合的朋友对时政进行精辟的分析。陆游聆听着大人们对金人的唾弃,下定决心一定要为国雪耻。所以在这样的时代背景与家庭环境的熏陶下,陆游从幼年起,就勤奋读书,希望长大走入仕途,为国效力。

然而,陆游生不逢时,空有一番抱负却报国无门。那时,大奸臣秦桧把持朝政,也控制着全国人才的选录,科举考试从来都是非亲不录,人们气愤,但也毫无办法。陆游参加考试那年恰好秦桧的孙子秦埙也参加科举考试。考试之前,秦桧暗示主考官陈之茂将自己的孙子取为头名,可是陈之茂却秉公办事,按原审的诗文成绩列陆游为第一名。秦桧气急败坏,到次年京城殿试时,便对陆游策论中有关抗金的文字批以"文不对题",下令不准录取陆游,陆游空有一腔才华却无法报效祖国。直到秦桧死后,一日,孝宗上朝时间问大臣周必大:"当今世上有无与诗仙李白可比的大诗人呢?"周必大说:"唯有陆游。"孝宗惊讶:"陆游是什么人呢?"这时在朝的几位老臣纷纷奏报当年陆游科举第一名,秦桧却篡改的事情,孝宗紧急下诏,让陆游进朝做官。开始时,陆游迁大理司直、枢密院编修兼编类圣政所检讨官,并被赐进士出身,他提出了许多军政改革的建议。不久却被朝廷贬职,以后再没有重用。他先被贬为隆兴(今江苏省镇江市)通判,后来又因为"交结台谏,鼓唱是非,力说张浚用兵"的罪名被罢免,直到孝宗乾道六年(公元 1170 年)再次起用,不过这一次是到夔州(今重庆市奉节县),实际上是相当于流放。

其实当年陆游入朝为官只是想带兵抗金,一展宏图,但是南宋统治者在金兵长期的攻打之中无力反击,再加是主和派官员有强大的势力,所以陆游得不到朝廷重用,感到英雄无用武之地。陆游遭贬外地,到了四川做地方官后。当时担任四川宣抚使的是主战派将领王炎,他得知陆游主张抗金,忠心报国,于是邀请他到自己帐下,处理军务,共谋大事。陆游在军中吃苦耐劳,号称勇士,一心苦学武功,希望收复河山。可遗憾的是,陆游虽然爱国甚于爱己,但整日只是在西南边境这样的抗敌后方巡逻,完全不能施展自己的抱负跃马中原。因为当时南宋朝廷并不打算北伐收复中原,南宋朝廷的苟且偷安辜负了一代又一代的热血青年,像陆游、辛弃疾,他们壮志难酬,心有不甘却又无可奈何。

在四川时,陆游先后调任成都、蜀州(今四川崇州市)、嘉州(今四川乐山市)、荣州(今四川荣县)等地,可是他却在诗中自比"身如林下僧",很不得意。陆游不仅苦闷,还找不到地方排遣,只有整日借酒消愁,抒写大量诗篇来抒发自己的爱国热情。这是一种对前途看不到希望的生活态度。

陆游的子孙很多,但是田地少,积蓄也没有多少,所以到了晚年,他的生活十分窘迫,有时甚至吃饭都成为问题,药也停了,夜晚为了省油连书都不读了,有次实在无钱买米,就把自己常用的酒杯卖了换钱。可是陆游即便生活如此贫困,也一直没有忘记复国的志向,就在他临死前一年,还资助宋军北伐。陆游一生中总共写下了一万多首诗,今存九千多首,是中国历史上存留诗作最多的诗人。他在诗中抒发了自己的报国愿望。如《三月十七日夜醉中作》:"逆胡未灭心未平,孤剑床头铿有声。"如《老马行》"一闻战鼓意气生,犹能为国平燕赵。"还有他临终之前,以八十六岁高龄,仍旧用颤颤巍巍的手写下了流传千古的诗作《示儿》:"死去原知万事空,但悲不见九州同。王师北定中原日,家祭无忘告乃翁。"这一系列的诗词,都充分体现了陆游平生收复河山的心愿,可是懦弱的南宋王朝宁愿偏安东南,也不愿奋戈一击,所以陆游才会抱恨九泉。

方腊到底落入谁手

宋徽宗赵佶在位二十五年,他爱玩,爱享受,最后把北宋王朝的基业玩得一干二净,赵佶最爱玩的是搜集天下奇花异石,将其中的珍品送到京城,供自己享受,史称"花石纲"。为制造,搜刮这些奇花异石,并把它们运往京师,耗费了百姓大量的人力物力,"花石纲"船队更是浩浩荡荡、经年累月地行驶于淮水、汴水之间,首尾上千里,给东南地区和运河沿岸人民带来极大灾难。

宣和二年的方腊起义,就是由于江浙等地的百姓,不堪忍受"花石纲"之苦而爆发的。起义的领袖方腊原名方十三,祖居歙州(今属安徽省),后迁居于睦州青溪县(今浙江淳安县西北)。方腊原来在青溪县某村保正方有常做佣工(一说自为漆园主),不堪忍受官府的压榨剥削,于是在睦州一带利用明教秘密组织群众,进行起义准备。宋徽宗宣和二年十月,方腊认为起义的准备工作已经比较充分,于是假托"得天符牒",聚众杀死保正方有常一家,宣布起义,号召百姓起来反对官吏侵通、赋役繁重。十一月建元永乐,自称"圣公",设置将师六等,起义军以头戴方巾为标志,分开几路出击,发展十分迅猛。十九日内起义军就扩展为几万人之多,起义军首先攻占青溪县息坑大镇,全歼

方腊

宋两浙路驻军五千多人，然后又接连攻克睦州(今浙江建德)、寿昌(今浙江建德南)、遂安(今浙江淳安西)，歙州等七州四十八县。后来，朱言、关邦、师囊、陈十四等著名明教首领也在各地纷纷响应，起义军一下子发展为百万之师，声势震动东南，他们提出了"划江而守"的战略口号，宣称十年之内推翻赵宋王朝。这引起了朝野上下恐慌，宋徽宗这时才意识到"花石纲"的运送已激起了民愤，赶紧撤销那些搜刮奇花异石的机构，还专门颁布"罪已诏"，假惺惺地向臣民们公开检讨，另外立刻任命童贯为江淮荆浙宣抚使，率领京师禁军及原拟征辽的秦晋蕃汉兵十五万，奔赴睦州征讨方腊，很快就从起义军手中夺回歙州等地，这号称"二十万"大军，以众欺少。宣和三年四月，方腊率军被迫退至青溪邦源洞山区，转入防守状态，宋将刘镇率领精锐部队从小路上山，偷袭方腊起义军，刘镇精锐部队与方腊起义军展开了决战，最后，邦源沿终于失守。起义军有一部分人侥幸突围，有七万多人壮烈牺牲，剩余的起义军力竭被俘，其中方毫、丞相方肥等三十多位要员也都做了俘虏被解送汴京杀害了，这场轰轰烈烈的农民起义以失败告终。

方腊被杀之后，宋徽宗大开庆功宴封赏了上自统帅童贯，下到普通士卒千余人。然而，许多人很疑惑方腊是怎样被抓住的？又是被谁抓住的呢？当时的朝廷虽然也做了模糊的封赏。但以后却又出现了各种说法的史料记载和文艺作品，所以方腊到底落何人手仍旧是个谜。方腊被俘，最常见的说法是《水浒传》中第一百十九回"鲁智深浙江坐化，宋公明衣锦还乡"。所说:方腊从邦源洞山顶落路而走……连夜退过五座山头，走到一处山凹边，见一个草庵，嵌在山凹里。方腊肚中饥饿，却待正要去茅庵内寻讨饭吃，只见松树背后转出一个胖大和尚来，一禅杖打翻，便取条绳索绑了。那和尚不是别人，是花和尚鲁智深。宋江见拿得方腊，大喜，便问道:吾师，你却如何正等得这贼首着？鲁智深道:洒家自从在乌龙岭上万松林里厮杀，迷踪失径，迤逦随路寻去，画龙点睛到旷野琳琅山内，忽遇一个老僧，引领洒家到此处茅庵中，嘱咐道:柴米菜蔬都有，只在此间等候。但见个大汉从松林深处来，你便捉住。夜来望见山前火起，小僧看了一夜，又不知此间山径路数是何处。今早一见这贼爬过山来，因此，俺一禅杖打翻,就捉来绑,不想正是方腊。《水浒传》中说宋江归降后率军攻打方腊,可是宋江有无归降,又有无攻打方腊这本身就是一个谜。

有人认为宋江确实攻打过方腊,这在《中兴奸邪姓氏录》中就有所记载,说方腊谋反于睦州,很快就攻陷了温、台、处、杭、秀等数州,朝野上下颇为震动,派童贯做江浙宣抚使,领精锐部队二十万前往攻讨,其中宋江也是副将之一。

另外《林泉野记》中也说,并且与宋朝别的将领一道俘虏了方腊及方腊起义军所立将相,立了头功。然而宋朝人范圭在其所写的《折可存墓志铭》却直接否认了宋江招后率军攻打方腊起义军的事情。他说,折可存作为童贯的亲信,统领大军奉御旨前往征讨农民起义军,首先率领三军将士,奋然用力,歼灭了方腊起义军,俘获了方腊;而后又班师攻打梁山好汉,不几日又将宋江擒拿住了。可见据《折可存墓志铭》记载,方腊与宋江赵义军都是为折可存所破,并且两位起义军首领,也是为折可存所俘获。虽然墓志铭中通常未免对死者有溢美之词,但却侧面讲述了这样一个事实,宋江并未俘获方腊,当时他甚至还在自顾不暇地迎战朝廷的征讨。

另外一种说法是《宋史》中说韩世忠俘获了方腊。宣处二年,方腊谋反,扬言数十年推翻宋朝,江、浙一带的官僚大族人心惶惶,唯恐祸及己身。朝廷则四方调兵赶赴江浙。当时韩世忠只是一个小小的偏将,也随军出讨方腊。队伍到达杭州,方腊起义军的活动十分频繁,规模也很大,众将都束手无策,独独韩世忠派兵二十多人伏击在北关堰,一等到方腊起义军出现,韩世忠率埋伏的将士冲出,起义军大败而逃。之后,在睦州清溪洞之战中,方腊起义军经不住征讨大军的攻击,很快溃散了,方腊则准备逃路以图东山再起,然而韩世忠对方腊一伙穷追不舍,直追至睦州清溪洞,方腊率残余部将以岩屋为穴,不肯出来。征讨各将毫无计策,这时韩世忠悄悄走下山向山野百姓寻向到入洞路径,而后挺身而出,从暗路直捣方腊老穴,将方腊从洞中赶出。

恰好此时,忠州防御使辛兴字带领军队赶到洞口擒住了方腊,于是将擒方腊之功掠为己有,韩世忠本人憨厚率直,职位又仅是偏将,远远低于辛兴宗忠州防御使的官职,所以也就不与人争功,让辛兴宗去领了大赏。

前面关于宋江擒获了方腊是民间小说中的说法，其中为增添艺术感染力有一些虚构的成分，而韩世忠力擒方腊是出自正史记载，可信度较高。

朱淑真为何人称"断肠"诗人

朱淑真，是南宋著名的女诗人和女词家，钱塘人，有时也写作朱淑贞，她自号"幽栖居士"，十分擅长诗词、绘画和音律。她的一生婚姻非常不幸，所做诗词大都悲愤幽怨，最后在二十二岁时，神伤肠断、郁郁而终。死后，她的诗词被后人编辑为《断肠集》，很有艺术价值。但是，令人感到奇怪的是，有很多文坛宿士却说她的诗词"非良家妇所宜"，在现代很多文学史著作中也很少提到朱淑真的名字。这是怎么回事呢？

朱淑真出身于书香门第、官宦之家，她的家中产业很大，建有"东园""西园""水阁""桂堂""绿亭"等多处游玩小憩的场所。她从小就聪颖明慧，喜好读书，少女时代曾写下了大量的诗词。她这时的作品风格是欢快流畅的，从中可以窥见其婚前的天真情态和对生活的乐趣。

朱淑真

在她的游东园诗："红点苔痕绿满枝，举杯和泪送春归。仓庚有意留残景，杜宇无情恋晚晖。蝶趁落花盘地舞，燕随柳絮入帘飞。醉中曾记题诗处，临水人家半掩扉。"和游西园诗："闲步西园里，春风明媚天。蝶疑庄叟梦，絮忆谢娘联。踏草翠茵软，看花红锦。徘徊林影下，欲去又依然。"以及这时所做的《夏日游水阁》《夜留依绿亭》等作品中都反映了她优裕闲适的家庭生活但是并不恬然的心情，像"举杯和泪"，像"徘徊林影下，欲去又依然"都体现了她敏感的精神生活。

可是朱淑真在结婚之后，就连那种闲适的心情也没有了。她的丈夫应试屡试屡败，她做了《送人赴礼部试》一诗送给她的丈夫，其中援引东汉马援六十二岁还率师出征，老当益壮，并取得成功的典故激励他上进，鼓励他发愤图强、力争再试成功。朱淑真对丈夫是情深意切，并且寄予了很大期望。可是她的丈夫不仅是再试又失败了，而且垮掉了，从此另结新欢，家也不回了，这对朱淑真这个敏感而脆弱的人是很大的打击，她的期望从高峰跌到了谷底。朱淑真从此一病不起，没过几日就死了，留下了一些孤寂悲愤的词作和令人泪下的幽怨。

不过也有另外一种说法，有人认为，朱淑真作为诗人，性格多愁善感，她的死是因为不遂心愿，嫁给了市侩小民为妻，抑郁而死的。在《西湖二集》这本小说中记载着朱淑真的身世，她本来不是出自大户人家，她的家庭是小门小户，父母很本分，她因为生性灵敏，又聪明伶俐，能够"无师自通"，所以才那么有才气，能写诗作词。但是朱淑真的舅父吴少江是个嗜赌如命的人，一次输钱借了金三老二十两银子无力偿还。为了抵债，他偷偷摸摸把外甥女朱淑真许给了金三老的儿子，外号叫"金怪物"的金罕货，此人长得三分像人，七分像鬼，是个只会糊伞的市井之民。可是朱淑真的舅父却跑到他本分的姐姐、姐夫那里说此人耿直忠厚，是个好女婿，又叫金老三请了能说会道的媒婆到朱家提亲。朱淑真的父母一向很信任舅弟吴少江，所以不管女儿的苦恼，将她嫁了。朱淑真毫无办法，只有接受命运的摆弄，整天忍气吞声，以泪洗面。她的终身幸福就这样被断送了，她死不瞑目啊。小说经过了虚构夸张，增强了艺术感染力，所以这种说法也是流传很广。

还有一种说法说朱淑真是大家闺秀，嫁给了一个长年累月在外做官的官员，这一点不仅有她婚前的作品可以为证，就在她婚后所写的《璇玑图记》里也透露，她随丈夫宦游浙西时就一向好玩，她喜欢的东西不惜重金购置。还有一些喜好文学的人考证说朱淑真曾随父亲和丈夫从宦于吴、越、荆、楚之间，是经历过世面的。她的诗词里也体现了这一点。但是后来由于朱淑真的丈夫仕宦之后常年在外做官，朱淑真不在身边，因此薄情郎另有所爱，纳了小妾，使朱淑真独守空房。她从此写了一连串的这种愁断肝肠的哀怨诗作。"春光正好多风雨,恩爱方深奈别离。"、"荷叶与荷花,红绿两相配。鸳鸯自有群,鸥鹭莫入队。"、"宁可抱枝香上老,不随黄叶舞秋风。"她还把一些规劝思念的诗词寄给了她的丈夫,但是却杳无音信。像《菩萨蛮》:"山亭水榭秋方半,凤帏寂寞无人伴。"中的相思之情,像《初夏》:"待封一掬伤心泪,寄予南楼薄幸人。"以及《愁怀》:"鸥鹭鸳鸯作一池,须知羽翼不相宜。"中的规劝之意都表白了她的忠贞,可是她的丈夫就是不回心转意。这怎能不令朱淑真恨断肝肠呢!她终于一病不起,含恨而死。

一个才华横溢、感情真挚的年轻女子,竟葬送在这不幸婚姻之中。那些封建社会的假惺惺的卫道士们只会说些风凉话,说朱淑真的诗词"非良家妇所宜",也不愿在文学史中提朱淑真一笔,一代才女朱淑真是让人惋惜啊!

牛皋果真气死金兀术了吗

在民间传说中,金国大将兀术率军打仗十分厉害,可是他却心胸狭窄,被宋朝将领牛皋的几句话活活气死了。而牛皋由于气死了兀术,心情过于激动,大笑几声也死去了。这就是所谓的"气死金兀术,笑死宋牛皋"典故的由来。

可是事实果真是这样吗,现在已经有越来越多的人对这一典故发出了质疑:牛皋其人其事如何?历史上金兀术真的是被牛皋气死的吗?

牛皋,字伯远,汝州鲁山人,刚参军时只是个小小的射士,可是由于作战勇敢,曾经率领少量部队,成功地阻截敌贼进到鲁山里去。还有一次,牛皋率兵和杨进贼党进行了三战,三次都顺利地打败敌人,吓得杨进贼党四下逃彰溃不成军。所以经过这次激烈的战争之后,牛皋的声名大振,累迁至荣州刺史、兼中军统领。后来,金人又率军攻打享城西部,牛皋率兵救援,又是屡战屡捷,他再次被加封为州团练使、兼中军将领。没过几年,牛皋又因军功被封为卫大夫。朝廷对牛皋十分器重,就派他到岳飞的手下做事。牛皋与岳飞都是抗金名将,见面之后,岳飞立刻表奏牛皋为唐、邓、襄、郢州安抚使等要职。两人联手击败入侵襄阳六郡的金兵,又进兵洞庭湖,取得了一个又一个的辉煌胜利。牛皋与岳飞在战争中结下了深厚的情谊,两人成为出生入死的好兄弟。绍兴十二年,秦桧以"莫须有"的罪名将岳飞杀害,绍兴十七年,又借用田师中之手设计下毒杀死了牛皋。田师中也是朝廷重臣,被秦桧所收买,在群臣参加自己的大寿宴会时,下毒给牛皋,一代名将牛皋就这样被毒死了。他不是死在保家卫国的战场上,而是死在了所谓的自己人手中,甚至是死在了自己所信任的人手中,他死得确实很窝囊。所以,传说中,"笑死宋牛皋"这件事根本就是空穴来风,不值得一信。

牛皋塑像

那么,"气死金兀术"一事又是否是真的呢?据历史学家考证,也不是真的。首先金国将领兀术是在牛皋去世后一年才死去的,并且兀术是得病而终,可算是寿终正寝了。还有,在辽国的正史中,也记载了金兀术的生平事迹。金国将领兀术,原名宗弼,是金太祖完颜阿骨打的第四个儿子。公元1125年,金兀术随其二哥完颜宗望出兵伐宋。兀术率兵南侵时,宋朝大将王善率兵十二万拒阵,这位金国大将军率军攻打寿春,南宋安抚使马世元率军出降,在和州,兀术大破郑琼所率宋军,渡过长江以后,这位金国大将军又击破了南宋大将杜充的马步军六万人,并最后迫使杜充投降。

这段时间,兀术率军接连攻陷了南宋的濮州、开德、大名、归德、寿春、庐州、和州、江宁、太平州、濠州、句容、溧阳、越州、明州等数十个州府。他还把南宋的开国皇帝高宗赵构赶下海去。然后,兀术又穷追不舍,将宋高宗从明州追到温州,又从温州下海,赶奔福州,差一点没把宋高宗赵构生擒,这一段时期,可谓是兀术事业的巅峰期。公元1130年,兀术在抵达镇江准备退回北方时,他的第一个"克星"韩世忠出现了,当时任南宋浙西制置使的韩世忠领子弟兵八千,用船队扼守江口,使金兵不能渡河。在黄天荡一战中,兀术所率的金军就像三国时代的曹兵一样,因为不习水战,所以一向无敌的他屡战屡败。最后,黄天荡一役终于迫使金兵退回,此次金兵大规模入侵宣告结束。

公元 1140 年时,金兀术再次率兵南侵。可是这一次他遇到的抵抗当然是前一次所不可比的。因为除了韩世忠,岳飞与他的岳家军的威武猛力让金兵闻风丧胆,使金国的吞宋计划迟迟不能得逞。战局也一直僵持不下。直到公元 1147 年,双方达成了著名的"绍兴和议",宋朝终于杀掉了岳飞,金宋南北各据一半,金宋之间叔侄相称呼。"绍兴和议"是宋朝的耻辱,也是金国的胜利。在这次和议前五年,岳飞已被秦桧以"莫须有"之名杀害,牛皋也在当年被宋都统制田师中大会诸将时毒死。而金国兀术则在和议后被金朝拜为太师,领三省事,都元帅、领行台尚书省事,受到金主重用,到次年病逝。可见金兀术并不是被牛皋气死的。"牛皋气死金兀术"的典故只是民间的传说,并不是真正的历史。

佛印禅师为何做了和尚

苏东坡一生特别喜欢交结朋友,他说自己上自王公大臣,下至乞儿妓女,没有人不可以做朋友的。在苏东坡的众多朋友之中,有一位十分著名的僧人朋友,就是佛印禅师。其实佛印禅师刚认识苏东坡的时候还是一位进京参加科举考试的贡生。可后来怎么出家当了和尚呢?

相传佛印禅师是为了一饱眼福而做了和尚,佛印禅师原名谢曼卿,佛印是出家后的法号。佛印禅师从小饱读经史,博学多才。神宗熙宁年间,因为要准备参加礼部的考试,所以暂且前来京师居住。那时,东坡在直史馆任职,声名远扬,佛印禅师慕名来访,受到苏东坡的礼遇。他们两人都是当时的名士,所以一见如故,互相敬重,以后又经常在一起赋诗论文,成了莫逆之交。

一天,佛印和尚邀请苏东坡上樊楼品尝茗茶。谈笑之间,东坡悄悄告诉佛印:"最近,皇上因为看见天旱地燥,所以要在大相国寺设斋求雨,下令让我写作一篇《祈雨斋文》,并且充当主斋的行礼官,协助操办设斋一切。"佛印听了十分高兴,他早想一睹天颜,于是就说:"请兄长设法带小弟进去观礼,一睹御驾龙颜,开开眼界,不知怎么样呢?"苏东坡明知此事一旦泄漏出去,便有欺君之罪,实在是不好办。不过友情难却,于是就对佛印耳语说:"足下想去,也不是不可以。你只装扮成侍者的模样,在斋坛上执役,等到圣驾临幸时,就可以看得十分清楚。"佛印十分高兴,为了一饱眼福,就满口同意了。东坡回去也做了相应安排,自以为万无一失了,可是哪知却出了岔子?

大相国寺里,一座座庄严壮丽的建筑天王殿、大宝殿、八角罗汉殿、藏经楼巍然峙立。两边还有钟楼、鼓楼,东西配殿和16丈高的砖砌楼阁式琉璃塔,殿宇宏大,气势雄伟。当时,大相国寺被定为皇家寺院,其中共有禅院64座,铜铸罗汉五百尊,还有高二丈的木雕千手千眼观世音菩萨巨像。这座寺里共有僧人千余人,被誉为"天下第一名刹"。在举行祈雨典礼的当天,五鼓鸣钟聚众之后,各路高僧开始登坛诵经作法,祈求甘雨,来拯救天下百姓。当时只见寺内香烟缭绕,灯烛辉煌,幡幢五彩飘扬,乐器八音嘹亮。这时突然传报御驾已到,佛印面热心跳、十分惊慌。过了好一会,他才心神安定,按照苏东坡事先的安排,来到了大雄宝殿,混杂到那些寺内的侍者当中,装模作样地在那里添香剪烛。

这时,神宗皇帝坐着龙凤轿子,在执宰大臣的簇拥下,来到大相国寺。苏东坡和众僧列队跪接,迎入大殿。在祈雨仪式完毕之后,神宗驾临藏经楼休憩,佛印献上香茶。原来佛印在大殿行礼的时候,因为人群拥挤,所以没有看清皇帝的样子,这次特地充当了献茶侍者,就近瞻仰,果然见皇上气度与众不同。神宗接过香茶,也看到了生得身材硕大,方面大耳,眉清目秀,气宇不凡的佛印,一时感觉心中诧异,于是便随口问道:"侍者,叫什么姓名,是何方人氏,在寺中几年了。"佛印怔了一下,他不料想皇上会问话,又担心牵连苏东坡,于是就急中生智,叩头奏道:"臣姓林名佛印,字觉老,饶州(今江西省鄱阳县)人,是新来寺中的。今日有幸得以瞻天容,实在是欣喜无量。"神宗见他应对伶俐,就很有兴致地说:"卿既名叫佛印,可通晓佛法?"佛印奏道:"臣自幼读书,素喜礼佛听禅。佛学经典,略知一二。"神宗又道:"既然这样,朕赐卿法名了元,紫袈裟一领,金钵一只，羊皮度牒一道，就在御前披剃为僧吧！"古代僧道出家，都要向政府缴纳一定的钱，还要有由政府颁发凭证。如果不是佛印，换个真侍者来，今日剃度不仅不交钱，还白白得了许多赏赐，那实在是千古难逢，定会欢喜万分，可是佛印本来是赴京应试，他的才华和东坡不相上下，很有可能金榜题名，为国家建功立业，这一不留神竟然出家做和尚，他心里真是千万个不愿意。不过君命难违，佛印这时无论如何也不敢说他是假充的侍者，不愿为僧，所以出于无奈，只好假戏真做，叩头谢恩。

大相国寺的住持立刻带领佛印重回正殿，先拜过如来佛祖，然后再将他带到御前，给他剃去头发，披上袈裟。佛印由一名进京赶考的乡贡变成了一个英俊的和尚。这时的佛印也感到特别的后悔，不该为了一饱眼福而出了家，这辈子的功名实在是没有指望了。东坡也完全没有想到，竟然因为自己的一句闲话，连累佛印做了和尚，他的心里也很不是滋味。不过事情已经到了这种地步，后悔也没有用了，苏东坡只好用好言劝慰佛印一番。佛印以后就在江州的承天寺，庐山的开先寺，润州的焦山寺出家，苦心修道，最后由于精通佛法，被升为润州金山寺的住持。由于他的诗做得不错，所以也成为江南一带著名的诗僧。

其实这只是一种传说，据正史中记载，佛印禅师是因为一心向佛，所以才出家做了和尚，而并非传说中的因某种机缘巧合才做了和尚的。至于为什么会出现有关他出家的种种传说，大概是因为时人疑惑于为何这样一个大才子却出家当了和尚，因此衍生出种种猜测。

苏小妹与秦少游的美满婚姻是真的吗

苏小妹、秦少游这对才子佳人的故事几百年人一直为人们津津乐道，尤其是新郎秦观（字少游）在新婚之夜被新娘苏小妹严格"考试"的经过，更是让人们广为传播。

相传苏小妹、秦少游新婚之夜，月明如昼。秦少游在前厅宴席完毕后，正要进入洞房，可是却发现房门紧闭，无论如何都推不开。一旁的丫鬟走过来告诉他，说小姐出了三道题，三试都中，才可入房。秦少游也是大才子，不免有些自信，伸手拿过了三道题。第一题是四句诗："铜铁投洪冶，蝼蚁上粉墙。阴阳无二义，天地我中央。"秦少游曾假扮云游道人在岳庙化缘，去相看苏小妹，所以猜中谜底是"化缘道人"四字。于是题词一首："'化'工何意把春摧？'缘'到名园花自开。'道'是东风道有主，'人'人不敢上花台。"过了第一关。第二题也是四句诗："强爷胜祖有施为，凿壁偷光夜读书。缝线路中常忆母，老翁终日依门闾。"秦少游猜中了：孙权、孙明、子恩、太公望。第三题比较难，苏小妹出上对："闭门推出窗前月"，秦少游左思右想对不出。便灵机一动，向水中投了一块砖片，水波荡漾开来，淆乱了天光月影。秦少游顿时出了下对："投石冲开水底天"。丫鬟将试卷交由苏小妹后，只见"吱呀"一声响，洞房门大开，从中走出一个侍儿，手捧银壶，将美酒酌入玉盏之内，献给新郎，说："才子请满饮三杯，权当花红赏劳。"秦少游此时意气扬扬，连饮三盏，进入洞房。

这上面所述经过其实是明朝冯梦龙杜撰的故事，而历史上，苏小妹和秦少游根本就不是什么夫妻！

据史料记载和历史学家的考证，苏小妹共有兄弟姊妹六人，其乳名叫"八娘"，十六岁那年嫁给表兄程之才。程家是当地的地主，程之才是有名的纨绔子弟，寻花问柳，作恶多端，对八娘则冷言冷语。八娘对于这门婚事很是痛苦，常常私自跑回娘家哭诉。婚后第二年，八娘怀孕生下一子，可是程之才却不闻不问，八娘又生了病，只得跑回娘家，哪料到程之才跑到苏家抢走孩子，还要拉着生病的八娘回婆家去。八娘病怒交加，没几天就含恨死去了，年仅十七，而苏程两家更是从此结怨，绝交多年。另外还有人考证说，其实苏小妹并非"八娘"，而是另有其人，是八娘的二伯父苏涣的四女儿，这才是真正的苏小妹，不过她也不是嫁给秦观，而是嫁与宣德郎柳子文为妻，这夫妻算是才子佳人，生有二子，也都是书生。

秦观是确有其人，但他娶妻并非苏小妹，而是徐文美，是潭州宁台主薄徐成甫之女。徐文美虽略通文墨，但并非才女，与苏轼一家也无瓜葛，而秦观与徐文美结婚时，苏小妹更是已去世十多年，秦观扬名后作为苏轼的门生，苏小妹已死去二十多年,苏轼又怎么可能撮合二人婚事呢?这是不可能的事情。

至于说苏轼家中的其他姐妹,虽都有文才,但是都与秦观没有任何关系。更不用说结为夫妻了。可是后人却对秦苏联姻深信不疑,或许是体现了人们对这种美好婚姻的期盼吧!

晚年李师师归向何处

李师师是北宋末年名满京华的名妓,此人姿色过人,艺压群芳,深受宋徽宗的喜爱。然而好景不长,靖康年间,金兵南侵攻打宋朝,"贪玩"皇帝宋徽宗在

李师师

金兵淫威之下难以号令全国起来抗金,就慌忙禅位给当时的太子赵恒。赵恒即位,是为钦宗。徽宗自己则躲进太乙宫,自号"道君教主",开始闭门不出,潜心祈祷,也不再到李师师那里去了。李师师没有了靠山,自身难保,于是开始准备退路。当时金人刚开始南下,河北告急,李师师便将宋徽宗以往所赐的全部金银财宝呈给开封府尹,充当河北前线将士的军饷,又让太监张迪代她请示太上皇,恩准她出家,太上皇答应了,安排她到北郭慈云观做女道士。没过多久,金人就攻破了汴京城,掠走徽钦二帝和宗室、亲王、后妃共三千余人,北宋宣告灭亡。至于李师师,这位名噪一时的汴都名妓从此便销声匿迹了。

《李师师外传》中说金人攻破汴京城后,金军主帅闼懒因为金国的皇帝听

说李师师美貌倾城，所以下令官兵要活捉李师师。可是金兵费尽全力，用了好几天时间搜遍全城，也没有看见李师师的踪影。伪楚政权的头目、叛臣张邦昌是金人在汴京所设的傀儡政权的首领，他暗中探访到了李师师的下落，就把李师师绑了回来，准备献到金营，气得李师师大骂张邦昌："我身为卑贱的娼妓，承蒙皇上错爱，已是三生有幸，死不足惜。可是你们这些世代享受朝廷高官厚禄的人，朝廷在哪些地方亏待过你们，何苦总是思谋着彻底灭绝大宋朝，去叛国投敌，你们这些做大宋臣子的颜面何在，我又怎么能充做你们晋身的礼物呢？"说罢拨下头簪，刺喉自杀，但没有成功，后来立刻将金簪折断，吞食而死。被拘押在五国城的宋徽宗赵佶听说李师师自杀的消息，不禁泪流满面，悲痛欲绝。不过这只是野史上的一种说法，关于李师师最终去向，还有几种说法。

有传说李师师在北宋灭亡后，离开了汴京，先是漂泊到临安即杭州，在旧时好友所设的行院教曲来过活。不久，高宗也从建康迁都到临安，临安城本来就是天下名胜聚集的地方，如今成为帝都，更是繁华热闹。李师师起初以为这位宋高宗在金营为质多年，父母兄弟又为金人所掳，国仇家恨集在一起，一定会励精图治，卧薪尝胆，洗雪靖康之耻，迎接徽钦二帝回朝的。所以李师师像当时南宋的大部分老百姓一样对宋高宗抱着很大的希望，她盼望着能早日见到宋徽宗，所以不惜忍受屈辱与艰苦的生活，隐名埋姓在行宫里留了下来。可是哪里知道，宋高宗却是个只知自己安逸享乐，没有大志的人。他把户部支拨的军饷移用，去建造假山假湖。在杭州城里，除了原有的德宫殿外，又在凤凰山上造起了十几所华丽的离宫，周围山光湖影，景色优美，与他的"贪玩"老子相比丝毫不逊色。宋高宗十分喜爱西湖景色，下令让人在沿湖一带建造了聚景园等六处园亭，岸上是杨柳拂面，水中是荷花迎目，真的是仙境一样的美丽景色。宋高宗整日就坐着龙舟，游在西湖上，四周碧波荡漾，耳边萧萧筝琶，一片"太平盛世"的景象。然而这不过都是些虚幻的太平罢了，宋朝人曾作诗讽喻"直把杭州作汴州"，说的就是高宗的不知进取。当时徽、钦二帝仍旧在五国城中受苦，金军仍旧不断地蚕食着宋朝的一寸寸土地。成天活在丝毫看不到希望的现实当中，李师师想自杀来了此残生，可是不忍舍好友一番留宿的好意而去，就这样日复一日,年复一年地地行院里度日。不知不觉,几年过去了,李师师已经人老珠黄,不能再继续接客了,她决定离开行院。此时好友患病死去;坚持抗战的岳飞父子也被秦桧以"莫须有"的罪名杀害了;天下抗金义士像曾在黄天荡大破金兵的韩世忠夫妇都已经心灰意懒,解甲归田了。李师师对苟延残喘的南宋朝廷完全失望了,她觉得国事已毫无可为,也不能指望什么国家中兴了。她离开了行院,开始以漂流的方式过自己生命的最后一段。从西兴渡过钱塘江到京华,从京华又到玉山,再乘船渡鄱阳湖到南昌,而后一直西进由湘江北上到达了岳阳城。那时候有人还在湖南洞庭湖畔遇到过李师师,她已经嫁给了一个商人,形容憔悴衰老,已经全无当年在汴京都城的风采了。

帝王之死

宋太祖的死亡之谜

宋太祖赵匡胤死的蹊跷,宋太宗赵光义又弟继兄位,有悖常理。两者之间究竟有没有关系? 是否太宗真的是杀兄篡位了呢? 正史中说太祖是善终,而现在所传下来的野史笔记又说太祖并非善终,其具体说法也是各不相同,不过在后人关于太祖赵匡胤猝死的种种传说中,最令人信服的就是枸蛴的传说,那么枸蛴究竟是怎么回事呢,它和太祖的猝死又有何关系呢?

传说太祖还没有做皇帝的时候,曾经和太宗与一位道士游历关河。这位道士是个奇人,他没有姓名,身世也不太清楚,可是却有一项绝活变金之术。他们三人一同交游,每次没有银两时,就见他从自己随手携带的空袋中掏,一掏准能掏出金子,要多少就有多少,十分神奇。太祖、太宗与这道士都爱饮酒,有一天仨人再次喝得醉醺醺,那个奇怪的道士唱起了《步虚》曲,冥冥之中赵氏兄弟听到了那么奇怪的一两句话,当下两兄弟就觉得奇怪,可旁边的人却说连道士大声唱歌都没有听见。等到赵氏兄弟俩酒醒再问,道士却矢口否认,说什么都没有说。

后来等到赵匡胤登基称帝那日,正是猴年正月初四,应验道士所说的那句话,太祖猛然惊觉,遂下诏全国找寻这位道士,然而斯人已去,音信全无,道士隐身不拜。

直到宋太祖登基16年后,一日太祖祭祀完毕回宫途中,忽见道士醉卧在道边树荫下,笑着向太祖问安。太祖匆忙命人将道士请至皇宫后殿,又担心他逃走,匆匆上朝完毕即从前殿回来见他。两人像以前同游关河一样,畅饮纵谈,太祖盛情款待,令道士住在后花苑。守苑的官吏见他天天住在树梢的鸟巢中,行为也很是怪异,几天之后竟神不知鬼不觉地不见了踪影。太祖牢记道士所说过的话,到十月二十日夜间,登上太清阁观察天气。起先天气晴朗,太祖心中一阵暗喜。可是不久天气陡变,风卷残云,雪雹骤降。太祖叹气,移步下阁,当夜即召见赵光义。回到寝宫,太祖遣散宦官和宫妾,只留赵光义,两兄弟对饮畅淡。两人谈话内容现已不得而知,只是宦官宫女在远处依稀望见烛光之下,赵光义时而避席,似乎不胜酒力。饮罢酒,已是深夜,殿前的积雪已有数寸,太祖拿着斧子砍殿前的雪,还回头向赵光义说着话,而后便悄无声息。这一夜,后来成为宋太宗的赵光义留宿禁宫之中。而到天明之时,人们发现太祖早已驾崩,赵光义于灵枢前受遗诏继位。

宋太祖死前唯一接触过的与皇位继承有关的人物就是其弟赵光义。宋太祖的猝死可能性只有两个:一是疑难病症导致速亡;二是宋太宗为即皇位谋杀其兄。对于第一个可能,已经无从考证。而对于第二种可能后人作了种种推测。刘耕荒先生在《宋太祖大传》中就提出了四个疑点,为了使读者更好地了解这一疑案,我们将刘先生的观点引用如下:

首先,赵匡胤临终交代后事,赵光义灵枢前即位,这些都是朝廷中的头等大事,本来应当在官修史书《国史》和《实录》中提到,可是太宗朝在修《国史》与实录时为什么却未记载太祖遗嘱,对于太宗即位更是没有提到一个字。另外,据各种文献所载,赵光义在其他场合,对这件事也是闭口不谈。这些都给后人留下了疑惑。

其次,赵匡胤身患重病,到了生命垂危才急召赵光义入宫受命是有疑惑的。史料记载,赵匡胤患病时间较长,他应当提早处理传位的问题,对于相关问题也一定会早有安排,为何要等到病情危急时才召见晋王受命。还有正史中说既然是临终遗嘱,那必定病得很重了,为何又在召见晋王时能饮酒,举斧戮雪呢?这里面一定有什么蹊跷。

第三,对于这样一个病危的皇帝,手下人自然应当寸步不离地守在皇帝身边,可是从十月二十日晚赵光义入宫,直到次日太祖去世,在这么长的一段时间内,皇帝的身边竟然没有一个人,这实在是太不合情理的事情。就是赵匡胤向赵光义交代后事应当屏退左右,但是难道英明的宋太祖赵匡胤竟会愚蠢到如此地步,让赵光义既充当遗嘱受命的当事人,又充当遗嘱受命的见证人,以至于自毁遗嘱的权威性吗?

第四,赵匡胤曾召赵光义入宫受命,可是正史记载宋皇后却在赵匡胤临终前派宦官王承恩火速召德芳入宫,看到赵光义到来又惊愕地说不出话来,这些都说明赵光义在太祖临终受遗嘱丝毫无根据。更令人怀疑的是,给太祖看病的医官程玄德竟然在太祖驾崩的当天凌晨守在开封府门口,随同赵光义一同入宫呢。如果不是事先知道,这个医官又怎么会到开封府门口等着赵光义呢?(当时赵光义任开封府知府)而后来程玄德在赵光义手下很是得宠,这又说明什么呢?

种种迹象都表明,赵匡胤不明不白的死亡与赵光义篡位有着直接的联系,很可能赵匡胤就是死于亲兄弟赵光义的谋杀。

亡国遗恨,风流天子赵佶客死他乡

宋徽宗赵佶是北宋第八代皇帝,他是著名的书画家。他的书与画均可彪炳史册,其书首创"瘦金书"体;其画尤好花鸟,并自成"院体",充满盎然富贵之气。但他绝对不是一个好皇帝,在政治上赵佶昏庸无能,是北宋最荒淫腐朽的皇帝。他宠信蔡京、高俅等奸佞小人，不顾自己的帝王身份，终日留恋于青楼歌坊，疯狂地迷恋上了青楼女子李师师，整天过着声色犬马的糜烂生活，不理朝政，任奸臣所为。在位25年，最后落了个国亡被俘的下场，受尽折磨而死，终年54岁。

1.风流君王的纨绔生活

元符三年正月，年仅25岁的宋哲宗驾崩，没留下子嗣。显然，皇帝只能从哲宗的兄弟中选择。神宗共有14子，当时在世的有包括端王赵佶在内的五人。赵佶虽为神宗之子，却非嫡出，按照宗法制度，他并无资格继承皇位。

哲宗去世当天，向太后垂帘，哭着对执政大臣们说："国家不幸，哲宗皇帝无子，天下事须早定。"宰相章惇当即提出，按照嫡庶礼法，当立哲宗同母弟简王赵似。不料向太后不同意。章惇只好改口说，若论长幼，那么当立年长的申王赵惇为帝。这两个建议都排除了端王赵佶。然而，向太后看中的恰恰是赵佶。赵佶并非向太后所生，究竟是什么原因使向太后坚持立赵佶为帝，目前学术界尚无定论，可能与赵佶在向太后心目中良好的印象有关。赵佶每天都到向太后住处请安，称得上是又聪明又孝顺的孩子，因此向太后偏爱他。哲宗病重期间，向太后对谁继承皇位，早已胸有成竹，所以她并不接受章惇的意见。她语气坚决地说："老身无子，所有的皇子都是神宗的庶子，不应再有区别，简王排行十三，不可排在诸兄之前，而申王眼有疾病，不便为君，所以还是立端王为好！"表面上看，向太后办事公平，但在这些冠冕堂皇的言辞背后，显然是在偏袒赵佶，为其继承皇位找到合情合理的借口。章惇是反对端王即位的，他认为"端王轻佻，不可以君天下"，这是将攻击的矛头直接转向了赵佶的人品，而向太后却不以为然。双方为此僵持不下，互不相让。关键时刻，知枢密院曾布首先附和太后之议，尚书左丞蔡卞、中书门下侍郎许将也相继表示赞同。章惇势单力薄，不再争辩。赵佶就这样被向太后、曾布、蔡卞等人推上了皇帝宝座，他就是徽宗。

赵佶生于公元1082年(元丰五年)十月十日，自幼养尊处优，逐渐养成了轻佻浪荡的性格。据说在他降生之前，其父神宗曾到秘书省观看收藏的南唐后主李煜的画像,"见其人物俨雅,再三叹讶",随后就生下了徽宗,"生时梦李主来谒,所以文采风流,过李主百倍"。这种李煜托生的传说固然不足为信,但在赵佶身上,的确有李煜的影子。徽宗自幼爱好笔墨、丹青、骑马、射箭、蹴鞠,对奇花异石、飞禽走兽有着浓厚的兴趣,尤其在书法绘画方面,更是表现出非凡的天赋。

随着年龄的增长,赵佶迷恋声色犬马,游戏踢球更是他的拿手好戏。赵佶身边有一名叫春兰的侍女,花容月貌,又精通文墨,是向太后特意送给他的,后来逐渐变成了他的玩物。但赵佶并不满足,他以亲王之尊,经常微服游幸青楼歌馆,寻花问柳,凡是京城中有名的妓女,几乎都与他有染,有时他还将喜欢的妓女乔装打扮带入王府中,长期据为己有。

与此同时,赵佶结交了一批与他臭味相投的朋友。他的挚友王诜,娶英宗之女魏国大长公主,封为驸马都尉。但王诜为人放荡,行为极不检点。虽然公主温柔贤淑,尽心侍奉公婆,而王诜却偏偏宠爱小妾,她们竟然多次顶撞公主。神宗为此曾两次将王诜贬官,但他却不思悔改,甚至在公主生病时,当着公主的面与小妾寻欢作乐。品行如此恶劣之人,却是赵佶的座上宾。他们经常一起光顾京城内有名的妓馆——撷芳楼。王诜藏有名画《蜀葵图》,但只有其中半幅,他时常在赵佶面前提及此事,遗憾之情,溢于言表。赵佶便记于心,派人四处寻访,终于找到另外半幅画,就把王诜手中的那半幅也要了过去。王诜以为酷爱书画的赵佶要收藏这幅画,哪知赵佶却将两半幅画裱成一幅完整的画送给了他,于此可知二人之间的关系之深。

赵佶对王诜如此大方,王诜自然投桃报李。有一次,赵佶在皇宫遇到王诜,恰巧因为忘带篦子,便向王诜借篦子梳头。王诜把篦子递给他。赵佶见王诜的篦子做得极为精美,爱不释手,直夸篦子新奇可爱。王诜不失时机地说:"近日我做了两副篦子,有一副尚未用过,过会儿我派人给你送过去。"当晚,王诜便差府中小吏高俅去给赵佶送篦子。高俅到赵佶府中时,正逢赵佶在蹴鞠,就在旁边观看等候。赵佶善踢蹴鞠,而高俅早年便是街头踢蹴鞠的行家,精于此技。见到赵佶踢得好时,高俅大声喝彩。赵佶便招呼高俅对踢。高俅使出浑身解数,陪赵佶踢球。赵佶玩得非常尽兴,便吩咐仆人向王诜传话,说要将篦子和送篦子的小吏一同留下。高俅日益受到赵佶的宠幸。后来,有些仆人跟赵佶讨赏,他居然说:"你们有他那样的脚吗?"赵佶之放浪形骸可见一斑。

当上皇帝以后,徽宗禀性难移,无心于政务,继续过着糜烂生活。徽宗17岁成婚,娶德州刺史王藻之女,即位后,册王氏为皇后。王皇后相貌平平,生性俭约,不会取悦徽宗,虽为正宫,但并不得宠。此时,徽宗宠幸的是郑、王二贵妃,二人本是向太后宫中的押班(内侍官名),生得眉清目秀,又善言辞。徽宗为藩王时,每到慈德宫请安,向太后总是命郑、王二人陪侍。二人小心谨慎,又善于奉承,颇得徽宗好感,时间一长,向太后有所觉察,及徽宗即位,便把二人赐给他。徽宗如愿以偿,甚为欢喜。据记载,郑氏"自入宫,好观书,章奏能自制,帝爱其才"。显而易见,郑氏不仅姿色出众,而且还能帮助徽宗处理奏章。因此,徽宗更偏爱郑氏。徽宗多次赐给郑氏情词艳曲,后来传出宫禁,广为流传。王皇后去世,徽宗于政和元年册封郑氏为皇后。

除了郑、王二氏之外,受宠爱的还有二刘贵妃、乔贵妃、韦贵妃等人。刘贵妃,出身寒微,却花容月貌,入宫即得到赵佶宠幸,由才人连升七级而至贵妃。然而,好景不长,升贵妃后不久即去世。刘贵妃曾亲手在庭院中种植了几株芭蕉,当时她说:"等这些芭蕉长大,恐怕我也看不着了。"在旁的侍从闻听此言,慌忙上奏徽宗,徽宗起初很不在意。谁知过了两天,刘贵妃病重,等徽宗前去探视时,刘贵妃已撒手而去。徽宗悲痛不已,特加四字谥号"明达懿文",将其生平事迹编成诗文,令乐府谱曲奏唱。

正当徽宗为此伤感时,内侍杨戬在徽宗面前夸耀另一刘氏有倾国倾城之貌,不亚于王昭君,徽宗将其召入宫中。刘氏本是酒家之女,出身卑贱,但长得光艳风流。徽宗一见,魂不守舍,瞬间便将丧妃之痛遗忘殆尽。徽宗对刘氏大加宠爱,与她形影不离,若离了她,竟是食不甘味,夜不能寐。刘氏天资颖悟,善于逢迎徽宗。还极善涂饰,每制一衣,款式新颖,装扮起来胜似天仙。不但徽宗喜欢,就连京城内外也竞相仿效。在徽宗看来,刘氏回眸一笑,六宫粉黛尽无颜色。道士林灵素见刘氏如此得宠,便曲意奉承,称刘氏为"九华玉真安妃",绘其像供奉于神霄帝君之左。然而,随着时间的流逝,刘氏渐渐风韵不再,生性轻佻浮浪的徽宗欲再觅新欢。

尽管后宫粉黛三千,佳丽如云,但徽宗对她们刻意造作之态感到索然无味,便微服出宫,寻找刺激。为了寻欢作乐,徽宗专门设立行幸局负责出行事宜。荒唐的是,行幸局的官员还帮助徽宗撒谎,如当日不上朝,就说徽宗有排档(宫中宴饮);次日未归,就传旨称有疮痍(染病)。天子不惜九五之尊,游幸于青楼妓馆,并非光彩之事,所以徽宗总是小心翼翼,生怕被他人发现。其实多数朝臣对此都心知肚明,但却不敢过问,致使徽宗更加放荡。秘书省正字曹辅曾经挺身而出,上疏规谏徽宗应爱惜龙体,以免贻笑后人。徽宗听后,勃然大怒,立即命王黼等人处理此事。这些人自然领会徽宗的意思,以曹辅诬蔑天子之罪论处,徽宗当即将曹辅发配郴州。

2.长久的梦想与短暂的辉煌

蔡京、童贯等人在把国内搞得混乱无比之时,又极力怂恿徽宗收复燕云十六州。自宋朝建立后,收复燕云地区一直是自太祖以来历代帝王的梦想。徽宗好大喜功,更想完成祖宗未竟之业,以建立"不朽功勋"。

早在1111年(政和元年)九月,徽宗派童贯出使辽国以窥探虚实,返程途经燕京时,结识了燕人马植。此人品行恶劣,但他声称有灭辽的良策,深得童贯器重。童贯将他带回,改其姓名为李良嗣。在童贯的举荐下,李良嗣向徽宗全面介绍了辽国危机和金国的崛起,建议宋金联合灭辽。在李良嗣看来,辽朝肯定会灭亡,宋朝应该抓住这千载难逢的良机,出兵收复中原王朝以前丧失的疆土。徽宗大喜,当即赐李良嗣国姓赵,授以官职。徽宗不仅花天酒地,而且好大喜功,虚荣心极强。如果侥幸灭辽,列祖列宗梦寐以求的燕云之地不就可以收复了吗? 这样,他就是彪炳千秋的一代明君了。从此,宋朝开始了联金灭辽、光复燕云之举。

对徽宗这种投机取巧的愚蠢做法,朝廷内外许多有见识的大臣都不以为然,只有童贯、王黼、蔡攸等一帮奸臣异想天开,竭力支持。1118年(重和元年)

图文珍藏版

春天,徽宗派遣马政等人自登州渡海至金,策划灭辽之事。随后金也派使者到宋,研究攻辽之事,双方展开了秘密外交。在几经往返之后,双方就共同出兵攻辽基本达成一致,金国攻取辽国的中京大定府,北宋负责攻取辽国的燕京析津府和西京大同府。灭辽后,燕云之地归宋,宋把过去每年给辽的岁币如数转给金国,这就是历史上有名的宋金"海上之盟"。

其后不久,徽宗得知辽朝已经获悉宋金盟约之事,非常后悔,担心遭到辽的报复,便下令扣留金朝使者,迟迟不履行协议出兵攻辽,为后来金国毁约败盟留下了把柄。在此期间,金军以摧枯拉朽之势接连攻下辽朝的中京、西京,辽末帝天祚帝也逃入山中,辽朝的败亡已成定局。在这种形势下,徽宗才匆忙命童贯带领15万大军以巡边为名向燕京进发,打算坐收渔翁之利。但这批人马一到燕京便遭到辽将耶律大石所部的袭击,大败而归。

公元1122年(宣和四年)六月,辽燕王耶律淳死,徽宗见有机可乘。再命童贯、蔡攸出兵。此时,辽涿州知州郭药师相继归降宋朝,打开了通向燕京之路。虽然宋军一度攻入燕京城,与辽军展开肉搏战,但因后援未至,被迫撤退。徽宗亲自部署的第二次攻燕之役又以惨败告终。

北宋朝廷的腐败和军事上的弱点给金人以可乘之机。宣和五年春,金太祖对徽宗派来的使者态度强硬傲慢,并责问赵良嗣,当初宋金两国联合攻辽,为什么"到燕京城下,并不见(宋军)一人一骑"。谈到土地问题时,金太祖背弃前约,坚持只将当初议定的后晋石敬瑭割给辽朝的燕京地区归宋,不同意将营州、平州、滦州还给宋朝,他辩称此三地是后唐刘仁恭献给契丹的,并非后晋割让。金人态度强硬,宋方毫无办法。

几经交涉,金国最终才答应将后晋割给辽朝的燕京及其附近六州之地归还宋朝,条件是宋朝除每年把给辽的岁币如数转给金外,另添每年一百万贯的"代税钱"。所谓"代税钱"是指金人规定的由宋朝缴纳燕京地区的租税,实际上是一种赔款。1123年(宣和五年)四月,徽宗派童贯、蔡攸代表朝廷前去接收燕京地区。金兵撤退时,将燕京一带的人口、金帛一并掠走,留下几座空城送给了宋朝。童贯、蔡攸等人接收燕京后还朝,上了一道阿谀奉承的奏章,称燕京地区的百姓箪食壶浆夹道欢迎王师,焚香以颂圣德。徽宗闻之大喜,即令班师。

收复燕云后,宋徽宗分外得意,自以为建立了不世之功,宣布大赦天下,命王安中作"复燕云碑"树立在延寿寺中以纪念这一功业,并对参与此次战争的一帮宠臣加官晋爵。朝廷上下都沉浸于胜利喜悦之中,殊不知末日即将降临。

3.挖地道密会名妓李师师

李师师是汴京永庆坊染技工匠王寅的女儿。王寅的妻子生下女儿就去世了。王寅用豆浆当奶水喂她,婴儿才没有死去。在婴儿时代,从来没听她哭过。汴京有个风俗,生了儿女,父母若是宠爱他们,一定要让他们在名义上出家,到佛寺去度过一个时期。王寅疼他的女儿,就把她送到宝光寺。她这时才会笑,一个老和尚看着她说:"这是什么地方? 你到这来呀!"她突然哭了起来。和尚抚摸她的头顶,她才不哭。王寅暗暗高兴,说:"这女孩真有佛缘。"凡是佛门弟子,俗称为"师",所以这女孩取名叫"师师"。师师四岁的时候,王寅犯罪,被拘捕入狱,竟死在狱中。师师没有人可以依靠,有一个娼妓李姥收养了她。等到师师长大。无论是姿色还是技艺,都很出色,没有人比得上她。因此在所有街坊的妓院中就属她最有名。

徽宗皇帝登上王位,喜欢奢侈豪华的生活,而蔡京、章淳、王黼这一帮人,就借着继承祖宗遗志为理由,劝徽宗重新推行"青苗法"等制度。京城里粉饰成一种富足欢乐的气象。集市店铺里的酒税每天约有上万贯。金银珠玉、绸缎布匹,国库里堆得满满的。于是童贯那批人又诱导皇帝,让他沉迷于声色犬马、宫室园林的玩乐。凡是国内的奇花异石,几乎都被搜罗来了。皇帝又在汴京城北边修建了一座离宫,名叫"艮岳",但是他在里面寻欢作乐时间一长,也感到厌倦了,还想微服出宫去寻花问柳。皇帝有个贴身内侍名叫张迪,是皇帝信任宠爱的宦官。张迪没有受宫刑之前,是京城里的一个嫖客,常到各处妓院,所以和李姥很要好。他告诉皇帝说姓李的色艺双绝,皇帝就很心动。第二天,命令张迪从皇宫库藏中拿出紫茸两匹(八丈),霞毹两端(十二丈),瑟瑟珠两颗,白银二十镒(四百八十两),送给李姥,说是大商人赵乙,想来探望她。李姥贪图财物,高兴地答应下来。

　　入夜以后,皇帝换了衣服混杂在四十多个太监当中,到了镇安坊,镇安坊就是李姥所住的那个街区。皇帝挥手叫其他的人不要跟来。只跟张迪两人慢慢走进去。只见房屋矮小简陋。李姥出来迎接,行了普通的礼节,还端出几种时鲜水果,有香雪藕、水晶凤眼等,其中鲜枣有鸡蛋那么大。这些都是连大官们来时也不曾端出来过的。皇帝每样尝了一颗,李姥又殷勤地陪了好久,但就是没看到师师出来见客。皇帝一直等待着。这时张迪告辞退出,李姥这才引皇帝到一个小阁子里。窗边摆着书桌,架上有几卷古书,窗外几丛竹子,竹影错乱晃动。皇帝悠然独坐,心情很安详,只是不见师师出来陪客。一会儿,李姥领皇帝到后堂,只见桌上已摆好了烤鹿肉、醉鸡、生鱼片、羊羹等名菜,饭是香稻米做的,皇帝就吃了顿饭。

　　饭后,李姥陪他聊天话家常,又过了好久,师师却始终没有出来相见。皇帝正感到疑惑,李姥忽然又请皇帝洗澡,皇帝推辞不想洗,李姥走到他跟前,在耳朵旁边说:"我这孩子爱干净,请您听她的。"皇帝不得已,只好跟着李姥到一座小楼下面的浴室洗澡。洗好后,李姥又领皇帝坐到后堂来。重新摆下一桌水果糕点和酒菜,劝皇帝畅饮,但李师师却始终没有出现。过了很久,李姥才举着蜡烛,领着皇帝到卧室。皇帝掀开门帘,走进房间,里面只有一盏灯放着微弱的光。也没有师师的踪迹。皇帝更加感到奇怪,在床前走来走去。又过了好久,才见李姥挽着一个年轻女子姗姗而来。女子化着淡妆,穿的是绢衣,没有什么艳丽的服饰,刚洗过澡,娇艳得像出水的莲花。看见徽宗,像是不屑一顾的样子,神态很高傲,也不行礼。李姥对徽宗耳语说:"这孩子喜欢静坐,冒犯您了,请不要见怪。"替他们放下门帘就出去了。这时师师离开座位,脱下黑绢短袄,换上绸衣,卷起右边袖子,取下墙上挂着的琴,靠着桌子,端端正正地坐好,弹起《平沙落雁》的曲子来。手指在弦上轻拢慢捻,弹出的声音韵味淡远,皇帝忍不住侧耳倾听,连疲倦都忘了。等到三遍弹完,鸡已经鸣过,天都要亮了。皇上赶忙掀开门帘走出去。李姥也赶忙为他献上杏酥露、枣糕、汤饼等点心,皇帝喝了一杯杏酥,立刻走了。太监都偷偷地等在外面,马上护卫着他回宫。这是大观三年八月十七日的事。

李姥私下对师师说:"姓赵的礼数不薄,你怎么对他这样冷淡?"师师恼怒地说:"他只是一个做生意的财奴罢了,我干嘛巴结他?"李姥笑着说:"你这么倔强,倒可以当见习的御史了。"不久京城里纷纷传说,都知道皇帝到李家去过了。李姥听了,非常恐慌,吓得一天到晚哭泣。她哭着对师师说:"如果是真的,就要灭我的族了。"师师说:"不用怕,皇上肯来看我,怎么忍心杀我?再说那天夜里,好在没有受到强迫,皇上心里一定很爱我。只是我暗自悲伤我的命运实在不好,流落到下贱行当来,以致污秽的名声连累天子。至于皇上会不会发怒把我们杀了,因为事情是开始于放荡的游乐,这是皇上极为忌讳不愿让人知道的,所以一定不会发展到那种地步,可以不必忧虑。"

第二年正月,徽宗派张迪送给李师师一张蛇腹琴。所谓蛇腹琴,是一种古老的琴,琴身上的漆已成了黄黑色,出现了像蛇腹下的横鳞一样的花纹,这是皇宫内珍藏的宝物。还赐给她白银五十两。

三月,皇帝又化装成平民到李家。师师淡妆素服,跪在门口迎接。皇帝很高兴,拉着她的手,叫她起来。看见李家的房屋大门忽然变得豪华宽敞。上次来时碰过的地方,都用蟠龙锦绣盖在上面。又见小阁子改造成了大阁子,雕梁画栋,那种幽雅的趣味都消失了。李姥见皇帝来了,也躲了起来。把她叫来,却浑身发抖站都站不住,再也没有上次那种嘘寒问暖的殷勤了。皇帝心里不高兴,但还是和颜悦色,称她"老娘",告诉她本来是一家人,不用拘束害怕。李姥拜谢了,领皇帝到大楼里去。大楼是刚盖好的,师师跪在地上,请皇帝赐一幅匾额。当时楼前有杏花盛开,皇帝就写"醉杏楼"三个字赐给她。过一会摆上酒来,师师在旁边侍候,李姥替皇帝敬酒。皇帝让师师在桌子的旁边坐下,叫她弹奏赐给她的蛇腹琴,演奏《梅花三迭》一曲。皇帝一边喝酒一边欣赏,再三叫好。但是皇帝见到端上来的菜肴都有龙凤形状,有的是镂刻的,有的是画出来的,都跟皇宫里一模一样。皇上问是怎么回事,才知道这些都出自御厨房厨师之手,是李姥出钱请他们制作的。皇帝感到不愉快,告诉李姥今后都要像上一次一样,不用铺张。这顿饭没吃完,就回宫了。

国学经典文库

中国古代秘史

·两宋秘史·

图文珍藏版

徽宗曾经到画院中去，出诗句考各位画师，合格的每年有一两个人。这年九月，把用"金勒马嘶芳草地，玉楼人醉杏花天"为题的一幅名画赏给李师师。又赐给她藕丝灯、暖雪灯、芳苴灯、火凤衔珠灯各十盏；鸬鹚杯、琥珀杯、琉璃盏、镂金偏提壶各十件；月团、凤团、蒙顶等茶叶一百斤；汤饼、寒具、银饼等点心好几盒；还赐给她黄金、白银各千两。当时宫里已经盛传这件事情，郑皇后听说后，就进谏说："娼妓之流的下贱人。不宜跟皇上龙体接近。而且夜晚私自出宫，也怕会出意外。但愿陛下能自爱。"皇帝点头答应，一两年内，没有再去李家。但是对师师的问候赏赐，却一直没有中断。

宣和二年，皇帝又去李师师家，见到自己赐的画挂在醉杏楼中，观赏了好久。回头看见李师师，就开玩笑说："画里的人怎么竟然被喊出来了？"当天又赐给李师师避寒金钿、映月珠环、舞鸾青镜、金香炉四样东西。第二天，又赐给师师端溪砚、凤嘴砚，李廷制的墨，玉管宣毫笔，剡溪绫纹纸。也赐给李姥十万贯铜钱。

张迪私下对徽宗说："皇帝去李家，一定要换衣服，又是夜里才去，所以不能常去。现在艮岳离宫东边有一块地，有二三里长，一直到镇安坊。如果在这里修一条暗道，皇上来去就很方便了。"皇帝说："这件事交给你办。"于是张迪等人正式上书说："离宫的侍卫人员以前大都在露天里待着，我们愿意捐钱，在官地造上几百间房子，统统加盖围墙，以便侍卫休息和防守。"皇帝批准了他们的奏请。于是羽林军巡逻部队等人员，一直布防到镇安坊，过往行人就再也不能到这一带来了。

四月三日，皇帝开始从暗道到李师师家，赐给她藏阄、双陆等赌博的游戏用品，还赏赐了玉片棋盘、绿白两色玉棋子、画院的宫扇、九折五花簟、鳞纹蓐叶席、湘竹绮帘、五彩珊瑚钩。有天，皇帝与师师玩双陆，输了；下围棋，又输了，就赐给师师白银两千两。后来师师生日，又赐给师师珠钿、金手镯各两件，一箱子玑，几端氍锦，一百匹鹭毛缯和翠羽缎，一千两白银。后来皇帝又因为庆贺辽国灭亡，大赏州郡，恩赐各地官府，也赐给师师紫绡绢幕、五彩流苏、冰蚕神锦被、却尘锦褥子以及麸金千两，还有桂露、流霞、香蜜等美酒。又赐给李姥皇室府库的一千万文钱。共计前后赏赐金银钱财、布料、用具物品、食物等,差不多有一亿文。

皇帝在宫中召集皇家眷属欢宴,韦妃悄悄问他:"李家女娃是个什么样的人物,让陛下这么喜欢她?"皇帝说:"没有别的,只是让像你们这样的一百个人,去掉艳丽的装扮,穿上素色的衣服,叫这姑娘杂在里面,自然会显示出不同。她那一种优雅的姿态和潇洒的气度,不是有了美貌就能具备的。"

后来徽宗让位给儿子,自号"道君教主",搬到太乙宫里去住,放纵游乐的念头,也就少了。师师对李姥说:"我们娘儿俩整天嘻嘻哈哈,还不清楚大祸就要临头了。"李姥说:"那么怎么办呢?"师师说:"你暂且不用管,让我来处理。"当时金人正在宋边境进犯挑衅,河北禀报朝廷说形势危急,师师就把皇帝前前后后赏赐的金钱集中起来,上书给开封府尹,说愿意把这些钱上缴府库,以帮助河北官兵添购装备军饷。又贿赂张迪等人替她请求老皇帝,说愿意出家为女道士。老皇帝准许了,还赐城北的慈云观给她住。

靖康之难,金人攻破了汴京,徽、钦二宗先后做了俘虏。金国主帅来寻找李师师,说:"金国皇帝知道她的名声,一定要得到她。"找了几天没有找到。张邦昌还帮着金人追查她的踪迹,把她抓住献给金兵。李师师痛骂他:"我是一个低贱的妓女,却承蒙皇帝垂顾,宁愿一死,也不屈服。你们这帮人,高官厚禄,朝廷哪里亏待你们,你们要想尽办法灭绝国家命脉? 现在你们又向敌人称臣充当走狗,希望有机会作为进身的阶梯。我不会让你们当作礼品讨好敌人!"说完拔下头上的金簪猛刺自己的咽喉,但没有死,就把金簪折断吞了下去才死。道君皇帝被俘虏后关在五国城,听说师师死时的情况,忍不住泪如雨下。金兵无奈,就把徽宗身边的贵妃王婉容和一个帝姬带回营中受用。

徽、钦二宗到金后,先被迫换了素服,去拜金太祖完颜阿骨打的庙,然后一个被封为昏德公,一个被封为重昏侯。

4."坐井观天"与"五国城"之谜

在中国历史上,北宋王朝最后的两个皇帝——父亲徽宗赵佶与儿子钦宗赵桓,因为被金兵俘虏,流放到东北黑龙江的"五国城""坐井观天",成了千百年来广为流传的悲剧人物。他们"坐井观天"也成了我国古代著名的传奇故事。也正因如此,这两位落难皇帝的俘虏生涯、流放命运,以及最后结局,甚至与之有关的细枝末节,均为历代史家、文人所关注,进行探索。

史载:北宋钦宗靖康二年父子皇帝被俘,与后妃宗室官吏们被押至燕山,后到燕京,面见金太祖之弟、都统内外诸军的辽王完颜杲,遭斥责。第二年(公元1128年)春,押往东北金国国都上京会宁府(今黑龙江省阿城区郊有白城遗址),八月朝见金太宗完颜晟,金太宗封赵佶为昏德公,赵桓为重昏侯。不久,送到韩州(今辽宁省昌图县八面城)关押。两年后,金天会八年秋天又转徙至五国城(今黑龙江省依兰县)。在五国城,宋徽宗写了一篇凄凉哀婉的词《媚眼儿》,与写在韩州的《燕山亭北行见杏花》,成为他的代表作,广为流传。

宋徽宗父子二人在五国城多年后,先后死去。这个因赵佶、赵桓"坐井观天"而名载史册的五国城是哪里?多数史料说五国城就是今天的黑龙江省依兰县,地处松花江与牡丹江的会合处。但也有说赵氏父子皇帝"坐井观天"之处是"五国头城",宋词专家胡云翼先生甚至说"五国城"在吉林省境(《宋词选》125页,上海古籍出版社)。

东北古代的史料,《辽史》与《金史》记载:辽王朝的东京道,辖今天的东北三省、俄罗斯外兴安岭以南与乌苏里江以东广大地区。其间从牡丹江与松花江汇合处起始,到黑龙江与乌苏里江汇合处(包括其东北一带),松花江下游两岸有五大部女真人,分别是越里吉部、盆奴里部、越里笃部、奥里米部、剖阿里部,统称为五国部。各部的中心地区有城堡,各部首领居其地,于是便有了五国头城到五城的称谓。

越里吉部在南——松花江与牡丹江汇合处,其城被称为五国头城,旧址即今天的依兰县城,北宋徽宗、钦宗被放逐于此"坐井观天"。而五国部的最北一部剖阿里,后来音译为伯力,即今天的俄罗斯哈巴罗夫斯克。古代中原内地文人对东北辽金时期历史、地理情况不甚了解,笼而统之地把今天的依兰说成了五国城。直到今天,有的权威性文字对此仍有不准确的解释,如《辞海》说:"辽时……松花江两岸有剖阿里……等五国部落归附,设节度使领之,成为五国城。"把女真人五大部族缩小为五个部落,是明显错误。二是把五国部当作五国城,地域广大,徽钦二帝在哪里"坐井观天"也就说不清楚了。更有甚者,说五国城是剖阿里等五城的总称。要从松花江下游到黑龙江下游广大地区寻找二帝"坐井观天"的五国城,何其难也!

北宋徽钦二帝在五国头城——今天的依兰"坐井观天",已流传了八百多年。

其实二帝是否在依兰"坐井观天",东北人是可以说清楚的。井者,掘地而成深洞者也。即使是因断了水而废弃的枯井,也是很深的。不是怕其逃跑的要犯,断不会囚之于深井,数千年中国历史未见用深井囚犯的记载。此时的徽钦二帝虽是被流放的俘虏,有后妃、宗室、官吏陪同,有宫女、太监侍候,有写诗作画,与王室、官吏谈话的自由,不过有金兵看守而已,金朝皇帝不怕他们跑,也不相信手无缚鸡之力的他们会逃出幅员辽阔的大金王国。所以,"坐井观天"只不过是一种传闻而已。自然,之所以中原文人有如此的记载,事出有因。甚至可能是那些随二帝到过五国头城,后来被放回关内的北宋官吏亲眼所见。这些官吏看到徽钦二帝住在或坐在哪里? 不要说八九百年前,就是在六七百年前,东北北部民间盖栋瓦房也非易事。加之冬季严寒,掘地为穴,穴居,是北满地区古来民风——掘地丈余,成穴,上面搭棚,以茅草等覆盖,一角留出口,即过去民间人人皆知的地窖子。平民百姓住地窖子,肃慎时期是从东北先民到满人几千年来普遍之事。看到徽钦二帝在五国头城,住在地窖子里,返回中原的北宋官员们因不知地窖子其名,把似井的地窖子说成了井,于是便产生了这两个皇帝俘虏、"坐井观天"的传说,中原人不知内情,信以为真。

这两位当了俘虏被流放到五国头城的皇帝死在哪里,几百年来更是一谜。最早说到徽宗死地的,是南宋文人宇文懋昭,他在《大金国志》一书中简单地说徽宗"崩于五国城"。后来的一些书籍,如清代毕沅主编的《续资治通鉴》,当代的《辞海》《中国历史大事年表》等,均沿用此说。后二书甚至说钦宗赵桓也是'死在五国城的。而距徽钦二帝死后不过几十年的南宋文人笔记《南烬纪闻》

《南渡录》等,却记载徽钦二帝并非老死五国头城,而是后来又被转徙到另一个五国城——西绵州。

尽管对宋徽宗赵佶的死地有不同说法,但《金史》《宋史》《续资治通鉴》等史书记载相同,可以认定是死在黑龙江省依兰县,即五国头城,葬地在浙江杭州。

蒙羞受难,宋钦宗赵桓惨死于马蹄之下

中国历史上朝代众多,皇帝无数,而真正的倒霉皇帝却是北宋末代皇帝——宋钦宗赵桓。当金兵大举入侵之际,他的吃喝玩乐了一辈子的父亲宋徽宗不愿意玩了,于是决定禅让帝位,把所有的烦心事交给了儿子赵桓。赵桓被迫即位,就是这个倒霉蛋宋钦宗,只做了一年乱世君主,就与其父徽宗同被金兵俘虏北去。在受尽折磨后被马踩死,享年57岁,他可以说是中国倒霉皇帝之最。

1.靖康难:宋人无法治愈的伤痛

钦宗赵桓,曾名亶、煊,是北宋末代皇帝,生于公元1100年(元符三年)四月十三日。公元1125年(宣和七年)十二月,在金兵大举入侵之际,徽宗禅让帝位,赵桓被迫即位,是为钦宗,改次年为靖康元年。靖康二年,与其父徽宗同被金兵俘虏北去,在位一年零两个月。公元1156年(绍兴二十六年)死于五国城,享年57岁,葬于永献陵。

钦宗与其父一样,优柔寡断,反复无常,对政治问题缺乏判断力。靖康元年,金兵攻打汴京,军民强烈要求抵抗,钦宗被迫起用抗战派将领李纲抗击金兵,但仍不断向金朝屈辱求和,割让太原、中山、河间三镇,又同意割让河东、河北,一味地妥协退让,幻想金兵能够撤退。十一月,金兵攻陷汴京。次年二月,延续了168年的北宋王朝灭亡。

靖康元年九月,太原失守,使宗翰率领的西路金兵得以顺利南下,与东路军

合围汴京，并于十一月攻占开封外城。

在攻下开封外城后，精明的金军将帅并未立即攻城，只是占领外城四壁，并假惺惺地宣布议和退兵。钦宗居然信以为真，命何㮚和齐王赵栩到金营求和。宗翰说："自古就有南北之分，今之所议，在割地而已。"又"请求"太上皇到金营谈判。与其说是请求，倒不如说是命令。徽宗哪有这份胆量？钦宗不得已，以太上皇受惊过度、痼疾缠身为由，由自己代为前往。

闰十一月三十日黎明，钦宗率大臣多人前往金营，这恰恰中了金人的圈套。钦宗到金营后，金军统帅却不与他相见，只是派人索要降表。钦宗不敢违背，慌忙令人写降表献上。而金人却不满意，并命令须用四六对偶句写降表。钦宗迫于无奈，说事已至此，其他就不必计较了。大臣孙觌反复斟酌，改易四遍，方才令金人满意。降表大意不过就是向金俯首称臣，乞求宽恕，极尽奴颜婢膝之态。呈上降表后，金人又提出要太上皇前来，钦宗苦苦恳求，金人方才不再坚持。接着，金人在斋宫里向北设香案，令宋朝君臣面北而拜，以尽臣礼，宣读降表。当时风雪交加，钦宗君臣受此凌辱，皆暗自垂泪。投降仪式进行完毕，金人心满意足，便放钦宗返回。钦宗自入金营，备感屈辱，于无奈之下做了金人臣子，回想起来，悲痛难抑，不知不觉间泪已湿巾，至南熏门，钦宗见到前来迎接的大臣和民众，便嚎啕大哭。这是发自内心的感动，毕竟还有众多臣民惦记自己的安危。行至宫前，他仍然哭泣不止，宫廷内外更是哭声震天。钦宗初赴金营，历尽劫波，三日后归来，恍如隔世。

钦宗刚回朝廷，金人就来索要金一千万锭，银二千万锭，帛一千万匹，这简直是漫天要价。当时开封孤城之中，搜刮已尽，根本无法凑齐。然而，钦宗已被金人吓破了胆，一意屈辱退让，下令大刮金银。金人索要骡马，开封府用重典奖励揭发，方才搜得7000余匹，京城马匹为之一空，而官僚竟有徒步上朝者。金人又索要少女一千五百人，钦宗不敢怠慢，甚至让自己的妃嫔抵数，少女不甘受辱，死者甚众。关于金银布帛，钦宗深感府库不足，遂令权贵、富室、商民出资犒军。所谓出资，其实就是抢夺。对于反抗者，动辄枷项，连郑皇后娘家也未幸免。即便如此，金银仍不足数，负责搜刮金银的梅执礼等四位大臣也因此被处死,其他被杖责的官员比比皆是,百姓被逼自尽者甚众,开封城内一片狼藉萧条景象。

尽管以钦宗为首的北宋朝廷如此丧心病狂地奉迎金人,但金人的要求仍没有得到满足,金人扬言要纵兵入城抢劫,并要求钦宗再次到金营商谈。钦宗吓得出了一身冷汗,上次身陷金营的阴影尚未散去,新的恐惧又袭上心头,这次恐怕是凶多吉少。此时,李若水等人也怂恿钦宗前往,钦宗终究不敢违背金人的旨意,不得不再赴金营。

钦宗到达金营后,受到无比的冷遇,宗望、宗翰根本不与他见面,还把他安置到军营斋宫西厢房的三间小屋内。屋内陈设极其简陋,除桌椅外,只有可供睡觉的一个土炕,毛毡两席。屋外有金兵严密把守,黄昏时屋门也被金兵用铁链锁住,钦宗君臣完全失去了活动自由。此时正值寒冬腊月,开封一带雨雪连绵,天气冷得出奇。钦宗除了白天要忍受饥饿的折磨外,晚上还得忍受刺骨的寒风,辗转反侧,不能入睡,想着眼前这一切,心如刀割,泪如泉涌。转瞬之间,钦宗从贵不可及的皇帝沦落为金人的阶下囚,的确令人同情。然而,这一切都是他与其父徽宗一手造成的。

囚禁中的钦宗度日如年,思归之情溢于言表。宋朝官员多次请求金人放回钦宗,金人却不予理睬。靖康二年二月五日,钦宗不得不强颜欢笑地接受金人的邀请去看球赛。球赛结束后,钦宗哀求金帅放自己回去,结果遭到宗翰厉声斥责,钦宗吓得毛骨悚然,遂不敢再提此事。

金人扣留钦宗后,声言金银布帛数一日不齐,便一日不放还钦宗。宋廷闻讯,加紧搜刮。开封府派官吏直接闯入居民家中搜括,横行无忌,如捕叛逆。百姓五家为保,互相监督,如有隐匿,即可告发。就连福田院的贫民、僧道、工伎、倡优等各种人,也在搜刮之列。到正月下旬,开封府才搜集到金16万两、银200万两、衣缎100万匹,但距离金人索要的数目还相差甚远。宋朝官吏到金营交割金银时,金人傲慢无礼,百般羞辱。自钦宗赴金营后,风雪不止,汴京百姓无以为食,将城中树叶、猫犬吃尽后,就割饿殍为食,再加上疫病流行,饿死、病死者不计其数。境况之惨,非笔墨所能形容。

然而，金人仍不罢休，改掠他物以抵金银。凡祭天礼器、天子法驾、各种图书典籍、大成乐器以至百戏所用服装道具，均在搜求之列。诸科医生、教坊乐工、各种工匠也被劫掠。又疯狂掠夺妇女，只要稍有姿色，即被开封府捕捉，以供金人玩乐。当时吏部尚书王时雍掠夺妇女最卖力，号称"金人外公"。开封府尹徐秉哲也不甘落后，为讨好金人，他将本已蓬头垢面、已显羸病之状的女子涂脂抹粉，乔装打扮，整车整车地送入金营，弄得开封城内怨声载道，民不聊生。

灭宋是金人的既定方针，所以尽管宋朝君臣对金人如此俯首帖耳，但金人还是决意废黜钦宗。靖康二年二月六日，钦宗被废为庶人。七日，徽宗等人被迫前往金营。当金人逼迫徽、钦二帝脱去龙袍时，随行的李若水抱着钦宗，不让他脱去帝服，还骂不绝口地斥责金人为狗辈。金人恼羞成怒，用刀割裂他的咽喉，割断他的舌头，至死方才绝声，可歌可泣！北宋灭亡后，金人册封一向主和的张邦昌为帝，国号"大楚"，建立了傀儡政权。但这个傀儡政权不得人心。

金人在扶植张邦昌的同时，再次搜刮金银，即使妇女的钗钏之物也在掠取之列。开封府担心金银不够，金人无端挑衅，便在开封城四周设立市场，用粮食兑换金银。由于京城久被围困，粮食匮乏，百姓手中的金银也无所用，便纷纷拿出来换米。这样，开封府又得金银几万两。然而，开封城已被搜刮数次，金银已尽，根本无法凑齐金人索要的数目。金人只好作罢。

金军统帅得知康王赵构在河北积极部署军队，欲断金人退路，又担心兵力不足，不能对中原广大地区实行有效统治，因而，在立了傀儡政权之后，准备撤军。在撤退时，金人还烧毁开封城郊的房屋无数。"东至柳子，西至西京，南至汉上，北至河朔"，在这样一个广大的地区，金兵"杀人如刈麻，臭闻数百里"。这给广大人民带来了深重的灾难，罪行滔天，令人发指。

四月一日，金军在掳掠了大量金银财宝后开始分两路撤退。一路由宗望监押，包括徽宗、郑皇后及亲王、皇孙、驸马、公主、妃嫔等，已于前三日沿滑州北去；另一路由宗翰监押，包括钦宗、朱皇后、太子、宗室及孙傅、张叔夜、秦桧等几个不肯屈服的官员，沿郑州北行。被金人掳去的还有朝廷各种礼器、古董文物、图籍、宫人、内侍、倡优、工匠等等，被驱掳的百姓男女不下 10 万人，北宋王朝府库蓄积为之一空。金兵所到之处,生灵涂炭。如此惨烈的灾难,给宋人留下了难以治愈的伤痛,也成为此后历朝志士仁人奋发图强的精神动力。

2.父子囚:魂断五国城的北宋君王

徽宗一行分乘860余辆牛车,由彼此语言不通的胡人驾车,一路栖栖惶惶,受尽屈辱折磨。靖康二年四月五日,徽宗见到韦贤妃(赵构母)等人乘马先行而去,竟不敢吱声,潜然泪下。四月七日,徽宗妃嫔曹才人如厕时,被金兵乘机奸污。八日,抵达相州时,适逢大雨不断,车皆渗漏,宫女到金兵帐中避雨时又被金兵奸淫,死者甚多,徽宗长吁短叹,却无可奈何。北上途中食物匮乏,又连日风雨大作,宋俘饿殍满地,惨不忍睹。

钦宗出发时,被迫头戴毡笠,身穿青布衣,骑着黑马,由金人随押,一副失魂落魄的样子,不但受尽旅途风霜之苦,还备受金军的侮辱。钦宗时时仰天号泣,辄被呵止。日暮宿营时,金兵"絷帝及祁王、太子、内人手足并卧",以防逃跑。四月十日,自巩县渡黄河,驾车的人对随行的同知枢密院事张叔夜说,将过界河,张叔夜悲愤难抑,仰天大呼,扼吭而死。五月下旬,过太和岭时,钦宗等人都被缚在马背上。七月二十日,徽宗、钦宗在燕京相见,父子抱头痛哭,悲愤不已。徽宗原以为生活可以就此安定,不料九月,金人又将徽宗父子迁往更远的上京,因为南宋势力渐强,金人怕他们夺回徽宗父子,而在同南宋的交涉中失去讨价还价的筹码。这样,徽宗父子不得不再次承受颠沛流离之苦。

公元1128年(建炎二年)八月,徽、钦二帝抵达上京,金人命他们身穿孝服拜祭阿骨打庙,这被称为献俘仪,实际上是以此羞辱北宋君臣。然后,又逼着他们父子到乾元殿拜见金太宗。接着,金太宗封徽宗为昏德公,钦宗为昏德侯。这也是中原皇帝玩过的把戏,隋文帝灭陈,封陈叔宝为长城公;宋太祖灭南唐,封李煜为违命侯。此外,韦贤妃以下300余人入洗衣院,朱皇后不堪受辱,投水而死,男子则被编入兵籍。

不久,金人又将徽、钦二帝赶至荒凉偏僻的边陲小镇——五国城,他们从此就居住于此,直至去世。生活稍稍安定后,徽宗又有了读书写诗的雅兴。徽宗喜好读书,有时竟到废寝忘食的地步。有一次,他读了唐代李泌的传记后,知道李泌为国尽忠,复兴社稷,后被奸佞嫉恨。徽宗读后感触颇深,并令大臣抄写一份,赐给韦贤妃。然而,徽宗对这一切醒悟得太迟了。

在五国城期间,徽宗还与钦宗在宴会上饮酒赋诗,自然是寄厚望于钦宗。徽宗平生爱好写诗,再加上做囚徒的伤感,也流溢于诗词之中。被流放期间,徽宗写诗较多,但流传下来的仅有十几首。其中,《在北题壁》流传最广:

彻夜西风撼破扉,萧条孤馆一灯微。

家山回首三千里,目断天南无雁飞。

孤独、凄凉之感跃然纸上。徽宗在五国城生活了三年,公元1135年(绍兴五年)病死。钦宗异常悲痛,身心受到沉重打击。公元1142年(绍兴十二年)三月,宋金关系有所缓和,韦贤妃由五国城归宋。她离开时,钦宗挽住她的车轮,请她转告高宗,若能归宋,自己当一太乙宫主足矣。高宗担心其兄回来后威胁自己的帝位,表面上高喊迎回徽、钦二帝,内心却巴不得他们客死异地,因而他终生都在与金人议和,根本无心恢复中原。

公元1156年(绍兴二十六年)六月,宋钦宗病死。然而,直到公元1161年(绍兴三十一年)钦宗死讯才传到南宋。高宗表面上痛不欲生,内心却暗自高兴。七月,上谥号"恭文顺德仁孝皇帝",庙号钦宗。

宋钦宗死因另据《大宋宣和遗事》,1156年6月,金主完颜亮命钦宗出赛马球,钦宗皇帝身体孱弱,患有严重的风疾,又不善马术,很快从马上摔下,被乱马铁蹄践踏死。

宋恭帝是如何被杀的

南宋咸淳十年(公元1274年),宋度宗病逝,太子继位,即是宋恭帝,历史上人们又称他为少帝、幼帝、德佑皇帝。宋恭帝即位时,年仅四岁,当时由谢太皇太后垂帘辅政。恭帝年幼即位,从宋度宗手中所承接的江山早已是千疮百孔,命系累卵了。

公元 1276 年正月,元朝大军南下入侵已经到临安城下。眼看着元兵即日就将攻进城内,南宋朝廷大势已去。于是,谢太皇太后立刻派大臣杨应奎,前往元军驻扎地献上了传国玉玺,并且以恭帝的名义向元军统帅伯颜献上降表,降表言辞十分卑下可怜:宋朝奸臣误国,天数已尽,元朝国运兴旺,我愿率百官称臣降服于大元;今谨奉太皇太后之命,削去帝号,将两浙、福建、江东、江西、湖南、两广、四川、两淮等宋朝州郡,全部献给大

宋恭帝

元圣朝,祈求元朝可怜宋朝三百年江山不至断绝,使赵氏子孙以后有靠,使宋朝百姓能够安享天日。如果这样,那么元朝的大恩大德,将永不忘,日日思报。虽然这篇降表写得很哀婉,充满了一个行将灭亡的王朝的辛酸,可是元朝还是没有放过这位小皇帝。

伯颜很快就攻陷了临安城,接着元世祖急速下诏,命令宋朝皇帝前去大都会见。皇太后带着小恭帝在随行一行人的护从下匆匆奔赴大都,谢太皇太后称病未去。

恭帝当时也只有七岁,什么事情都不懂,全太后只是个妇道人家,只是感激元世祖不杀之恩,根本不知什么民族气节,所以这孤儿寡母到了大都,特别被元朝人看不起。他们将恭帝与全太后软禁在深深的宫苑里,横加凌辱,更不许他们与外界有丝毫的接触。当时随全太后到大都的四位宫女都不堪忍受凶悍的元朝人的虐待,到大都后没有十天就全部自缢身亡了。其中一位宫女还留下绝命诗一首:"既不辱国,幸免辱身。世食宋禄,羞为北臣。妾辈之死,守于一贞。忠臣孝子,期以自新。"元世祖十分看不起全太后的忍辱偷生,所以就砍下了那四个宫女的头颅悬在全太后的门口,以示羞辱,全太后顾念年幼的恭帝,不忍自杀。不过,由于这时南宋遗臣已经立赵昰为端宗,老奸巨猾的元世祖就将恭帝

封为开府仪同三司、检点大司行政、瀛国公,做样子给天下人看,其实就是为了利用恭帝潜在的号召力,对端宗形成制约,顺便招降那些尚未归附的宋将。

全太后提出水土不服,向元世祖请求迁往南方,元世祖的皇后对全太后的遭遇特别同情,就帮全太后求情,但是元世祖担心节外生枝,没有同意,不过他并没有打算杀害全太后和宋恭帝,传说元世祖已经准备让恭帝与全太后在大都的深院中慢慢了却此生。可是到了公元1282年底,却突然命恭帝迁出大都,并将他安置在上都(今内蒙古正蓝旗东边闪电河北岸)。还让全太后到大度正智寺庙削发为尼,不久全太后就悄无声息地死在了那里。原来福建有位僧人向元世祖解说了近日天相方面的事,说他夜观星相,发现土星有侵犯帝祚之势,所以按常例来推算,恐怕不几日将会有人要加害元世祖,希望元世祖多加提防。元世祖本来不相信这位僧人所说的话,可是在这位僧人离开没有多久,就有离大都不远的中山县(今河北省定州市)官员禀报说:县内有一个狂人,自称是宋王,扬言要聚集人马,前往京师劫掠宋丞相文天祥,起兵复宋。元世祖一听,这还了得,也不由得相信那位僧人说的。马上就把恭帝迁到了上都,然后杀害了已关押了四年的南宋宰相文天祥。次年又把降元的宋朝官员全部迁往内地,免除了后顾之忧。

至元二十五年,恭帝已经十九岁了,元朝的统治也逐渐巩固了下来。这年冬天,元世祖赐给恭帝大量钱财并将他送到了吐蕃(今西藏地区)学佛。恭帝到西藏后,入住萨迦大寺,并改名为合尊法宝,还学会了藏族的语言。恭帝聪颖灵慧,性情好合,他钻研佛经,还当上了萨迦大寺的主持。按理说,恭帝此时既已入佛,早已心无杂念,潜心修炼了。可是到元英宗至治三年时,恭帝却突然被赐死在河西(今甘肃省河西走廊),这是怎么回事呢?原来是他无意间所写的一首诗闯了大祸:

"寄语林和靖,梅花几度开?

黄金台下客,应是不归来。"

诗中所说的黄金台指的是战国时燕昭王在大都朝阳门附近筑的土台,燕昭王放在台上,招揽天下贤士尽归己用。林和靖则是北宋著名的钱塘高士,一生孤傲,以梅为友。就是这首诗,恭帝便被元英宗以煽动天下人心的罪名处死了。

元英宗杀恭帝也是历朝历代的惯例。恭帝死了,天下宋人的心也就死了;恭帝不死,宋朝遗民总会在心中隐隐作想:宋朝江山仍旧还在,因为虽然端宗、卫王死去了,可是恭帝还活着,恭帝还会回来,他只是在某个地方出家而已。

宋恭帝是位有智慧的人,可是幼年继位,又生不逢时,想必心中自是有许多苦处,可是他潜心研究佛经,成了一代佛学翻译大师,曾经翻译了佛教中著名的《因明入正理论》作品,也算没有枉过一生。

历史奇案

白马喊冤案

这个案子发生在宋光宗绍熙四年。荆门军长林县有个贪得无厌的县民叫蹇大,平常谁家要是有了稀罕的东西被他看中,总是顺手牵羊据为己有。渐渐地大家都知道这个人的毛病,对他有所防备。从蹇大的家到城里有七八十里路,他的妻子已死了多年,身边只有一个女儿,成人后便招了邹亚为上门女婿,以解家中缺少帮手的困境。邹亚个子矮小,愚昧粗俗,蹇大常说他缺心眼儿。但他凭着力气也挣了点钱。虽然入了赘,但是因为当苦力,经常出远门。于是蹇大占了他的房子和土地。蹇大的女儿金枝虽然长得不怎么好,但身材丰满,生性活泼,得到许多男人的喜爱。邹亚经常不在家,家里难免生出桃色新闻。

同县有一名叫李三的年轻小生,是富家子弟,行为放荡不羁。趁邹亚不在家里,便去和金枝私会,蹇大知道后非常高兴,表面不说,背地里却想利用李三杀掉邹亚。蹇大认邹亚做女婿,实际上是想贪他的家产,所以一等邹亚进门,蹇大就想杀了他,好遂了自己的心愿。一天,李三又来找金枝,蹇大激他说:"你虽然比我女婿精明,但不如他能干。如果你能杀了他,就证明你有本事,我就把女儿嫁给你。"李三心想这倒是个自我表现的好机会,没了邹亚,金枝就归我了。于是李三一口答应,但一直没机会下手。

这年秋天,城里的牛贩子袁一到襄阳做生意,请邹亚帮忙,办完事后一起回来。袁一骑了亲家的大白马,邹亚挑担子,两个人一前一后往回走。蹇大见时机已到,便跑去告诉李三让他在路上杀掉邹亚。李三抄小道赶到大路口,在蒿草里埋伏下,一会儿就见袁一和邹亚走过来。李三见四周无人,立刻从草丛中窜出来,趁他二人不备,用刀将二人杀死,血流满地。李三虽然是纨绔子弟,却练得几手刀功,下手迅速有力,令人防不胜防。他上前踢了踢尸体,确信人已死,就把尸体拉进路旁草堆里,自以为干得神不知鬼不觉。

快中午时,有挑担的人路过这里,看见路边的血迹,觉得奇怪。他顺着血迹找到两具男尸,于是立刻通知了里长。里长赶到现场,认出其中一具尸体就是自己的户民邹亚,于是到县衙报案,要求追查凶手。

李三忽略了袁一骑的马。袁一的亲家是义勇军部将张国勇,高大魁梧,气度不凡。他家离袁一家有十几里路,到蹇大家也有十几里路。袁一的马失去主人以后,跑回张国勇家,一边叫,一边和马棚里的小马又踢又咬。张国勇见到后大吃一惊:"马是袁一骑的,说要十来天才能回来,怎么这么快就回来了,看样子似乎出了什么事,马跑回来报信。"他骑上马顺着原路走回去,边走边留心查看。到了通往襄阳的旁边,见几个官差正围着两具尸体勘查。张国勇上前认出一具尸体正是袁一,另一具便是邹亚。

县令派人看护尸首,然后同里长、张国勇一起到蹇大的家里。蹇大得知凶讯假装很伤心。金枝得知丈夫被杀,顿时晕厥。邻居听说了这件事后都来到蹇家,李三也到场,若无其事地观察动静。张国勇从邻居那里听说蹇大占有了邹亚财产,并且纵容他的女儿和李三通奸,于是问蹇大:"你认识这匹马吗?怎么敢大白天杀人?"蹇大一听吃了一惊,心想:莫非他已经知道是我干的。李三怎么没把这匹马也杀了呢。越想越觉得心虚,一时面红耳赤,说不出话来。县令得知蹇大纵容女儿通奸,并占了邹亚的财产后,便把蹇大和李三抓起来审问。多次审讯后,蹇大和李三承认了因为图财和通奸杀人,但一直不肯供出杀人凶器在何处,因为没有物证,所以不能明确结案。

到第二年春天,二人已被关押了几个月。金枝已埋葬了丈夫,虽然她没被关押起来,但也经常被审问。三个人受尽各种刑罚,再也经不住严刑拷打。李三想,事情既然败露,不是被打死,就是被斩首,不如少受点苦招了吧,于是便供出了凶器的下落,县令叫人找来凶器,虽然过去了几个月,刀上仍然血迹斑斑。证据确凿,蹇大与李三供认不讳。蹇大、李三合谋杀死两人,金枝通奸致使丈夫惨死、袁一无辜身亡,三人依法被斩首。

和尚奸妇杀夫案

宋建炎年间,有一人名叫李生,祖籍河南,朝廷下文授其官职,他便带着妻子儿女匆忙赶到新市,等待赴任。他在新市举目无亲,也无朋友同窗,身边的钱财所剩无几,只好在一座寺庙暂住下来。这座寺庙名普惠寺,一座正殿,东西两个配殿,其余便是和尚起居所用的房间。规模虽然不大,但还愿进香之人,终日不断,寺院也备有院落给远道而来的香客过夜。李生一家便住在这香客的院落中,与寺中的僧人住隔壁。寺内只有三个和尚,一个年老的方丈,二个年轻的徒弟。那两个小和尚中有一个与李生年龄相仿,两日来见李生眉头紧皱,十分烦闷,就经常与他聊天,安慰一番,还不时带些美酒佳肴来招待李生。李生正无聊之时,心中不爽,得到此等优待自然十分感激,闲谈中聊起了和尚的家乡姓氏。和尚说自己俗姓汤,自幼出家,已经不少年头了。李生听他与妻子同姓,便又叙起家谱,原来两人还是远房亲戚。这样一来和尚对他们更是百般照顾,十分周到。李生的妻子长得十分漂亮,两个儿女也很乖巧可爱。汤和尚每次过来总要偷偷瞟这美貌少妇,眼中尽是邪光,并装作疼爱孩子与她们玩耍,有意与李生妻亲近,还暗中踩她的脚。李生心中尽是感激之情,况且又是亲戚,对他毫无察觉。

一天,汤和尚匆匆从外面回来,赶到李生屋里,慌慌张张对李生说:"外面传言说金人要打过来了,你和家人也快些找个地方躲避才是。"李生说:"我家在河南,来到新市好不容易才寻到你这落脚之地,如今要逃又能逃哪里去呢?"和尚说:"这你不用担心,贫僧有位亲戚在某山中一座庵堂,你若愿意可同我去。"李生觉得这样甚好,能安全躲过金兵,又有个落脚的地方,就欣然应命,联系船只准备前往。可是没过多久,和尚又来找张生对他说:"现在不用逃了,金人被打跑了,局势也没那么乱了。我听说皇上出巡便在对岸的行宫住下,过太湖就是,你快去登记授职,也好有个着落。"李生听罢此言,心中高兴,然而又为难起来,告诉和尚说他钱财已快用尽,还要用钱打点官场,他实在没有办法。和尚说:"你放宽心,我替你办。"当天,和尚便雇了条船,他对李生说:"船主、船老大我都已给了钱了,这有二百两你先拿去用,妻子儿女我替你照顾着。你安心去吧,可要一路小心,尽快回来。"李生心中更是感激,对和尚说:"师傅对我的大恩大德在下永生不忘,日后如有机会定全力报答。"和尚说:"休提这些,你我投缘又是亲戚,无论怎么说我都应该帮忙的。"

第二天,李生把此事告诉妻子,要她和女儿在此等候,一旦自己被授官,立刻来接他们,共享富贵。临行前和尚又设下酒宴特地为他饯行,和尚一再劝酒,李生心中又是高兴又是感激,喝得酩酊大醉才上路。心里盘算,自己真是出门遇贵人。和尚助人为乐,何况又是亲戚,定会好好照顾妻儿的。李生大醉,上船就呼呼地睡了,谁想一觉醒来,觉得船就在原地摇晃,不像向前行驶。赶紧来到舱外观看,却见船已抛锚停在太湖当中。太湖十分宽广,四下望去都见不到岸边。因为时间早,打鱼、行渡的船只还未到出发的时候,四下里看不见别的船只。李生问船老大:"怎么停在这里? 前不着村,后不着店,莫不是船坏了?"船老大忽地转过脸来,没好气地说道:"没事,我饿了,吃点东西歇歇。"李生也只好进舱等候,可是等了许久也不见有动静。等到中午,李生不耐烦了,催他快些开船,自己有急事要办。船老大这才慢慢答道:"着什么急,马上便走。"不去撑船,却起身从船板下取来一把斧头,一块磨刀石,便又坐下"蹭蹭"磨起斧头来。李生见这阵势吓得目瞪口呆,手足无措,心中暗想:这船老大莫非要害我? 于是试探着问:"你不撑船,磨斧头做什么?"船老大说:"你我近日无怨往日无仇,不过我拿人钱财,总得与人消灾。你要留下什么话给家里人,赶快写封家书,我当做件好事替你送去。"李生心中极为害怕，四下张望，想找到路过的船只，救他一命。可是湖水一望无际，却不见有帆影人声。李生泪水横流，跪地求饶说："船家大哥，你行行好放过我吧，妻儿还在家等我。我做了官，一定报答你的救命之恩。我这里有二百两，你先拿去。"船老大说："我已经收了人家钱财，怎能不办好此事，我也不想杀你，可也没办法啊。幸亏现在还早，要是到了傍晚你就得换个死法了。"说着便晃了晃手中的斧头。李生极为悲伤，没想到自己高高兴兴前来当官，却要丢了性命。于是写下遗言托船老大转交妻子，说清住处，纵身跳进湖中。李生离开寺庙后，他的妻子在寺中等着李生回来。没想到李生离开当晚，那恶僧在夜深人静之时摸到李生妻房里，趁儿女熟睡，寺中无人之机，强行将其霸占。次日，又将这母子三人领出寺来带到寺旁的一处民房住下，隔三岔五来骚扰一番。过了几日，船老大回到新市，四处寻找李生的妻儿，找到后便交出遗书。李生妻见了遗书，悲伤至极，也不愿偷生于世，当晚撇下一对儿女，悬梁自尽，一对好夫妻便死在恶僧之手。

没过多久，翰林学士汪彦章来新市任职，首先将积压待审的案子一一清审。一天，府外衙役进堂禀报说门外有人前来自首。汪彦章立刻升堂，唤进此人，查问案情。这人便是李生所搭船的船主。他说："普惠寺的汤和尚曾与一个李生的香客交往甚密。他见李生妻十分漂亮，便设计了条毒计，杀死李生，霸占其妻。他以重金相赠，让我安排船只，买通船老大在李生赴仕途中在太湖之上将其杀掉。后来船老大常以此事要挟那和尚，以图敲诈更多的钱财。可是次数多了，和尚心生恶气，不愿再出钱财。前几日晚上，他找我们吃酒，想灌醉我俩趁机杀掉我们。正巧我外出办事不在船上，船老大的妻子倒酒的时候，借着月光发现和尚的绑腿里藏着一把新斧，知道这和尚来意不善，找个机会把船老大叫到舱中悄悄告之。船老大心中害怕，又知打不过这和尚，便使劲劝酒，把和尚灌醉才保住性命。"船主说完，汪彦章立即分派差役去捉拿船老大及和尚归案。

一番审讯过后，证实了船主所说属实，两人均对各自的罪行供认不讳。和尚逼死两条人命，按律处斩。船主受人金钱，指使船老大杀死朝廷命官，按律当斩，但因其自首悔过，供认两犯从宽处理，拟充军塞外。船老大协从作案，迫李生跳水,而且又敲诈勒索,罪上加罪,按律处斩。汪彦章写下奏折奏请皇上批阅;又因这汤和尚与船老大太过狠毒,暗中命狱吏慢慢折磨他们,让他们受些重刑。几个月后,批文下来,便将二人斩首示众。

薛大圭妙断奸杀案

南宋淳熙年间,荆湖南路荆州府湘潭曾有任县令名叫薛大圭。此人是名臣之后,很有才华。薛大圭,字禹玉,为人风流倜傥,行事爽快,不拘陈规旧理。他出自名门,智慧过人,善用智谋,虽略为自负,但破过不少疑怪之事。

荆州知府王宣子到任,各县县令都来拜见。知府设宴款待,无意间谈到,湘乡县近日来出了桩疑案:王家庄王财主的女儿王小娇,一夜被杀死在闺房里。次日天亮却只有尸身没有头。王财主立即到县衙报案,此案又报到郡府,可是数月之后也没有查出凶手,众官员都为此而发愁。薛县令听罢,沉思片刻便起身对王知府说:"王大人,卑职愿试破此案。"众县令都很吃惊,没想到薛大圭会请命破此案,也并不信这年轻人能破得了久悬之案。王知府听人称赞过薛大圭极有才干,便想试他一试。于是回答道:"久闻你才智过人,善破疑案,你既要主动查办,定能马到成功。有何要求,你尽管提出来,我尽量满足你的要求。"

薛大圭向王知府借了几十个差役,绕路湘乡县回湘潭县。入湘乡县境内后,每走一程,便派走几个差役。快到王家庄时,身边差役都派光了,只剩下抬轿人,大家都不知道他打什么主意。快到王家庄口的时候,薛大圭连轿夫都遣开了,自己步行前往。路上看见四五个游方道士,拿着竹拍子。薛大圭走进店内,提出用自己的头巾、长衫与道士换衣物等东西,并且再加上两千钱给道士。众道士听着奇怪,但见有利可图,便答应了。薛大圭换上布衣道袍,又回头走了一段,对远处的差役说:"我一个人进王庄去打探消息,你们在我身后跟着,不要被人发现,见我把竹拍子扔掉后,你们马上赶过来,听我命令行事。"差役们齐声答道:"遵命!"

薛大圭走进庄子来,见庄口有一空房里面坐着一位老妇人。薛大圭上前行礼闻道:"老人家,我云游四方,路过这里,十分口渴,请问您家有米酒让我解解渴吗?"

老妇回答:"我家里没酒,那边有个酒铺,二十四钱一升。"

薛大圭说自己不认得路,取出一百钱让她去买二升酒,余下钱便作辛苦钱。老妇见有如此好事,十分高兴,提了酒壶就走了。一会儿,酒买来了,薛县令又请老妇坐下,一同喝上几杯。老妇更是高兴,便去弄了盘熟牛肉与薛大圭下酒。

两人边吃边聊,薛大圭见老妇已有醉意,时机已到,便说:"老人家,看您气色很好,庄子里安安静静,想来日子一定过得很好吧。"

"别提了!以前倒还好,可现在,村里正不安宁呢!这里出了桩杀人的案子,好多老百姓都受了牟连,我儿子也被囚禁了。"

薛大圭装作吃惊问道:"怎么有这样的事,怎么会连累无辜的老百姓?"

"那死的人是庄里王财主的女儿王小娇。这王小娇不守本分与庄子东面的李阿贵早就私通。几个月前,不知怎的,那李阿贵杀了王小娇,还把头砍下来埋在他家房后的树下。李阿贵原是个恶人,以前也杀过人判了罪,关在县大牢里,但仗着家里有钱有势,他两个哥哥上下打点,没多久便弄出来了。出来后,他更是放肆,横行乡里,作恶无数,谁也不怕。我们都到道是他杀害王小娇,可是谁又敢冒险去告官呢!"

薛大圭细细问了李阿贵家的具体位置,及家中各种详情,老婆婆心中高兴,又有醉意便一五一十地告诉他。薛大圭寻到李家,便在李家门口打起竹拍,唱起布施歌。

一会儿,有两个人打里面出来,给了他十个铜钱。薛大圭一看便知道了这是李阿贵的两位哥哥,便把钱甩手丢在地上,说:"两位既是院落主人,却如此寒酸,像是打发叫化一般!"两人又拿出五十文钱,还嫌少;又添了五十文,薛大圭还是嫌少,大声喊道:"听说您家是远近闻名的大户,乐善好施,我便特意从远处赶来化缘,没有一千文别想让我走!"薛大圭不停地说下去,越说声越大。周围邻居听见这边大喊小叫,都过来看热闹,随行差役趁机混入了人群中。

两人以为"道士"不是简单之人,忙上前道歉。李阿贵在屋里听了,无名怒火由心头升起。冲出门来正要发作，薛大圭扔下竹板用手一指，差役一拥而上，抓住绑了。薛大圭上前用力给了李阿贵一记耳光，骂道："你这恶贼，杀了王小娇，还想抵赖吗？我是本县捕盗官，休要张狂，服法受罚。"

李阿贵心知此事无可逆转，只得就擒。薛大圭押着李阿贵，领众人来到房后大树下，果然挖出了一个骷髅头。

薛大圭又押解罪犯返回荆州，王知府亲自审讯，证据确凿，李阿贵只好交代了自己因奸杀人的经过。薛县令也因此备受各位官员赞赏。之后，王知府及各官员联名上奏朝廷推荐了他。不久，他调到京城任职。

好色和尚杀人案

北宋仁宗年间，福建省福安县城内有两户人家，其中一家庭院较大，房舍齐整，略显富裕景象；而另外一家向南临街，房屋破旧，有扇小门与邻院相通。

这里原来住着兄弟两人，但分家后，两家情况有所不同，哥哥章达德书生气重，坐吃山空，日子越来越难过，好在妻子黄蕙娘勤劳节俭，女儿玉姬也孝顺懂事，还能一起和谐度日。弟弟达道善于经营，家境渐好，时而接济兄长，但天有不测风云，他刚满二十五岁就忽然患病亡故，留下贤妻陈顺娥与婢妾徐妙兰守着这个大院，除唯一的老仆外，身边没有一子一女。

陈顺娥端庄静雅，尽管她不化妆，仍明眸皓齿，姿色秀美。妙兰年方十八，也眉清目秀，肤白如玉。此二人关系还很好，尤其是顺娥，心中常怀念亡夫，每当达道生辰与逝世周年之日，甚至有时逢初一或十五，她都请近郊龙宝寺的高僧一清来诵经祝祷。而且她已决定守节，因此，谁提出要她改嫁，她都一一回绝。

一天，顺娥之兄陈大方来探望她，说自己曾与达德商议，认为只有改嫁才能使她免受孤苦。这种劝解她已听过，且拒绝过多次，但不知何故，今天一听却有点伤心，且流下眼泪了。她低着头，低声说："你们的好意我明白。可是我想，能否做到既可守节，又不用孤苦一人，还可保留这份家业，……难道就别无他法吗?"大方问她有什么方法。沉默许久,顺娥便说出自己的心里话。

陈大方的次子元卿不仅天资聪颖,也努力读书,顺娥想收他为养子,以免达道断了香火。大方听了十分高兴,连连夸赞妹妹聪明贤惠,想出如此好的方法。他马上穿过东墙侧门,去找达德,不料刚提及收养之事,章达德就发怒了,一句一顿地讲道:"章姓之家业,陈怎么能继承呢?本朝法律明文规定,禁止收养异姓男子作自己的儿子,违者要受到惩罚。你们还敢⋯⋯,你快走吧!"大方愕然,随即转身拂袖而去。

庭院一如往常平静。只是偶尔有木鱼敲打声,隐约从房里传出。时值初夏,天气热得让人感觉呼吸困难。

次月初一的上午,太阳已升上树梢。老仆打扫完庭院后,下厨清理饮具去了。徐妙兰梳妆完毕,正准备出屋,忽然听有人连声喊"章娘子"。隔窗望去,见一清正站在院中的经担前,知道他是应约前来超度亡灵的。或许娘子又因心绪不宁还没有起床吧,妙兰赶紧让高僧稍候,自己去叫夫人。片刻之后,却见她慌慌张张地跑出厅堂,向外惊呼:"啊呀呀,大事不好啦,娘子被人杀——杀死啦!"

隔壁的章达德夫妇闻声而至,立即派老仆去叫陈大方。章达德回头对一清说:"今日不念经了,大师请回!"又驱散门外人群,安慰因害怕、伤心而哭的妙兰。

大方带着元卿来了,没有理睬达德夫妇,径直朝顺娥房间走去。只见顺娥尸体横陈榻前,血肉模糊,而且头颅不翼而飞。他强忍悲痛,努力使自己冷静下来,心想:娥妹服饰完整,屋里财物也没少,非奸非盗,真怪了?想着想着,猛地狠瞪了身旁的达德一眼。"我已报案,人全退出!待官府随即勘验。"

福安县衙的役吏先仔细察看现场,后询问了有关亲属人等,但找不出破案点,只得将案情记录下来交给知县。县太爷尹皓此时已接到陈大方诉状,加之听见市井百姓的纷纷议论,就认为是章达德谋财害命,将他拘捕入牢候审。但一点证据都没有,连头颅下落也不知,如此人命重案,尹太爷便立即上报了。

恰巧,当时任监察御史的包拯正巡视至福州。他看完案卷之后,即批示由知府贺崇雅审理,并要求他定期回禀。

贺知府首先询问了陈大方，除了章达德外，其他还有何人可疑。大方便详细说了情况，老仆年迈憨厚，不会行奸或窃物；妙兰身单力薄，即使贪财，也无力杀人并砍头，还把它藏起来；一清尚未进屋，也无行凶机会；只有达德垂涎其家产，或许从侧门潜出，将头藏匿或者扔掉。知府认为他讲得符合情理。

府衙升堂，气氛严肃，有点吓人。"章达德！"惊堂木一拍，知府大喝，"所犯何罪，快快从实招来！"跪伏堂下的达德吓得连忙叩头，呼道："小人实在是冤枉的，恳请大人明察！"对接着"头藏何处"等问题，他都说自己根本不知道，于是知府令搬来三根夹棍，夹住脚脖处紧勒，达德虽然汗下如雨，疼痛钻心，还是连呼冤枉。次日加重刑罚拷问达德，仍毫无结果。

包公看了报告后，反复思量，知人犯即使口头招认，但如果找不到头颅和凶器，也不能奏请御批结案。他决定仍由县衙审查，自己再适时亲审，因此立即批文给尹皓，令他尽快找到首级，要不然就追查他的失职。

这下那位知县急了，后悔自己没有仔细搜查现场，更不该仓促上报案情。尹皓贪婪且无能，见达德家境清贫，没钱贿赂他，且没人撑腰，就要肆意拷打，致使他昏死过去好几回。章生实在无法忍受酷刑，便招认了，但又说不出首级的去向。

可怜黄蕙娘和女儿玉姬，平时很少抛头露面，但现在为了过日子，只能经常外出卖刺绣绢布，或向亲戚邻居借钱物。这样才能有点钱来贿赂狱卒，带些好饭菜给达德，以让他能支撑一下。

有一天，下着绵绵细雨。玉姬入牢看见父亲衣衫褴褛，面无血色，身上青一块紫一块的，禁不住伤心落泪。她问："爹爹什么时候才能出狱呀？"达德于是低声告诉说："县令让我把陈氏之头交出，只要有了头颅，全尸安葬弟媳，才能上报放我。而我未杀人，去哪找人头给他？"玉姬听罢，长叹一声。

回到家中，看着日渐消瘦的母亲，玉姬沉默无语，显得心事重重。

"牢内有特殊情况吗？为什么你比以前更忧心忡忡了？"蕙娘问道。

"爹爹告知，县太爷为了结案，逼他交出人头，答应交了头就释放他。"玉姬说："这头哪里去找呢？我想，为了早日救爹出狱，你就割下我的头，当作婶娘的母亲大吃一惊，急忙阻止她说："吾儿休得讲此傻话。你已经十六岁了，可以出嫁了，我正托媒给你找个富裕人家，这样你以后的日子也好过，还可以多要聘金，或许这样才能为你爹雪冤。"

玉姬忍不住心酸，流着泪说："父亲在牢中受煎熬，你也在家担心挨饿，我怎么能忍心出嫁而贪求饱暖！如果聘钱用完了，还去哪要钱救爹呢？而且我如果嫁给别人了，还能再救爹吗？我的主意已定，娘就在我睡着时，割下我的头吧。"

"儿哪，你千万别……"蕙娘紧紧地搂住了玉姬，泪如泉涌，声音嘶哑："我家未曾杀婶娘，老天有眼会分辨是非的。再说，你是亲骨肉，我怎舍得动手做那种事！千万别再讲那些话！"

这一夜，母女俩又谈及此事，又哭成一片，互相抱着但都没睡觉。窗外，风习习，雨凄凄，时不时还传来虫子的叫声。

不料，尽管母亲处处留神，女儿还是趁她不留意，于次日晌午悬梁自尽了。看见这种状况，母亲痛不欲生。蕙娘将玉姬的尸体抱下来，坐在尸体旁，一直到了晚间二更时分仍泪流不已。她知道，爱女这样做是出于至孝，看着女儿安详的面容，好像一定要自己去实现其遗愿。

母亲犹豫再三后，决定先焚香祝祭，祈天福佑，随即又铺褥盖衾，看着女儿的尸体，看了许久。她拿刀，放刀，重复了几次，最终颤抖着手，含着泪砍了好多次，才下女儿的头交给了县令。

尹皓午间打开包裹一看，心里又惊又喜，他在家里踱步思索着:已经过了一个多月了，头颅理应腐朽或变质，但为何这颗头就像刚砍下的呢？他若有所悟，但随即就想清楚了，继而舒心微笑，并捻了捻鼻下的鼠须。随后，他又召来师爷议论了一会。

又过几日，尹知县将精心写的呈文;连同与案件有关人的供词等，以及头颅、凶器等物证，派吏员一起上交给包拯。囚犯章达德，同时也押到了州里，囚禁着听候审问。

御史包拯体态威仪，目光炯炯有神。虽这时三十有余，刚由地方调任朝官，

国学经典文库

中国古代秘史

·两宋秘史·

图文珍藏版

但他的廉洁、公正已传闻天下。他略整衣冠后,伏案细阅文卷,已看出案中还有疑点。尤其是首级干紫,而且脸上全是泥土,但肌肤却柔软,而且没发臭,包拯当即断定是假的。

章达德跪伏堂前,虽然自知无罪,但不敢抬头。在"明镜高悬"匾下,巡按大人肃穆地看着人犯,本欲逐一审问案情。但好像想到什么似的,脸色突然变为大怒的样子。

"大胆囚徒,为什么又杀害一人,罪上加罪!"

"不、不,小民只是把陈氏的头颅交出来,肯请大人您开恩。"

"人头是刚砍下没多久的,还想狡辩么。快讲,所砍的是何人的头颅?"

"这是贱妻黄氏所呈交的,我并不清楚,据说……"

"传黄氏!"

黄蕙娘押到,虽被拷打审问,但仍一言不发,惟哭泣不已,每每想说话,但始终没开口。包公见状,宣布退堂,改日再审。

在接着的几天里,包巡按分别传讯陈大方、徐妙兰以及老仆等人。大方仍照前所述,但却肯定了蕙娘交的不是顺娥之头。老仆告知,主人被害的前一晚,他未发现院里有响动;案发当天清早,他打扫完后,忘了拴住大门,也没发现和尚什么时候进了庭院的。妙兰看见人头,立即肯定那是玉姬的头颅,一阵哽咽哭泣后,便说她曾听见东院隐隐传来哭声,还说母女感情深厚,蕙娘绝不可能杀害亲骨肉。

包公仔细观察头颅,察觉脖子上留有绳索痕迹。顿时明白玉姬是自缢而死的,女儿自缢,何故割头冒替?其头新割,但为什么血已干了,而且面上沾有泥呢?到底谁是真凶,死者头骨又在哪?包拯在书房里往返踱步,思来想去,一连串的疑问始终无法解答。突然,他露出笑容,长嘘了一口气,心中已有了结论。

黄氏既然已说明割交头颅的原委,也就说明了尹皓是欺骗上级。巡按当即撤了他的职,囚禁狱中等待奏报后论处。同时,把蕙娘叫到侧厅,暗地相告,如果她想丈夫早日获释,擒得真犯,她就要照包拯说的去做。黄氏听罢,有些为难,但犹豫片刻后,便果断地点头答应了。

　　盛夏季节，烈日如火轮。福安县郊野，一片郁郁葱葱，树木枝繁叶茂，在蜿蜒向西的小路上，有一辆便轿缓缓行进。黄蕙娘前往宝光寺许愿，求神拜佛。

　　山脚的寺庙气势宏伟。蕙娘踏入寺门，迎面便看见了一块"三宝殿"大匾。殿前站了个小僧，有两位香客从殿内走出。她端步走到神龛下，从另一小僧手中接过几炷香，点燃后插入炉里。然后就跪下去，边叩拜边默默祈祷，求佛祖保佑，早日能寻到顺娥的人头，使夫君脱离牢狱之苦。

　　蕙娘刚准备去擎签占卜，就见一僧人，他身披袈裟，微笑地站在签筒跟前。他年纪四十上下，面色黝黑而略显红润，一双眼珠子咕噜乱转，直往人身上瞅。心想，这或许就是一清禅师吧。

　　"善哉，阿弥陀佛！"一清略微欠身，请蕙娘抽签。黄氏伸出纤纤细手，随便地抽了一支，将抽的签条交给僧人。一清告诉她，说她抽的是上签，签辞为"泰"，意思是"小往大来，所失小而所得大也。"蕙娘微微一笑，给和尚道了个万福，好像庆幸她运气好似的。当蕙娘正欲离殿返回，和尚却说："外面天气炎热，施主可在这里用午膳，休息后再走也不迟。"黄氏笑答："今日家中有事，以后会常来求大师关照。"

　　没过几天，蕙娘又到宝光寺祝祷。当她点香拜完佛，交了香火钱后，便坐下休息了一会，还与一清说了许多话，好像他们早就认识了似的。一清挽留她用膳，但蕙娘仍借故告辞。

　　第三次敬香，天气热得快让人窒息了。在一清邀请下，蕙娘留下用膳了，让轿夫吃自己带的干粮。在大殿后一间宽敞幽静的屋里，一个小和尚端上四盘素菜和一碗清汤后就退下去了。

　　蕙娘请前来关照的一清一块吃饭，一清竟连称"不便、不便"，自己只坐在旁边与蕙娘搭话。

　　"娘子何愁无夫？娘子长得这样美貌，再找一如意郎君有什么难的呢？"

　　"吾夫已被判死罪，只是还没行刑而已，有谁敢讨我这死囚之妻？"

　　"唉，如果你愿意和我好，我保你一生丰衣足食，不嫁人有什么关系？"

　　"师傅乃出家之人，这，这恐怕有点不妥吧。"

说话间，蕙娘也吃饱了。一清僧将她引入里屋，请她在榻上休息一下。嘴上这样说，自己非但没有退出去，反而顺势坐到床边，靠近蕙娘，两眼直瞪着她单衫开口处半露的酥胸。蕙娘赶忙坐离他远点，和尚竟挤至身旁抓住蕙娘右手，满脸淫笑，求交鱼水之欢。

"大师放尊重些！"黄氏装着吓得赶忙抽出手，站起身来，还怒声说道。

"今日你不从也得从。"一清上前用力按住蕙娘双肩，想行欢，但被蕙娘推开了。

不料此时一清抽出一把刀，喝道："不从就杀了你。以前有人反抗的，我便将她捅死后割下她的头，难道你不怕被割头吗？"

蕙娘似乎早有准备似的不仅不怕，反而甜甜地笑了，娇声说："大师别吓唬人了，看大师长得斯斯文文，又身为佛门高僧，真的敢杀人吗？"

"有什么不敢的，但只要你听话便无事，否则……"和尚也笑了笑放下刀。

"你说敢割头，把你割的别人的头拿来给我看，我才信，才肯依你。"

"真是个口齿伶俐的心肝儿。你先依了我，我再给你看，洒家性急着呢。"

"偏要先看，我看了后，别说这次肯依你，终生相好也情愿。但我怕你是哄我的，并非出于真心。"

和尚听了心里痒痒的。便对蕙娘说以前有一个到寺焚香的女子，因为不从他而被他杀了，现头藏在三宝殿后某处。还半哄、半威胁地说，只要你终生和我好，自己今后再不会贪恋别的美色以至屠戮生灵。他边说边把黄氏带到棵大槐树前，戳破根部一个泥封的树洞。

和尚略一探身，蕙娘便看见洞内有个打开的包裹。虽然只剩头骨，蕙娘还是认得，发结上那根簪子和裹头的衣服正是顺娥之物。她顿时感到恶心，便让一清把那放回原处。

一清把树洞草草封好，便和黄氏向那间屋走去。蕙娘刚跨入门，却听身后"啊呀"一声，好像有重物倒地。她回头一看，原来，那假扮成轿夫的两个役吏早藏于暗处，见人头已经找到，便尾随恶僧，伺机将他击倒。绑住后，搜出凶器，立即押往包大人署衙。

升堂审讯时,尚未用刑,那秃驴就不停叩头求饶。他招供:那天一早应邀去超度亡灵,见大门虚掩,就偷偷进去且直奔陈顺娥房内。以为娘子平时言语温柔,是对自己有意,便上前求鱼水之欢,不想顺娥严厉斥责,骂其为"衣冠禽兽",并要大声喊叫了。秃驴吓坏了,急忙抽刀将她砍死,随手取得房中一件衣服,包女子头项藏于经担之内。刚要逃离现场,听见厨房有动静,于是转身向正厅高呼"章娘子",以迷惑别人。

在令罪犯在供状上画押后,包拯当即判一清死刑,达德无罪释放,他出狱后,和蕙娘抱头痛哭,感激包公的深恩大德。

包巡按还决定,让新任知县给陈顺娥、章玉姬树建牌坊,并赐匾以表彰她们事迹,其辞为"慷慨完节""从容全孝";另将达道宅院改作贞孝祠,其田产一半入祠供祭祀费用,所余部分赏给达德。

这桩人命要案终于水落石出了,而包拯刚正清明的美名更传闻于四海了。

当时有诗记其事,称道:

书生荼毒罹奇冤,设计觅头擒贼奸;

酷吏昏庸淑女孝,拯民惟仰包青天。

岳飞的"莫须有"冤案

绍兴十一年十二月二十九日,抗金主帅、人们心中的英雄岳飞冤死在牢里。消息一经传出,举国为之哀伤,国人莫不悲愤。

岳飞,徽宗崇宁二年出生于河南汤阴县一佃农家中。自岳飞小时候起,母亲姚氏就教诲他忠、孝、节、义,为了让儿子时刻铭记,于是在他背上刺上"精忠报国"四个大字。岳飞少年时代为人忠厚,性格深沉,勤读诗书,特别爱读《孙子兵法》《左氏春秋》。岳飞天生神力,未满二十岁他便可以拉开三百斤的弓和九百六十余斤的弩。他曾从师于周同学习射箭。后来师傅过世,每月初一、十五,他都到师傅坟上祭奠。姚氏见儿子这么重义,说:"若飞儿为朝廷所用,必然为国尽忠,舍生取义。"

岳母刺字

岳飞于宣和四年应募从军，作战勇敢，屡建战功，为当时抗金名将宗泽所赏识。那时候刚好是金人大举南侵、民族罹难、国家危亡的重要关头，凭借过人的文韬武略，岳飞理应成就振兴社稷、收复中原的大业，不料，壮志未酬却屈死在大理寺牢中，这是一段不堪回首的千古沉冤。

那时，外面是金人的大举进攻，而宋朝统治集团内部又分裂成两大派——主和派和主战派。主战派虽然奋力抗击，击退金兵多次，却经不住昏庸腐朽的皇帝一再地割地求和甚至以迫害抗金将领讨好金人，最终结果是都城东京陷落，钦、徽二宗都成为金人的阶下囚。宋朝统治者依旧置祖宗蒙辱、国土沦陷于不顾，逃到临安成立了偏安一隅的小朝廷，仍然安享自己的荣华富贵。林升的《题临安邸壁》诗讽刺得妙："山外青山楼外楼，西湖歌舞几时休。暖风熏得游人醉，直把杭州作汴州。"置身于如此腐败的政治集团统治下，岳飞想要兴兵言武、尽忠报国又怎么会不受打击、遭受挫折？

早在高宗建炎初年时，岳飞作为下级军官就因上书千言请求新帝赵构亲率六军，北定中原而被罢官。

岳飞后来追随宗泽抗金，取得了辉煌的战果，与此同时还在宗泽言传身教下掌握了许多军事技能。

宗泽亡故后,杜充接替其职,岳飞理所当然成了杜充的部下。杜充在建炎三年投奔金营,士卒一下子没了领导,就开始趁机掠夺平民百姓的财物,唯有岳飞的下属纪律严明,秋毫无犯。

岳飞始终治军严明,就算士卒仅仅拿老百姓一捆干草、一缕麻,都会被就地斩首示众。部队行军打仗时夜里露宿,老百姓主动开门让士兵进家,都无一人敢进去。岳飞军中的响亮口号是:"饿死不掳掠,冻死不拆屋。"甚至金人都这么说:"撼山容易,撼岳家军难。"

岳飞于建炎四年大败金将金兀术,收复了建康。后来他又因屡败金兵而得到提拔,最终当上了太尉。可是,视功名为粪土的岳飞,唯一的心愿就是赶走金人,收复整个中原。

岳飞兴社稷、赶走金人的宏愿却遭到宰相秦桧的阻挠而未能实现。北宋末年秦桧为御史中丞,到了靖康二年,东京被金人攻陷,徽、钦二帝也被掳去,秦桧同时在北方被俘。他长于投机钻营,不久便在金朝成为金太宗弟弟挞懒的亲信。到了建炎四年,秦桧随金兵一道回到楚州,挞懒亲自送他回家,他撒谎说自己是杀死防守士兵,夺船而逃。他采用多种谄媚伎俩,竟然没过多长时间再次得到了宋高宗的宠信,所以到了绍兴年间当上了宰相。打那时候起秦桧便成了金人打入南宋王朝的内奸,他绞尽脑汁力主和议,还怂恿南宋向金称臣纳币,抗金主帅岳飞自然就成了他投敌议和的最大绊脚石了。

绍兴七年,岳飞觐见皇帝,商议如何恢复山河大计,得到宋高宗的支持和称赞,可因为宰相秦桧从中作梗,恢复大计终未实现。高宗下令卿琼、王德的军队归抗金主帅岳飞统一调配,秦桧唯恐扩大岳家军对自己议和不利,就私自扣压诏书不发。岳飞采用反间计。令金兀术废除了宋朝叛将刘豫,然后奏请高宗趁金人不备之机,一举进攻,收复中原,直达黄龙府,奏章再次被宰相扣住了。

绍兴八年,金人派使者到南京,声称以归还中原之地河南为条件求和。岳飞正气凛然地说:"和议不可靠,金人不可信,倘若大臣宰相无法为国家谋划正确的策略,可能要害民误国,被世人耻笑。"秦桧因此对岳飞更加仇视。

绍兴九年,宋高宗因为金人归还河南而加以庆贺,大赦天下。岳飞含蓄地上奏,阐明和议的危害性,高宗未放在心上,仅仅授岳飞开府仪同三司,用来安慰岳飞,以取得他对和议的理解与支持,但这被岳飞婉拒了。他说:

"现在的事态危机四伏,而非天下太平,所以理应担忧,还不到真正可以庆贺的时候。臣以为应该整顿军队以加强防卫,严防敌人有诈,千万不能掉以轻心,以免被敌人愚弄。"

在这以后,岳飞再次上奏,详细阐述了自己的观点,奏章中写道:

"金人无缘无故请和,看起来是归还给我们当初被他们占据的土地,而这事实上是空话一句,其实金人依然占据着大片河南的土地,这难道不是他们欺诈的有力证明吗?"

岳飞上奏请求出兵北上侦察金人动向,继而再制定讨伐战略,却又被宰相用计给阻挠了。

绍兴十年,金人再次大举进攻。岳飞领命统领宋军前去迎战,金、宋两军在郾城展开激烈的战斗。这一战中,金兀术派出五千号称"拐子马"的精兵强将,岳飞这边让训练有素的步兵手持麻扎刀,奋勇冲入敌阵,猛砍马腿。"拐子马"是三匹连在一起,只要砍倒一匹,另两匹便失去效用,岳家军奋力冲杀,又一次大败金兵。金兀术悲愤至极,大哭着说:"自从海上起兵以来,用拐子马出战战无不胜,如今却惨败在岳家军手下。"

郾城大捷后,在离汴京仅四十五里的朱仙镇,金将发现大事不好,相继率部投降。岳飞兴奋地对属下说:"拿下黄龙府,与大家痛饮!"

在岳飞正在抓紧时间安排渡黄河日程时,秦桧却一门心思地考虑着要放弃淮河以北的国土以及与金议和的阴谋,他怂恿在朝重臣请求高宗下令班师。

岳飞看过圣旨,赶快上奏说:"此时金人锐气受挫,已渡河逃跑,我军斗志旺盛,士气高涨,最好乘胜追击,千万不能贻误战机。"秦桧一计不成,再生二计,他下令将岳飞的大将统统召回京师,接着说岳飞孤军无法久留,鼓动宋高宗在一天中下了十二道金牌,召抗金大将岳飞回朝。

岳飞看着多年沦丧、眼看就要收复的中原土地,禁不住热泪满面,沮丧地经过一阵紧锣密鼓的诱骗、怂恿,秦桧终于达到让宋朝与金议和的目的。秦桧担心岳飞再次加以反对,就密奏高宗请张俊、韩世忠、岳飞等大将回朝论功行赏。他们回朝后,秦桧采用参政王次翁的奸计,授岳飞以枢密副使之职,看似是对其加官晋爵。其实却剥夺了岳飞的兵权。此时此刻,金兀术派人给秦桧送密信来,指示只有除掉岳飞。才可以达到目的。秦桧接密信后随即着手谋划杀害岳飞。

秦桧背地里诱惑岳飞部属说:"倘若哪个人可以告岳飞的状,就给予重赏。"可令他失望的是,岳家军中没有谁出来诬告岳飞。秦桧听说岳飞曾打算斩王贵,尽管最终没有斩他,但处以杖刑,他趁机引诱王贵诬告岳飞,不料对方却说:"岳将军用人赏罚严明,是应该的。"秦桧唆使岳家军将诬害岳飞的奸计没能得逞。

御前前军副统制王俊,绰号"雕儿",是个擅长告假状、说瞎话的大无赖,此人曾因贪污钱粮、奸淫妇女而受到张宪多次制裁,秦桧怂恿这个无赖去诬告岳飞的爱将张宪。秦桧居然私设公堂严刑拷打张宪,以此迫使张宪给岳飞捏造罪状,但秦桧没有想到,打得张宪遍体鳞伤,可他依然不从。无奈之下,秦桧把张宪戴上脚镣枷锁打入大理寺大牢。

秦桧还不罢休,他奏请宋高宗召岳飞父子核实张宪的罪状。宋高宗说:"刑法是用来惩罚犯上作乱之人的,不可以用来逼供,动摇人心。"

秦桧用了那么多奸计,却无一成功,便狗急跳墙,假传圣旨,召岳飞父子回朝绍兴十一年十月,秦桧把抗金名将岳飞及其长子抓入大理寺。岳飞自然心地坦然,拍着胸脯说:"皇天后土,可鉴此心。"但他怎么会想到,秦桧已布下了一个置他于死地的大陷阱。

秦桧让大理寺卿周三畏、御史中丞何铸审讯岳飞等人。何铸将岳飞押上大堂审问,撕开岳飞的衣裳,岳母姚氏刺在背上的"精忠报国"四个大字跃入眼帘。何铸见了深深嵌入肌肤的四个大字,颇为感动。

何铸经过审讯,才了解到岳飞是清白无辜的。秦桧听了何铸的汇报后非常不高兴,说:"要治岳飞的罪是皇上的意思。"何铸也不怕他,回道:"难道我只是救一个岳飞吗?眼下,强敌未灭,无缘无故残害一员大将,这一定会动摇军心,损伤士气,可不是国家长治久安之计。"何铸一番铿锵有力的回答令秦桧哑口无言。

秦桧见何铸不配合自己,便令和岳飞曾有过前嫌的谏议大夫万俟卨取而代之,再次审讯岳飞。万俟卨一得到报复岳飞、取悦秦桧的大好机会,先是诬陷岳飞虚报敌情,向高宗索取兵权,然后还诬陷岳飞曾拿自己与开国皇上比,简直大逆不道。他边绞尽脑汁给岳飞捏造罪名,边对岳氏父子施以各种酷刑,把他们折磨得死去活来,但依然未能如愿以偿。

万俟卨和秦桧相互勾结谋害岳飞,满朝文武以及黎民百姓得知岳飞受冤,都想方设法出力解救。大理寺丞何彦猷、李若朴、大理卿薛仁辅一起上奏岳飞是无辜的,万俟卨就对他们进行弹劾,罢去三人的官职。宗正卿士㒟以全家百口性命替岳飞担保,万俟卨又弹劾他的"罪过",士㒟逃出汴梁城,最终死在建州。普通百姓刘允升上书申诉岳将军等人冤屈,万俟卨将其关押地牢致死……总而言之,凡是为岳飞申冤或辩解之人,无不受到诬陷,最终惨遭非命。

韩世忠大将对岳飞蒙冤受屈一案深为不满,出面前往秦桧府第责问:"岳飞究竟犯了什么罪?"秦桧答道:"岳飞父子的罪行暂且无法加以证实,可事情并非无中生有。"

韩将军义愤填膺地说:"'并非无中生有'几个字如何能让天下人心服!"

秦桧凭着自己宰相的职权,为牵涉到岳飞案件的人全都罗织了罪名:敌人侵犯淮安,岳飞先后接御札十三次,拥兵逗留,不策应抗金,应处以斩刑;岳飞曾说自己与太祖都是三十岁为节度使,这是指斥圣上;御前前军统制权副都统、阆州观察使张宪,接收岳飞父子的信,谋划在襄阳叛变,理应处以绞刑;岳飞长子、忠州防御使、左武大夫、提举醴泉观岳云,写信告诉张宪:"一定要和心腹官兵商议",此系传报朝廷机密,应当治以扰乱法纪罪,还要处以罚金。

宋高宗居然听信秦桧,下令赐岳飞死,岳云、张宪"依军法"斩首示众,还要全部没收岳飞家产,其他家属统统流放到岭南,还有一部分岳飞部下将官受到此事牵连。

岳飞全心全意尽忠报国，却被秦桧以"莫须有"罪名加害致死，死时才三十九岁。他的儿子岳云，死时年仅二十三岁。

岳飞父子被害的消息传出后，无数的忠臣、百姓痛心地流下了热泪。

《宋史》编撰者完成《岳飞传》后，心情久久无法恢复平静，质疑道："高宗甘愿放弃中原，因此才忍心杀害岳飞？"不过，史家仅仅可以澄清历史，却无法挽回历史。因此。在《岳飞传》的结尾，作者也只能仰天长叹道："呜呼冤哉！呜呼冤哉！"